明日 · 艺术史文库

图像与符号

IMAGE
AND
SIGN

——艺术史和视觉文化中的符号学与反符号学

李军　主编

刘晋晋　著

湖南美术出版社
全国百佳图书出版单位
· 长沙 ·

"明日 · 艺术史文库"总序

明日与艺术史

李军

一、我不知道

传统的师者之道，最典型地体现在韩愈的《师说》之中："师者，所以传道、受业、解惑也。"老师应该教会学生如何做人，如何谋生，如何解除思想的困惑。这里的"道"是一条单向街，重点在老师向学生传递知识的链条；老师站在终点，等待着学生向他(她)走来，就像学步的宝宝东倒西歪地向父母走来。

但21世纪的今天，面对着现代科学、互联网技术的飞速发展，信息的增值和获取如探囊取物般容易和便捷，甚至只需动一下手指头，知识便如潮水般蜂拥而至；刹那间，我们每一个人，在变得富足的同时，也变得赤贫如洗，一切坚固的东西都烟消云散了！与大数据和人工智能相比，我们都同样无知。今天的为师之道，在相当程度上，须以自己的无知为前提：我不知道。在反省的过程中，我只知道，尽管无知，但我对于知识和真理之爱并没有改变。正是这种爱，让我深刻感受到年轻人的渴望与困惑，同时也试图与他们并肩而立。

法国作家圣埃克絮贝里(Antoine de Saint-Exupéry)的一句名言，此时此刻变得如此切题和清新。他说："爱，并非两个人彼此间的深情对视，而是他们坐在一起，共同向同一个方向凝眸。”（“Aimer, ce n'est pas se regarder l'un l'autre, c'est regarder ensemble dans la même direction.”）

这共同凝眸的远方，就是“明日”。

二、时间的本质

什么是时间？古往今来的哲人们都在困惑中追索。圣奥古斯丁在《忏悔录》第十一卷中说：“时间究竟是什么？没有人问我，我倒清楚，有人问我，我想说明，便茫然不解了。”时间一追问便逃逸，让我们想起抽刀断水水更流的意境。

在奥古斯丁之前，古典时间观标准的意象，正是物之运动或运动中之物（中文“时”的本义即“太阳的停留”）。亚里士多德从运动出发来研究时间，他在《物理学》中，将时间理解为衡量运动、标识运动之先后次序的某种性状或属性。这一点，与同时代孔夫子在河岸上的千古绝叹——“逝者如斯夫，不舍昼夜”，有异曲同工之妙。美好的时光正如滔滔不绝的河水，在眼前消逝，一去不返。

古典时间观的关键，其实不仅在于时光的流逝，更在于人们投向过去的迷离恍惚的眼光；因为所有的美好都在往昔，所以希腊人设定了黄金时代、白银时代、青铜时代和黑铁时代的叙事。历史正如物性和材质的递嬗，每况愈下。

奥古斯丁第一次改变了古典时间观的方向。在他看来，时间的本质不在于物体的运动，也不在于过去，而在于时间意识，也就是人对于时间的体验。奥古斯丁把“现在”当作解读永恒和时间的关键，他把永恒理解为恒定不动的现在，将时间理解为转瞬即逝的现在。过去是已经过去的现在，未来是尚未到来的现在，或者，过去是已经成为记忆的现在，未来是尚在期待之中的现在。现在成了时间的立足点，但这个立足点其实是站不住脚的，它转瞬即逝、变动不居。换言之，奥古斯丁把时间的焦点从过去转移到现在，但他并没有完成把黄金时代转移到现在的任务。

尤其是奥古斯丁把现在放在“基督的第一次降临”到世界末日“基督的再次

降临”之间，更加强化了现在这一时刻的动荡、不安和焦虑。因为无人知道基督何时“再次降临”——这个过程可能绵延无期，也可能随时发生，非人意所能知晓。故奥古斯丁的历史观是目的论的，但不是进步论的，因为它完全排除了人意和具体历史事件在这个纯粹神意结构中的意义。然而，问题在于，在所谓的基督的两次降临之间，世界和历史是否具有意义？难道一切仅仅是被动的等待，犹如中世纪教堂墙面上那些睁着眼睛翘首以盼的圣徒们，他们的脚下缺乏坚实的大地，而未来又在哪里呢？

再一次改变古典时间观之方向的，是12世纪的意大利预言家、神学家约阿希姆。他将基督教神学的核心观念“三位一体”做了时间化的处理，认为历史的第一阶段是“圣父”所代表的《旧约》时代，第二阶段是“圣子”（耶稣）所代表的《新约》时代，第三阶段是所谓的“圣灵时代”。而他所在的时代，正处在从历史的第二阶段向历史的第三阶段过渡的时期——他预言，未来的“圣灵时代”将在1260年降临。约阿希姆死于1202年，他所预示的“圣灵时代”此刻尚未到来，但在约阿希姆的观念中，一个可预期的、确定的未来，将成为一个黄金时代的开端。即此，古典时间观发生了根本性的逆转，它为文艺复兴以来的现代时间观奠定了基础。

文艺复兴开始明确区分“古代”（Ancient）和“现代”（Modern）。“古代”专指古希腊罗马的辉煌，“现代”则指人们所在的现在，一个辉煌复兴的时代。时间的“古代”与“现代”，也就是“古”与“今”。文艺复兴以来，“今”不但是“古”的复兴，“今”更胜于“古”；不但“今”胜于“古”，“未来”更胜于“现在”。这就构成了我们今天非常熟悉的进步论的时间和历史观。尽管“现代”（modern）的本义只是当下所在的瞬间，但是我们发现，“现代”或者“现代性”（Modernity），已经变成了一个从文艺复兴开始一直持续到20世纪的完整时代。“持续现代”的结果，导致今天的人们把大约16世纪到18世纪的那个时间段叫做“Early Modern”，即“早期现代”；把19世纪到20世纪叫做“Late Modern”，就是“晚期现代”。一般来说，二战以前都叫“现代”，那么二战以后词不够用了，就出现一个“当代”；“当代”代替了以前的那个“Modern”，意为不断出现的“现在”——更新的“现代”。

从“古代”到“现代”再到“当代”，构成了我们最新的时间观。但是，这种时间观错误地理解了时间的含义。

我有一个不一样的理解，这个不一样实际上根植于“当代”这个词的词源之中。西文“当代”叫“contemporary”，由两个部分组成。一个是“con”，来自拉丁文的com，就是“共同的东西”；另一个是“temporary”，本义为短暂的、转瞬即逝的，意指时间。那么，实际上“当代”的意思就是“共同的时间”。“当代”其实应该这么理解才是对的：所有的过去实际上都没有结束，它们都汇聚到当下，都是“当代”。

“当代”让我们处在一个很优越的时间里。我们既看得见刚刚发生的事，也看见已经发生过的事，还能看见似乎离我们很远的古代——它们同样持续到现在。一切正在发生，同时过去也没有消失，这个就是我所理解的“当代”。如果你说你永远摩登（摩登就是现代），这就相当于你一直迎着风向前；当你回头，你就看到过去了。当我们往回看的时候，就是在跟过去对话；与过去在当代对话——你只有在当代才可以跟过去对话。过去好像古迹，实际上并没有结束，你要维护它、保护它；假如你不维护它、不保护它，它就退出当代，真正变成古代了。所以，“当代”是最关键的时刻，关系到“过去”能不能够继续存在。

我认为这就是“当代”的态度：你既得迎着风向前，又要时不时地回头看看，看看过去的东西是否已经被你遗忘、被你忽视或抛弃。假如你勇猛精进，这叫“领风气之先”；假如你被时代裹挟着走，这叫“与时俱进”；假如你从过去看到了美好但已经丧失的东西，你可以把它引到你的未来，这叫“文艺复兴”。因为“当代”是“共同的时间”，过去、现在和未来共存；重返过去，或者一味地迎风向前，都只是当代的一个面，都片面地理解了当代。

就像向远方凝眸，同一种眼光也必然会投向自身和身后。只有这样，你才能看得明白。

海上生明月，天涯共此时。

三、艺·术·史

“艺术史”并不神秘。它的实质，可以通过组成它本身的汉字来说明。

首先，“艺术”不是指西文中大写的“Art”（代表某种崇高的价值），而是指“works of art”，即有形有相、看得见摸得着的艺术作品，是具有实物形态、可以动手“搞”的“艺术”。我所理解的“艺术史”，以实物形态的“艺术品”为研究对象。

其次，“艺术”又可以分解为“艺”与“术”两个方面。

“艺”即我们都熟悉的艺术品的“艺术性”，是实物形态的作品针对人之五官所呈现的感性或审美特征（缺乏这一特征的实物自然就不是艺术品）。“艺术史”必须建立在对实物感受、判断、描述和分析的基础之上，故面向事物本身的直观，成为“艺术史”这门学科的基本前提。艺术作品所要求的细腻和微妙的观视性质，使艺术史必然成为一种“微妙的历史学”。

“术”则从实物被生产的角度，强调人在与物打交道时，那些被人所认知的事物的规律和人所掌握的技能。在人的一方面，“术”包括技术、工艺、程序、程式等；在物的那一方面，则是材料、工具等；还包括人与物两方面兼而有之的文化实践和知识体系，如某一时代人们的巫术、信仰和宗教系统等。中国文化很早就认识到“艺术”中“术”这一系统的重要性。《汉书·艺文志》就把“数术”与“方技”纳入广义的“艺文”范畴之下。“术”包括涉及物质生产与精神生产的所有“技术”，当它与生产一件艺术作品有关时，就变成“艺术”中的“术”。

接下来谈“史”。这里，“历史”指的是它最朴素的含义：时间的鸿沟，也即过去与现在的差别。“历史”永远是人们伫立于“当代”对于过去的缅怀，通过缅怀把过去带到未来。“艺术史”需要与研究对象有直接的接触，这就设定了艺术作品须以物质形态的存在为前提（一件只在文字记载中存在的绘画作品，不是艺术史研究的主要对象）。作为实物存在的艺术作品，本身即李格尔意义上的“遗物”（monument）或“遗迹”。作为“遗物”或“遗迹”，艺术作品同时拥有三种时间：它既是过去的（例如一座建造于古代的牌坊），又是当下的（牌坊在今天的现状），还应该是未来的（留给后世的文化遗产）。故“艺术史”是一部“客体”（“遗物”或“遗迹”）的历史。

与此同时，鉴于一件物质形态的艺术作品的生产、流通和传承必然涉及人类同时期物质生产和精神生产的全部领域（从材料、工具、工艺到观念、宗教与信仰，从政治、经济到文化），“艺术史”还必然是一部“总体史”。但区别于年鉴学派（如布罗代尔式的）包罗万象的“总体史”，“艺术史”是一种围绕着实物（“遗物”）而展开的“总体史”，在根本上要受到实物的限制，要满足于仅仅成为实物的注解，成为一部“有限的总体史”。

四、艺术史的考古学

每一年，中央美术学院人文学院都会定期举办王森然先生美术史奖学金的颁奖典礼。这一时刻，也是我们重温对艺术史学科作出巨大贡献的老先生们的恩泽之时。王森然先生是一位革命家、学者、教育家、书画家，与新文化运动和中国近代史息息相关；与王森然先生并肩而立的，还有中央美术学院艺术史学的先驱许幸之、张安治、蔡仪、王琦诸先生。

在给青年学子传递奖学金的时候，我感到，我们所传递的并不仅仅是区区若干款项，实际上是来自五四新文化运动的火种，是从蔡元培先生那里肇始的“以美育代宗教”的现代思潮的流播。与前面诸位先生一样，王逊先生也属于中国新文化运动那一代人。我本人研究过沈从文、梁思成和林徽因先生早期的思想和创作。在他们笔下，经常会出现王逊先生的名字。1947 年，梁思成与邓以蛰、陈梦家等先生们一起，建议在清华大学成立艺术史系和建立文物馆。在清华大学筹建第一个艺术史系和文物馆的过程中，王逊先生是一个十分活跃的人物。1952年院系调整，王逊先生来到了中央美术学院，成为中央美术学院艺术史学科的奠基人；1957年，中央美术学院美术史系成立，金维诺先生担任了美术史系的第一任主任。以后，又有毕业于列宾美术学院的邵大箴等先生加入教师行列。中国的第一个美术史系，可谓众多渊源，是众水汇流的产物。

2017年，随着五卷本一百多万字的《王逊文集》的出版，以及“美术史在中国——第十一届全国高等院校美术史学年会”在中央美术学院的召开，中国的艺术史学科也迎来了在中国创立六十周年的庆典。王逊先生著作的重新出现，意味着这个学科前人所有的努力都没有真的消逝；一代又一代人，通过人的双手、人的记忆、人的头脑、人的精神，可以把失去的东西复原。这样一个事业犹如艺术史的考古学，致力于把所有被湮灭、被埋葬的珍贵东西挖掘出来。

六十多年来，中国的艺术史学科从筚路蓝缕中起步，到枝繁叶茂地发展，今天已成为世界上具有重要影响的人文科学。六十多年来，中央美术学院艺术史学科的风雨历程，也是艺术史在中国发展、完善、拓展与深化的一个缩影。

中央美术学院艺术史学科最近的前身，是前述的新文化运动的火炬；而它的远绪，则根植于中西古典文化的沃土中。

在西方，艺术史至少可以追溯到1550年，那一年，佛罗伦萨的人文主义者瓦萨里出版了他的《意大利艺苑名人传》；在中国，它的历史至少可以追溯到公元9世纪的张彦远，他的《历代名画记》标志着伟大的中国古典艺术史传统的诞生。从这个意义上讲，艺术史在中国至少已经一千二百年了，在西方则将近五百年了，它如此古老，就跟历史和艺术一样古老。

但在另一个意义上，艺术史学在中国又是一门年轻的学科。它作为一门现代人文学科，在历史的长河中，就跟正在发生着的历史和艺术一样年轻。例如，2006年由中央美术学院发起，此后由各高校轮流主办的高校美术史年会，今年正好进入第十四个年头。它作为中国高校艺术史学的一项制度，才刚刚十四岁，简直就像一个少年，也像一个少年一样，活蹦乱跳，充满了生命的活力，充满了各种各样的可能性。

在全球化的今天，艺术史在中国理应有更新的含义。它不应该仅仅限于“现代艺术史学科”引进于“中国”的历史。今天，它更应该意味着从中国出发的眼光和视野，即让“中国”为“艺术史”提供看待世界和自己的新方式与新方法。

“旧学商量加邃密，新知涵养转深沉。”

对“旧学”的继承和对“新知”的发扬，完美诠释了艺术史学科在中国的这六十余年，也将继续诠释它的未来。

五、明日

太阳升起。

太阳照样升起。

明天的太阳，正在升起。

2020 年 10 月

目录

CONTENTS

绪论

绪 论

20 世纪哲学中出现了语言学转向。符号学也在 20 世纪初正式诞生并兴起，成为学科间的方法论。由此也出现了对符号学侵犯传统学科疆域形成“符号学帝国主义”的担忧；而 20 世纪 90 年代随着“图画转向”和视觉文化研究的出现，形象研究成为多学科理论焦点，“符号”与“图像”的碰撞在所难免。其实二者的遭遇早已发生，对这两个观念间关系的讨论几乎贯穿了 20 世纪的学术史。一方面在当今的艺术史和视觉文化研究中，符号学是常用方法之一，艺术批评中也经常会讨论图像（或形象、图画）的符号化；另一方面在语言学和符号学“帝国主义”式开疆扩土的过程中，它们遭遇的最激烈抵抗也许正是来自形象领域。符号学并没有给出形象问题的最终答案。因为符号学内部对形象问题也分歧严重，莫衷一是。索绪尔（Ferdinand de Saussure）曾悲观地预言：“等到符号学将来建立起来的时候，……假定它接纳这些自然的符号，它的主要对象仍然是以符号任意性为基础的全体系统。”[1]皮尔斯（Charles Sanders Peirce，有的著作译为“皮尔士”）的符号三分法虽包括所谓的图像（icon），但是其并非专指绘画。相反，“图像”首要的例证是数学方程式[2]。以符号学研究形象的罗兰·巴特（Roland Barthes，有的著作译为“罗兰·巴尔特”）也在名篇《形象的修辞学》中遭遇了“无编码讯息的反常现象”。[3]著名符号学家翁贝托·埃科（Umberto Eco，有的著作译为“乌蒙勃托·艾柯”或“翁贝尔托·埃科”）甚至提出从符号学中驱逐“图像”的概念。在符号学家之间这个争论一直在激烈进行。[4]那么“什么是一个形象？”，这仍然是一个有待解决的问题。尤其是形象的问题能否完全用符号学解释呢？在对符号学进行阐释之后，图画是否还有未能进入阐释过程之中的元素？或概言之，形象是不是一种（特殊的）符号？

本书的主旨即是致力于解答这些问题。同时我们还需要更加自我反省：为什么符号与图像关系的问题很重要，讨论的目的何在？符号学产生后，西方学术界对符号与形象关系有众多讨论。特别是布列逊（有的著作译为“布赖森”或“布莱逊”）和米克·巴尔（也译为“米克·保尔”）将符号学重新引入艺术史之后，这些问题更是成了争论的焦点。符号学家、心理学家、哲学家、艺术史家、视觉文化研究者都或多或少参与到这一讨论之中。这些相关的作者之间又存在千丝万缕的相互影响。本书将把这一学术史作为研究对象，希冀通过还原这段深刻影响着当代学术话语的学术

1 费尔迪南·德·索绪尔：《普通语言学教程》，高名凯译，商务印书馆，1980，第103页。

2 皮尔斯：《皮尔斯文选》，涂纪亮编，涂纪亮、周兆平译，社会科学文献出版社，2006，第285页。

3 罗兰·巴特：《显义与晦义——批评文集之三》，怀宇译，百花文艺出版社，2005，第25页。

4 乌蒙勃托·艾柯：《符号学理论》，卢德平译，中国人民大学出版社，1990，第218—248页。关于这个问题，几十年来西方符号学界已经积累了大量相关辩论文章。对这个问题的讨论显然不能仅仅讨论埃科的论文本身。

史来对这一问题进行讨论，通过充分了解论辩双方的观点对符号与形象的关系做出判断。

第一节 题解

对于很多人而言“形象是一种符号”仿佛是个不证自明之理。在这种观点之下，本书的标题完全可以写作“图像的符号”。但是这种观点并非所有学者的共识，即使在最强大的“帝国主义”统治之下也会有向往自由和解放的抵抗战士。本书也正是基于这些异议而构思的。那么一种表面上更公平的替换方式是用并列连词“与（或和）”代替所属关系介词“的”。“图像与符号”没有预设一个逃避证明的二者的所属关系，而是把“符号”和“图像”放在平等的位置上。然而这种方式同样无证明地预设了另一种无法令人接受的前提：符号与形象是两个地位相同且相互对立的实体，亦即这个连词无证明地预设了形象不是（或不属于）符号的命题，或者相反预设了符号不属于形象的命题。然而事实是无论如何形象与符号之间至少必然有重叠部分。本书所采用的标题实际上是一种无奈妥协的产物。

这样一来，自然语言似乎无法既明确又有包容性地（而且以标题所能允许的简洁）表示本书对这两个术语间关系的期待。笔者又不甘心像利奥塔那样在二词中间用逗号分隔（其著作的标题是《话语，图形》），因为那又会削弱二者间可能的多样性关系。于是剩下的选择就是借助于人工语言——符号。本书的正题名可以解释为“图像是 / 不是符号”，或者可以用更直观的数学符号和逻辑形式恰当地写作“图像 = ≠符号”或“图像 >< 符号”。

后者也可以读作“图像大于（或）小于符号”。这实乃两个命题的叠加：

“图像大于符号”表示形象的范围大于符号，形象中有符号无法解释和涵盖的部分，甚至符号是一种特殊的形象；“图像小于符号”意味着形象是一种（特殊）的符号。经过叠加形成的双重命题就使得本书得以向论辩双方或多种可能的关系开放。

既然本书的标题中有两个核心术语，那么只动用其中之一来进行解释似乎就有偏颇之嫌。如果我们把这些符号看成图画又会怎样呢？远远看去，“><”合在一起好像是一个代表错误的叉号。的确，对于那些认定形象只是一种符号并拒绝考虑其他可能性的人而言，本书的论题根本不是一个有效的问题或仅仅是个错误。而如果摘下理论的有色眼镜或是凑近一点细看，就会发现这个叉号中间有一个明显的间断。这就好像是叉号断裂破碎后的情景，亦即对本书论题的否定被否定了。剩下的将是向不同方向画出的代表肯定的两个对钩。这个间断同样也可以看做形象与符号之间似有似无的概念的缝隙，使二者相隔离。将它们分开来看，两个符号似乎是“符号”和“图像”分别持有的武器，尖头指向对方仿佛进攻的矛头，开口朝向自己好像防御的盾牌。如果再次拉开距离，把两个弯折的笔画（以意到笔不到的方式）看成一体并分别和“图像”“符号”相配合，那么开口又像一张大嘴意欲将对方生吞。本书涉及的大部分争论就如这一解读，是两个观念之间的相互对抗、攻击、防御、企图吞并和反吞并。如果不是只联系于一方，而是把标题看做一幅整体图画，那么它又像是一条锁链连接（或将要连接）着二者。我们甚至可以把这一标题看做一幅绘画长卷的一个小片段；“符号”和“图像”都只是宏大的存在之链上的一些互锁的环节而已。所以本书在二者间制造的对立并非绝对的，只是展开问题讨论的策略。任何对立都不能完全把二者分裂为泾渭分明的实体。通过这些理解，本书的标题不仅是一些线性的文字符号的序列，还成了一幅揭示着本书理论思考的元图画（Metapicture）。

相比之下本书副标题相对易于理解，除了其中的“反符号学”一词。世界上并没有“反符号学”这样一门新奇的学科。本书中“反符号学”指学术界中对于把符号学应用于艺术史、视觉文化研究的抵制。就像符号学有两个独立的起源和多种不同的学派一样，反符号学也不是一个统一的运动。其是不同时间、不同学术背景的学者们对符号学的不同态度。这些态度可以是：使用语言来类比形象却坚持符号与形象间的差异（贡布里希）；号召抵制以符号学作为形象研究的出发点却最终用不同种类的符号来分析形象（米切尔，有的著作译为“W.J.T. 米歇尔”）；当然还有承认符号学的能力的同时又为形象的特质留下一块保留地（埃尔金斯）；努力证明人可以只用形象来进行思考（波姆）……。米切尔用“后符号学”来指代这个假想的理论的反符号学时期。因为符号学不像文艺复兴或19世纪一样是一个可以过去的时期，而是一个随时可以被我们利用或抛弃的方法和视角。所以笔者更倾向于埃尔金斯所说的“反符号学”，即便这个“反”字并不打算把符号学扔进历史的垃圾堆。毋宁说这个“反”字代表着反叛和反思。其是在符号学的热潮中保持学术应有的反思和批判精神，通过异议更清醒地从正反两方面审视“符号”与“图像”。

第二节 术语说明

本书中的艺术或艺术史仅指代视觉艺术和视觉艺术史。

19世纪末和20世纪初，美国哲学家皮尔斯和瑞士语言学家索绪尔分别提出了符号学的概念。皮尔斯使用了“Semiotics”，而索绪尔使用了“Sémiologie”。现在一般采用前者。为了简便，书中都译为“符号学”。当特别需要区分二者之时用英文标注其后。

虽然本书标题中使用了“图像”一词，但是本书正文中不打算把这个词当做主要的术语。中文里“图像”一词的含义已经变得极为混乱。这个词自 20 世纪 80 年代在贡布里希的中译本中大量使用，因而成了一个文艺理论中的时髦词。由于后来的译者未进行有效区分，导致现在 image、picture 和 icon 都有译为“图像”的情况。[5] 这种滥用使得“图像”一词沦为一个过度负载的大筐。这已经威胁了这个术语在理论上的严谨。米切尔在《图像理论》的序的一个注释中区分了 image 和 picture。简单地说，picture 是物质的、视觉的客体，一幅油画、一个雕塑等都是 picture；而 image 则是“图像性的整个领域”[6]。笔者在《图像的晕头转向》[7] 一文中首次按照米切尔的划分将 image 译为形象，picture 译为图画，这也是取中文中“图载象”之意[8]。本书将继续使用这种译法。当然，除了米切尔之外，其他人很少严格区分这两个术语，但是为了保持术语的一贯性，不造成理解的混乱与错误，本书将这种划分推广到所有提及的文章。不使用“图像”一词来翻译 image 和 picture 的另一个用意是为了把这个中文词留给 icon 一词。因为 iconology 在艺术史界公认译作“图像学”，所以这种译名与

---

5 例如中译本《图像理论》把 picture 译为图像，image 译为形象；刘禾将 picture 译为图画，image 译为图像；而周宪的《视觉文化的转向》有时把 image 译为形象，有时又译为图像。见 W.J.T. 米歇尔：《图像理论》，陈永国、胡文征译，北京大学出版社，2006；刘禾：《知识分子和批评思考的视域——W.J.T. 米切尔教授访谈录》，载《文艺研究》2005 年 10 期；周宪：《视觉文化的转向》，北京大学出版社，2008。

6 W.J.T.Mitchell, *Picture Theory: Essays on Verbal and Visual Representation*, Chicago: University of Chicago Press, 1995, P4n5；中译见 W.J.T. 米歇尔；《图像理论》，陈永国、胡文征译，北京大学出版社，2006，序言第 4 页注释 2。

7 刘晋晋：《图像的晕头转向》，载邹跃进主编《批评家》总第四辑，四川美术出版社，2009。

8 这种译法源于瑞典哥德堡大学的司汉博士。2008 年他在中央美术学院开设的课程中提议按照中国古代图学的概念将 picture 译为“图”，image 译为“象”，并提出了米切尔对这两个术语的区分与“图载象”观念的平行之处。笔者完全赞同他的译法。本书只是考虑到现代汉语倾向于使用双字词，所以把“图”变为图画，“象”变为形象。见 Han Si, *A Chinese Word on Image: Zheng Qiao (1104-1162)and His Thought on Images*, Göteborg : Göteborgs Universitet, 2008, pp.216-219。

已有的术语相一致。

而且对于本书而言更重要的是 icon 一词是符号学家皮尔斯的三种符号类型（icon，index，symbol）之一。而这个“图像”符号是与形象和图画完全相异的一个专用术语。过去正是由于译名的合并才导致许多人错误地把皮尔斯的术语等同于形象。需要指出的是目前国内一些符号学著作把皮尔斯的 icon 译为“像似符号”，同时把 image 译为“图像”。虽然“像似”的确从字面上区别于“相似”，但是译出这样一个不符合汉语习惯的生造词是没有必要的。而且皮尔斯指出，图形符号不一定具有相似性。[9] 所以把 icon 译为像似符号就更是误导性的了。坚持上述三分的对译才能有效以中文区分三个术语。图像、形象和图画三者的区分也帮助区分了图像符号衍生的图像性（iconicity）与视觉文化理论中使用的术语图画性（pictoriality）。

此外，德语艺术史家使用的术语是 bild。据贝尔廷所言，这个词涵盖了英文中的 image 和 picture 二词的含义。所以这种用法和今日中文中“图像”一词的混乱用法有几分近似。但是为了突出这个德语词的独特之处，也为了把它区分于 icon 及其德文形式 ikon，故本书将 bild 一词译为“图象”。通过这种术语的划分和对译，当代的中文词汇不仅摆脱了混乱，而且变得既有能力表达英文中关于诸形象术语的区分，又有能力区别英语和德语术语之间的不同，从而使本书使用的中文成了一种可以表述和评论英语和德语相关问题的元语言。相比之下，使用英语和德语的文本在讨论这个问题之时只能进行不准确的翻译或直接引进外来语。这为本书概观和评析英语与德语学者的相关研究以及研究的历史提供了一个坚实的术语基础。

本书在使用现有的中译本时会根据原文词义以上述用法进行修改，

9 皮尔斯：《皮尔斯：论符号　李斯卡：皮尔斯符号学导论》，赵星植译，四川大学出版社，2014，第 55 页。

在正文中不再一一注明。

第三节　选题意义

美术理论的最基础性的概念之一就是形象。无论是视觉艺术品本身还是其被创作和接受时产生的形象思维都是由“形象”这一既呈现在眼前又难以捕捉的概念组成的。没有对这一概念的深入探究，其余理论都将是空中楼阁。那么形象研究，特别是其中的问题“什么是一个形象？”可以说是美术理论必须首先奠定的基石之一。然而2008年在芝加哥召开的由众多世界顶尖视觉文化研究者、艺术史家和理论家参与的研讨会的题目依然是“什么是一个形象？”。可见这仍是一个有待研究的问题而没有一个确切的结论。一种可能的回答是形象是一种符号。这也是符号学艺术史以及一些视觉文化研究者的立场。而对于另一些学者而言，答案可能恰恰相反：形象不是符号。形象既可能是符号的子集又可能是它的它者。即使是它者也可以成为一面映照的镜子。的确，为了知道某物是什么，我们往往需要知道它不是什么。那么为了最终解开形象之谜，在正反两方面都需要知道符号是什么以及符号学是否适用于形象。

说到符号学，国内学者总是会想到皮尔斯的图像符号，而上文已经指出皮尔斯的三类符号中的图像并不专指视觉形象；相反，视觉形象（例如绘画）也包括指号和象征。可见许多流行的视觉符号学中的说法都是经不起推敲的臆造之词。作为把符号学应用于形象的典型，符号学艺术史（或视觉符号学）也是一个需要探究的领域。国内在这方面已有不少的介绍。例如布列逊著作的节选以及相关书评早在1988年就已在《美术译丛》第3期上译介。1991年第3期的《世界美术》上也翻译发表了评论布列逊的文章。他的四本主要著作《语词与图像：旧王朝时期的法国绘画》《传统与欲望：从大卫到德拉克罗瓦》《视觉与绘画：注视的逻辑》《注视被忽视的事物：静物画四论》在新世纪的最初几年也都已经译成了中文。其他一些单篇文章和他主编的文集也已经翻译或正在翻译。[10]已经有一些硕博士论文是以布列逊的艺术史研究为题的。对于布列逊与米克·巴尔合著的著名论文《符号学与艺术史》，虽然至今没有完整的翻译，但是国内的学者早已对其进行了介绍和研究。丁宁在1997年发表的《绵延之维》中最早评论了《符号学与艺术史》一文。其后有很多著作中提及这篇论文。例如高名潞在2009年出版的《意派论：一个颠覆再现的理论》一书中也提到这篇文章。王志亮在2011年发表的《符号学于艺术史的意义与应用——谈米克·保尔与诺曼·布莱森的〈符号学与艺术史〉》一文中较为完整地复述了这篇长文的大致意思。当然这些研究大多以介绍为主，没有把布列逊的相关方法论放入符号学艺术史的学术传统的整体之中进行研究。

相比之下，对另一位符号学者米克·巴尔的相关著作的翻译和研究却很少。国内文学理论界确实已经对她的著作有不少译介，但是除了她的文学研究方面的著作《叙述学：叙事理论导论》之外，她的视觉符号学的著作至今只有一些单篇文章发表：常宁生翻译的2007年发表于《世界美术》的《观看符号/解读绘画——运用符号学理解视觉艺术》；张思齐翻译的2009年发表于《圣经文学研究》第3辑的《用作书写策略的身体》；王漠琳、段炼翻译的2012年发表于《美术观察》的《解读伦勃朗绘画〈芭思希芭〉：从类型符码到意指失谐》；褚素红和段炼翻译的2013年发表于《美术观察》的《解读艺术的符号学方法》；以及收录于史蒂芬·梅尔

10　诺曼·布赖森：《菲洛斯特拉图斯与意象博物馆》，载史蒂芬·梅尔维尔、比尔·里汀斯编著《视觉与文本》，郁火星译，江苏美术出版社，2009；以及诺曼·布莱逊：《符号学与视觉阐释》，载段炼编《艺术学经典文献导读书系：视觉文化卷》，北京师范大学出版社，2012。

维尔、比尔·里汀斯编著的《视觉与文本》中的《解读凝视：伦勃朗艺术中的性别建构》；收录于格里塞尔达·波洛克编的《精神分析与图像》的《梦的艺术》。显然这些译介难以涵盖米克·巴尔的海量著述，也无法反映她的符号学艺术研究的全貌。尤其是米克·巴尔的重要著作《阅读"伦勃朗"》和《引证卡拉瓦乔》都没有翻译（后者曾有翻译计划但至今未出版）。相关的研究也只有一些艺术史概论书籍的简要介绍和段炼最近发表的一两篇文章而已。[11] 此外，她关于视觉文化的一篇重要文章也已经有人翻译发表，并得到了研究。[12] 与国内对二人的研究的冷热不均相反，国外最近与布列逊有关的文集和研究等都非常少，米克·巴尔却异常受到热议。比如被称为新艺术史阵地的英国艺术史家联合会主办的《艺术史》杂志2007年第3期是一期关于米克·巴尔的专刊。除了她之外，另一位在《艺术史》杂志上享受了专刊殊荣的艺术史家是迈克尔·巴克森德尔（Michael Baxandall）。对于这些最近的学术活动只有李建群翻译了乔万尼·卡雷利（Giovanni Careri）的《历史的时间与历史之外的时间：作为理论对象的西斯廷礼拜堂》发表于2010年《世界美术》。

与对代表性人物的译介相比，更令人担忧的还是国内对符号学艺术史（或艺术史的符号学方法或视觉符号学）的理解。大多数标榜自身使用了符号学方法的作品往往只是谈论了简单的象征关系，至多接近于使用了符号学术语的图像志。在图画中解读出"狗象征忠诚"勉强可以算作初级的符号学应用。但是这种图像志识别其实无需任何符号学专门理论的辅

11 段炼：《视觉再现与符号研究》，《东方艺术》2011年第19期；以及段炼：《符号的救赎：从图像到事件——米柯·鲍尔符号分析的"理论世界"》，《文艺研究》2012年第8期。

12 米克·巴尔：《视觉本质主义与视觉文化的对象》，载吴琼编《视觉文化的奇观：视觉文化总论》，中国人民大学出版社2005年12月第1版。笔者的硕士学位论文中详细讨论了该文的学术上下文。此外邵亦杨《视觉文化研究与艺术史》（《美术研究》2009年第4期）以及肖伟胜《视觉文化与图像意识研究》（北京大学出版社2011年1月第1版）中也有提及和评论这篇文章。

助，而且这只能被看做原符号学或前符号学阶段的解读方式。结构主义符号学对形象句法的讨论以及后结构主义符号学对意义流动的讨论都没有被充分注意和实际运用。至于米克·巴尔所专注的视觉叙事则是完全无人问津。国内确实有不少有关“图像叙事”的论文，但是均未引用过《阅读“伦勃朗”》等书。在这些论文中有的甚至声称：“涉及图像叙事的成果却难得一见”，“……国外的情况也好不到哪里去”，而且米克·巴尔的视觉叙事“乏善可陈”[13]。之所以会出现这类井底之见，不过是作者根本没读过《阅读“伦勃朗”》而已。由于没有接触过视觉符号学的新方法论和观念，这些国内研究往往还停留在照搬两百多年前莱辛的《拉奥孔》的水平上，或是把图像叙事当做语言叙事的翻译，把视觉艺术看做文学的附属物或插图，而没深入视觉的特殊性之中。[14] 而本书对符号学艺术史的介绍将附带推进国内对该方法论的理解以及“图像叙事学”的研究。

同时本书的另一个重点是对否定性地思考符号学艺术史的反符号学的介绍。介绍反符号学不是彻底否定符号学艺术史，而是推进对它的理解，增加新的视角，同时也是推进对形象问题的多重理解。只有经过同相反观点辩论的方法论才能百炼成钢，具有完整的自我意识。对于这一点，国内的相关研究相当匮乏。虽然米切尔关于“后符号学”的观点早已翻译成中文，但是在笔者发表《图像的晕头转向》以及硕士学位论文《敲响图像》之前，几乎没有人注意到他的反符号学姿态。相反，直到最近都有人把米切尔当做符号学的代表。甚至有人把“后符号学”当做自己的专著的副标题，却在书中用符号学来解释形象。[15] 除了米切尔的书之外，对反符号学

13 龙迪勇：《图像叙事：空间的时间化》，《江西社会科学》2007 年第 9 期。

14 较早的例如肖慧君：《图像如何叙事》，硕士学位论文，武汉大学，2005。

15 如韩丛耀：《图像：一种后符号学的再发现》，南京大学出版社，2008。

相关著述的译介也不多。例如虽然已经翻译了很多埃尔金斯的作品，但是他的代表作《形象之域》[16]和《关于图画和错失它们的语词》还没有被翻译和介绍。至于系统梳理和研究反符号学观点则是完全空白。国内学者自身对符号学艺术史的质疑同样很少。虽然一些理论上敏感的批评家和理论家在20世纪90年代就已经开始质疑符号学对于艺术品的应用，但是论述不十分充分而且和运用符号学的一方相比没有造成多大影响。[17]这也是缺少相关译介的结果。在新世纪有部分学者对文字的图画性质进行了反思。这可以看做国内反符号学相关研究的一个方面的进展。本书将对反符号学理论进行系统介绍和反思。

本书的研究对象都是双胞胎般的双重结构：图像—符号，符号学—反符号学。为了让本研究更具思辨性，笔者希望在其上再累加一层双重性：对上述对象的研究与这些研究本身。那么本书不仅仅是对上述问题在西方学界进展情况的介绍和评论，还是对这些研究间关系（来源、影响、批评、回应）的探索，是对其研究意图的探索，以及对理论如何影响学者的观看方式的研究。就是说这些研究本身也是本书的研究对象。通过对这些研究的解读，本书不仅要回答“形象是不是符号？”“形象是什么？”，还要回答“为什么知道‘形象是什么’对我们很重要”。

第四节　研究范围

符号与形象两概念之间的纠缠在古希腊哲学中就已出现，但是本书

16 《形象之域》一书在笔者2014年提交博士论文之后于2018年出版了中译本《图像的领域》。

17 例如查常平：《超越索绪尔之后：论艺术意义的生成》，《美术界》1997年5期。

将把考察范围限制在符号学作为学科正式被提出之后，以此来保证研究对象中相关术语具有严格的符号学术语统一性，并同时保证材料的可获得性。在此时间范围中又以英语世界（包括用英语写作和作品被译为英语的学者）为主，旁及法、德等地对英语世界产生影响的学者和作品。这些限制主要是因能力、篇幅和时间而做出的，更是为了保持历史叙事的完整性和符合本书自身必然具有的线性叙事秩序。当然这些限制也并非绝对的，因为本书所研究的众多当代学者中有不少具有全球视野，跟随着他们的目光，本书也必将会触及其他时代、地域的形象与符号现象。总之上述限制是对于二级研究对象即“形象与符号关系的学术史”而言的，而对于一级研究对象“符号与形象”而言是无限制的。

即便在前述范围内，本书亦非一个符号与形象关系问题的学术普查。考查所有相关文本既不可能也无必要。作为本书对象的将是那些最有影响力，富有理论争议性，与其他研究形成对话关系的，并具有理论深度的作品。对于那些仅仅运用符号学理论，把“形象是一种符号”当做想当然的前提的作品，本书将不加考虑，亦即本书是对“关于形象/符号的理论”而非“运用形象/符号的理论”的调查。所以当代众多艺术史和视觉文化研究中运用符号学方法的论文将不进入本书的视野，而具有理论开创性的米克·巴尔等人的《符号学和艺术史》将作为把符号学运用于形象研究的代表。

第五节　方法论

对于“形象是什么？”的问题的探讨，本书的整体结构更多是以否定法来实施的。一方面通过引入符号学的形象研究，至少对于反符号学理论家而言，形象找到了一个其所不是的它者。另一方面符号学的形象研究也找到了反符号学这个对立面。通过动用否定法，本书力图克服当前国内形象研究中一边倒的倾向和缺少反思批判的现状。逆向思考“形象不是什么？”以及“符号不能做什么？”不仅是对形象研究的推进也是对符号学理论的积极发展。这种否定法恰好又给予了上述那个“叉号”一个方法论的含义。

通过这种正反兼顾的方法，本书将以形象与符号的关系问题为指南针，勾画一幅当代相关问题的跨学科理论地图。这张地图将穿越符号学、哲学、艺术史、视觉文化等众多学科和研究的边界定位学术的走向。尤其是这份新的地图将勾画出“反符号学”这一未知的大陆，并将使已知区域中不再出现狗头人式的臆造的怪物，而代之以更准确的坐标。

然而地图的隐喻远远不能涵盖本书的目标。因为本书将更多地以时间为线，在涉及的作者们的相互影响、相互辩驳的历史关系中追踪理论史的发展。如果说研究哲学就是研究哲学史，那么对形象的理论而言这同样适用。在此意义上本书在理论的逻辑推演之外，也将是一篇历史学论文。那些理论家就是历史人物，而他们发表的论文和辩论则是形成对话关系的历史事件。当然也可以把不同的理论和概念本身看成是进行着对话的主体。在具体历史语境中产生的理论首先具有具体的历史价值。其超越历史的价值是在接受和阐释的过程中形成的。通过系统地还原他们的对话和对话的语境，本书意欲“让往昔复活”，探索各种理论产生的因由和目的，而不是以单一标准简单地进行理论价值的评判。

作为一本历史研究专著，本书其中一个方法论问题是历史编纂法或组织历史材料的模式。对此本书将以汤因比所谓的挑战与回应模式作为初始图式。例如当索绪尔提出建立符号学的设想之时，他明确地意识到他的共时性语言学理论并不涉及形象。于是形象就对结构主义理论发起了一个挑战，而巴特提出形象的修辞学和他的《神话学》则是对这一挑战的回应。

本书最重要的挑战与回应是在符号学艺术史与反符号学理论之间进行的。

但是必须要消除的一个可能的误解是本书并非采用了一种二元对立的模式。在符号与形象以及符号学与反符号学之间都不存在这种二元对立。首先，挑战和回应本身都不是同质的。一个人可以接受多种挑战，同时一个挑战也会导致多种不同回应。其次，像上述巴特的例子所示，挑战未必是其他学科或阵营中的学者发出的。这一点在埃科关于图像符号的讨论中尤为明显。最后，即使是在符号学艺术史或反符号这样的对立阵营之中每个学者处理问题的角度、策略、目的和结论也不尽相同。比较和区分这些差异就像比较不同阵营的理论差异一样是本书的目标。总之，重要的是坚持历史的特殊性，对象的多样性，而不是把丰富的理论简化为同质的二元对立。正是在这种差异和多样性中，理论才得以进展。

那么，本书不仅是两个（灰色的）理论概念——形象与符号的遭遇，更是一些鲜活的人（学者）的智力相遇，是符号学与艺术史、视觉文化研究的相遇。有时这种相遇如同冷水滴进油锅，但是智慧的灯泡往往需要同时连接正负极才能点亮。另外这些喧哗正是历史的真相。所有新颖理论的提出都需要经受辩论的质疑，在质疑中论辩的双方都可能巩固或升华自己的观点并提出新的理论。这是理论的历史发展过程，也是理论生长的方式。符号学和反符号学在形象研究的问题中是同一枚硬币的两面，如果我们把这枚硬币切割成两半，那么分开的两面也将失去其在理论中流通的价值。当然辩论并非这些学者们唯一的联系，前辈或同辈学者间的影响、借鉴、启发、误读同样是论述的重点。通过对这些时间上决定的理论间相互关系的探究，历史意识将得到重视。本书最终将呈现为一部理论研究和历史研究相融汇的充满斗争和联系的理论史。研究者之间的联系使得理论之网也是历史之网。在这种双层网中，符号学和反符号学各自作为经纬从不同方向试图捕捉最狡猾的形象问题之鱼。

第一章

符号学中的形象

第一章　符号学中的形象

符号学是新艺术史和视觉文化研究中重要的方法论。符号学艺术史研究是当代前沿的交叉学科研究。深入探讨符号学理论在艺术中的应用有助于从符号的角度加强对形象本质的认识。对形象的认识无疑是艺术理论的基础之一，但是当前的艺术史学科对符号学的理解往往只停留在索绪尔、罗兰·巴特的基本理论上，而对阿尔吉达斯·朱利安·格雷马斯、翁贝托·埃科、查理士·莫里斯等其他符号学家的理论很少了解和运用，或是限于模仿诺曼·布列逊和米克·巴尔等人的符号学艺术史方法。由此可见当下的艺术史和艺术理论中应用的符号学是不完整的，更重要的是很多艺术史文本都简单地把绘画或形象等同于皮尔斯的图像符号。但是本书将指出皮尔斯的符号三分法中的图像符号（icon）与艺术史和视觉文化中使用的形象（image）之间有着巨大的错位，绘画或图画更不是图像符号的首要例证，可见许多流行的视觉符号学中的说法都是经不起推敲的臆造之词。一方面，通过对图像符号概念的辨析以及符号学家们对其的评论，本书试图讨论在符号学家视野中的形象是不是一种符号或是一种怎样的符号，进而考虑这些符号学理论是否适合于解释形象。另一方面，虽然符号学（尤其是索绪尔传统的符号学）以语言为研究对象，但是这种以语言为中心的研究理论中也不可避免地有着形象的参与，所以在叙述符号学中相关的视觉形象研究之后，本书将对一般符号学中潜藏的形象话语进行发掘，试图在语言的核心中找到那些被符号学家利用却又视而不见的形象，最终尝试理解符号学家们对形象问题的理解方式，并揭示为何这些符号学理论很少被当前的艺术史利用。因此本书是在符号学自身语境下讨论不同符号学理论处理形象问题的不同立场和偏向。

第一节 符号学中的各种相关研究

索绪尔在《普通语言学教程》中设想的一般符号学包罗万象，“语言学不过是这门一般科学的一部分”，但是他本人并未把注意力转向语言学之外。受到索绪尔传统影响的符号学家们也都把语言学作为符号学的基础，把语言作为符号的理论模型。这导致结构主义符号学虽然会将视觉对象或形象单独作为研究对象来处理，但是相关研究往往只是语言学理论的翻版。罗兰·巴特就是这样一个典型的符号学家。

罗兰·巴特的符号学研究范围，从广告、摄影、菜肴到流行服饰，无所不包，但是这种范围的扩展是以语言学对其他领域的延伸作为前提的：“符号学知识实际上只可能是对语言学知识的一种模仿；大胆则是指，这种知识，至少在构想中，已经被应用于非语言学对象了。”[1] 虽然罗兰·

1 罗兰·巴尔特：《符号学原理》，李幼蒸译，中国人民大学出版社，2008，第1页。

巴特也会为自己的论述留下余地[2]，但是实际上他的理论文本始终在严格遵循语言学模式。例如罗兰·巴特把来自语言的分节方式看做符号学的核心问题："语言结构是分节作用领域，而意义首先即相当于切分作用。于是符号学的未来任务与其说是建立关于事物的词汇学，不如说是去发现人类实际经验中的分节方式。"[3]这并不意味着罗兰·巴特认为形象与语言的分节方式完全相同。相反，他对这种差异非常清楚，而且充分意识到非语言分节方式的价值。《流行体系——符号学与服饰符码》一书就称："毋庸置疑，建立一种独立存在的、与分节语言毫无关联的符号学会更有用处。"但是出于课题复杂性和规则的考虑，他最终选择的是书写的（或描述的）服装，而不是真实的服装或服装图片组成的符号系统。[4]把对象从形象转换到形象的语言就避开了非语言对象的切分问题，研究又回到了符号学熟悉的语言领域之中。结果就是可以自然而然地宣称："人注定要依赖分节语言，不论采用什么样的符号学都不能无视这一点。""人类语言不仅是意义的模式，更是意义的基石。"忽视非语言对象特性为语言学扫除了障碍，使其成为符号学的唯一基础。所以罗兰·巴特的符号学比索绪尔更进一步确立了语言学的绝对权威："我们应该颠覆索绪尔的体系，宣布符号学是语言学的一部分。"[5]

应该看到语言的这种模式和基石地位并非罗兰·巴特以语言学彻底消解了形象问题，而只是对形象特殊性存而不论的结果。罗兰·巴特自己很清楚："但对于那些多少同实景类似的肖似组合段，我们却极难以切分，

---

2 例如："我也不断言符号学应当始终严格地遵循语言学模式。"罗兰·巴尔特：《符号学原理》，李幼蒸译，中国人民大学出版社，2008，第2页。

3 同上，第41页。

4 罗兰·巴特：《流行体系——符号学与服饰符码》，敖军译，上海人民出版社，2000，前言第2页。

5 同上，前言第3页。

……”[6] 于是他不得不承认：“此外还应考虑当能指是类比项时如何能建立（数量上有限的）聚合体系列，‘形象’无疑就是这种情况，因此关于形象的符号学的建立为时尚早。”[7] 有趣之处在于，恰恰是罗兰·巴特的形象修辞学和神话学称得上是符号学中对形象研究最有影响力的理论。不过在原作者自己看来，这些符号学理论对于研究形象而言显然是不够完整的和充分的，只是未来的形象符号学的早产儿。那么这早产儿有哪些先天不足呢？

罗兰·巴特的形象修辞学被构想为是在处理形象的符号学所面临的最重要的问题：类比性再现。在对广告照片的分析中，罗兰·巴特区分了三种讯息：语言学讯息，含蓄意指形象（象征讯息或文化讯息），直接意指形象（字面讯息）。语言学讯息无疑是形象之外的纯语言。含蓄意指形象虽然依附于形象，但是其工作原理与语言象征以及神话的涵指形式并无不同。真正体现形象特质的只有直接意指形象，其又被称为无编码讯息。罗兰·巴特认为对无编码讯息的识别需要知觉，即“什么是形象”的知识以及基于一般生活的人类学知识。然而语言和象征同样需要知觉参与，而且严格地说这些知识仍然属于文化因素，都需要习得。只是由于其是在人小时候习得的，而且其知识是从外在对象到语言（命名），而不像象征讯息是从语言到语言，所以就被认为是更接近于自然的，从而被罗兰·巴特称为“无编码的”。亦即这些讯息并非真的无编码，只是在与语言讯息、象征讯息的比较中语言的参与更少而已。罗兰·巴特称：“能指与所指之间的关系几乎是同语反复的。”[8] 实际上能指是形象，所指是语言命名和

6 罗兰·巴尔特：《符号学原理》，李幼蒸译，中国人民大学出版社，2008，第 47 页。

7 同上，第 36-37 页。

8 罗兰·巴特：《显义与晦义——批评文集之三》，怀宇译，百花文艺出版社，2005，第 25 页。

概念，二者截然不同。除非能指已经事先被偷换为语言，才会把这种意指过程看做同语反复。可见罗兰·巴特看到形象之时仅仅承认自己转换出来的语言存在。事物和形象唯有转换为语词才能进入罗兰·巴特的符号学系统。他对这些无编码讯息更看重的是其对含蓄意指讯息的掩盖作用："直接意指的形象把象征讯息自然化了，它使含蓄意指的语义人工性纯洁化了"[9]。无编码形象的另一个作用是把形象中的含蓄意指系统联系起来构成一个句段。但是罗兰·巴特在《摄影讯息》一文中指出在单张的照片中这种连续性的横组合句段结构并没有句法规则。

在更早的神话学理论中可以找到形象修辞的理论来源。在神话的符号学结构中，一级的能指和所指之间是自然的因果联系，而二级的因果关系则是人为的、虚假的。二级意指通过一级意指的自然性获得掩盖，把自身伪装成了纯洁的言语。那么形象修辞中无编码形象的作用就与神话学中的一级意指相同，其本身实际上就是一个"自然的"一级意指。神话学中也涉及大量形象，但是在神话学中语言与形象之间不再有一个本质性的差异："图画一有意义，就立即变成了一种文字——它们就像写作一样，也需要词汇。"[10] 其实罗兰·巴特也明白图画从来没有真变成文字，只是被符号学家故意当做了文字："这就是为什么符号学家有权以同样的方法处理文字和图画的理由：他从它们身上保留下来的，是这样一个事实，即它们都是符号，它们都到达了被赋予了同样的意指功能的神话门槛，它们同等地构成了一个语言－客体。"[11] 而且他清楚地指出这种把图画和文字等同的符号学并未切分和探究图画本身之内可能具有的各种符号，神话学只

9 罗兰·巴尔特、让·鲍德里亚等著，吴琼、杜予编《形象的修辞——广告与当代社会理论》，中国人民大学出版社，2005，第 47 页。

10 同上，第 3 页。

11 同上，第 8 页。

关心图画作为整体产生的符号："涉及的不管是文字的书写还是绘画线条的书写，神话从它们身上想看到的都只是诸符号的一个总体，只是一个整体性的符号，它是初生符号学链的最后一项。"[12]那么可以说被分析的只有被当成语言的形象和神话的修辞，但是形象本身却从符号学之网的网眼中溜走了。

可见，罗兰·巴特极力把无编码的不受语言控制的形象纳入一般语言学研究的方式之中。在修辞中，形象与语词的差异被取消，自身的符号学分析被忽视。形象或者充当自然化的掩盖者，或者在双轴关系中充当一轴。即使是无编码形象也只是可命名的视觉符号，但是一旦加入连续性和直接感知等不同于语言学的特质，符号学就会感到棘手而不得不压制这些特质，将其转化为既有的语言学秩序中现存成分的替代者。纯形象并没有带给罗兰·巴特的符号学新的功能和结构。形象无法有限分节，无编码，无线性序列，无法找到最小单位的特点困扰着罗兰·巴特完成真正的符号学。

相比于罗兰·巴特，格雷马斯进一步明确地从根本上消除了视觉符号与其他感官符号、形象与语言之间差别。格雷马斯在《结构语义学》中提到视觉类、听觉类、触觉类的非语言能指分类很常见，"不过，我们现在就可以记住，我们将其确定为外在于人的能指性质不应该混同于所指性质"[13]。进一步而言，"任何所指分类都不可能以能指为依据。因此，意义通过能指表现，但它与能指的性质无关"[14]。而且视觉形象只是自然语言在不同感觉类的范围内的转移和现实化（格雷马斯的例子是梦的语言和

12 罗兰·巴特：《神话修辞术 批评与真实》，屠友祥、温晋仪译，上海人民出版社 2009，第 175 页；罗兰·巴尔特，让·鲍德里亚等著，吴琼、杜予编《形象的修辞——广告与当代社会理论》，中国人民大学出版社，2005，第 7 页。

13 A.J. 格雷马斯：《结构语义学》，蒋梓骅译，百花文艺出版社，2001，第 9 页。

14 同上，第 10 页。此处中译本将第二个能指误译为所指。参见另一译本 A.J. 格雷马斯：《结构语义学：方法研究》，吴泓缈译，生活·读书·新知三联书店出版社，1999，第 10 页。

电影语言）[15]。至少对于语义学而言，意义的结构、层级、关系都与能指是不是视觉对象或形象无关。

不过对能指性质的彻底排除反倒促使格雷马斯把视觉形象问题单独作为一个符号学问题来讨论。在出版《结构语义学》之后不久，格雷马斯就在1968年发表了《一门关于自然界的符号学的条件》一文，开始涉及非语言符号学。文中称意义需要借助“物质实体”，“意义有可能藏在所有的感性表象中，它既在声音的‘背后’，又在图像、气味和滋味的背后，但它同时又不在（作为感觉的）声音或图像‘之中’”[16]。虽然自然语言符号学是具有特权地位的，但是“另一方面我们还必须假设一门关于自然界的符号学的存在及其可能性”，并把符号和自然界表意系统的关系“看做表意现象的两个层面之间的关联网”[17]。之后格雷马斯把自然界符号学的讨论限制在视觉的感性世界中，但是并不限制于二维图画，而是缩小到人体动作上。该研究通过把动作分解成不变量的单位，把动作“简化成形象”，并寻求这些单位之间的关系，所以区分和记录动作的形象清单成了自然世界符号学的基础。也就是说，对于格雷马斯的非语言符号学而言，重要的是编制和识别非语言符号的词汇表。之后格雷马斯还与冯塔尼埃合著了《激情符号学》[18]一书，可以看做是这篇论文的一种扩展和引申研究。

《一门关于自然界的符号学的条件》中已经把视觉形象作为主要的研究对象，此后格雷马斯并未进一步研究嗅觉或触觉符号学，而是继续把

15 A.J.格雷马斯：《结构语义学》，蒋梓骅译，百花文艺出版社，2001，第11页。

16 A.J.格雷马斯：《论意义——符号学论文集》上册，吴泓渺、冯学俊译，百花文艺出版社，2005，第47页。

17 同上，第49页。

18 Algirdas Julien Greimas and Jacques Fontanille, *The Semiotics of Passions: From States of Affairs to States of Feeling*, trans. Paul Perron and Frank Collins, Minneaplis and London: University of Minnesota Press , 1993.

注意力集中于视觉形象和视觉艺术上。其结果就是写出《图形的符号学和造型艺术的符号学》一文。在这篇文章中，格雷马斯认为虽然符号学中对视觉对象的相关研究聚集于视觉符号学的标题之下，但是视觉理论远未发达，只是个方便的标签，所以“视觉符号学（或形象的符号学）也经常只是我们的困惑和不正确的事实的编目”[19]。他认为应该进一步“限制我们的调查的对象”。如果仅仅是“按照它的平面结构定义视觉符号学”，那么就会包括各种书写和语言的再现，从而使研究的特异性消失。而且相关研究领域“不能被阐释为一个图像的关系，作为在平面的视觉图形和自然世界的构造之间简单的‘相似’关系。如果相似被定位在能指的层次上，那么自然语言——给定它们的表达的声音层次——以及音乐的语言，会不得不被称为图像的，并会不得不被说成有相似性，不是与自然世界的视觉维度，而是与听觉。如果有相似性，它是在所指的层次上，也就是在解读网格的层次上，其对于世界和平面的人工制品二者来说都是共通的，但那么说图像性将不再有意义”[20]。相反，平面的人工制品不是相似或世界本身，而是关于“世界的人类解读”。解读和识别属于社会的自然，每个文化都有它自身的“世界视觉”。

格雷马斯提出的是视觉对象的图形（figure）的解读。只要假定一个图像化的解读网格，“解读网格，其具有一个语义学本性，索求这些平面的能指并把它的派系置于大量视觉特征之下，这些视觉特征在它们的各自的密度方面各不相同，而且它将其转变为图形的构形成分（figurative

19 Algirdas Julien Greimas, “Figurative Semiotics and the Semiotics of the Plastic Arts,” Translated by Frank Collins and Paul Perron, *New Literary History*, Vol. 20, No. 3, *Greimassian Semiotics* (Spring, 1989), p.628.

20 Ibid, p.632.

formants），赋予它们所指。它因此把视觉图形转换成对象 – 符号”[21]。符号过程选择了某些视觉特征并使其普遍化，并把一些异质特征转换为一个构形成分（能指单位）。图形性也就是可解读的特征。图形性越强，画面就越图像化，反之则导致康定斯基式的抽象作品。这个生产符号过程的解读模式就是图形符号学。其赋予那些平面的能指“自然的”阐释，而不关注平面对象的意指的分节。此外格雷马斯还使用了“造型艺术的符号学”等称谓。

可以说，由于格雷马斯把能指本身的性质排除于语义学范畴，所以他的图形符号学等研究都把视觉形象的符号学研究局限于句法学（或符形学）的低级阶段。在这一阶段形象本身的单位又屈从于文化的限制。一旦掌握了视觉特征或形象单位，视觉形象的符号学研究就会消逝于一般语义学之中。而且作为非语言符号，形象还是语言再现的对象，需要语言的转译。正是由于有这种先天不足，格雷马斯才会特意倡导自治的图形符号学而不怕其威胁语言在符号学中的主导地位。相反，其他符号学家往往只是在一般符号学中涉及视觉形象而已。例如莫里斯就提及“听觉的、视觉的和触觉的语言”[22]。符号学家关注的是视觉形象如何产生意义的方式，而不是个别形象的含义。就像格雷马斯说的那样：“符号学的目标是研究符号系统而不是符号。”[23]这也就使得各种与形象或视觉相关的符号学与艺术史和视觉文化的具体研究之间缺少共同的关注点。或者说从符号学理论体系的角度看，不存在视觉形象符号学甚至视觉艺术符号学（例如安娜·埃诺

21 Algirdas Julien Greimas, “Figurative Semiotics and the Semiotics of the Plastic Arts,” Translated by Frank Collins and Paul Perron, *New Literary History*, Vol. 20, No. 3, *Greimassian Semiotics* (Spring, 1989), p.633.

22 C.W. 莫里斯：《指号、语言和行为》，罗兰、周易译，上海人民出版社，2011，第 41 页。

23 A.J. 格雷马斯：《论意义——符号学论文集》上册，吴泓渺、冯学俊译，百花文艺出版社，2005，第 92 页。

等人的研究[24]），这些名称只是各种符号类型和符号学系统的组合而已。

第二节 图像符号与视觉形象的不对应关系

当下的许多艺术史方法论书籍都会在符号学的相关章节中提到皮尔斯的图像符号概念。国内把 image 译为“图像”的译法也不断加剧把图像符号限制于视觉形态的误解。西比奥克把这种误解称为“一个令人吃惊的流行的谬误”[25]。实际上符号学中的图像符号概念与图画或一般意义的视觉形象只有相交关系，双方都有着对方无法达到的领域。下面先从图像符号概念的源头皮尔斯的相关论述说起。

对于皮尔斯而言，图像符号“它自身的品格使得它成了正如这种品格所指的那种符号，而这种品格是内在于符号的一种品质”[26]。虽然在初期皮尔斯的确提及相似与图像符号的关系，他认为：“图像符号或形象……可以代替任何对象，只要它像那个对象”[27]。但是从 1903 年后“相似”仅成为图像符号展示自身的一种品质。无论相似性是不是必要条件，图像符号的范围都远远超越视觉对象。除了“形象”之外，亚图像符号（具有实体的图像性再现体）还包括图表和隐喻（metaphors）。皮尔斯还提出数学家的推理具有图像性，“实际上，每一个代数方程式都是一个图像符号，只要它是通过代数符号（其本身不是图像符号）来展现相关数量关系

24 安娜·埃诺、安娜·贝雅埃编《视觉艺术符号学》，怀宇译，四川大学出版社，2014。

25 Thomas A. Sebeok, “Iconicity,” *MLN*, Vol. 91, No. 6, *Comparative Literature* (Dec., 1976), p.1442。

26 皮尔斯：《皮尔斯：论符号　李斯卡：皮尔斯符号学导论》，赵星植译，四川大学出版社，2014，第 52 页。

27 同上，第 52 页。这里对中译版涉及概念的部分译法有修改，具体解释请见绪论第二节。下同。

的”[28]。因为等式中的数量关系看起来与问题中的类比关系相似。“任何一种质符都是图像符号，比如由一段音乐所激起的某种想象或情感，它们被认为是可以体现作曲家所想表达的东西的。”[29]上文也提到格雷马斯指出音乐语言同样可以是具有相似性的图像符号。图像符号囊括了图表、隐喻、方程式、有关误差的曲线分布图、音乐激发的情感等等。这些对象的共同点在于它们的形成都只是通过展示自身就能够意指它物。这显然不是一般意义上的模仿或绘画所能涵盖的。

而绘画或一般视觉形象本身也不单纯是一个图像符号。绘画无疑可以具有相似性，却并非必须。莫里斯明确指出，视觉指号常常表现出很大程度的图像性，当然一个视觉符号不必是一个图像符号。[30]皮尔斯认为，某种物质形象，如果它作为一幅画而存在，那么它主要被作为画的这种再现形式所规约；但如果它就是一种物质形象，没有图例（legend）或者标签（label），那么它可以被称为‘亚图像’（hypoicon）。[31]其实绘画不仅可以是象征符号，甚至可以包括指号，这自不必说（比如指着十字架上耶稣的施洗约翰的手指）。很多绘画如果必须被剥夺作为其必不可少的组成部分的题名才能作为图像进入符号学的视野，那么这个代价恐怕是过大了。而且皮尔斯提到“纯图像符号是不依赖于任何意图的”，那么无论是作为一般形象还是作为艺术作品的绘画也都无法满足这一要求。

换言之，对于艺术史和视觉文化研究而言，皮尔斯意义上的“图像

28 皮尔斯：《皮尔斯：论符号　李斯卡：皮尔斯符号学导论》，赵星植译，四川大学出版社，2014，第55页。

29 同上，第52页。

30 C.W.莫里斯：《指号、语言和行为》，罗兰、周易译，上海人民出版社，2011，第200页。中译本把sign译为“指号”。为了与皮尔斯的指号（index）区别，笔者认为这里应按一般方式译为符号。

31 安娜·埃诺、安娜·贝雅埃编《视觉艺术符号学》，怀宇译，四川大学出版社，2014，第99页。以及皮尔斯：《皮尔斯：论符号　李斯卡：皮尔斯符号学导论》，赵星植译，四川大学出版社，2014，第53页。这里对中译版涉及概念的部分译法有修改，具体解释请见绪论第二节。下同。

符号”概念除了能替换传统的相似性概念（虽然就连这种替换也并不确切）之外，其实并没有多少实用价值，对于把绘画看做艺术品而言更是如此。莫里斯已经指出：“‘图像性’本身，并不是各种美术的一个绝对的标准，因为，一部小说可以同一幅画一样是艺术作品，而一幅关于一个对象的画可以是科学地可靠的但是美感地糟糕的。”[32]从根本上说皮尔斯既不是艺术史家，也不是视觉文化研究者，他从未把视觉形象看做有特权的研究对象。甚至可以说视觉形象从来不是皮尔斯符号学的一个分类研究对象。他的符号分类法是基于逻辑、再现项与对象和解释项之间的关系展开，从未以感官方式或语词对形象的方式划分。图像符号与造型艺术的关系并不比指号和象征符号来得更紧密，而且一般意义的形象也并不专属于图像符号的范畴。皮尔斯称当有人为小孩解释气球说它是个类似巨大肥皂泡的东西之时，“他就使得肥皂泡这个形象（image）成为这个象征符（symbol）的一部分”[33]。

更应该指出的是皮尔斯的图像符号概念并未被普遍接受，其中埃科（有的著作译为“艾柯”）的批判最为著名。埃科在《符号学理论》一书中专列一节展开对图像符号的批判：“‘图像性’在他（皮尔士）看来始终就是一条伞状术语，它囊括了心理意象、图形、绘画之类许许多多不同现象。”[34]对象与图像符号之间不存在所谓的相同属性。“在图像经验里，一定的感觉机制在发挥作用，它和现实客体感知过程里所包含的情况属于同一类型；……图像符号并不像客体那样拥有‘相同’的物质属性，但它们仰仗于‘同一’感知‘结构’，或同一关系系统。”[35]不同事物的感知

32 C.W.莫里斯：《指号、语言和行为》，罗兰，周易译，上海人民出版社，2011，第203页。

33 皮尔斯：《皮尔斯：论符号　李斯卡：皮尔斯符号学导论》，赵星植译，四川大学出版社，2014，第61页。

34 乌蒙勃托·艾柯：《符号学理论》，卢德平译，中国人民大学出版社，1990，第228页。

35 同上，第221页。

产生了相同的结果，甚至视觉刺激“根本就不是符号”。所谓相似是由于人们选择对比两种事物的一些相关因素，而忽视了另一些因素。“这种决定需要一定训练”，立足于文化或规范之上。[36] 值得注意的是埃科在文中多次引用了贡布里希对绘画中惯例和文化规约的例子，以证明绘画是一种编码行为。“‘图像’代码要么是在图形符号载体与已经编码的感知单位之间确立一种联系，要么就是在图形系统的相关单位和语义系统之间确立一种联系。”[37] 对此，埃科提议以生产符号功能的方式，而非符号类型来代替。

即便是承认图像符号的存在，甚至从蚂蚁和蚜虫的共生关系中看到图像符号的西比奥克也认为“图像符号充满人的交流代码，其中词句的交流代码不亚于非词句的”[38]。如果说图像符号既不符合绘画或一般形象的范畴，又缺乏分析的有效性，甚至自身都面临着被消除的危险，那么它带给艺术符号学更重要的作用是，图像符号这一概念迫使以语言学为基础和旨归的符号学家们不得不面对、思考和论述包括绘画在内的一般形象问题。由此我们才能一窥符号学家们对一般形象问题的观点。

第三节　符号学对形象的直接讨论

抛开作为符号学自身术语的图像符号，会发现符号学家们偶尔也会直接讨论形象概念和性质（包括更具体的绘画）。由于形象问题并非符号

36 乌蒙勃托·艾柯：《符号学理论》，卢德平译，中国人民大学出版社，1990，第 224 页。

37 同上，第 238 页。

38 Thomas A. Sebeok, “Iconicity,” *MLN*, Vol. 91, No. 6, *Comparative Literature* (Dec., 1976), p.1446.

学理论本身所蕴含的对象，所以这些涉及形象的文本大都只是只言片语。但是这并没有妨碍，反而有助于揭示符号学家心目中“形象”概念的形象。

一、索绪尔、皮尔斯和莫里斯

索绪尔本人在《普通语言学教程》中虽然没有直接讨论形象问题，但是他在例证中已经开始了对视觉形象的分析。例如讲到语言依靠音响印象的对立形成系统时：“正如一幅挂毯是用各种颜色的线条在视觉上的对立构成的艺术品一样。对分析来说，重要的是这些对立的作用，而不是怎样获得这些颜色的过程。”[39]他区分能指与所指概念的著名插图也把图画等同于符号中的能指。而且索绪尔亦将语音称为“音响形象”，可见在索绪尔看来，物质的图画实际上具有与自然语言中声音相似的能指地位。或者说绘画也是一种语言，语音也是一幅画，而“语言是一种约定俗成的东西，人们同意使用什么符号，这符号的性质是无关轻重的”[40]。也许正是由于对形象与声音的这种等价判断，索绪尔甚至在语言学中排斥书写的文字，认为文字由于视觉印象的鲜明持久从而凌驾于口语之上，因而他的研究只限于表音体系。但是同时索绪尔提到汉语里的文字是第二语言，有时汉字对汉语的代替是绝对的[41]，那么哪怕在语言（比如汉语）中，视觉因素也是不可或缺的存在。

皮尔斯对“形象”一词的使用不是非常严格。这在早期尤其明显。上文已经引述过的写于1902年的段落中，他把图像符号和形象二者并列而谈，也就是说在早期“形象”一词与图像符号是等同的。但是在另一个

39 费尔迪南·德·索绪尔：《普通语言学教程》，高名凯译，商务印书馆，1980，第60页。

40 同上，第31页。

41 同上，第47—51页。

段落中皮尔斯又把形象列为亚图像符号的一种，与图表、隐喻并列。这样一来对皮尔斯而言，图表就不是一个“形象”。此外他还称：“作为第一性的符号是它的对象的一个形象，或者更严格地说，它只能是一种观念。因为它必须产生一个解释项的观念：一个外在对象只能借助脑的反作用才能激起一个观念。但严格说起来，甚至连观念都不可能是一种图像符号，除非它是基于‘可能性’或第一性的意义之上的。”[42] 这里的形象似乎更接近无实体的观念。但是紧接着的下文又称“仅仅具有某种单一品质（或第一位的第一性）的亚图像符号是‘形象’”[43]，而亚图像符号是物质对象，所以此处的形象也是指物质形象。可见皮尔斯并不关注形象概念本身。

莫里斯认为绘画具有语言的性质，但是“绘画中单一的线条也不一定就是符号”[44]。图像性本身也不是绘画的绝对的标准。绘画可以写实再现，也可以进行表现。但是这种形象“语言”从根本上说不是完全独立的：“艺术这种语言部分地依赖于口说的语言，因而艺术作品常常成为个人间的后–语言的符号。”对于不同的交际目的而言，其与口语各有千秋。例如，图像符号不适合于表现空间和时间。因而音乐和绘画、图形和图解更多作为文字的辅助，而不能完全承担科学陈述。这与认为形象不适合表现时间而适合表现空间的一般见解不同。对于图像的作用，莫里斯认为“一个图像能够指谓，但是它也能够评价或规定”[45]。例如用绘画来漫画化或理想化对象就是一种评价。绘画与其他语言的区别在于有无图像符号，“图像性是一个程度的问题”[46]。而且莫里斯认为美感与符号无关，所以绘画的

42 皮尔斯：《皮尔斯：论符号 李斯卡：皮尔斯符号学导论》，赵星植译，四川大学出版社，2014，第53页。

43 同上，第53页。

44 C.W. 莫里斯：《指号、语言和行为》，罗兰、周易译，上海人民出版社，2011，第201页。

45 同上，第202页。

46 同上，第199页、第203页。

符号学只是加入了不同程度的相似性形象的语言研究。此外莫里斯提到过小说和诗引起的形象。所以他的形象概念不限于视觉对象。

二、罗兰·巴特

符号学家中对现实的形象问题最为关注的恐怕还要数罗兰·巴特。罗兰·巴特对形象问题的兴趣首先表现在从形象中分析和提取意义，使形象成为（基于语言学的）一般符号学系统中的一部分。如上文引述，在罗兰·巴特的神话学和形象修辞学中，形象必须被当做“一种文字”“语言－客体”“整体符号”才能被符号学解析。把非语言的形象系统转化为语言系统是罗兰·巴特的符号学理论的主要工作。1961年发表的《摄影讯息》一文就提出要确定艺术作品是否可以简约为意指系统。对于该问题，罗兰·巴特引用布吕奈和皮亚杰的假设，把形象（主要是照片）对语言学意义的依赖推到顶点：“照片就是在它被感知的时刻被词语化的；或者更可以说，照片只有在词语化的情况下才能被感知。……这个图像只有至少在第一次内涵过程即语言的各种范畴的内涵本身之中被浸没的情况下，才在社会上是存在的。”[47]在这种表述中不是形象能够意指，而是意义使得形象存在。

然而这种语言学的全面胜利在几页之后就终结了，罗兰·巴特发现了一个尴尬的问题：“创伤性摄影……，是无任何可说的摄影：从结构上来讲，刺激人的照片是无意指活动特征可言的：没有任何价值、没有任何知识，极言之，没有任何的词语范畴化过程可以在意指的构成过程中形成。”[48]创伤越直接，内涵越困难，然而无词语的创伤性摄影形象又确确

47 罗兰·巴特：《显义与晦义——批评文集之三》，怀宇译，百花文艺出版社，2005，第16—17页。

48 同上，第19页。

实实是存在的。这种抵制语言而存在的创伤形象最终在《明室》一书中化为符号学家受虐式快感的来源，也就是刺痛着观者的刺点（Punctum）："我能够说出名字的东西不可能真正刺激得了我。不能说出名字，是一个十分明显的慌乱的征兆。"[49] 可相比较的是，罗兰·巴特在论述神话修辞时称："概念是神话的构成元素，如果我想要破译神话，我就必须能够说出概念的名字。"说不出名字的形象正是符号学所无法破译的对象，而无法说出名字又是形象的特质之一。无名的刺点是不可分析的[50]，所以符号学家面对它时只剩下慌乱。罗兰·巴特承认的形象的另一个特异之处就是上文已经提到的无编码讯息。照片的形象由于是连续的，不需要过多的文化内涵，所以被看做悖论般的无编码讯息。

在符号学家的理想中，形象完全被意义系统所贯穿，正像人在其内心深处以不同的言语活动来自我表述那样。[51] 在罗兰·巴特的符号学想象中，"形象"无疑是一种晦暗不明的存在，是"黑暗的心"，是他者的铁幕，需要符号学家挥舞符号系统的利剑去穿透以获得意义和"理性"。而在实际的观看中，形象与符号学家的位置有时会被颠倒过来："是这个要素（刺点）从照片上出来，像一枝（支）箭似地（的）把我射穿了。"[52] 在与形象的较量中被贯穿的反而是符号学家自己。

49 罗兰·巴特：《明室——摄影纵横谈》，赵克非译，文化艺术出版社，2003，第 82—83 页。

50 同上，第 68 页："所以，为了感知'Punctum'，任何分析对我都是无用的：只要形象够大，用不着我去细看，用一整版登出来，一眼就能看见，就足可以了。"

51 罗兰·巴特：《显义与晦义——批评文集之三》，怀宇译，百花文艺出版社，2005，第 36 页；以及罗兰·巴尔特、让·鲍德里亚等著，吴琼、杜予编《形象的修辞——广告与当代社会理论》，中国人民大学出版社，2005，第 49 页。这里对中译版涉及概念的部分译法有修改，具体解释请见绪论第二节。下同。

52 罗兰·巴特：《明室——摄影纵横谈》，赵克非译，文化艺术出版社，2003，第 40—41 页。

罗兰·巴特对形象抵制意义的观点并不陌生，[53]但是符号学家的任务就是建立意指系统，在形象中寻找分析意义的方式，所以即便到后期写作中，罗兰·巴特依旧在为形象的意义问题辩护："因此，面对着一幅绘画，问它表现的是什么，从来就不是幼稚的问题（尽管有来自文化，尤其是来自特定文化的恐吓）。意义附着于人：即使人想创造非-意义（non-sens）或越位-意义（hors-sens），但他最终还是创造非-意义或越位-意义的意义本身。由于恰恰是意义问题构成绘画的普遍性障碍，因此，不断地返回到这个问题上来也就更具有合法性。"[54]亦即罗兰·巴特并不否认绘画可以成为非意义的对象。这些辩解也正好体现出形象抵制意义的观念是多么持久和普遍。

虽然符号学家喜爱意义，但过多的或模糊的意义同样困扰着符号学。《形象修辞学》谈到形象的多义性时写道："在电影上也同样，创伤性的形象是与对于事物的意义或一些态度的不确定性相联系的。"这时就需要压制性的语言学讯息给形象进行锚固或与其互补，用正规的语言符号驯服"离经叛道"的形象符号。"因此，从这两方面看，形象在意义的方面是微弱的：有些人认为，与语言相比，形象是一种极端幼稚的系统；有些人认为，意指过程不可能穷尽形象难以言表的丰富性。"[55]无论是无话可说还是说得太多太模糊，总之形象与（语言的）意义之间往往不能协调。很难理解的是：既然形象的意义丰富性难以被符号学的意指过程穷尽，为何

53 "一般的看法也有一个模糊的观念，就是把形象看做抵制意义的领域——亦即在某种神话的生命观的名义下，形象是一种再现，也就是说，是根本上的复活，而且，正如我们知道的，智能的存在被认为是对活生生的体验的冷漠。"见罗兰·巴尔特，让·鲍德里亚等著，吴琼、杜予编《形象的修辞——广告与当代社会理论》，中国人民大学出版社，2005，第36页；以及罗兰·巴特：《显义与晦义：批评文集之三》，怀宇译，百花文艺出版社，2005，第21—22页。这种一般观点已经接近于后来米切尔对形象的生命的论述了。

54 罗兰·巴特：《显义与晦义——批评文集之三》，怀宇译，百花文艺出版社，2005，第193页。

55 罗兰·巴尔特、让·鲍德里亚等著，吴琼、杜予编《形象的修辞——广告与当代社会理论》，中国人民大学出版社，2005，第36页。

形象还会在意义方面是微弱的？在这一句偶然的失误中，罗兰·巴特表现出的是把语言意义当做唯一合法意义的潜意识。那么他所谓的形象的无名、无意指、不可说的特征有时其实是符号学对其无法命名、无法意指、说不出而已，并不等于形象没有意义。

符号学建立意指的方式是分析和建构对象的结构。罗兰·巴特对形象结构的研究同样遇到了麻烦。内涵讯息作为纵聚合项就如同语言象征一样没有任何困难。难的是横组合或句段及其句法。他在《摄影讯息》中提到单幅摄影很难具有句法，除非是多幅照片组成的序列；同时又矛盾地指出照片有属于句法领域的能指。[56]《形象修辞学》中则把无编码形象看做组合段。“含蓄意指只是一个系统，只能依据聚合关系来定义。形象的直接意指只是句段，它把没有任何系统的要素联系起来。”[57]但是在一幅照片中直接意指形象与含蓄意指形象是相同的。真正不同的只是直接意指形象是连续的，而后者是非连续的符号。换言之，罗兰·巴特并未把真正的横组合与纵聚合双轴结构区分开来。而且由于这些形象构成的符号是“非线性的”，因此“次序是不重要的”[58]，也就是说其是无序的。这样一来，就可以理解为何罗兰·巴特在《摄影讯息》一文中会认为单幅摄影难以具有句法，因为符号学理论中还不存在无序的句法，所以罗兰·巴特也承认这些只是句法“轮廓”。那么罗兰·巴特建立形象的符号学结构的努力只是部分成功。这个结构是个跛脚的系统。

句法结构不完善的原因就在于现实中的形象无法与符号学家心中的语言和文字等同。罗兰·巴特也讨论了语言文字与形象的差异：“在感知

56 罗兰·巴特：《显义与晦义——批评文集之三》，怀宇译，百花文艺出版社，2005，第13页，第18页。

57 罗兰·巴尔特、让·鲍德里亚等著，吴琼、杜予编《形象的修辞——广告与当代社会理论》，中国人民大学出版社，2005，第51页。

58 同上，第38页。

的范畴内，图像和文字确实并不激起相同类型的意识；……图像的确比文字更具强制性，它一下子强加了意义（强制性地规定了意义），而不是把意义逐步地分析分散开来呈现。”这里说的是一般所谓的形象的直观性。直观性确实不会对句法结构造成影响，只与接受的方式有关。所以罗兰·巴特得出结论称：“但这不再是一个本质性的差异。图像一具有意义，就成了一种文字：它们就像文字一样，也导致述说。”[59] 从上文形象句法遇到的困难看，这里罗兰·巴特显然是避重就轻，忽视了连续符号与非连续符号的差异。

在后期文本中，罗兰·巴特更坦然地接受了形象与语言的差异。他在1969年的《绘画是一种言语活动吗？》一文中甚至开始放弃以语言学系统建构形象意指系统的努力。他引述路易·费舍尔的话：“乍看，形象没有结构，但它具有它自己就是其系统的一些组织性结构。”[60] 他不再坚持语言与形象结构的同一性，而是称画面与解读它的言语活动间的关系就是画面本身。“言语活动的这种逃逸、这种无限性，恰恰是图画的系统：形象并不是对于一种编码的表达，它是一种编码工作的变化——它不是一种系统的储藏室，但它却是系统的生发。”[61] 形象的结构终于被还给了形象自身。当然，这不意味着符号学家从此对形象保持缄默，而是发展了一种元语言：“解读的工作（这种工作确定画面）彻底地（直至其根部）与书写的工作实现了同一：没有了谈论绘画的批评家，也没有了谈论绘画的作家，而只有书写家，即写出画面的书写特征的人。”[62] 这就如同《流行体系》中分析的是时尚杂志对服饰的语言描述一样。或者说符号学退回到

59 罗兰·巴特：《神话修辞术　批评与真实》，屠友祥、温晋仪译，上海人民出版社，2009，第170页。

60 罗兰·巴特：《显义与晦义——批评文集之三》，怀宇译，百花文艺出版社，2005，第157页。

61 同上，第158页。

62 同上，第158—159页。

了语言学的领域，只说自己有能力说的内容。罗兰·巴特想要寻找形象的意义，却发现有价值的形象在抵制意义；想要把形象与文字等量齐观，却发现两者截然不同；想要找到形象的句法却只能含含糊糊；最终只能承认了形象系统对语言的独立性和独特性。所以应该颠倒罗兰·巴特的论述，不是形象一旦有意义就变成一种文字，而是形象一旦被当做一种文字就会具有语言学的意义。

除此之外，罗兰·巴特对形象的讨论中还对摄影与绘画这些不同形象的特质进行了分析。如上文所述他在《摄影讯息》和《形象修辞学》等文中均强调照片的无编码特征。这种机械性自动记录的相似性形象被认为具有客观性。与之相比，绘画是不纯粹的，直接意指的绘画也是被编码的讯息。“因为根本就不存在没有风格的图画。”[63]一幅绘画的表现手法就构成一种内涵。风格的能指是创作者对形象的处理，其审美或意识形态的所指是接收讯息的社会的某种文化。其内涵讯息是“社会在一定程度上借以让人解读它所想象事物的方式”[64]。绘画的被编码本质包括三点：1. 图画复现客体需要一组变换规则，变换编码是历史的（如透视法）；2. 图画的编码再现是选择性的，其介入对客体是否有意义的判断；3. 图画如同所有编码一样需要初学阶段。[65]包括绘画在内的所有这些非摄影的模仿性艺术的内涵系统的编码是由普遍的象征系统或富有时代特征的修辞学来构成，“总之，是由一种俗套库（模式、颜色、笔法、动作，表达方式，要

63 罗兰·巴尔特、让·鲍德里亚等著，吴琼、杜予编《形象的修辞——广告与当代社会理论》，中国人民大学出版社，2005，第45页。

64 罗兰·巴特：《显义与晦义——批评文集之三》，怀宇译，百花文艺出版社，2005，第5页。

65 罗兰·巴尔特、让·鲍德里亚等著，吴琼、杜予编《形象的修辞——广告与当代社会理论》，中国人民大学出版社，2005，第45页。

素组合）来构成”[66]。罗兰·巴特一再地强调绘画的风格特征和表现手法的人为性。这些人为性使得图画具有类似于语言的社会规约特征。

当罗兰·巴特把无编码的摄影当做特例之时，也就给其他形象打了符号学的预防针，使其被当做符号系统对待变得更具合理性。在1973年的《雷吉肖和他的身体》中，罗兰·巴特在面对抽象派绘画时也认识到绘画的复杂性，并把艺术中的形象与抽象进行对立："有时（在形象化一级）准确的名称占主导地位，符号便将其规则强加给能指；有时（在抽象一级——这一点是很不便去说的），名称逃逸，能指在不停地大规模出现的情况下，尽力在破坏一心想要返回来组成一个符号的顽固的所指。"[67]这里的形象也就是具象。更具启发性的是他在同一篇文章中还把绘画联系于身体："可以断言，绘画中最为形象化的，从来都不再现（或者复制）任何东西，而是仅仅寻找一个名称（场面的名称，对象的名称）；但是，同样可以说（尽管在今天更为过分），最不具形象性的'绘画'总是再现着某种东西：或者是言语活动本身，或者是身体的内部……"[68]绘画的起源与手的动作联系在一起，"手是绘画的真实，而非眼睛"[69]。最终罗兰·巴特为绘画找到的归宿不是语言的精确结构，而是指号式的对生产绘画（或其他形象）的身体动作的指涉。

三、埃科

埃科在《符号学与语言哲学》中谈到日常话语以多种方式，甚至过多的方式使用符号一词时，提到了很多属于形象范畴的对象。其中包括自

66 罗兰·巴特：《显义与晦义——批评文集之三》，怀宇译，百花文艺出版社，2005，第6页。

67 同上，第240页。

68 同上，第240—241页。

69 同上，第224页。其他类似的论述还有同书第162—163页。

然对象的痕迹和可视印记，如旗帜、路标、商标、徽章、字母、示意图等，其中也包括了图画。“示意图要符合制造的准确的、最高的编码规则，而图画却显得较为‘即兴’。”[70]但是在埃科看来这些日常用法都不属于对符号的理论探讨。上文已经提到，埃科认为写实绘画的视觉经验按照已有知识把不同感知结果视为同一种感知结果，是刺激与文化规约的结合，而刺激本身并不是符号。[71]对于形象，规约并非联系于任意性（像索绪尔对语言的描述那样），而是联系于文化。也就是说形象是规约的，但是并非任意形象都可以代表对象，其受着文化的约束因而不是任意的。形象是从文化角度进行编码的。形象是有理据的却又并非自然对象，而是处于文化规约之中。所以对于埃科而言绘画并非完全处于符号的范畴之中。但是他似乎并未区分一般形象和视觉形象，在他的术语中形象必然包括物质性：“它不仅不能得体地称之为形象（由于是一种实际印象，因而不是一种物质表达式）……”[72]例如丢勒那幅长着鳞片的犀牛“并不描绘我们的视觉经验，而肯定描述我们的语义知识，或就任何程度而观，描绘由其接受人所共有的那种语义知识”[73]。由于文化规约或语义知识的必要参与，所以绘画只有在这些层面上是符号学的研究对象。

绘画与符号学的这种若即若离首先体现在所谓的图像符号上：“无法把符号作为语法单位分离出来。”[74]埃科认为讨论图像语句和图像音位是最幼稚的方法，其源于以语词为中心的独断主义。[75]也就是说形象与语

70 翁贝尔托·埃科：《符号学与语言哲学》，王天清译，百花文艺出版社，2006，第8页。

71 乌蒙勃托·艾柯：《符号学理论》，卢德平译，中国人民大学出版社，1990，第222页。

72 同上，第231页。

73 同上，第235页。

74 同上，第248页。

75 同上，第244页。

词或一般意义的符号之间的差异就在于：语言的词汇是强势编码，可以清楚区分，并可以被有限地编纂和开列；而绘图没有这样的词汇，例如描绘马的画可以表现马的不同姿势，可以用成百上千的方式画出马，绘者甚至无需熟悉视觉规范也能够理解，但是观者即便能够理解却不知道如何解码。例如哪些形状变化是有意图的表达，哪些是无关的，这并不清楚，所以也无法确切解码图画的全部准确意指："要把相关单位与自由变异因素区分开来，困难重重。"[76] 在图像内部的离散单位可以依靠语境的变化代表不同对象，因而绘画中没有类似语言学的音位那样的位置和偶对价值，而且绘画充满个人习语，所以任何人的绘画都可以看起来与众不同。这种把代码因素组合起来的能力不属于群体。所以埃科认为"任何视为图像符号的东西都必须看成：（a）一种视觉文本；它（b）不能进一步分析为符号或格。……图像符号确实是一种文本，因为其语词等值成分（除非在极少数大幅度范式化的例子里）并不是单词，而是短语，或实实在在，是整个故事"[77]。如果没有语境，绘画就不是符号，因为其没有得到编码。"图像文本就是一种代码编制行为。"[78] 或者说每一幅绘画都是一次重新编码，都有自身专门的编码系统，都是独特的。埃科在此得出了与上文中罗兰·巴特非常相近的结论。

可见在埃科看来，绘画（埃科在相关段落举的例子都是绘画，所以此处的论述无法推广到其他图像符号上）"在环境上易受制约"，而且"无法划分为独一无二的范畴"。[79] 这与语言完全不同，其既充满个性，又可以突破文化规范进行传达，是一个矛盾的综合体。当埃科声称形象本身就

76 乌蒙勃托·艾柯：《符号学理论》，卢德平译，中国人民大学出版社，1990，第 246 页。

77 同上，第 247 页。

78 同上，第 247 页。

79 同上，第 248 页。

是一个编码行为之时似乎给予绘画一个高于语言的特殊地位，没有统一的语法、符号关系可以彻底约束形象，每一个形象都是对规则的重新生产。由此寻找符号运作规律的符号学已经无力对形象的一般规律进行普遍性描述。不过包括视觉形象在内的非语言手段仍然是必要的。埃科认为，没有有声语言，人就无法进行交流；如果只有语词存在，语词也无法指称事物。[80]

第四节　符号学理论中内在的形象

除了上一节中符号学家们对形象与图画的直接讨论，诸多符号学理论中还有更能说明形象对符号学深刻意义的部分，那就是符号学家在建构一般符号学理论之时对形象及其相关概念的应用。这些应用在符号学中并未被当做特殊成分，但是在以语言学为起点的符号学理论中弥漫着来自视觉的概念，这本身就是值得关注的。只是这些对形象的使用有些过于平常（如图表和插图），无法引起读者的警觉，有些则需要深入符号学理论内部才能发现。

在罗兰·巴特的神话学中，形象不是一个主要的术语或研究对象，但是形象概念却在建立神话修辞学的元语言中起到了重要作用。首先罗兰·巴特认为把对象变成形象是神话式的言说方式。实践性的语言 - 客体不同于元语言，而在伐木工和树木之间，因为伐木工要改变树木（伐木），所以树木对伐木工而言是作为对象起作用的。伐木工对树木的言说就是政治语言："树对我来说不是形象，它仅仅是我的行动的意义而已。"相反，"我倘若不是伐木工"，"我的语言不再是直接作用于树的工具，而是别的赞

80 乌蒙勃托·艾柯：《符号学理论》，卢德平译，中国人民大学出版社，1990，第 201—202 页。

美树木的话成了我的语言的工具；我和树木之间只有不及物的关系；这树木不再具有人类行为那样的真实意义，它只是受人摆布的形象而已”。在此罗兰·巴特把形象与实际对象相对立，不改变对象的元语言而把对象变成了形象。“因此，有一种语言不具有神话特性，这就是生产者的语言：人不再是为了将现实保存为形象，而是为了改造现实。”[81]

但是并非所有形象都是“任人摆布的”。罗兰·巴特在论述神话的理据性时说道：“一个完整的形象会与神话不相容，或至少会迫使神话只把握其总体而已。”[82]包含着对象的历史，处于原有语境之中，具体的形象就是所谓的完整的形象。完整的形象更接近客体本身，因为它可以包含人类丰富行为的真实意义。相反，“神话更偏爱用贫乏而未完成的形象，其中的意义已被抽除，已经瘦瘠下来了，为某种意指作用做好了准备，这种形象譬如漫画、戏拟、象征之类”[83]。贫乏的形象也就是一般所谓概念化的形象，或者说是指代关系较为固定，在一定文化中失去了丰富性和多义性的形象，从这个角度说，形象的多义性有着抵抗神话的价值。可以说神话虽然由语词构筑，内核却是个形象，只不过其是个被语言绑架和利用的贫乏的形象。在神话修辞学中，形象被当做一种神话产生的前提和基础，神话的元语言就建立在形象概念之上。

格雷马斯的“图形”概念无疑就是一个深藏在符号学理论内部的形象概念。从第一节的引文中可见，格雷马斯用以替代图像符号的概念“图形”只限于在视觉平面媒介中的限定版图像符号。相比埃科对绘画等平面形象复杂性的认识，格雷马斯对图形符号学特性的理解似乎过于乐观。

81 罗兰·巴特：《神话修辞术 批评与真实》，屠友祥、温晋仪译，上海人民出版社，2009，第206页。

82 同上，第187页。

83 同上，第187页。

例如上文已经引述的：图形性对象越多，识别越容易。[84] 当然这种乐观是毫无来由的。例如在绘画中程式化的杯子一定比写实主义的杯子更具有图形性，但是程式化的图画往往比写实图画更容易识别（对比从斜上方看到的杯子的程式与从正上方看到的杯子的写实图画）。更不要说绘画中具有的象征、隐喻等符号特征。格雷马斯的图形更令人感兴趣的地方在于其可以超越一般物质性的图画："自然世界的品质……服务于对平面对象的能指的结构中，但是那些品质同时也出现在作为自然语言的所指的特征中，我们能看见词句的话语在它们自身中带着它们自身的图形的维度，因为构成那个维度的图形是内容的图形而不是表达的图形。"[85] 对无实质形象的讨论是前述符号学理论中相对缺席的。皮尔斯虽然把隐喻、音乐等看做图像符号，但是当他讨论形象时往往将其混同于物质性的图画，所以这使得格雷马斯的论述尤其有价值。这种对无实质形象的关注其实并非格雷马斯对绘画或一般形象问题思考的结果，而是来自他对纯语言符号的语义学研究。

格雷马斯在他参与编写的《符号学和语言》辞典中写道："术语图形被 L. 叶尔姆斯列夫（Louis Hjelmslev，1899—1965）用于指涉各种非符号，也就是，分别组成表达平面或者内容平面的那些单位。"[86] 其在一般符号学中是指义素或符素的结合，并有利于非语言符号系统中对应于音位的符号单位，而其在话语的语义学中定义更为精确，位于内容的表达平面之上。这一点在《结构语义学》中有详细的论述。

84 Algirdas Julien Greimas, "Figurative Semiotics and the Semiotics of the Plastic Arts," Translated by Frank Collins and Paul Perron, *New Literary History*, Vol. 20, No. 3, *Greimassian Semiotics* (Spring, 1989), p.634.

85 Ibid, p.634-635.

86 "Figure," in *Semiotics and Language : An Analytical Dictionary*. ed. Julien Greimas and Courtés Bloomington : Indiana University Press, 1982.

在《结构语义学》中“图形”（figure）一词被反复使用，中译本将其译为“形象”。该书第四章第二节的标题就是“核心形象”。意义的成分或区别性特征叫做义素（sème）。恒定的最小意义量是义素核心（noyau sémique）。义素核心与语境义素的组合在话语层面是义位（semème，意义效应）。例如“头”这个词在词组“船头”中可以分析为“端部”“首部”“水平”等义素，而“水平”是“船”带来的义素核心，所以“头”的义素核心是“端部”和“首部”。“端部”和“首部”是两个独立义素，其在义素核心中的关系也是独立的。其中端部是主义素，首部是从义素。“这样一个义素核心，其特征表现为各构成义素之间的等级关系，而且没有超出一个词位的范围，我们将称之为简单核心图形（figure）。”[87] 如果义素间的等级关系延伸到一个词组的数个词位则是“复合核心图形”。也就是说具有等级关系的义素核心就是一个图形；两个以上的义素以等级关系并合形成图形。意义是由各种图形组成的，可见形象就处于意义的核心之中。核心图形属于显现域，其内在意义域就是被格雷马斯称为符号学的层面，对立于类义素的内在意义域“语义学层面”。此外，话语拥有同位意义集，所以一个词可以通过扩展来定义，反过来一个定义也可以通过压缩来命名。命名的方法之一被称为“图形命名法（dénomination figurative）”[88]。其类似于派生，也是利用现有的词位素材产生新单位：“头”这个义素核心可以被命名为“钉子头”“蒜头”“锤头”等。其属于符号学的内容层面。与转义命名相比，图形命名是从具体到抽象的过程，并具有动态特征。

格雷马斯认为语义分为两个表意域：内在域与显现域。二者也是意

87 A.J.格雷马斯：《结构语义学》，蒋梓骅译，百花文艺出版社，2001，第69页。

88 同上，第110页。

义的两种互为前提的不同存在方式。显现为“语言的两个层面即符号学层面和语义学层面的结合”[89]，也就是核心图形与语境义素建立关系组合起来。显现方式又包括图形显现和非图形显现。例如诗歌的语义显现就是典型的图形显现。意象、象征、隐喻性词组等诗歌义位就呈现为一些负图形。在诗歌的显现中，图形具有双重作用：“一方面，它们自身带有诗歌同位意义集的组成义素；另一方面，它们又充当义素中继站，亦即义素进行相互替换的所在。”[90]对语义的描写分析就是把图形显现的隐含内容转换成一个用不同语言表达的明示模型。进一步抽象化就需要消除核心图形，从中提取相关义素以建构模型（如顶楼和地窖的形象，只留下上和下的义素）。非图形义位大量出现就成了非形象显现，之后才能进一步转化为科学元语言。可见形象显现是语义分析的基础阶段。即使是语义学中的图形概念也如同一般的形象一样往往会给精确架构的语义学带来混乱和麻烦：“我们注意到核心形象能够扩展，即很容易越过词位为它们提供的‘自然’界线，……结果不得不放弃与词位联系在一起的义素核心这一相对稳定的评价基础。”[91]后文还提及“整体结构的图形显现”，其是借助于相继出现的叙事来完成。可以说，“图形”一词贯穿格雷马斯的结构语义学，是一个重要的符号学术语。《符号学和语言》辞典的“图形”词条中称：“在话语的生产性的轨道的框架中，图形属于符号学的‘共同的茎’，因此在一个表达的特殊实质中优先于任何显现。”

对于格雷马斯而言，如果对语义进行描写就需要把形象显现转化为非形象显现，并最终转换成科学元语言。但是这并不等于形象的消失，反

89 A.J. 格雷马斯：《结构语义学》，蒋梓骅译，百花文艺出版社，2001，第 152 页。

90 同上，第 197 页。

91 同上，第 177 页。

而是形象性的加强：“话语是线性的，故初看上去可能让人想到代数表达式；但是，一旦经过描写，它更需要一种几何的和多维度的直观表达。”[92]这里的“直观”更适合于写作“视觉”或“形象”。格雷马斯的语义学在人文学科中影响最广的无疑是施动者模型（图1）以及符号学矩阵的分析方法。二者表现出语义的逻辑关系和叙事意义间的关系，也就是上述那种几何的和空间上构成的视觉图形。甚至意义最基本的语义轴或称义素范畴也具有简单的空间构形。或者说把对立的两个义素连接起来的“轴”——这一语义学的元语言本身就是一个由隐喻构成的形象。此外义素分析中也包括了空间视觉系统。

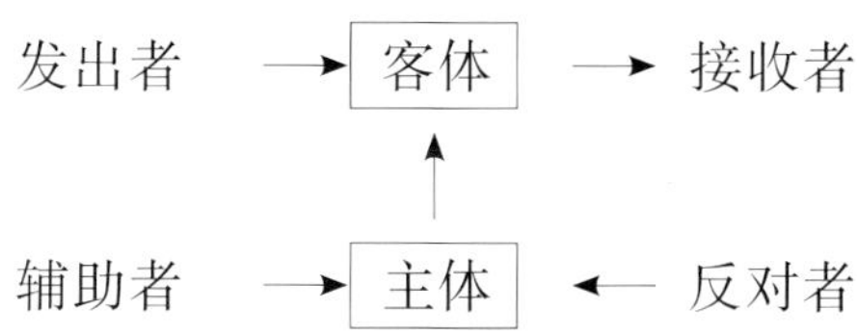

图1　格雷马斯的施动者模型，采自《结构语义学》，第264页。

同样重要的是符号学家们在自己的文本中对各种形象的直接使用。上文已经提及索绪尔的《普通语言学教程》中最著名的插图（图2），就是在一个划分成两半的圆形中用树的图与树这个字的对立关系来解释能指（音响形象）与所指（概念）间关系的符号图式。罗兰·巴特甚至称索绪

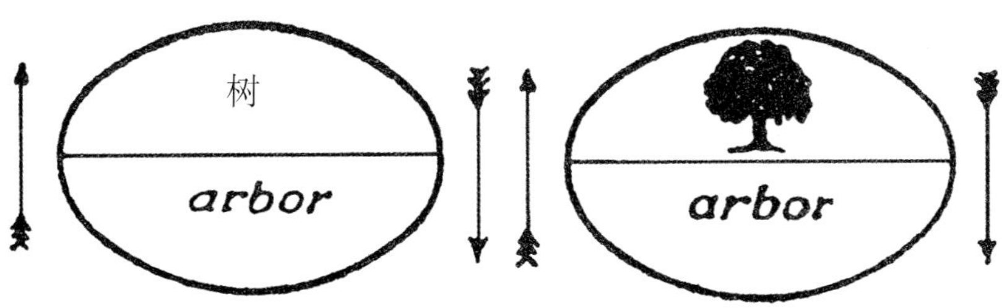

图2　索绪尔的“能指与所指关系图”，采自《普通语言学教程》，第102页。

92 A.J.格雷马斯：《结构语义学》，蒋梓骅译，百花文艺出版社，2001，第203页。

尔的概念就是心理形象。[93] 虽然索绪尔的能指主要是声音，但是这里却是以图画作为代表。如此一来，索绪尔的符号概念就完全是由不同的形象组成的。此外《普通语言学教程》中充斥着听音与发音关系图，概念与音响形象之间的交互关系图，发音器官图，语言与社会即时间的关系图，历时和共时轴，说明语言内在有共时、历时变化二重性的单复数变化图，树干纤维的纵、横断面图，语言研究分类形式图，划分语言单位界限的简单方法图，声音与观念分节图，符号图式的真正解释图，字母 t 的各种手写变体图，联想关系（聚合）图，句段连带关系图，类比现象图，历时单位变化图，语音历时变化地理界线图，等语特征线图等。众多插图有的是具体例证，有的是对上文论述理论的具象化或直观化，还有的是对上文大量例证的总结和抽象概括。虽然传统观点中插图的地位很低，只是文字的图解，但是从索绪尔的文本中可见有些插图是不可或缺的，是内嵌于符号学理论之中的。例如两半圆形的符号图式、双轴图式、声音与观念分节图（图 3）等并非一个外在的图解，而是本身被设想为符号和语言的运作方式。这些图表就是理论本身，是米切尔所谓的元 – 元图画，不可能从符号学对符号

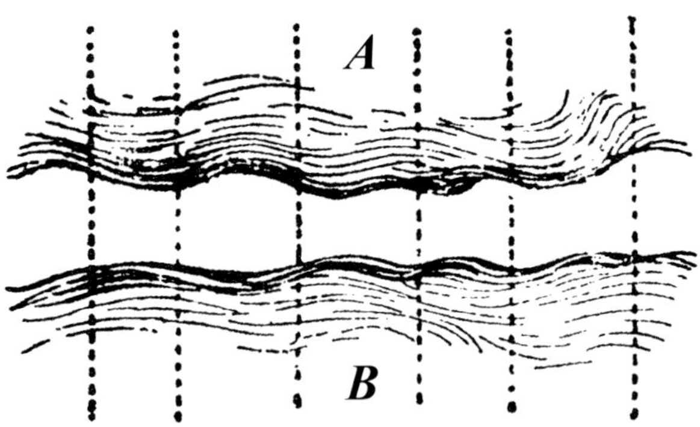

图 3　索绪尔的“声音与观念分节图”，采自《普通语言学教程》，第 157 页。

93 罗兰・巴尔特：《符号学原理》，李幼蒸译，中国人民大学出版社，2008，第 29 页。

的想象和思考中剥离。罗兰·巴特论述涵指和元语言时使用的图表也同样是其理论中不可或缺的空间性视觉对象。而且埃科在自己的书中绘制的一些图表本身就十分复杂，需要借助文字慢慢识别，并不存在所谓的直观性。

如果说索绪尔及其继承者的符号学以一维的轴以及双轴组成的二维的方形为代表形象，那么皮尔斯的符号学就是以三角形为代表。例如解释项、对象和符号本身与可能模态，实际模态以及必然模态之间的对应关系图（图 4）；十类符号的命名三角形表等。[94] 虽然皮尔斯自己没有画出解释项、对象和再现体三者之间的三角关系图，但是这个三角形无疑是存在于他的心中及其符号学理论中的。而且也有许多人已经在对皮尔斯理论的表述中画出了类似的图形。甚至可以说无论是皮尔斯还是索绪尔，他们的符号学理论内核中都有着一个形象的核心或原型。

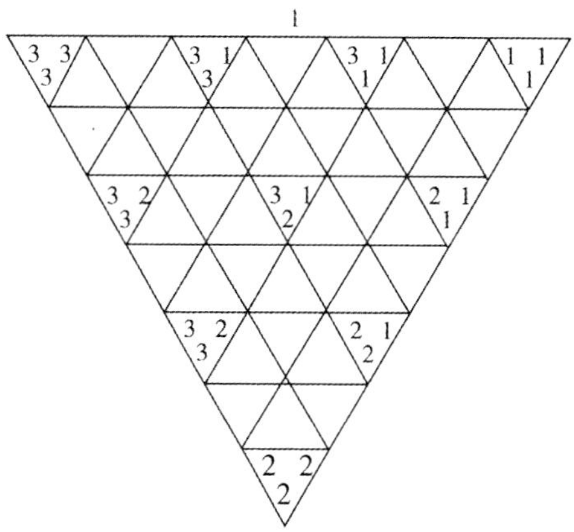

左上的数字表示符号的对象，右上的数字表示其解释项，下面的数字表示符号本身。数字1表示可能的模态，它属于一种观念；数字2表示实际模态，它属于一种事件；数字3表示必然模态，它属于一种习惯。

图 4　皮尔斯的"可能模态、实际模态和必然模态对应关系图"，采自《皮尔斯：论符号　李斯卡：皮尔斯符号学导论》，第 99 页。

更广义地说，埃科和格雷马斯以及其他很多符号学家经常在文中列出的一些语义模型常被写成代数等式的形式。按照前述皮尔斯的定义，这些代数式就是一些图像符号，体现了模型与其代表对象之间的相似性，更不要说每个符号学家都会在自己的文本中经常使用各种表格、列表。按

94 皮尔斯：《皮尔斯：论符号　李斯卡：皮尔斯符号学导论》，赵星植译，四川大学出版社，2014，第 91 页、第 99 页。

照皮尔斯的图像概念，这些图表也都是真正的图像。

第五节 小结

上文对与形象问题相关的符号学理论进行了概括性描述。从中可见，视觉形象甚至视觉艺术这些概念由于其基于能指的分类方式，所以在一般符号学中从未有正式的地位。或者说基于能指分类的视觉形象概念并不是一类符号。就像埃科所言“符号概念在和能指基础单位及固定联系概念发生混淆时，是站不住脚的”[95]。即使当代符号学研究中的视觉符号学或形象符号学也只是借助于语言符号学的“一般理论”来研究视觉形象。索绪尔、罗兰·巴特、格雷马斯等人对形象的符号学分析的初步设想不能说没有效用，但是其分析能力无疑是以忽视形象特质，把形象等同于语词，或只考虑形象与语词相似的部分才达到的。即使像埃科一样对形象的特质有着清醒认识的理论家，也更多是从否定的方面对形象的特质进行描述。例如他提到：形象无法分离语法单位。埃科虽然认为探讨图像音位和图像句法是幼稚的以语词为中心的独断论，但是他对形象的论述仍然离不开以语词为中心的认识框架。

当符号学家关注形象的特质之时，他们展现出来的也并非独特的形象符号学理论，相反却把很多形象从符号学研究范围中排除：“其中一些在任何意义上都无法视为符号学性质。”[96]符号学家发现其没有语法，没有固定的分节，没有内在的同质性，既是文化又是自然，极具私人性又可

95 乌蒙勃托·艾柯：《符号学理论》，卢德平译，中国人民大学出版社，1990，第248页。

96 同上，第248页。

以跨文化交流，既充满编码又不受任何单一编码的束缚。可以说对于一般符号学而言，视觉形象要么排除自身的特性变成语词，成为符号学的对象，要么保留自身特性成为符号学之外的异类。符号学家对形象的矛盾态度其实也值得玩味。这说明其既可以成为符号又可以不是符号，形象有着符号与非符号的双重身份。相对于符号学中的原住民——语言，形象似乎是个来去自由的游牧者。

从总体上看，如上文所述（本书对符号学中相关形象的论述也只是择要言之，显然远未穷尽全部相关论述），符号学理论中虽然有大量对形象的论述，但是这些理论中的大多数在当下的艺术史和视觉文化研究中并没有被充分利用。这并不仅仅由于符号学晦涩难解，更重要的是符号学与艺术史以及视觉文化研究的论域及对象不同。符号学更关注的是符号系统，而不是个别符号或其意义。“符号学是一种形式科学，因为它研究的是脱离了内容的意指。”[97] 符号学家追寻的是形象意指的方式，其系统结构的组成方式等。所以符号学家对形象的研究从来不是为了发现形象的新意义，至多只是经由符号学的方式确认了已知的文化或社会意义。例如格雷马斯的追随者们的艺术符号学实践就是形式分析、表现性分析和图像志的结合。他们致力于把（例如）保罗·克利的诗歌等文本内容与被切分后的克利的绘画的形象和造型层符号相互对应，以达到解析的目的。[98] 这种实践与艺术史的一般实践并无不同，也没有提供更便捷的方法。相反，艺术史和视觉文化研究中所谓的符号学方法论往往只是寻求一种找到形象背后意义的可操作的方法。虽说了解了意指方式有助于发现形象背后的意

97 罗兰·巴尔特：《今日神话》，载吴琼、杜予编《形象的修辞——广告与当代社会理论》，中国人民大学出版社，2005，第 4 页。

98 安娜·埃诺、安娜·贝雅埃编《视觉艺术符号学》，怀宇译，四川大学出版社，2014，第 13—37 页，第 170—205 页；安娜·埃诺：《符号学问题》，怀宇译，中国人民大学出版社，2019，第 83—104 页。

义，但是这种理论对于艺术史和视觉文化研究而言，并非能直接套用的方法。其实形象背后隐藏的文化和历史意义与一般文化史和社会学知识更为相关。真正的艺术符号学应该关注艺术符号编码的方式，而不是具体象征内容。罗兰·巴特说："对于人来讲，任何对于一种编码的求助都是通过一种理由和一种自由来自我证实和自我考验。在这种意义上，对于编码的分析比对于所指的分析也许更可以在历史上较容易和较确切地确定一种社会，因为这些所指通常可以表现为超历史的，它们更属于一种人类学内容，而不属于一种真正的历史。"[99] 只有艺术史家和视觉文化研究者们开始从事分析不同时代和文化的意指方式的差异，并从这些不同之中发掘出历史和文化价值之时，符号学才能真正对于上述研究产生价值。

相对于一般符号学对形象问题的无能，本章更有意义的部分是在符号学理论的内部发现了形象的存在。本书证明了一般符号学理论不仅是对符号学家被迫关注视觉形象的符号学解释，其理论本身就是由形象所建构的。就像米切尔所言，语词与形象总是在对方内部发现自身的存在。虽然格雷马斯并不认为视觉形象与语言的语义分析有任何区别，但正是他把图形当做了语义学不可或缺的术语。当下的艺术符号学往往急于从符号学中找到一些可以适用于分析形象的方法，把形象看做特殊的语言形式；却忽视了符号学理论的大厦不仅是构建在语言之上，恰恰还建构在形象的基础之上。这些形象不是作为符号学的研究对象或范例存在，而是作为理论自身的框架和地基。它们的地位具有基础性，以至于符号学家们从未自觉意识到自己工作的基础。我们在探索艺术符号学或形象符号学的同时，还可以尝试建立一种符号和符号学理论的形象研究。也许形象的符号学研究与符号的形象研究的交叉可以使形象与符号二者的共性与特性一起被揭示。

99 罗兰·巴特：《显义与晦义——批评文集之三》，怀宇译，百花文艺出版社，2005，第 19 页。

第二章

早期符号学艺术史

第二章 早期符号学艺术史

本章将分析艺术史家自觉地把符号学作为艺术史方法论之前，艺术史学中的一系列符号学和类符号学实践。虽然把形象或视觉艺术品看做符号的言论和学说自古有之，但是符号学艺术史的出现显然需要满足两个条件：第一是现代意义的自觉的符号学的出现；第二是学院意义的艺术史的出现。这两个条件使得本章的范围仅仅限于20世纪。此外著名艺术史家里格尔（Alois Riegl）被认为受到同时代语言学尤其是索绪尔的影响。[1] 例如《风格论》中对装饰的“词源”和“语法”的讨论；他的另一部著作干脆题为《视觉艺术的历史语法》（*Historical grammar of the visual arts*）。但是从题目就可知，里格尔更多的是受到传统历史语言学的影响，而非索绪尔的共时性的结构主义语言学的影响。里格尔的方法论在意指方面类似

1 迈克尔·安·霍丽：《帕诺夫斯基与美术史基础》，易英译，湖南美术出版社，1992，第53—55页。

于潘诺夫斯基，更多是对时代整体世界观的综合概括，而非真正的符号过程的分析。此外本书主要讨论英语世界的学术研究以及对英语世界有影响的研究。里格尔的著作过去很少被译为英语，在后来的符号学艺术史中也罕被引为先例。故此不再展开论述。

第一节　潘诺夫斯基与象征

与里格尔相比，欧文·潘诺夫斯基（Erwin Panofsky，有的著作译为“帕诺夫斯基”）由于在纳粹上台后流亡美国并长期在普林斯顿大学执教，且后期著作基本为英文，因而在英语世界中成了与沃尔夫林齐名的艺术史家。他本人也成了对立于形式分析的图像学的化身。在大多数介绍艺术史方法的著作和教科书中，潘诺夫斯基的图像学往往与符号学被归于一类，在章节上前后相继。仿佛符号学是图像学在理论上的发展，或者“符号学更像是跨学科版的图像志与图像学”[2]。一个有趣的现象是，无论是后来的符号学艺术史家，还是反符号学理论家都把潘诺夫斯基看做一个精神先辈。诺曼·布列逊和米克·巴尔的《符号学和艺术史》一文开篇就提及“潘诺夫斯基的工作能被显示出是与皮尔斯和索绪尔的基本教义意趣相投”[3]。米切尔也是借偷换潘诺夫斯基的图像学含义才进入了形象研究的领域。如果潘诺夫斯基本人在符号学与反符号学的争论中已经选边站了，那么这种各说各话的局面又如何解释呢？另外，20 世纪 70、80 年代兴起的图像学

2 安·达勒瓦：《艺术史方法与理论》，李震译，王春辰校，江苏美术出版社，2009，第 32 页。类似例子如温尼·海德·米奈：《艺术史的历史》，李建群等译，上海人民出版社，2007。

3 Mieke Bal and Norman Bryson, “Semiotics and Art History,” *The Art Bulletin*, Vol.73, No.2 (Jun., 1991), p.174.

复兴运动提出图像学在潘诺夫斯基后期的实践中被抽去了先验的洞察力，矮化为纯粹的破译技术。图像学被简化为图像志。意大利艺术史家朱里奥·卡洛·阿尔甘（Giulio Carlo Argan）甚至声称：“当他（指潘诺夫斯基）说图像学关心主题而不关心艺术品的形式之时，潘诺夫斯基也许是太谦虚了。”[4]那么潘诺夫斯基的图像学的研究范围到底有多大？是否像当今的形象研究一样包括形式甚至非艺术形象呢？既然复兴图像学的倡导者以潘诺夫斯基早年的研究为依据，那么欲回答这些问题还需要剥离当代话语的干扰，重返潘诺夫斯基的魏玛时代。当代学者为自身之故总在重新阐释和改写前人理论，将图像学看做符号学或米歇尔·福柯（Michel Foucault）的预示（如霍丽），表面上在赞美潘诺夫斯基，实则使前人理论被当代话语覆盖并失去价值。本节将通过细读重现潘诺夫斯基的理论原貌。

一、作为象征内容的艺术意志

在潘诺夫斯基学术生涯的早期，其艺术理论的核心概念不是有待发明的图像学，而是来自里格尔的艺术意志。1920 年潘诺夫斯基发表了《艺术意志的概念》（“Der Begriff des Kunstwollens”）一文。该文通过发展里格尔的这个概念来抵制沃尔夫林（Heinrich Wölfflin）和沃林格（Willhelm Worringer）等人的知觉和心理学阐释。对他而言，艺术意志是“有关艺术现象之本质的一些有意义的东西”[5]。“如果这一表述既不是指一种心理学上的实在，也非指一种抽象的一般综合物，艺术意志就只能是（不是对于我们而言，而是客观地）作为终极意义‘隐匿’于艺术现象之中，而

4 Giulio Carlo Argan, “Ideology and Iconology,” Translated by Rebecca West, *Critical Inquiry*, Vol. 2, No. 2 (Winter, 1975), p.302.

5 欧文·帕诺夫斯基：《艺术意志的概念》，陈平译，《世界美术》2000 年第 1 期。

不可能是其他任何东西。”[6]通过“超越了历史理解、形式分析和内容解释”的美学，建立先验有效的范畴，从而“根本性地揭示了作品的内在含义”。艺术意志体现于艺术现象中，是风格特征的基础。其“必须仅能表示某一件艺术作品的内在含义”[7]。可见艺术意志就是内在意义（含义）。这样的定义仍然非常含糊。正如迈克尔·安·霍丽（Michael Ann Holly，又译作“霍莉”）所言：“他总是非常明确地表达某些事情不是什么，而仍有些犹豫地说它尤其可能是什么。”[8]值得注意的是《艺术意志的概念》一文中，潘诺夫斯基谈论的基本上都是与风格史相关的范畴，如里格尔的“视觉的”与“触觉的”，“主观”与“客观”，等等。虽然在开篇也提及了图像志，但是整篇文章更关注的是对形式和风格的阐释。

《艺术意志的概念》发表后，1922年亚历山大·多纳尔（Alexander Dorner）发表了一篇质疑文章。针对这篇文章，潘诺夫斯基在1925年于《美学和一般艺术科学杂志》发表了回应文章《关于艺术史和艺术理论的关系》（“On the Relationship of Art History and Art Theory”）。这篇文章具体发展了《艺术意志的概念》中的先验概念。艺术品是艺术问题的解决，这些问题以对立概念的形式出现，“原问题也许最好以这些词语，体量（volume）和形式（form）来描述”[9]，而时间和空间又“是对于它们的潜在解决的先验条件”[10]。体量与形式来自本体论视角，时间与空间来自方法论视角。这两对概念在视觉现象中又可以推导出三组特殊对立：视

6 欧文·帕诺夫斯基：《艺术意志的概念》，陈平译，《世界美术》2000年第1期。

7 同上。

8 迈克尔·安·霍丽：《帕诺夫斯基与美术史基础》，易英译，湖南美术出版社，1992，第63页。

9 Erwin Panofsky, “On the Relationship of Art History and Art Theory: Towards the Possibility of a Fundamental System of Concepts for a Science of Art,” Translated by Katharina Lorenz and Jaś Elsner, *Critical Inquiry*, Vol.35, No.1 (Autumn, 2008), p.45.

10 Ibid, p.46.

觉与触觉，平面与纵深，融合和破碎。（见表 1）

表 1　潘诺夫斯基　艺术理论的诸对立图表

在本体论领域内的一般对立面	在现象的，特别是，在视觉领域之内的特殊对立			在方法论领域内的一般对立面
	1. 基本价值的对立	2. 图形价值的对立	3. 构图价值的对立	
体量对形式	视觉价值（空的空间）对触觉价值（身体）	深度价值对表面价值	融合的价值对分裂的价值	时间对空间

注：译自 *Critical Inquiry*, Vol.35, No.1 (Autumn, 2008), p.47

例如："纯视觉价值的实现会导致形式的歼灭，也就是，导致一个完全无定形的外观，相反，纯触觉的价值的实现会导致全部可感的体量的完全歼灭，也就是，导致一个完全抽象的几何形式。"[11] 这些先验范畴不是直接定义艺术风格，而是提供了定义具体风格的极性。潘诺夫斯基认为只有有了先验的，而且是确定的理论基础，极性之间的比例才可能是确定的，否则风格就会变得相对。经验的艺术史对风格的描述是这些极性之间的不同解决。描述的概念如"结晶的""造型的""图画的"，是基本概念"体量"与"形式"之间不同的中间地点，并可以分别描述古埃及、古希腊和印象派风格。所以"艺术理论的责任是去定义和发展基本概念的绝对对立面——基本概念是把艺术问题进行公式表达的概念"[12]。基本概念是先验有效的，并独立于具体的经验。"相反这会是不合适的，去抓住艺术理论概念的后验的显现去反对它们的先验的有效性。就像毕达哥拉斯的公理仅仅

11 Erwin Panofsky, "On the Relationship of Art History and Art Theory: Towards the Possibility of a Fundamental System of Concepts for a Science of Art," Translated by Katharina Lorenz and Jaś Elsner, *Critical Inquiry*, Vol.35, No.1 (Autumn, 2008), pp.47–48。从这段话可知体量（德文原文为 Fülle）不可译为"内容"。其与"形式"分别对应于视觉和触觉。其实这两个术语都是我们一般而言与内容相对应的形式的不同表现。英译者指出德语 Fülle 含有体量（volume）和丰富性或充实（richness）两种意思。见该书 p.45n5。

12 Ibid, p.52.

被发现在后验的显现中，但是仍能并必须被说明为先验。所以同样，艺术理论的基本的和专门的概念，即使它们在经验中有它们的开始，仍然在全部经验之前和之上是有效的。”[13]亦即先验有效的基本概念是独立于具体经验的，所以艺术理论的经验发现与其先验有效性不冲突。

“艺术科学的最终任务，即，艺术意志的确定，只能在观察的历史模式和观察的理论模式的相互作用中被达到。”[14]从艺术史的角度看，艺术史的任务是分类和描述，但是描述艺术品的感觉经验像描述自然事物一样，只能通过描述对象的类比物和作品激起的感觉来完成。而风格是一贯的设计原则。因而感性描述只能是个体的感觉，无法达到对普遍的风格的刻画。只有使用先验有效的概念才能完成风格刻画的任务。无论最经验主义的艺术史如何躲避理论和反思，其也是在现有的艺术理论之下思考和研究的。显然，潘诺夫斯基对于艺术理论与艺术史关系的定位源于康德（或经由卡西尔的新康德主义）的认识论：先天判断提供认识的形式，后天感觉经验提供认识的内容。二者结合才能使得认识成为可能。

艺术理论与艺术史的配合所要达到的目标是对艺术意志的认识。艺术意志既非感性品质的总和也非风格标准的集合体，而只是“在设计的原则之内和之上的整体”[15]。这里艺术意志的来源同样是风格和形式而非主题内容，而艺术意志也只是达到更广的“文化意志”或精神意义的一步：

> 如果这个艺术意志能揭示被讨论的显现（指具体艺术品）

13 Erwin Panofsky, “On the Relationship of Art History and Art Theory: Towards the Possibility of a Fundamental System of Concepts for a Science of Art,” Translated by Katharina Lorenz and Jaś Elsner, *Critical Inquiry*, Vol.35, No.1 (Autumn, 2008), p.55.

14 Ibid, p.56.

15 Ibid, p.64.

> 的固有意义，那么比较这两种意义就没有障碍，即在视觉艺术的现象中清晰表达的意义和音乐、诗歌，甚至和艺术之外的现象的意义。[16]

在这篇文章中内在意义与艺术意志被当做同义词并置谈论[17]，可见对于潘诺夫斯基而言，艺术意志就是内在意义，是艺术中的精神意义或文化意志。对于这样的目标，贡布里希一定会嗅到黑格尔的时代精神的气味。潘诺夫斯基自己也察觉了在不同文化现象间进行类比的危险："去揭示类比的欲望能轻易地导致以反复无常的或甚至以野蛮的方式阐释被讨论的现象。"但同时他辩解称在纯理论基础上阐释"是可能的和有理由的"[18]。这里对危险的担心几乎是后来《图像学研究》导言中天文志与占星术类比的预示。

潘诺夫斯基上述理论构想集中体现在约略同时写作的著名论文《作为象征形式的透视》（"Perspective as Symbolic Form"）的实践中。这种实践不仅体现在使用了纵深原则与表面原则，身体与空间的二元概念上，而且更多体现于"视觉艺术现象"与"艺术之外的现象"的类比中。这种类比也就是标题中的所谓象征。

潘诺夫斯基认为文艺复兴以来的线性透视并非真实的所见。真实所见是运动的双目视觉，而且受心理和生理调节。线性透视是以数字抽象的同质空间，而视觉和触觉空间都不是同质的。此外视觉成像于弧形的视网

16 Erwin Panofsky, "On the Relationship of Art History and Art Theory: Towards the Possibility of a Fundamental System of Concepts for a Science of Art," Translated by Katharina Lorenz and Jaś Elsner, *Critical Inquiry*, Vol.35, No.1 (Autumn, 2008), p.65.

17 Ibid, p.63.

18 Ibid, p.65.

膜，而不是线性透视图的平面，所以直线会被感知为曲线。现代人由于接受了透视教育及今天照片的影响，才对这种弯曲现象视而不见。相反，古代光学更符合主观感受，其把曲率当做理所当然，例如多利克柱式的卷杀（凸肚状）。“因为它把视野设想为一个球体，古代光学主张总是如此，而且无例外地，外观的大小（也就是对象在球形视野上的投射）不是由对象与眼睛的距离决定，而宁可排他地由视觉角度的宽度决定。”[19]在理论中，这体现于欧几里得第八定理。文艺复兴人对这条定理要么视而不见，要么进行篡改。因为这条定理导致透视成为不可能的任务：“因为球面明显不能解开成为平面。”[20]

由于古代的透视坚持球面投射和由角度决定大小，所以正交不相遇于一点（灭点），而是形成一个轴（灭轴）（见图5）。鱼骨形的灭轴原则无法像现代透视一样以恒定比例安排扭曲，因而是内在不统一的。例如其无法再现一个棋盘格。古代透视创造“会聚的空间”，而非系统的统一的空间。古典艺术关注的是身体，一旦开始涉及身体间的空间，就会变得不协调。所以古代透视“是一个世界的同样特殊和同样非现代的概念的表达”[21]。对于古代哲学家而言，系统空间同样是不可思议的。柏拉图和亚里士多德等人都只能以身体来构想空间，而无法设想一个无限的同质系统。艺术和哲学“在同一感觉的伪装下重铸感性空间：在一种情况中，这一感觉在视觉上象征化，而在另一种情况中，它以逻辑形式出现”[22]。

虽然透视在中世纪瓦解了，画面却恢复为一个整体。像艺术一样，

19 Erwin Panofsky, *Perspective as Symbolic Form*, translated by Christopher S. Wood, New York: Zone Books; Cambridge, Mass. : Distributed by the MIT Press, 1991.p.35.

20 Ibid, p.36.

21 Ibid, p.43.

22 Ibid, p.45.

图5 罗马第四风格壁画（潘诺夫斯基添加了辅助线），公元1世纪，那不勒斯，国立博物馆，采自《作为象征形式的透视》，第157页

在同时代哲学中“世界首次被设想为一个连续体”[23]。这是线性透视的前提。历史就是如此以退为进。阿奎那恢复了亚里士多德的空间教条，这等同于盛期哥特式雕塑对体积或身体的恢复。“随着塑造的身体被解放，几乎自动地，包含这些身体的空间也被解放了”[24]。其象征是离不开壁龛的盛期哥特式雕塑，亦即身体与空间被当做不可分割的同质统一体。文艺复兴时期，乔托和杜乔综合了拜占庭和哥特式，重现了封闭的内部空间。洛伦采蒂兄弟发现了灭点，其“是对于无限自身的发现的具体象征”[25]。（见图6）其符合于高级、学术的空间观。“这个透视成就只是在认识论和自然哲学中同时代进展的一个具体表达。”[26]对于经院哲学家

23 Erwin Panofsky, *Perspective as Symbolic Form*, translated by Christopher S. Wood, New York: Zone Books; Cambridge, Mass.: Distributed by the MIT Press, 1991, p.49.

24 Ibid, p.53.

25 Ibid, p.57.

26 Ibid, p.65.

而言，原本只存在于神圣全能之地的“无限”概念成了被造的自然（natura naturata）。[27] 布鲁诺把无限给予世界，宇宙被去神学化。这个空间观最终由笛卡尔主义合理化，由康德主义形式化。线性透视是视觉印象的合理化，是主观的客观化。

柏拉图指责透视以主观的外观和任意性取代了真实；相反，现代美学思考指责它是限制性的理性的工具。但是潘诺夫斯基认为，作为世界观的象征的透视以人本身为出发点，限制和贬抑了神性。因此透视已经在“艺术的进化”中成功了两次：“第一次作为一个结束的符号，当古代神权政治崩溃之时；第二次作为一个开始的符号，当现代‘人权政治’首次树立它自身之时。”[28]

图 6　安布罗乔·洛伦采蒂，《圣母领报》,1344 年，木板蛋彩，127 厘米 ×120 厘米，锡耶纳，国立画廊

由上文的简介可见，在《作为象征形式的透视》中探讨的主题是透视的发展。不同时期的透视所“象征”的内容则

27 Erwin Panofsky, *Perspective as Symbolic Form*, translated by Christopher S. Wood, New York: Zone Books; Cambridge, Mass.: Distributed by the MIT Press, 1991, pp.65–66.

28 Ibid, p.72.

是不同的空间观和认识论，以及（总的看是）世界观。透视像哲学和理论一样被当做了世界观的象征。这当然是恩斯特·卡西尔（Ernst Cassirer）的象征哲学在艺术上的应用。例如潘诺夫斯基为研究透视辩护时指出，透视确实更像个数学问题而非艺术问题，也无关于艺术价值：

> 但是如果透视不是价值的因素，它的确是风格的一个因素。确实，它甚至可以被刻画为（把恩斯特·卡西尔的恰当的术语扩展到艺术史）那些“象征形式”之一，在其中“精神意义被依附于一个具体的，物质的符号并内在地被给予这个符号”。[29]

那么精神意义就是世界观。从其前述的理论文章看，艺术意志在潘诺夫斯基的术语中就是艺术中的精神意义，也就是内在意义。如果象征的形式是透视，那么象征的内容就是艺术意志或世界观。所以在这个艺术史的实践中，一直在理论上始终含糊其词的艺术意志被等同于和具体化为世界观。世界观也正符合他对艺术意志的限定：既不能是集体或个体的心理实在，也非抽象的综合物。而且世界观（以及同时代体现世界观的相关理论）更具有可操作性。所以下文将会展示艺术意志一词在潘诺夫斯基的普林斯顿时期的文本中消失，“内在意义”与“世界观”则取而代之。这种术语改变从根本上说是受社会学家卡尔·曼海姆（Karl Mannheim）影响的结果。1923 年的《关于世界观的阐释》一文中曼海姆肯定地引用了潘氏的《艺术意志的概念》，并称其“对里格尔的‘艺术意志’的概念的分

29 Erwin Panofsky, *Perspective as Symbolic Form*, translated by Christopher S. Wood, New York: Zone Books; Cambridge, Mass.: Distributed by the MIT Press, 1991, pp.40–41.

析展示了一个对这里定义为档案意义的事物的清楚理解”[30]。正文中，曼海姆把世界观和艺术意志都当做档案的意义所揭示的对象，或称“档案意义反映一个世界观”[31]。而潘氏在《关于艺术史和艺术理论的关系》的注中提到该文即将发表时他才注意到《关于世界观的阐释》。显然该文引发了《作为象征形式的透视》中的术语变化。相反，1921 年发表的《反映了艺术风格发展的人体比例理论的历史》中用的还是“艺术意志”。曼海姆和潘氏的相互引用是二人相互影响的证据。不过曼海姆的文化研究对潘氏的影响不限于从艺术意志到世界观的转变，而是根本上塑造了他对图像学的理论分析。

二、艺术的阐释、图像学及符号学

在魏玛时期，潘诺夫斯基的最后一篇重要论文是 1932 年发表于《逻各斯》（*Logos*）杂志的《关于描述和阐释视觉艺术品的问题》（“On the Problem of Describing and Interpreting Works of the Visual Arts”）。这篇文章在潘诺夫斯基的理论中具有承上启下的作用。今天我们所见的《图像学研究》的导言实际上是由两篇文章组成的，前半部分是《关于描述和阐释视觉艺术品的问题》的修订稿，后半部分是他与弗兰斯·扎克斯尔（Fritz Saxl）合著的《中世纪艺术的古典神话学》。虽然 1939 年版的《图像学研究》的导论与 1955 年版之间也有一些重要差异，但是其差异与最初的《关于描述和阐释视觉艺术品的问题》相比几乎可以忽略不计。

《关于描述和阐释视觉艺术品的问题》开始于莱辛对卢西安的引述：

30 Edited by Kurt H. Wolff, *From Karl Mannheim*, New Brunwick, N.J. : Transaction Publishers, 1993, p.161n1.

31 Ibid, p.173.

由于时代风格的更替，卢西安不能确定宙克西斯的绘画中的空间安排是表示人物在高处还是在后面。由此潘诺夫斯基引出了描写形象需要的一般原则。总体而言，描述和阐释艺术品的原则像后来的图像学一样分为三个层次，只是名称不同（见表2）。

表2 潘诺夫斯基 描述和阐释艺术品的三个层次

阐释的对象	阐释的主观资源	阐释的客观纠正
1. 现象的意义（将被分离成事实的和表现的意义）	存在的必须经验	风格的历史（可能去再现的事物之实质）
2. 依靠内容的意义	文献知识	类型的历史（可能去想象的事物之实质）
3. 档案的意义（内在意义）	世界观原初行为	一般精神史（在一个给定的世界观之内可能的事物之实质）

注：译自 *Critical Inquiry*, Vol.38, No.3 (Spring, 2012), p.482

潘诺夫斯基并不讳言该结构源自曼海姆的三个意义层次：（a）它的客观意义；（b）它的表现的意义；（c）它的档案的或证据的意义。[32] 这三个层次后来在《图像学研究》导言中变成著名的前图像志、图像志和图像学。但是在结构的相似之外，文中具体论述的例子上至古希腊艺术下至塞尚和德国表现主义画家弗朗兹·马尔克（Franz Marc），而《图像学研究》的导言中的例子仅限于文艺复兴艺术。现在一般认为潘诺夫斯基的图像学的经典研究对象是文艺复兴艺术。斯维特拉娜·阿尔珀斯（Svetlana Alpers）甚至认为图像学和图像志首先是用于处理意大利文艺复兴艺术的。[33] 而《关于描述和阐释视觉艺术品的问题》中不仅讨论当代观者对马尔克绘画的接受，而且写道："保罗·塞尚的一幅静物画不仅是好的，而

32 Jaś Elsner and Katharina Lorenz, "The Genesis of Iconology," *Critical Inquiry*, Vol.38, No.3 (Spring, 2012), p.488.

33 Svetlana Alpers, *The Art of Describing: Dutch Art in the Seventeenth Century*, Chicago: The University of Chicago Press, 1983, p. XXIV.

且像拉斐尔的圣母一样在内容上是丰富的。”[34]现代派作品和文艺复兴艺术一样都具有内在意义，是相同的阐释方法的对象。这证明在潘诺夫斯基的理论构思中，文艺复兴艺术根本不具有特权或模板性质，相反模板来自曼海姆的理论。图像学后来与文艺复兴艺术的紧密联系更多的是由于潘诺夫斯基个人的学术方向所致。

把《关于描述和阐释视觉艺术品的问题》与《图像学研究》的导言对读时，令人印象最深刻的一点是前者像上文介绍的理论文章一样充满了哲学思辨的气息，所以有学者把《图像学研究》的导言称为权威式的和不那么开放的[35]。例如《关于描述和阐释视觉艺术品的问题》讨论了形式描述和意义的互锁关系，事实意义和表现意义的互锁关系，个体作品的风格描述和风格史定位的阐释循环。更重要的是与《图像学研究》的导言相比，该文本强调对描述和阐释的主观行为的客观纠正。在《关于描述和阐释视觉艺术品的问题》中描述和阐释的方法本身不是叙述重点，相应的三种纠正原则占了大量篇幅，而且潘诺夫斯基通过引述海德格尔（Martin Heidegger）对阐释学的问题进行了思考。这种引证其实十分奇怪，因为潘诺夫斯基的主要哲学源泉是卡西尔的新康德主义，而海德格尔与卡西尔在见解上针锋相对。学者把这称为潘诺夫斯基“与海德格尔的调情”，并把其对海德格尔的有意接近看做是相关于种族政治和文化融合的现实考

---

34 Erwin Panofsky, “On the Problem of Describing and Interpreting Works of the Visual Arts,” Translated by Jaś Elsner and Katharina Lorenz, *Critical Inquiry*, Vol.38, No.3 (Spring, 2012), p.479. 可见在潘诺夫斯基看来抽象与具象绘画一样都具有内在意义。有人认为就潘诺夫斯基的判断，“抽象艺术是缺乏内容的”。这种错误说法显然是对潘诺夫斯基的理论缺乏了解。

35 Jaś Elsner and Katharina Lorenz, “The Genesis of Iconology,” *Critical Inquiry*, Vol.38, No.3 (Spring, 2012), pp.494–495.

虑。[36]文中引述了海德格尔对阐释康德文本的看法："确实，为了从语词所说的去榨取它们想说的，每个阐释必须必要地使用暴力（gewalt）。"[37]潘诺夫斯基同意任何阐释，包括对图画的描述都需要这样的暴力，但是应该为这种主观暴力的使用划界：

> 在这里我将不对阐释的哲学问题采取坚定立场，相关于艺术史的如下。阐释（去重复，包括纯描述）的资源是认知的才能和阐释主体的知识，即，我们的存在的必要经验（相关于现象的意义）和我们的文献知识（相关于依靠内容的意义）。对这些知识（主观资源）的客观纠正我们可以称为传播的历史，也就是，在现象的意义的例子中风格的历史和在依靠内容的意义的情况中类型的历史。传播的历史提供了边界，在其中我们能应用暴力。[38]

恐怕这种以客观纠正主观的方法与海德格尔的阐释学并不合拍。当达到阐释的最高层面之时，"内在意义的阐释的资源效果上是阐释者的世界观，……亦即，知识的资源根本上是主观的"，因而更需要进行客观纠正。纠正原则就是精神史，"其澄清了在任何特定时期和任何特定文化圈

36 Jaś Elsner and Katharina Lorenz, "The Genesis of Iconology," *Critical Inquiry*, Vol.38, No.3 (Spring, 2012), pp.510–512。潘诺夫斯基以及卡西尔都是犹太人，而海德格尔是纳粹的支持者，另一位艺术史家泽德尔迈尔甚至直接加入了纳粹。文章发表的1932年正是纳粹上台的前夜，排犹运动甚嚣尘上，所以其中意味不言自明。此外有的作者把《艺术意志的概念》解释为受到海德格尔的影响则属于牵强附会。见陈怀恩：《图像学——视觉艺术的意义与解释》，如果出版社，2008，第202页。

37 Erwin Panofsky, "On the Problem of Describing and Interpreting Works of the Visual Arts," Translated by Jaś Elsner and Katharina Lorenz, *Critical Inquiry*, Vol.38, No.3 (Spring, 2012), p.476.

38 Ibid, p.477.

的世界观之内什么是可能的”[39]。给定特定世界观的可能性的精神史实际上就是世界观的历史，而最高层面的阐释对象是档案意义或内在意义。由上一小节对潘诺夫斯基早期理论文本的分析可知，内在意义就是世界观以及艺术意志。所以最高层面的阐释就是阐释者以自身的世界观来阐释对象的世界观，并通过客观的世界观的历史进行纠正。这源于曼海姆对世界观的阐释方式：对时代“精神”或世界观的掌握需阐释主体后退到自身历史的“实质”中。这也是阐释学中理解与前理解的循环。

这些对描述和阐释中的主客观关系的思辨在《图像学研究》的导言中消失了，但是如果我们从《关于描述和阐释视觉艺术品的问题》一文的视角来看导言就会发现一些很少为人注意的问题。

在当下，潘诺夫斯基的图像学之所以被轻易看做符号学的先例，主要是因为图像志研究中包括了大量对艺术品的象征含义的破解，而图像学又被混同于或矮化为图像志。所以要想区分符号学与图像学就要先区分图像学与图像志。象征（symbol）一词在一般用法中往往等同于（并在中文中被翻译为）符号。在庸俗化理解中，“狗象征着忠诚”就是一种图像学阐释。由此图像学中象征的运作方式类似于符号学中能指与所指间的指代关系。但是潘诺夫斯基所谓的“象征”并非符号学中的意指关系，其所指的内容也绝非一般意义上的内容。《图像学研究》的导言中，潘诺夫斯基在一个注释中区分了“卡西尔所说的象征”和“一般意义中的象征”。[40]“持桃子的女子是诚实的拟人像”或“狗象征忠诚”只是“一般意义的象征”，“属于狭义图像志的领域”，而正文中（尤其是表格中）“象征”一词仅

39 Erwin Panofsky, “On the Problem of Describing and Interpreting Works of the Visual Arts,” Translated by Jaś Elsner and Katharina Lorenz, *Critical Inquiry*, Vol.38, No.3 (Spring, 2012), p.480.

40 欧文·潘诺夫斯基：《图像学研究：文艺复兴时期艺术的人文主题》，戚印平、范景中译，上海三联书店，2011，第4页。

用于阐释的第三层，即图像学阶段。这里的“象征”是“卡西尔的‘象征的’价值”。正是由于两种“象征”（以及后文将讨论的两种“内容”）之间的词义混淆造成了图像学的图像志化。这个卡西尔的“象征”在潘诺夫斯基的理论中所象征的不是图像志的惯例主题，而是“内在意义或内容”。显然无论是“象征”还是其中的“意义或内容”都不是“一般意义的”。[41]

一提到“内容”，就会让人想到形式与内容的二元对立，并把“内容”理解为主题、题材，或作品再现的对象等，总之是将其理解为图像志探究的目标。在《关于描述和阐释视觉艺术品的问题》中第二层的解释对象是“依靠内容的意义”，可见这里的“内容”就是一般意义的“内容”。但是在层次结构上，这个“依靠内容的意义”不同于作为第三层阐释对象的“内在意义”，如此一来似乎“内容”不包括“内在意义”。这显然是不合理的。所以《图像学研究》的导言取消了“依靠内容的意义”这种说法并代之以“第二性或程式主题”，并把“内容”放在了第三层。于是《图像学研究》导言中“内在意义”被并列和等同于“内容”。导言中“内容”一词仅仅被用于图像学阶段的目标，所以这里的内容与内在意义一样都是指世界观和艺术意志。这样虽然避免了上述逻辑矛盾，但是使得“内容”一词成了一个特殊用法。或者说使得其用法异于常识：“内容，是与题材相对立的。”[42]但是当学者们（尤其是在艺术史的实践中）想当然地用一般意义的“内容”来思考图像学的任务之时，图像学和图像志就会变得似乎可以融合在一起，[43]

41 迈克尔·波德罗也指出过潘诺夫斯基的“象征”不是“符号的载体”。见迈克尔·波德罗：《帕诺夫斯基艺术史观评述（续）》，李维琨译，高兴校，《世界美术》1989 年第 3 期。

42 E. 潘诺夫斯基：《视觉艺术的含义》，傅志强译，辽宁人民美术出版社，1987，第 17 页。

43 潘诺夫斯基的用词造成不少阐释图像学理论的作者的混乱。例如：前面说“在帕诺夫斯基的概念中，意义不是……而是指内容”，一会儿说“内容是作品意义的载体”，最后又说“意义是帕诺夫斯基的图像学的关键，意义不仅超越了艺术家的实际意图，甚至也超越了作品具体表达的内容”。意义一会儿是内容，一会儿由内容所承载，一会儿又超越内容。易英：《图像学的模式》，《美术研究》2003 年第 4 期。

而实际上图像学的阐释对象是内在意义，也就是世界观和艺术意志。

由世界观和艺术意志的概念引出了另一个图像志和图像学的区别，亦即各层次阐释讨论的意义是不是艺术家自觉的意图。[44] 显然潘诺夫斯基早在《艺术意志的概念》中就已经否定了艺术意志可以是个人的意图。[45]《关于描述和阐释视觉艺术品的问题》称，在对档案意义的探究中“必须放弃文献资源的知识”：例如丢勒对自己作品的评论只是阐释的对象而非真正的内在意义；举帽致敬者也无力控制其行为向他人揭露的内在本性的信息。“所以同样，甚至艺术家仅仅知道‘他所标榜的’，却不知道‘他所泄露的’。”[46] 在《图像学研究》的导言中这丝毫未变：“这些原理会不知不觉地体现于一个人的个性之中，并凝结于一件艺术品里。”“通常，艺术家本人并无自觉，甚至可能与他意欲表现的迥然相异。”[47] 但是在实践的工作中，世界观在艺术中的体现很难被说清楚是自觉的意图还是无意识的。例如《作为象征形式的透视》中无论古代的成角透视，还是文艺复兴的线性透视都直接相关于同时代对空间的理论表达，只有文末把透视看做反对神学树立人性的象征之时才真正涉及不自觉的领域。后期论文《哥特建筑和经院哲学》中的这种自觉更加明显。潘诺夫斯基认为哥特艺术与经院哲学的联系“比单纯的‘平行’更具体”，比“个体的‘影响’更普遍”，“是一种因果关系”。[48] 而且法国哥特式建筑中经院哲学的辩论会形式“似

44 相关讨论见迈克尔·安·霍丽：《帕诺夫斯基与美术史基础》，易英译，湖南美术出版社，1992，第140—143页。

45 欧文·帕诺夫斯基：《艺术意志的概念》，陈平译，《世界美术》2000年第1期。

46 Erwin Panofsky, “On the Problem of Describing and Interpreting Works of the Visual Arts,” Translated by Jaś Elsner and Katharina Lorenz, *Critical Inquiry*, Vol.38, No.3 (Spring, 2012), pp.479-480.

47 欧文·潘诺夫斯基：《图像学研究：文艺复兴时期艺术的人文主题》，戚印平、范景中译，上海三联书店，2011，第5—6页。

48 杨贤宗、申屠妍妍、廖昕选编《建筑与象征》，中国美术学院出版社，2011，第70页。

乎完全已经被有意识地加以运用”[49]。在《早期尼德兰绘画》一书中所讨论的更是无争议的自觉意图，是发现艺术品背后的“理论和哲学的先入之见”。其结果就是图像学与图像志混为一谈。这与其说是潘诺夫斯基自己学术方向的偏移，不如说是图像学目标的不稳定性造成的。因为内在意义或世界观本身既可以是自觉的，又可以是不自觉的。如曼海姆所言，对于档案的意义，是否有意图是非本质的。

无论如何，在潘诺夫斯基的理论设想中，图像学考察世界观的不自觉的体现，那么“他所标榜的”与“他所泄露的”之间的差异可以用于区分图像志和图像学。如果把符号学局限在人为编码的符号之内，那么只有图像志可以被说成是符号学。埃科提到的“文化代码”——“它们以有组织的方式展示了一定的社会的世界观”——非常类似于潘诺夫斯基的图像学所阐释的象征和世界观及内在意义，但是埃科说文化代码“在严格意义上难以称作符号系统，甚至交流系统”[50]。当然符号学的范围可以非常广泛，可以包括“动物符号学”，甚至被称为“意义学”。图像学的阐释目标自然也是意义。那么这些被图像学阐释的各种文化现象可以归类为无发送者的无意图符号（就对象无意于表达图像学阐释的目标而言），然而更重要的是在方法上，图像学“产生于综合而不是分析”，是“综合直觉”。[51]“分析”与“综合”又是一种康德式术语。所以图像学不对对象进行分节，而是基于类比和各文化现象间的相似性以及理性的直观达到。

49 杨贤宗、申屠妍妍、廖昕选编《建筑与象征》，中国美术学院出版社，2011，第102页。在这里我想反驳霍丽的解读：《哥特建筑和经院哲学》中哲学的体现是“不自觉的”。因为显然潘诺夫斯基已经使用了“有意识”这样的字眼。见迈克尔·安·霍丽：《帕诺夫斯基与美术史基础》，易英译，湖南美术出版社，1992，第141页。

50 乌蒙勃托·艾柯：《符号学理论》，卢德平译，人民大学出版社，1990，第14页。

51 欧文·潘诺夫斯基：《图像学研究：文艺复兴时期艺术的人文主题》，戚印平、范景中译，上海三联书店，2011，第6页、第12页。

甚至“才华横溢的外行”可能会优于“学识渊博的学者”。也就是说其更类似于一种灵感和直觉。其阐释过程无法像符号学那样被理论化。潘诺夫斯基警告说其甚至可能变成像占星术那样胡乱猜测的危险事物。克里斯蒂娜·哈森米勒（Christine Hasenmueller）甚至认为“综合直觉”不是方法，而是人类能力或头脑的维度；其解释不包括能指和所指的正确关联。[52] 相反，符号学是一种分析而非综合。符号过程（semiosis）不仅在符号学中是可分析的，而且是符号学的主要研究对象。在这一点上图像学完全异于符号学。潘氏图像学方法来自曼海姆的理论，二人的理论构思都基于作为传统人文学科基础的阐释学[53]，而不是当时并非显学的符号学。曼海姆本人也不是符号学家。之所以选综合而非分析，是因为作为图像学目标的世界观本身是个需要重构的整体。曼海姆称与自然科学相反，对于“文化科学，在抽象的兴趣中被忽视的具体经验的整体仍然总是一个问题”[54]。

从前图像志的自然主题到图像志的惯例主题意义，再到图像学的内在意义的译解过程，结构上确实与从能指到所指或从代表项到解释项再到对象的符号学解释结构相似，但是不得不说这种类比是一种对图像学和符号学二者的过于通俗和表面化的理解。不用说图像学，就是图像志都不是一种完整的符号系统。哈森米勒早在 1978 年就指出，图像志只涉及隐喻不涉及转喻；图像志探讨的意义只是文学的或文献的；最重要的是图像志

52 Christine Hasenmueller, “Panofsky, Iconography, and Semiotics,” *The Journal of Aesthetics and Art Criticism*, Vol. 36, No. 3, *Critical Interpretation* (Spring, 1978), pp.296-298.

53 Joan Hart, “Erwin Panofsky and Karl Mannheim: A Dialogue on Interpretation,” *Critical Inquiry*, Vol. 19, No. 3 (Spring, 1993).

54 Edited by Kurt H. Wolff, *From Karl Mannheim*, New Brunwick, N.J. : Transaction Publishers, 1993, p.139.

的符号学功能有限，“它是一个没有自身的‘句法’的‘词汇表’”[55]。符号学不仅仅是语义学，还包括句法学和语用学。罗兰·巴特和格雷马斯甚至把符号学区别于语义学：“语义学等于相关于内容的研究，符号学等于相关于表达的研究”[56]。符号学更重视对符号过程的研究。当然，潘诺夫斯基的图像学实际上也没有进行真正的语义学分析。因为语义学讨论的是符号与对象之间的关系，研究的是符号如何指涉对象，而潘诺夫斯基不关心为何形象能产生意义，不关心对象是如何产生出不同的语义的，只是想当然地认为形象有某种语义，图像学的三层结构只是获得意义的三个不同途径（前图像志来自日常生活，图像志来自文化习得，图像学来自综合直觉），而不是语义层次，所以他不关心色彩、笔触如何组成图式，图式又如何组成物像，场景和故事的不同语义层次。迈克尔·安·霍丽写道：“潘诺夫斯基后来对待透视的问题只涉及它指示意义的过程，而撇开最终实际指示的东西。因此，这个焦点，即他论文的结论部分能被合理地称为‘原符号学’（proto-semiotic）。”但是称为符号学“还是有疑问的”。[57]基于上文的种种理由，笔者可以同意霍丽的结论，但认为她的论证正好说反了。《作为象征形式的透视》仅仅论述了各种透视形式最终所指示的东西，也就是神权的崩溃和人权的树立；而对于这种意指的过程仅仅是以类比为依据，从未进行分析。图像学关心的是对象体现着的自身本质（世界观）而不是对象表意的方式和系统。在这个意义上图像学的象征甚至不是符号，不是交流传达，而是世界观在物像中的直接显现。那么潘诺夫斯基的图像学可以说是柏拉图式的象征传统的一个结果，而与索绪尔、皮尔斯

55 Christine Hasenmueller, “Panofsky, Iconography, and Semiotics,” *The Journal of Aesthetics and Art Criticism*, Vol. 36, No. 3, *Critical Interpretation* (Spring, 1978), p.292.

56 罗兰·巴尔特：《符号学原理》，李幼蒸译，中国人民大学出版社，2008，第 31 页。

57 迈克尔·安·霍丽：《帕诺夫斯基与美术史基础》，易英译，湖南美术出版社，1992，第 161 页。

的符号学传统没有直接关系。（对于这一表意模式的符号学分析见本章第二节五小节）

三、潘诺夫斯基与形象

上文澄清了图像学与符号学的关系，那么并非真正的符号学的图像学是否更接近于后来的形象研究呢？阿尔甘称："欧文·潘诺夫斯基的伟大价值存在于已经理解——不管它的混乱外观——形象的世界是一个有秩序的世界，并且把艺术的历史作为形象的历史。"[58] 并且阿尔甘还说："当他说图像学关心主题，而不关心艺术品的形式之时，潘诺夫斯基也许是太谦虚了。"[59] 简言之，形式和非艺术形象是否也是图像学的阐释对象呢？

传统的图像学限于探究艺术作品意义，那么阿尔甘的言辞无疑是在夸大其词，但是由上文可知，潘诺夫斯基魏玛时期的理论研究中主要的阐释对象不是主题或图像志，而是形式和风格。熟悉图像学的读者可能会失望地发现《关于艺术史和艺术理论的关系》全篇都是对风格问题的讨论，而无关于主题内容。甚至在正文的最后写道："当艺术史把显现的复合体的整体联系于艺术的原初问题之时，也就是说，联系于一个弥合设计的全部个体原则的根本的风格原则之时，那么艺术史就抓住了艺术意志。"[60] 该文中艺术理论的基本概念是描述作为风格概念两极的体量和形式，深度和平面；在《作为象征形式的透视》中象征的形式是作为风格因素的透视。由艺术意志这个概念的来源（里格尔的《风格问题》）可知，这个术语原

58 Giulio Carlo Argan, "Ideology and Iconology," Translated by Rebecca West, *Critical Inquiry*, Vol. 2, No. 2 (Winter, 1975), p.297.

59 Ibid, p.302.

60 Erwin Panofsky, "On the Relationship of Art History and Art Theory: Towards the Possibility of a Fundamental System of Concepts for a Science of Art," Translated by Katharina Lorenz and Jaś Elsner, *Critical Inquiry*, Vol.35, No.1 (Autumn, 2008), p.68.

初就是为了解释风格或形式变化而出现的。潘诺夫斯基的早期用法虽经过扩展，却仍保留了其基本目的。受曼海姆影响，艺术意志的用法逐渐被内在意义及更具体的世界观所取代，其对风格的阐释也被后两个术语所继承。在《关于描述和阐释视觉艺术品的问题》中形式分析不是主要话题，但仍大量涉及风格和形式。它不仅与各层意义的问题互锁在一起，其本身也是第三层的档案意义的来源："达到内在意义的这个层面是阐释的最终任务。因为它只有包含中介的不同方面的集合（不仅有形式的因素，例如光与影的分配，表平面的结构，甚至画架、凿子，或雕刻工具的使用）并把全部这些作为关于一个特殊世界观的统一意义的档案来说明，它才能达到它的实际对象。"[61] 可见像图像志一样，形式因素也表达着世界观和内在意义。在《图像学研究》的导言中虽然更少关注风格，这个意思却未改变：用以把握内在意义或内容的原理"既显现在'构图方法'与'图像志意义'之中，同时也使得这两者得到阐明。……如果我们将这种纯粹的形式，母题、形象、故事和寓意视为各种根本原理的展现，就能将这些要素解释为恩斯特·卡西尔所说的'象征的'价值"。[62] 后期的实践《哥特建筑和经院哲学》一文讨论的同样是哥特式建筑的风格和形式。

那么是否应该像阿尔甘所言，把形式、色彩这些因素都作为图像学的研究对象呢？答案却明显是：不能。原因很简单，因为我们不能倒果为因。潘诺夫斯基不把图像学扩大到对形式的研究不是出于"谦虚"，而是出于逻辑的严谨。潘诺夫斯基关注风格和形式的阐释不等于风格和形式的阐释就是图像学。形象地说，潘诺夫斯基不是图像学的拟人化身，他所关注的

61 Erwin Panofsky, "On the Problem of Describing and Interpreting Works of the Visual Arts," Translated by Jaś Elsner and Katharina Lorenz, *Critical Inquiry*, Vol.38, No.3 (Spring, 2012), p.479.

62 欧文·潘诺夫斯基：《图像学研究：文艺复兴时期艺术的人文主题》，戚印平、范景中译，上海三联书店，2011，第5页。

一切并非都应被贴上图像学之名。1932 年的论文题目非常清楚：《关于描述和阐释视觉艺术品的问题》。这里是在讲视觉艺术的全面的或一般的描述和阐释，当然必须包括风格。当这篇文章发展为《图像学研究》的导言之时，其文本也伴随着剧烈的变化以及范围的缩小。《图像学研究》的导言中把形式归于象征价值的解释并不意味着对形式的阐释就是图像学。这只是在讲解象征价值的范围。因为“图像学”一词直到 1955 年才加入这一文本中，而且明确地写道：“凡是在不孤立地使用图像志方法，而是将它与破译难解之谜时试图使用的其他方法，如历史的、心理学的、批判论等方法中的某一种结合起来的地方，就应该复兴‘图像学’这个词。”[63] 可见图像学必须以图像志为前提。或者说，图像学是以图像志为对象来阐释内在意义的。如上文所述，潘诺夫斯基向来坚持形式和风格确实可以阐释出内在意义或世界观，但是阐释出内在意义或世界观的阐释行为不等于就是图像学。图像学之名是为了配合对图像志的阐释而出现的，是为了把对更深层的图像志的研究区别于形式的研究才被发明的。我们不能用 1955 年的概念套在 1932 年的文本上，那个时候潘诺夫斯基恐怕自己都不知道何为图像学。对形式的内在意义的阐释不同于对形式的类型分类描述，是更深的阐释阶段。这一阶段在等级上与图像学等同，都是第三阐释层次。二者都可以被称为档案的意义（或内在意义）的阐释。可以说潘诺夫斯基对内在意义的阐释是对艺术形象的全面考察。内容和形式都是内在意义的来源，但是阐释内容的内在意义的研究才能被称为图像学。甚至阿尔甘也承认，当“图像学”阐释形式之时，“然而，名字会改变，而且这种调查会不再被称为图像学，而是跟随现代术语学，称为语义学或更准确的是符

63 欧文·潘诺夫斯基：《图像学研究：文艺复兴时期艺术的人文主题》，戚印平、范景中译，上海三联书店，2011，第 6 页。

号学”[64]。（当然上文已经指出了图像学方法与符号学的区别，其区别也是对风格和形式的内在意义的阐释与符号学的差异。）所谓的“风格图像学”显然只是对图像学原意的歪曲，而且《作为象征形式的透视》和《哥特建筑和经院哲学》都不能被称为图像学，虽然二者都是对内在意义的阐释。

除了风格，图像学能否包括非艺术形象？许多作者都把这当做自明之理。笔者不否认后人有权扩大和改写既往的概念，使其发挥新的作用，但是本书的目标是解读潘诺夫斯基的理论原意。目前从潘诺夫斯基自身的作品出发认为图像学研究包括非艺术形象的观点有三个论据：一、潘诺夫斯基在追踪图像志的发展之时经常不限于艺术品的范围；二、潘诺夫斯基写过一篇论电影的文章，而电影不是艺术史的研究对象；三、潘诺夫斯基还写过一篇论汽车发动机散热器的文章，这当然是大众文化产品。但这三个理由均不成立。

对于第一点，图像志的历史调查中涉及的图画或其他视觉人工制品都属于古代文物。这些文物都是艺术史的考察对象。如果把艺术史的研究范围狭隘地限制在绘画、雕塑、建筑上（有些人甚至认为建筑都不是艺术史的考察对象。这显然与潘诺夫斯基以及艺术史家们对艺术史的理解不同），那么潘诺夫斯基崇敬的里格尔所写的《罗马晚期的工艺美术史》为什么还被叫做美术史呢？我们应该抵制对艺术史的边界无意义的缩小。此外，潘诺夫斯基进行图像志的历史调查最终是为了揭示文艺复兴经典艺术的含义，其中即便出现非艺术形象也是作为前提和证据，以证明艺术品的图像志和图像学解释。这不等于把调查中的非艺术对象规定为艺术品。否则法庭上的证人都会变成被告。

64 Giulio Carlo Argan, “Ideology and Iconology,” Translated by Rebecca West, *Critical Inquiry*, Vol. 2, No. 2 (Winter, 1975), p.303.

对于第二点，潘诺夫斯基研究电影不是为了研究艺术之外的大众文化，而是真心诚意把电影当做艺术：

> 新技术的发明引起这一新艺术的发现和完善。……它起初是通俗艺术……今天，人们不可否认叙事片不仅是“艺术”——当然优秀作品尚鲜有所见，但是其他表现手段不也一样吗——而且还是除建筑、动画和商业广告之外独一无二、生动活泼的视觉艺术。[65]

他为自己能够观察一种新艺术媒介的发展而兴奋不已。艺术史就是要研究艺术，那么作为艺术史家的潘诺夫斯基研究电影完全在本职范围内。我们不能把自己的艺术标准套在潘诺夫斯基的头上。

对于第三点，持有该观点的论者应该都没有读过潘诺夫斯基的那篇文章：《劳斯莱斯汽车散热器的意识形态先例》（“The Ideological Antecedents of the Rolls-Royce Radiator”）。其实哪怕不看正文，从题目上也可分析出这是两个偏正短语组成的一个偏正短语。“劳斯莱斯汽车散热器”只是修饰部分，而“意识形态先例”才是被修饰的主要部分。所以此文的目的是要讲“意识形态先例”。具体而言，这篇文章讨论了英国人的民族性在艺术中的反映：浪漫主义的英式花园（自然风景园）、同时期流行的帕拉迪奥式古典主义别墅以及彩绘手稿、哥特建筑、散文风格等等。文章力图证明英国的民族性是古典主义和浪漫主义的结合。这篇长文直到最后的一个短短段落才提及了那个让不少人想入非非的散热器：

65 潘诺夫斯基：《电影中的风格和媒介》，载李恒基、杨远婴主编《外国电影理论文选》，生活·读书·新知三联书店，2006，第 378—379 页。

> 这个散热器好像总结了盎格鲁－撒克逊人12个世纪以来的思虑和自然倾向：它把一件令人赞赏的机械工程作品隐藏在庄严的帕拉迪奥式神庙的正立面之后；只是这个帕拉迪奥式神庙正立面顶上立着的是翅膀鼓着风的“银女士”，在她身上，新艺术运动似乎灌注着完全的“浪漫主义”精神。自从第一辆劳斯莱斯汽车在1905年初被交付以来，散热器和散热器盖还没有被改变过；由皇家美术学院的查理斯·赛克斯（Charles Sykes）制模的“银女士”早在1911年就被添加于其上。那张劳斯莱斯的“脸”仍然照旧：它已经持续反映英国民族性的本质超过半个世纪。它可能从未被改变！[66]

散热器是帕拉迪奥式的，亦即古典主义建筑风格，车标是皇家美术学院成员设计的新艺术运动的产物，其属于浪漫主义精神的艺术风格（见图7）。这些叙述没有一丝一毫偏离正统艺术史的范畴。现在的一些学者受到文化研究的影响把工艺美术或实用美术驱逐出艺术史之后，再把其假装成外来的事物（非艺术的大众文化产品）引入艺术史。这种所谓的“艺术史的扩大”是自欺欺人。原本工艺美术就是艺术史的研究范围，那么潘诺夫斯基的确没有扩大艺术史，只是“我们”在缩小艺术史。潘诺夫斯基是一位传统学者，他的研究对象是传统的艺术史和传统意义或经典意义上的艺术。他从未像当代研究者那样把一般的形象概念本身当做研究对象。在潘诺夫斯基的时代，形象研究要想取得独立于艺术史的合法地位尚需时日。

之所以有上述种种谬论，是因为今日对潘诺夫斯基图像学的理解往

66 Erwin Panofsky, *Three Essays on Style*, Edited by Irving Lavin With a memoir by William S. Heckscher, Cambridge, Massachusetts: The MIT Press, First MIT Press pape rback edition, 1997, p.166.

图 7 劳斯莱斯汽车及车标“银女士”，采自《风格三论》，第 164—165 页

往受到米切尔托古改制的不良影响。米切尔通过篡改图像学的词义提出“批评的图像学”[67]。潘诺夫斯基的图像学是艺术史的研究方法。其不像米切尔的“批评的图像学”那样谋求研究一般的形象的本性和形象的理论。换言之，如果两种图像学是相同的，那么米切尔提出“批评的图像学”只会是多此一举。我们不应倒因为果，用米切尔的理论来理解潘诺夫斯基。其实，米切尔是“在一种非常不同的意义上”使用图像学一词，这一点是国际学术界所公认的，根本无需争论[68]。而且两种图像学之说是米切尔自己的说法，他非常清楚地区分了这两种图像学：“如果传统图像学压抑了形象，那么后现代图像学就压抑了语言。”[69]那么潘诺夫斯基真的压制了形象吗？米切尔所言是否属实呢？这种说法并非米切尔独创。把图像学

67 具体论述见刘晋晋：《敲响图像：W.J.T. 米切尔与视觉文化的新方向》，硕士学位论文，中央美术学院，2010。

68 Edited by Elkins and Maja Naef, *What is an Image?*, Pennsylvania: The Pennsylvania State University Press, 2011, p.39. 少数国内作者把精力耗费在证明米切尔的图像学就是潘诺夫斯基的图像学上，这是毫无意义的。这种现象是由于迷信国外权威以及长期人云亦云从不自己思考而导致的。

69 W.J.T. 米歇尔：《图像理论》，陈永国、胡文征译，北京大学出版社，2006，第 19 页。

看做是形象依附前文本，或认为其任务仅仅是揭示出形象背后的文本，这是相当普遍的误解。[70]潘诺夫斯基本人的研究似乎印证了这种说法，《图像学研究》中没有一篇文章不是大段引证古典文献。然而这种说法指向的目标不是图像学而是图像志。图像志解释正是基于文献知识或原典来达到的，而图像志在整个解释过程中只是一个中间环节，其不能代表图像学的属性。图像学的目标是世界观。在许多例子中世界观本身是由哲学文本代表的，这也给人留下这样的印象：哲学、理论这些语言构成的事物就是形象背后的意义。所以无怪乎如此多学者分不清图像志和图像学。

实际上，潘诺夫斯基本人的理论设想并非如此。《关于艺术史和艺术理论的关系》中提出，对艺术意志的探讨导致了把视觉艺术的内在意义比较于其他艺术门类甚至非艺术现象的意义的可能性。“这就是为什么全部人文学科都相关于艺术科学。”随后对这种比较的危险进行说明的注释称，“这样的比较过程，使它自身满足于把不同的显现描绘为它们的特殊问题的类似解决，并因此描绘为同一个格式的文化意志的表达，这些显现例如反宗教改革和巴洛克风格。”[71]与之相反的更为危险的是“病原学”方法，也就是在各种文化现象之间建立因果联系。在这种方法之下，反宗教改革和巴洛克风格何者为因，何者为果的问题就会众说纷纭。这里潘诺夫斯基虽然并不专指图像学，而是在谈一般的对内在意义的阐释，但是其也适用于图像学，亦即潘诺夫斯基的理论设想中对内在意义的阐释基于各个文化

70 丁宁：《绵延之维：走向艺术史哲学》，生活·读书·新知三联书店，1997，第234—236页；Hans Belting, *An Anthropology of Images: Picture, Medium, Body*, Translated by Thomas Dunlap, Princeton & Oxford: Princeton University Press, 2011, p.12；本书提到的圣－马丁也是这样认为的，见本章第四节。

71 Erwin Panofsky, “On the Relationship of Art History and Art Theory: Towards the Possibility of a Fundamental System of Concepts for a Science of Art,” Translated by Katharina Lorenz and Jaś Elsner, *Critical Inquiry*, Vol.35, No.1 (Autumn, 2008), pp.65-66n38.

现象之间的类比，而不寻找因果关系。所以形象与哲学、理论等文本形式是平等的。哲学不是形象产生的原因，它们都只是相同的世界观的不同体现形式。《作为象征形式的透视》可以说是这种比较法中最好的一个例子。《关于描述和阐释视觉艺术品的问题》更是明确提出，阐释特殊世界观时“一件艺术品的注解被提升到像一个哲学系统或一个宗教信仰的相同地位”，这时“我们甚至必须放弃文献资源的知识”[72]。因为哪怕艺术家自己的叙述也只是被考察的对象，而非最终答案。可见与一般观点相反，潘诺夫斯基非但没有压制形象，而且在极力提高艺术的地位。当然，潘诺夫斯基有时也违反自己的理论，进行病原学的调查。把哲学当做建筑风格原因的《哥特建筑和经院哲学》就是这样的反例，尤其是该书作为后期的英文著作，更加深了潘诺夫斯基的这种面貌。这的确是对他自己的理论的偏离。另外，潘诺夫斯基本人从未放弃过对风格和形式的讨论，相反，其具备很强的形式敏感性。可以说，虽然后期的潘诺夫斯基不那么稳定，但是至少他的理论设想从未压制形象以利于文本。相反，潘诺夫斯基对语言描写和阐释形象的局限性的深刻认识不亚于巴克森德尔的《艺术史的语言》。

不难理解为何符号学与反符号学家们都希望把图像学拉入自己的阵营：因为潘诺夫斯基的理论既非严格意义上的符号学，也未对形象本身的问题感兴趣，却又与双方不无相关之处。受里格尔和曼海姆影响，他探讨视觉艺术（或形象）是为了最终达到对超越语言、哲学之上的世界观的理解。这种方法并非把形象当做语言的再现，但是也未积极探讨形象的本性。因为在成为世界观的象征之后，艺术形象与其他社会现象相比没有特异之处。这几乎是潘诺夫斯基版的“超越语词与形象对立”（此为米克·巴尔

72 Erwin Panofsky, “On the Problem of Describing and Interpreting Works of the Visual Arts,” Translated by Jaś Elsner and Katharina Lorenz, *Critical Inquiry*, Vol.38, No.3 (Spring, 2012), p.479.

语，见本书第四章第二节）。就此而言，潘诺夫斯基的理论与符号学艺术史家们以符号概念抹平形象与语言差异的做法的确是非常相似的。当然二者的目的却截然不同。潘诺夫斯基追求理解时代的文化整体性，而非像符号学那样进行分割式分析。虽然潘诺夫斯基固守艺术的领域，未进入一般的形象研究，但是其至少给予了形象一个独立于语言，并与哲学、宗教、法律、语言学等其他社会现象平等的地位。如果说图像志几乎就是符号学分析，那么最高阐释阶段的象征符号是指视觉艺术的整体以及现象，而非形象中可分节和分析的成分。不妨借用罗兰·巴特的相关论述：

> 在一个原始人的绘画里，“精神状态”丝毫不是一种所指，但是，却是（如果可以说的话）形象的存在本身；当然，在某些绘画里，具有一些编码成分、修辞方式、时代象征符号；但是，没有任何意指活动单位指的是精神状态，这种精神状态就是一种存在方式，而不是具有一种结构讯息的对象。[73]

潘诺夫斯基所谓的世界观正是没有结构讯息的这种存在方式，他所谓的象征符号不是符号学意义上的符号。所以对于潘诺夫斯基而言，视觉艺术形象本身是符号，但并非由符号组成。这些象征符号同时也没有语法规则，只能通过类比和综合直觉来意会。从这个角度看，潘诺夫斯基的“原符号学”反倒是一种去语言学的研究。潘诺夫斯基对最高级阐释的期许暗示着形象的深层意义无法以图像志式的符号学分析来达到。

对于有着后现代碎片化倾向、追求多元文化身份分析的当下学术界而言，无论潘氏对文化整体性和综合直觉的信仰，还是对符号学的漠视都

73 罗兰·巴特：《显义与晦义——批评文集之三》，怀宇译，百花文艺出版社，2005，第 12 页。

是无法想象的。当下所谓图像学解释更多是由已知世界观解读作品中未知的图像志含义。即便探究形象的意识形态也仅依靠相关文本来分析，从不把综合直觉当做可能途径。相对而言，真正图像学的综合直觉方法对现代学术界没有可操作性也没有教授的可能。当代人文学科的研究路径更接近曼海姆反对的自然科学的实证方法。对图像学的误解源于我们已远离其产生的年代。潘诺夫斯基的图像学不仅是普适方法，更在自身中沉淀着其时代特有的学术倾向和世界观。这不是说图像学已过时，而是说图像学式的研究也许可以为破碎的后现代世界带来新的整体观照的力量。不过这种整体性必须建立在与过去完全不同的理论基础上。图像学这些最特殊的核心恰恰是复兴图像学的提倡者们所忽视的。通过几点相似把图像学说成符号学或形象研究，异常简单，但是这种扭曲错失了过去与当代学术间的差异。符号学理论宣称意义来自差异，那么彰显潘诺夫斯基的图像学与符号学、形象研究间的差异才能彰显图像学的独特意义。

第二节 贡布里希的形象语言学

著名符号学家西比奥克经常说，从事符号学研究而不自知的人的名单可以填满无数本书的页面，那么贡布里希可能是艺术史家中最应该被写上去的一个名字。贡布里希的研究深受符号学影响，这个说法既是一个常识[74]，又令人诧异。因为贡布里希的文本往往只强调自身研究的心理学性质，而且自从布列逊提出以符号学艺术史反对贡布里希的心理学艺术史的

74 详见佛林特·希尔：《传统惯例和现实主义》，张坚译，沈揆一校，《美术译丛》1988 年第 3 期。希尔称他是“符号学的异端”。G. 霍洛维兹：《恩斯特·贡布里希》，申屠妍妍译，《新美术》2009 年第 4 期。闵锐、洪毅：《图式论中的语言学因素》，《天津大学学报》(社会科学版)2014 年第 2 期。

口号之后，贡布里希的名字在学术界俨然成了符号学的对立面。贡布里希的确对符号学的使用缺少自觉的意识，但是相比于被布列逊等人吹捧为符号学艺术史鼻祖的李格尔和潘诺夫斯基，贡布里希反而才是系统地使用符号学方法把形象作为一种特殊语言来研究的学者。其研究范围包括了再现、表现、装饰、象征等众多领域，涵盖了视觉艺术的绝大部分领域。其研究中也充满着各种符号学的专业术语和理论。本节将论证贡布里希可以被称为20世纪使符号学介入艺术史以及使艺术史介入符号学两方面都最为卓著的学者。

一、另一种知识谱系

把贡布里希对立于符号学研究的谬论之所以能在过去大行其道，其缘由是在大多数人的心中符号学就是索绪尔、皮尔斯，以及以罗兰·巴特为代表的法国学者的研究。很多艺术史方法论著作中几乎只涉及了这三个名字。国内文论界的相关认识不过是多了个格雷马斯的符号学矩阵。或者说当代艺术史家有能力运用的符号学理论其实只有罗兰·巴特的形象修辞学。贡布里希没有引用过罗兰·巴特，也不使用能指和所指之类的术语，自然就被很多人当做不了解符号学。其实这种认识只能说明学术界尤其是艺术史学界对符号学缺乏全面的了解。

贡布里希的确没有直接引述过索绪尔和皮尔斯的原文，更对法国符号学家的理论一无所知。但是整体来说，他却有着比当今普通人文学者远为丰富和接近本源的语言学、符号学知识。这种知识可以被画成一张学术传承影响的谱系图（图8）。从图中可见他的语言学、符号学知识来自一个与当今一般学者接受的符号学知识完全不同的谱系。图中大部分人物都是美国学者或后来定居于美国，从皮尔斯到乔姆斯基这些名字几乎组成了一部美国语言学－符号学简史的提纲。所以贡布里希的符号学知识主要不

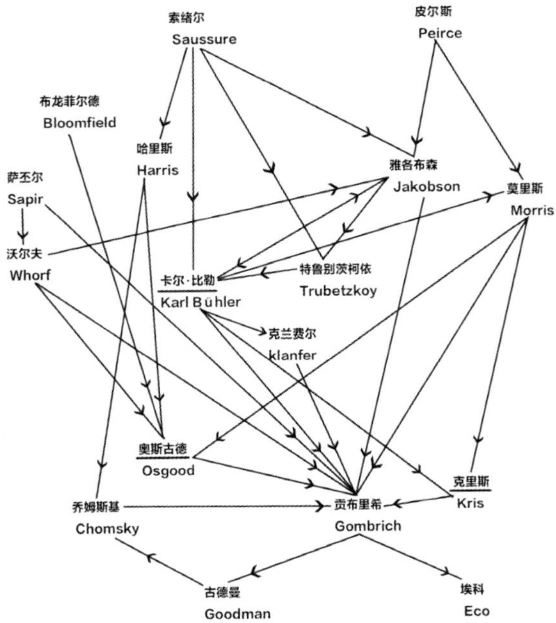

图8　贡布里希的语言学－符号学影响谱系图

是来自欧洲大陆，更多是来自美国语言学界。这恐怕和他从50年代开始频繁去美国讲学的经历有关。

与当今只知道使用符号学方法的人文学者不同，贡布里希甚至直接介入了符号学的专业讨论。早在1949年贡布里希就在《艺术通报》上写了一篇对莫里斯写于1946年的名著《符号、语言和行为》的书评。在本书第一章中已提及了美国符号学家查理斯·莫里斯，他可以被称为符号学的系统理论的创始人之一。其主张行为主义的研究方法，并把生物学和象征主义的研究结合在一起。在符号学中莫里斯影响最深远的理论是提出了语义学、句法学（语形学）和语用学的三分法。贡布里希对莫里斯的著作并不肯定，认为其把理论建立在虚构的回应符号的行为主义实验上，因而称不上科学。贡布里希提出的代替性方案是在所谓的“过去的实践符号学”中“不涉及‘符号的本性’的‘法则’，而是关于特殊符号的意义的诸理论”。[75] 所谓的实践符号学包括艺术史中进行的图像志、图像学等

75 E. H. Gombrich, “Review,” *The Art Bulletin*, Vol. 31, No. 1 (Mar., 1949), p.70.

考证研究，这些理论或假设可以被艺术史的事实所检验。另外贡布里希认为莫里斯缺乏对符号互译的研究，并对莫里斯把形象看做陈述进行了批驳（这一点后文会继续讨论）。把具体符号的释义看做符号学确实暴露出贡布里希此时还对符号学缺乏完整的了解。符号学不研究具体符号，研究的是符号系统，所以具体符号的释义不属于符号学的研究范围。但是无论如何，贡布里希确实由此深入阅读了符号学家的著作，并由莫里斯的引用得知了皮尔斯的相关理论。后来在1960年出版的《艺术与错觉》中贡布里希提及皮尔斯的图像符号概念时也是转引自莫里斯。在《象征的图像》中他也在注释中提到了莫里斯所说的后语言符号。

更直接的影响来自罗曼·雅各布森(Roman Jakobson,有的著作译为“雅柯布森”,1896—1982)。《劳特利奇符号学指南》的相关词条中称他是“20世纪对作为符号系统的语言的科学理论做出最重要贡献者之一”。雅各布森是莫斯科语言学派和布拉格语言学派的创始人之一。他与同事特鲁别茨柯依（Nikolay Trubetzkoy，1890—1938）在索绪尔的影响下提出了音位概念，奠定了结构主义语言学的基础。流亡美国后雅各布森又重新发现了皮尔斯，将皮尔斯的语言学理论“带到美国学术界面前”[76]，可谓是从符号学的两大源头都接受了影响。埃科称赞道，雅各布森之所以从没写过一本关于符号学的专著，是因为他致力于科学的一生就是探索符号学的活生生的例子。贡布里希50年代在哈佛大学暑期学院教书时结识了雅各布森（雅各布森是第一位在哈佛和麻省理工学院同时拥有教席的学者）。二人后来一起度假并多次进行谈话和互访。也许是他们共同的犹太人身份拉近了距离。贡布里希称自己“从他那儿学到了很多东西，学到了一些关于语

76 保罗·科布利编《劳特利奇符号学指南》，周劲松、赵毅衡译，南京大学出版社，2013，第297页。

言的新鲜事”[77]。贡布里希对联觉的符号学认识来自雅各布森；他在谈到沃尔夫的语言论时涉及雅各布森的论文。除此之外，贡布里希并未更多引用雅各布森的文本，但是作为在《艺术与错觉》一书序言中被点名致谢的学者[78]，有理由相信雅各布森对贡布里希的亲传带来的影响不止于此，而是涉及更广泛的符号学的一般思想和方法。

第三位相关者的是英年早逝的美国语言学家本杰明·李·沃尔夫（Benjamin Lee Whorf，1897—1941）。其是萨丕尔（Edward Sapir，1884—1939）的学生。虽然他的著述并不多，但是他提出的语言影响思维方式的观点（又称萨丕尔－沃尔夫假说）影响深远。贡布里希也多次引述这一理论。贡布里希对沃尔夫的知晓可能源于雅各布森，也可能源于 C.E. 奥斯古德（Charles Egerton Osgood，1916—1991）。奥斯古德是一位美国行为主义心理学家，但是同时也是心理语言学的开创者之一。奥斯古德在耶鲁大学读研究生期间与莫里斯就有交流互动[79]，在上学期间也接触了布龙菲尔德（Leonard Bloomfield，1887—1949）的语言学理论[80]。1953 年夏在印第安纳大学召开的心理语言学研讨会，一般被视为心理语言学作为学科正式确立的标志性事件。奥斯古德与西比奥克是共同的筹划者也是会议文集共同的编者。正是在语言学、符号学的影响下，奥斯古德才在 1957 年写出了他的名著《意义的测量》。这本书的书目中涉及沃尔夫、

77 E.H. 贡布里希：《艺术与科学：贡布里希谈话录和回忆录》，杨思梁、范景中、严善淳译，浙江摄影出版社，1998，第 93 页。

78 E.H. 贡布里希：《艺术与错觉——图画再现的心理学研究》，林夕、李本正、范景中译，湖南科学技术出版社，2000，序言第 7 页。

79 William F. Brewer, “Charles Egerton Osgood: 1916-1991,” *The American Journal of Psychology*, Vol. 107, No. 4 (Winter, 1994), p.582.

80 Edited by Charles E. Osgood and Oliver C.S. Tzeng, Language, Meaning, and Culture: The Selected Papaers of C.E.Osgood, New York : Praeger, 1990, p.5.

伦纳德·布龙菲尔德（Leonard Bloomfield），美国结构主义语言学家哈里斯（Zellig Sabbettai Harris，1909—1992）以及莫里斯的著作。奥斯古德的著作体现的符号学方法成为贡布里希分析表现问题的主要工具之一。

由此可见，把符号学与心理学相对立本身是对符号学无知的表现。其实索绪尔的《普通语言学教程》提出符号学概念之时已明确指出："它将构成社会心理学的一部分，因而也是普通心理学的一部分；我们管它叫符号学。"[81] 莫里斯和西比奥克更是把符号学扩展到生物符号学或符号生命的广阔范围之中。奥斯古德之后的下一代心理语言学家正是著名的美国学者艾弗拉姆·诺姆·乔姆斯基（Avram Noam Chomsky，1928— ）。他提出的生成语法导致了60年代认知心理学的出现。在此，语言学与心理学之间已经不再有区别。贡布里希也在一些注释中把乔姆斯基引为同道。[82]

如果说心理学与符号学的交融是一个常识，那么这种交融并不始于心理语言学的发明。早在二战前，德国格式塔心理学家卡尔·比勒（Karl Bühler，1897—1963）就已经开始从事专门的语言学研究了。其主要著作就是《语言理论：语言的描述功能》（*Sprachtheorie: Die Darstellungsfunktion*）。并不算厚的《劳特利奇符号学指南》中也收录了与比勒相关的词条："他因为开创性地主张语言的符号性而最为知名。……他关于暗喻的看法为认知语言学的发展铺平了道路。"[83] 他认为"心理学在其最基本的研究领域发现符号特性无处不在，远远超出人对语音的使用，比如，如果不分析其中包含的意义元素的符号功能，心理学感知理

81 费尔迪南·德·索绪尔：《普通语言学教程》，高名凯译，商务印书馆，1980，第38页。

82 E. H. Gombrich, "The Variability of Vision," in C.S. Singleton (ed), *Interpretation: Theory and Practice*, (Baltimore, 1969), pp.62-63；E.H. 贡布里希：《贡布里希论设计》，范景中选编，湖南科学技术出版社，2001，第96页。

83 保罗·科布利编《劳特利奇符号学指南》，周劲松、赵毅衡译，南京大学出版社，2013，第213页。

论就一事无成"[84]。比勒在著述中肯定索绪尔的贡献，但是更为推崇的则是雅各布森的同事特鲁别茨柯依的音位学成就[85]，他也引述过雅各布森本人。莫里斯的《符号、语言和行为》的前言中鸣谢了卡尔·比勒。雅各布森提出的符号过程六因素分析法，则来自对卡尔·比勒的语言三功能的进一步推导。[86]他的《语言理论》一书的英译本则被冠以《符号学的基础》（*Foundations of semiotics*）的丛书标题。由于比勒1922年起任教于维也纳大学，所以贡布里希求学之时听过比勒的课，甚至参加过比勒的心理学实验。在贡布里希的大部分著作中都能看到对比勒及其学生提出的语言学概念的引述（集中于语言功能划分方式和抽象相关性等方面）。贡布里希晚年高度评价了比勒的语言学著作中把视觉形象与语言进行比较的段落："这个刺激的重要性，我很晚才认识到"，"但据我所知，他致力于这些问题的11页文字是论述再现这个基本问题的最根本的专题论文"。贡布里希甚至认为后人无出其右："论述形象的语义学或符号学的文献在战后引人注目地增长起来，由于我本人对这些问题有兴趣，因此我收到了许多此类论著的邮件。不过，他们对这些问题的认识不像比勒那样清楚。"[87]此外贡布里希的形象表现理论也得益于比勒的运用语言学方法的《表现理论》一书。可以说这种自学生时代习得的符号学理论是贡布里希的形象语言研究之基础和核心。

上述传统是当今文艺理论界流行的通俗符号学所未能涉及的历史，然而这个传统却真实创造并持续影响着今天的符号学研究。不知道不等于

84 卡尔·比勒：《卡尔·比勒语言哲学文集》，温仁百译，商务印书馆，2017，第127页。

85 同上，第83页、第123页、第224页。

86 罗曼·雅柯布森：《雅柯布森文集》，钱军选编译注，商务印书馆，2012，第59页。

87 E.H.贡布里希：《艺术与科学：贡布里希谈话录和回忆录》，杨思梁、范景中、严善淳译，浙江摄影出版社，1998，第356—357页。

不存在，也不等于不重要。贡布里希处于这另一种语言学－符号学传统之下，所以他的研究看起来既熟悉又陌生。他一边把形象比作语言，一边又不使用能指、所指的通俗学术概念。未能意识到贡布里希研究中的符号学传统显示出当下学术界的知识欠缺。更能说明问题的是，贡布里希不只受到了符号学家的影响，而且他自己的理论又反过来影响了后来的符号学家埃科和纳尔逊·古德曼（Nelson Goodman，1906—1998）。从上一章关于埃科的论述可知，埃科关于形象特质的评论的出发点恰恰就是贡布里希对形象的各种观点。甚至西比奥克也在多本著作中提到贡布里希，并把他的《木马沉思录》称为“敏锐的（penetrating）”[88]。古德曼虽然不同意贡布里希关于透视的看法，但是其对绘画的惯例性的出发点也是贡布里希提供的各种例证和分析。无论贡布里希是否认为古德曼曲解或夸张了他的理论，这些反向的影响说明贡布里希已经不仅仅是利用符号学理论，而且其本身就是在建构符号学理论，或者说贡布里希对形象的符号学阐释已经可以被看做符号学理论史的一个组成部分。相比之下符号学家们至多只是礼貌性地提到潘诺夫斯基，而从未真正引用他的理论或文本。这更是那些号称符号学艺术史家的学者们从未达到的。（至少在笔者的所见范围内，埃科和西比奥克都没有引用过布列逊的著作。）

二、图像学与形象的语言学

与几乎所有的符号学家一样，贡布里希的研究中最显著的符号学特征是把形象称为语言。这种比喻在雅各布森、卡尔·比勒以及莫里斯的著作中都有涉及。例如莫里斯的《符号、语言和行为》一书中第七章第三节

88 Thomas Albert Sebeok, *Signs: An Introduction to Semiotics*, Toronto: University of Toronto Press, second edition, 2001, p.5.

的标题就是“艺术是语言吗？”。这个问题也是贡布里希书评中对该书感兴趣的两个方面之一。形象被看做语言并非临时性的或随意为之，相反，形象在贡布里希的著作中全面而系统地被比作语言。这种比喻贯穿了贡布里希的全部著作。在早期他甚至给这种形象的语言学起了个专名：图像学。

这种所谓的图像学与今日学术界公认的一般内涵不同。他在 1949 年对莫里斯的著作《符号、语言和行为》的书评中写道：“格外可怜的是他（莫里斯）似乎没有认识到图像学这一新兴的学科，它（图像学）最终必须对形象做语言学已经对词语所做之事。”并认为：“一般的图像学要去澄清莫里斯先生已经提出的形象和语言之间的关系。”[89] 而且这种图像学首先关心形象的再现问题而非象征：“图像学可能有能力去示范，比起初看起来，一个被当做现实的高度图像化的形象实际上不那么直接相关于它所指代的对象。”[90] 其后 1951 年出版的《木马沉思录》一文的最后一节开头也写道：“图像学这个刚出现的学科跟艺术批评的关系就相当于语言学跟文学批评的关系。”[91] 也就是说在当时的贡布里希心目中所谓的图像学就是形象的语言学。其研究形象与语词的关系，研究形象与对象的关系。这实际上是把图像学看做专门研究形象的符号学。

那么为何著名图像学家贡布里希会说出这样的话呢？在 1950 年前后除了瓦尔堡语焉不详的说明外，当时学术界对图像学概念的理解多基于 1939 年版的潘诺夫斯基的《图像学研究》。其导言中还没有“图像学”这个名字，而修订版中对重新使用“图像学”的解释、定义和告诫的插入段落要到 1955 年才加入。所以可以说，那时连潘诺夫斯基都未明确图像

89 E. H. Gombrich, “Review,” *The Art Bulletin*, Vol. 31, No. 1 (Mar., 1949), p.72.

90 Ibid, p.73.

91 E.H. 贡布里希：《木马沉思录》，曾四凯、徐一维译，广西美术出版社，2014，第 28 页。

学是什么，更不用说贡布里希了。1960年出版的《艺术与错觉》的导论也谈到了图像学与视觉形象的语言学，对上述言论进行了修正。其中把图像学当做视觉形象的语言学的一个部分（研究寓言、象征或“不可见的观念世界”的指称）以区别于《艺术与错觉》中研究的“对可见世界的指称”。[92] 可见潘诺夫斯基1955年的说明发表后，贡布里希重新修正了对图像学概念的认识。此后贡布里希使用的图像学概念才具有当代学术界的规范意义（例如《象征的图像》导论中对图像学概念的说明）。

但是图像学概念的内涵改变之后，失去原有名称并未使得贡布里希关于形象的语言学的构思消失。《艺术与错觉》原本的题目就是《可见的世界与艺术的语言》，只是由于出版商认为太长才改成现在的标题。[93] 后来在接受采访时他说到二战结束回到瓦尔堡学院后：

> 但我还想写一部更雄心勃勃的著作，《艺术与错觉》《秩序感》只不过是其中的一部分。这是一部关于图像和图像的不同功能的总体性著作。这部书打算包括插图、象征主义，徽志和装饰。我把一份很长的计划提交给一位出版商，我称之为《图像的范围和分布》。[94]

可见《艺术与错觉》中不断出现的形象作为语言的类比并不局限于该书本身，而是一个整体计划的一部分，而且从功能一词中可以嗅出以索

92 E.H.贡布里希：《艺术与错觉——图画再现的心理学研究》，林夕、李本正、范景中译，湖南科学技术出版社，2000，第4页。

93 E.H.贡布里希：《艺术与科学：贡布里希谈话录和回忆录》，杨思梁、范景中、严善淳译，浙江摄影出版社，1998，第83页。

94 同上，第82页。

绪尔为代表的功能主义语言学的方法。这种类比把形象的再现、表现、象征、装饰等功能全部收入囊中，可说是目前最全面的形象的符号学计划。90年代在卡里尔的采访中贡布里希也提到："试图逃离某种纯粹审美或形式主义的形象欣赏，并探讨我所谓的艺术形象的语言学、诗学。关于叙事性我写得还不够。"[95]他对自己的形象的语言学中的不全面之处甚至也有自觉。可见贡布里希的艺术研究的整体构想就是一种无所不包的形象的语言学，或者说是形象符号学。

三、再现的语言学

由于贡布里希常常强调其研究的心理学方法，而且其论著（如《艺术与错觉》）往往源于演讲稿，所以在这种形象的语言学中，符号学理论和方法就变得晦涩不明。下面本书将以《艺术与错觉》为中心，试图从其雾霭重重的修辞中解剖和剥离其中的符号学原理。

对于贡布里希而言，形象的再现不是源于相似，而是由一套语汇组成的："艺术家跟作家一样，需要一套语汇才能动手搞现实的一个'摹本'。"[96]最基本的形象语汇就是图式："'艺术的语言'一语并不是一个不确切的比喻，即使是用形象去描写可见世界，我们也需要一个成熟的图式系统。"[97]作为流行公式或图式库的图版书以及《芥子园画谱》等，类似于一种语汇汇编。图式像词语一样是松散的类目。正因为形象由不同的图式系统组成，所以导致了不同风格的出现："一切艺术都是'概念性

95 范景中、曹意强主编《美术史与观念史》（VII），南京师范大学出版社，2009，第28页。

96 E.H.贡布里希：《艺术与错觉——图画再现的心理学研究》，林夕、李本正、范景中译，湖南科学技术出版社，2000，第61页。

97 同上，第61页。

的'，所以一切再现作品都能够由它们的风格来辨认。"[98]风格就是使用不同的形象语汇的结果。"不管是哪一种风格，艺术家都不能不依靠一整套形式的语汇（vocabulary of forms），而艺术家是否老练也就在于是否熟悉这套语汇，而不在于是否熟悉事物。"[99]当画家的再现出现问题时（描绘的病理学），不是由于观察的欠缺或知识的介入，而是在于图式的欠缺。但是制像者习得的预成图式并不等于就是语汇的全部。图式只是"艺术家语汇的起点"[100]。儿童和中世纪艺术家满足于最低限度的图式，但是当艺术想要满足见证原则之后，图式就必须进行矫正。图式不再是古人心中的准则，而是与现实进行匹配的出发点："没有一种媒介，没有一个能够加以塑造和矫正的图式，任何一个艺术家都不能模仿现实。"[101]临摹者"选定一套艺术语汇，随后加以调整，使它符合他的原型"。匹配所见的艺术家之所以还需要一套图式是因为存在各种视错觉、色彩的扩散效应等现象：线条和颜色之间配合时会相互影响，色彩是全然相对的。[102]就如同打扮自己的时髦妇女要照镜子才能把握衣着的整体印象一样。虽然进行图式-修正的理由来自心理学，但是线条、色彩在整体中的感觉变化实际上等同于语汇在语境中的语义变化。而且这种变化使得贡布里希的理论中的形象语汇不是形式固定、数量有限的单词，而是具有一定构词法的可以不断生产新词的系统。

符号学之所以不同于传统语言学是因为它强调符号在系统中生成和

98 E.H. 贡布里希：《艺术与错觉——图画再现的心理学研究》，林夕、李本正、范景中译，湖南科学技术出版社，2000，第 62 页。

99 同上，第 214 页。

100 同上，第 134 页。

101 同上，第 107 页。

102 同上，第 224 页。

表意。贡布里希的形象的语言学同样如此。形象表意像语言一样不是依靠与对象的外观相似，而是依靠符号系统带来的差异性。《艺术与错觉》中反复使用却未被注意的一个符号学关键词就是“区别性特征”(distinctive features)。该词虽然不像能指、所指那样众所周知，却处于符号学理论的核心，并有着正统的出身：索绪尔认为“语言中只有差别”[103]；发音并非不变的，只要能区分就行，文字是黑是白也无关于意义。他使用的术语是“区别性成分”。特鲁别茨柯依把音位的差别看做对立。雅各布森在《辅音音位学分类研究》中提出了区别性特征的概念[104]，用以指“构成任何一组对立的主要区别”[105]。萨丕尔和布龙菲尔德在英语中使用了“distinctive features”的用法。卡尔·比勒至少在1931年的《语音学与音位学》中已经把类似的词“区别性特征”（diacritics）作为关键术语来使用了。[106]区别性特征是音位学的基础，也是符号表意的基础。并非所有发音的不同都构成音位的分节，否则语言将由无数声音组成。每种语言使用的区别性特征数量都极为有限。贡布里希也是通过分析区别性特征来研究形象的表意方式：桥边的有圆城墙的城堡构成了圣天使古堡的区别性特征；一张脸的随机图式加上区别性特征就成了肖像；原始艺术关注体现最多区别性特征的“特征形状”是为了清晰分类。贡布里希有时甚至直接以音位问题来类比图式的风格：

> 外国人模仿一种新语言的语音时，是在他的本族语的音位容许的范围之中进行的。一个人在早期获得的运动习性不

103 费尔迪南·德·索绪尔：《普通语言学教程》，高名凯译，商务印书馆，1980，第167页。

104 李幼蒸：《理论符号学导论》（第3版），中国人民大学出版社，2007，第200页。

105 罗曼·雅柯布森：《雅柯布森文集》，钱军选编译注，商务印书馆，2012，第122页。

106 参见卡尔·比勒：《卡尔·比勒语言哲学文集》，温仁百译，商务印书馆，2017，第100页。

> 仅决定着他的言语，还决定着他把语言“听成”什么样子。他那些最初的图式已经决定他要去密切注意某些区别性特征，而把另外一些语音变异看作无关紧要忽略不计，事实证明最难的事情莫过于重新去组织语音世界。这跟我们在本书中的若干发现相比，其相似几乎又是无以复加。

口音与风格的性质有许多相似之处：

> 我们已经看到摹写别人作品的艺术家总是难免要用自己已能掌握的图式去组成物像。在凡·高仿米勒的一幅版画而作的动人摹本中，凡·高的手法——他的运动习性——总是要露出头来。他是以自己的口音重复了米勒的陈述。[107]

然而与音位学家不同，贡布里希从未（也不可能）罗列形象中的区别性特征。图式与音位中的区别性特征不同：“艺术家的个人艺术口音并不是由若干可被离析出来、加以描述的个别手法形成的。这又是一个关系问题，无数个人反应相互作用的问题，是关系到我们作为整体感知而无法指出其各组成成分的分布和序列的问题。”[108] 虽然贡布里希没有进一步进行类比，但是就如同上一段所言，图式在形象系统中是作为语汇存在，而非更小的单位“音位”，所以当然不可能分析出有限的个别手法、笔迹作为区别性特征。这也就是贡布里希的符号学的有限性所在：他无意于建立

107 E.H. 贡布里希：《艺术与错觉——图画再现的心理学研究》，林夕、李本正、范景中译，湖南科学技术出版社，2000，第 265 页。

108 同上，第 265-266 页。

完整的形象符号学系统，只是满足于解决再现等现实问题。

所谓区别性特征，必然要在一定的相互对立关系组成的系统之内才能具备。比勒认为语言的系统性是索绪尔的理论优点之一。[109]贡布里希对关系的强调也贯穿整本《艺术与错觉》。小鸡在不同亮度的纸上觅食的实验证明动物也是根据关系而非绝对值进行判断的。艺术家无法摹写一片阳光普照的草地，却可以暗示这一点，这利用的就是“关系”。[110]传真、电视、纺织图案通过信号单位满位和空位形成的开关原理产生并传递形象。在其中，图形和基底之间“重要的只是这两种信号之间的关系”。这被进一步扩展到古希腊陶瓶画红绘、黑绘手法中的交变，以及明暗、质地等方面的描绘中。“科学必须探索我们的心灵记录各种关系的能力，而不是记录一些个体要素的能力。”[111]世界的信息的丰富性使得任何绘画都不可能把它完全表现出来。经过图式和修正的漫长过程得到的正确的肖像“不是忠实地记录一个视觉经验，而是忠实地构成一个关系模型”[112]。比勒的《语言理论》中有着几乎相同的论述：

> 仅仅因为材料技术的局限，雕塑无法达到绝对忠实再现的程度，……所谓“忠实”不仅涉及上述物质忠实，而且还涉及其他，我们称之为关系忠实。我们将会看到，语言就其结构而言并不是追求某种物质忠实（或可称现象忠实），而

109 卡尔·比勒：《卡尔·比勒语言哲学文集》，温仁百译，商务印书馆，2017，第239页。

110 E.H. 贡布里希：《艺术与错觉——图画再现的心理学研究》，林夕、李本正、范景中译，湖南科学技术出版社，2000，第25页。

111 同上，第36页。

112 同上，第64页。

是（通过不断建构）追求关系忠实。[113]

比勒认为狭义的形象也是依赖于场值（形象的系统语境）的再现。他举出的例子是两张不同底片拍同一个对象，图片的灰度层次会不同，但它们依旧是对摄影对象的关系忠诚的反映。[114]贡布里希虽然在此没有引述比勒的话，但是二者的传承关系还是清楚的。图式或图式的区别性特征在系统之中才具有语义，才能指涉和再现对象。具体而言，贡布里希把这种图式的系统看做一个编目网络或意义矩阵：艺术家从概念图式入手，“至于个别的视觉信息，即我提到的那些区别性特征，仿佛被填入了一个预先存在的空白表格或程式汇编里”。“仅仅观看一个母题是毫无意义的，除非你已知道在那图式形式的网络中怎样予以分类和捕捉。”[115]所以只有熟悉风格和图式惯例才能理解再现的物像。

索绪尔已经提出，符号系统对自然中连续的能指和所指平面分别进行了切分，意义由此产生。[116]这种切分被称为分节（articulation）。贡布里希同样注重符号学的分节作用：“没有一个出发点，一个初始图式，我们就不能掌握滔滔奔流的经历。没有一些类目，我们就不能把我们的印象分门别类。”对这些门类的学习就是“分节过程”。[117]贡布里希的这个符

113 卡尔·比勒：《卡尔·比勒语言哲学文集》，温仁百译，商务印书馆，2017，第 375 页。

114 同上，第 376 页。

115 E.H. 贡布里希：《艺术与错觉——图画再现的心理学研究》，林夕、李本正、范景中译，湖南科学技术出版社，2000，第 50—51 页。

116 费尔迪南·德·索绪尔：《普通语言学教程》，高名凯译，商务印书馆，1980，第 157—160 页。

117 E.H. 贡布里希：《艺术与错觉——图画再现的心理学研究》，林夕、李本正、范景中译，湖南科学技术出版社，2000，第 62 页。该页注释提到沃尔夫的著作《语言、思想和现实》，并提到列维 - 施特劳斯、雅各布森、西比奥克等人对其观点的批判性讨论以及 1953 年的相关讨论会。此外卡尔·比勒的著作中也不断使用该术语：例如 Karl Bühler, *Theory of Language : The Representational Function of Language*, translated by Donald Fraser Goodwin, Philadelphia: John Benjamins B. V., 1990, p.294.

号学核心概念来自沃尔夫（也可能间接得之于雅各布森）：“与其说语言是给已有的事物或概念命名，不如说它是把我们的经验世界分节。我们猜想艺术物像起同样的作用。”[118]也正是由于语言影响思维的萨丕尔－沃尔夫假说，贡布里希才会进一步引申出绘画教给观者观看方式的论题。只是他后来对这一论题进行了不少限制和修正，使之更接近于沃尔夫假说的弱版本。那么不同风格只是不同的分节序列，是从不同角度对世界的认识，就如同不同语言都可以言说世界一样。对于再现艺术而言，被分节的双方是实际物像与图式。但是贡布里希在使用分节一词时更多关注的是实际物像的分节：“如果不是首先把自然分解开，再重新组合起来，自然就不能够被模仿或‘转录’。”[119]面对外界，“我们所学的是把毫无差别的一个整体特殊化、分节化，做出一些区分”[120]。海鸥把圆石头分节为自己的蛋，刺鱼把红色的邮车分节为危险的同类，儿童把木棍分节为马之类的动物。这时贡布里希实际上已经走到了动物符号学的领域。分节本身是任意的，分节的对象根据区别性特征进行区分和固定。所以能指的区别性特征依附于分节，是为了分节而存在的，是为了分节而被人为选择和提取的。国际象棋的棋子要分节到什么程度取决于游戏规则（亦即目的或功能）。棋子的设计者只关心把棋子区分开来的“区别性特征”，而不去关心车和王的真实形状或王后的心情或年龄。

所以“观察总是出于某种目的”。尽管程式具有支配性，“都不需要否认上述模型的构成能够达到任何要求的准确度。这里事关紧要的显然是‘要求的’一词。一个再现形式离不开它的目的，也离不开流行着那一

118 E.H.贡布里希：《艺术与错觉——图画再现的心理学研究》，林夕、李本正、范景中译，湖南科学技术出版社，2000，第63页。

119 同上，第103页。

120 同上，第72页。

种特定的视觉语言的社会对它的要求”[121]。雅各布森早已明确指出语言是一个功能系统。“语言主要被解释为一种交际的工具，根据语言及其成分所达到的目的来分析语言结构。这种方法叫做结构主义或功能主义的方法”[122]，这种对功能的重视亦即来自布拉格学派的目的手段模式。“因此，科学的首要责任是研究手段和目的之间的关系，也就是说，从功能和相互关系的角度来研究语言的成分。”[123]受雅各布森的影响，贡布里希也认为物像的功能影响形式，功能的变化引起形式的变化。[124]古埃及与古希腊选择的图式语汇不同，是他们的制像目的不同导致的，是从“什么”到“如何”的转变。而“由于它的美丽和名声”得到赞美和欣赏是希腊形象作为艺术获得的又一种新的审美功能。当然这并不说明古埃及和古希腊的制像同样逼真，因为古埃及人并未对绘画提出如亲眼所见的要求。或者说相对主义者只是在用单一的标准或功能（逼真）思考不同目的下产生的形象。

判断形象是否达到了“见证原则”或传达“如何”功能的标准同样不是相似性，而是观者是否会做出如同看到实物一样的反应：“所有的艺术发现都不是对于相似性的发现，而是对于等效性的发现；这种等效性使我们能按照一个物像去看现实，而且能按照现实去看一个物像。与其说这种等效性的基础在于成分的相似性，不如说在于对于某些关系所产生的反应的同一性。”[125]这种把判断标准置于符号对主体产生的效果而非能指本身的方法，让人想起莫里斯的行为主义符号学方法。

121 E.H. 贡布里希：《艺术与错觉——图画再现的心理学研究》，林夕、李本正、范景中译，湖南科学技术出版社，2000，第 64 页。

122 罗曼·雅柯布森：《雅柯布森文集》，钱军选编译注，商务印书馆，2012，第 41 页。

123 同上，第 5 页。

124 E.H. 贡布里希：《艺术与错觉——图画再现的心理学研究》，林夕、李本正、范景中译，湖南科学技术出版社，2000，第 86 页、第 105 页。

125 同上，第 79 页、第 252 页。

形象的另一个与语言的相似之处就是其不具有唯一固定的意义。早期的《图像与文字》一文中甚至认为形象比诗歌或者交响乐更直接依赖语境因素："独立于文字或任何语境的图像比我们想象的要模糊得多，它并不能向我们直述含义，所以必须通过外界的帮助来作推断。"[126] 在《艺术与错觉》中，从鸭兔图到古罗马地面镶嵌的两可立方体，到艾姆斯椅子演示（The Ames chair demonstrtions）（图 9），贡布里希举出了大量的例子说明现实的物像以及空间都充满了多义性。多义性是一切物体所固有的，但是人一般意识不到，也观察不到。[127] 但是只要经过训练，我们的读

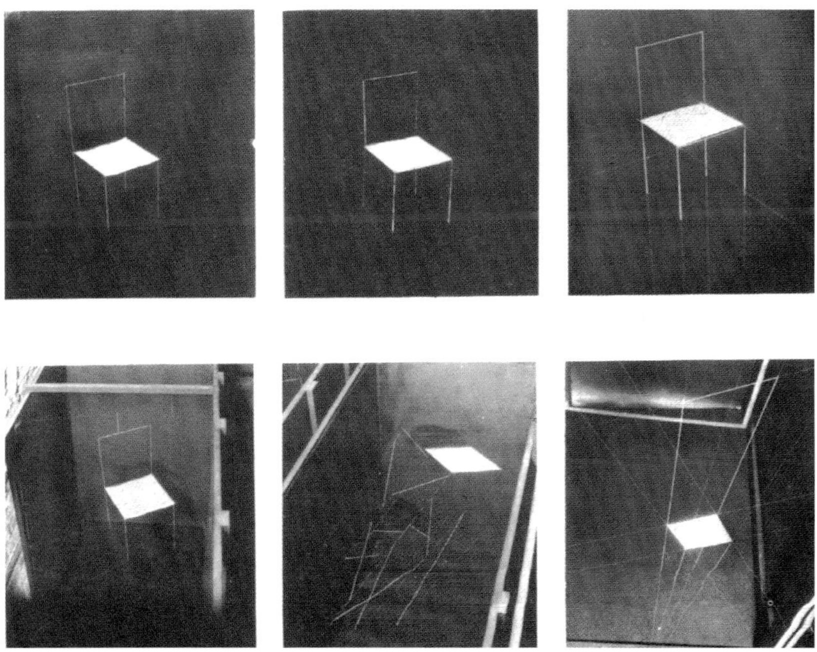

图 9　艾姆斯椅子演示（The Ames chair demonstrtions），采自《艺术与错觉》，第 182 页

126 E.H. 贡布里希：《图像与文字》，载范景中、曹意强、刘赦主编《美术史与观念史》（XXI），范我闻译，南京师范大学出版社，2018 年，第 153 页。

127 E.H. 贡布里希：《艺术与错觉——图画再现的心理学研究》，林夕、李本正、范景中译，湖南科学技术出版社，2000，第 182 页。

解就可以“在不同的解释之间摇摆不定”。“这些符号的情况就跟在阅读中语义随总的情境而变化的文字一样。”[128] 与语言中的情况一样，形象也需要依靠语境来确定唯一含义。这恰恰说明形象的符号性质：“如果我们使用再现这个术语意味着它必须涉及另外一种东西，即意味着它是一个符号的话，那么，这就必然要看上下文如何。”[129] 在具体的语境之中，物像就不会坍塌成无数种可能的含义。“我们所说的‘读解’物像，或许更宜描述为检验它的各种可能性，测试出适合者。”[130] 观者提出视觉假设，投射一种物像解释，符合了语境的线索解释就会被固定。也就是“一致性检验”。在译解艺术密码之时，即使是属于心理学范畴的预测和投射，也需要“某一种标记法，某一种符号情境”[131]，亦即某种社会习俗或惯例。上文提及的为了搭配衣装而照镜子的时髦妇女反复比较之下得到的不仅是心理学上的格式塔，同样也是符号学的语境。语境虽然是符号学中一个过于普通的概念，但是值得一提的是比勒在其著作中论述语言的象征作用（也就是描述功能）时对语境的作用极为强调，他称之为语义环境。比勒论述时举的例子恰恰是同一种颜色在画面上不同地点被赋予不同含义（灰色作为阴影、光的反射以及物体的颜色）。确定这些符号之间以及在语境之下总体的含义的就是所谓的句法学。[132] 贡布里希在书中反复讨论的文艺复兴以后发明的透视法实际上就是这样一种组织符号关系的句法学理论。在表

128 E.H. 贡布里希：《艺术与错觉——图画再现的心理学研究》，林夕、李本正、范景中译，湖南科学技术出版社，2000，第 171 页。

129 同上，第 71 页。

130 同上，第 165 页。这一过程类似于埃科提出的代码理论。

131 同上，第 42 页。

132 卡尔·比勒：《卡尔·比勒语言哲学文集》，温仁百译，商务印书馆，2017，第 239 页。

现理论和象征理论中语境同样起着固定意义的重要作用。[133] 相比之下，罗兰·巴特要到1964年才明确提出形象的多义性和锚固的理论。贡布里希对该问题的讨论无疑更为丰富和深入。

贡布里希甚至把“元语言”的概念引入形象研究。“不采用诸如引号之类的手段把逻辑学家所称的‘语言’和‘元语言’区别开，语言能够传达的信息就有限度。不把图本身画的内容（属于图画的事物）跟它打算作为现实的内容（属于被意指的现实的事物）区别开，图画能够再现的事物就有限度。”[134] 贡布里希举出的例子是斯坦伯格（Saul Steinberg）所作的两只手互画的漫画。画中的一只手在画另一只手，而另一只手又在画这只手，观者无法判断哪只手是形象，哪只手是真手。观者无法克服多义性达到一致性检验。《艺术与错觉》出版前，恰好雅各布森在1956年发表了《语言学的元语言问题》一文，其中论及：“现代逻辑主张有必要区分语言的两个层次，即谈论语言之外事物的‘对象语言’和谈论语言代码本身的语言。”[135] 雅各布森指出元语言一词来自波兰哲学家塔斯基（Alfred Tarski）用语的翻译。贡布里希书中对元语言的注释也指向塔斯基30年代的论文。[136] 如果说“属于被意指的现实的事物”确实等于语言学中的谈论外物的“对象语言”，那么“属于图画的事物”应该等于语言学中的代码而非谈论代码的“元语言”。其后贡布里希再未使用该术语。虽然贡布

133 例如：“声音能独自携带意义吗？这个问题显然没有问对。并非所有上行音阶都意味着基督升天，它只有在适当的上下文里才有这个意思。” E.H.贡布里希：《象征的图像——贡布里希图像学文集》，杨思梁、范景中编选，广西美术出版社，2015，第268—269页。

134 E.H.贡布里希：《艺术与错觉——图画再现的心理学研究》，林夕、李本正、范景中译，湖南科学技术出版社，2000，第173页。括号内容为本书作者所注。

135 罗曼·雅柯布森：《雅柯布森文集》，钱军选编译注，商务印书馆，2012，第62—63页。

136 E.H.贡布里希：《艺术与错觉——图画再现的心理学研究》，林夕、李本正、范景中译，湖南科学技术出版社，2000，第322页注释。

里希止步于此，但是他把元语言概念与形象问题相连以及对斯坦伯格漫画的分析启发米切尔提出了元图画的概念。

这里的“属于图画的事物”其实更应该称为媒介或代码（code）。虽然《艺术与错觉》一书中也多次提及“代码”一词，但是除了在电报和织物纹样的例子中使用外，大多都只是对形象语汇的替代词，并无理论重要性。1972 年的《视觉形象在信息交流中的地位》（“The Visual Image: Its Place in Communication”）一文中，代码才真正成为符号学意义上的代码。他在该文中把代码、标题和语境并列而言且将它们看做支配形象正确读解的三个变量。文中说到媒介与信息、代码与内容的区分，例如观者可以区别一幅基督木刻中的螺旋线，它只是用来表现阴影的代码。“一种为众人所理解的选择性代码，可以使形象制作者筛选掉特定信息，而只转译出接受者感兴趣的特征。因此，一幅表现了选择原理的选择性再现图画比临摹品更能提供信息。”[137] 黑白照片就是一种不完全的代码，“而一幅彩照则使我们对它的信息价值难以肯定，因为，我们不能把代码和内容分开”。后文中凡·高的不同风格笔法也被称为代码。可见贡布里希把媒介、特殊艺术手法等都看做形象的代码。它们是比图式更基础的形象语言学的单位。

四、表现的语义学

贡布里希以对再现艺术的研究出名，但是他对艺术的表现问题同样十分关注。虽然他没有一本书专门论述表现问题，但是表现问题在关于再现和象征问题的著作中反复出现，并与二者融为一体，共同构成了形象语言的一个重要组成方面，甚至可以说表现理论是最能体现贡布里希研究中

137 E.H. 贡布里希：《贡布里希论设计》，范景中选编，湖南科学技术出版社，2004，第 114 页。

结构主义符号学的部分。

贡布里希对表现问题的关注在给莫里斯的书评中就已经开始。贡布里希在书评中赞同莫里斯对表现一词的用法非常含混的判断，但认为这无法使我们免于讨论再现与非再现艺术差异的问题。[138]更重要的是贡布里希对莫里斯分析的音乐的表现性的例子非常不满。莫里斯询问了许多人这个问题：斯特拉文斯基的《春之祭》（*Rite of spring*）指示什么情况？得到的回答包括一群惊骇的野象、一场酒神节狂欢、地质变动形成的山岳、冲突中的恐龙等，但是没人认为是月下情侣或恬静的溪流。因此莫里斯认为乐曲近似的意谓是“原始力量的巨大冲突”。[139]贡布里希认为莫里斯这里提及的程序的合理性在方法基础上是可疑的。莫里斯通过这个例子想要论证音乐或进一步指所有艺术通过符号形成图像，通过这一图像进行意指，因而艺术是一种语言。贡布里希认为这种问题是一种诱导。他揶揄道，如果问人们一台铁路发动机表示什么，“也会接受大量作为回应的回答（我推测，没有人会提出那表示一条恬静的溪流），但是这会几乎不证明铁路发动机确实指示什么”。正是莫里斯自己归纳了答案意象的共同概念。不同符号之间确实可以互译（绘画翻译成音乐），但是这种阐释不是科学的，因为其“无法检验它们的有效性”[140]。这篇书评中贡布里希没有提出自己对表现的看法，但是从对莫里斯的反驳中可见他对以直观感性的方式来研究与表现持否定态度。

在1952年发表的《艺术中价值的隐喻》一文中，贡布里希提出了自

138 其实莫里斯在贡布里希谈到的段落下面对表现给出了一个符号学定义，但是贡布里希并未讨论这个定义：“表现性不是那个有关的指号的意谓的一部分，而是另外的一个指号——由某个指号的产生这个事实所作成的那个指号——的意谓。”C.W. 莫里斯：《指号、语言和行为》，罗兰、周易译，上海人民出版社，2011，第71页。

139 C.W. 莫里斯：《指号、语言和行为》，罗兰、周易译，上海人民出版社，2011，第201页。

140 E. H. Gombrich, “Review,” *The Art Bulletin*, Vol. 31, No. 1 (Mar., 1949), p.71.

己初步的表现理论。文中区分了象征 (symbol) 与代码 (code)。代码是惯例，有着固定的意义，而象征随着语境变化而改变含义。贡布里希认为，狮子意味着勇敢，不是代码符号（code-symbol），而应该说："因为狮子被公认为有勇气，所以狮子使自己成为英雄的象征（隐喻）。"这个括号把隐喻等同于象征。隐喻是"在完全不同的现象之间找到对等，用一种现象替代另一种现象"[141]。联觉是一种隐喻，即联觉隐喻（synaesthetic metaphors）。在此时的贡布里希看来，这种对等或替代的产生基础并非依靠代码那样的"纯符号"具有的惯例或人为约定："不知道什么缘故，在我们心中，黑色这一特性与一种低沉的声音相汇合。我们说'响亮的色彩'并不是因为我们有意识地将声音的一种特质与一种视觉印象相联系，而是因为这种颜色给我们这样的感受。"联觉隐喻是自发的感受，而非"有意识地"人为规定的惯例。但是这"不知什么缘故"并非无法破解的谜题，贡布里希认为自己已找到其来源：

> 不过，这种汇合与价值经验不可分割。事实上，生物学上的价值经常是其他种类价值最简便的隐喻。温暖、甜蜜和光明给人强烈的愉悦感，所以可以用温暖去修饰友谊，用甜蜜去修饰小孩，用光明去修饰一个人的行动，……经济价值为一般意义上的价值提供了隐喻，……过去经验的社会价值已退化成了隐喻，使我们用高贵来修饰一个人的姿态。[142]

亦即联觉的对等有着文化生活和生物学的基础。金子的光辉、纯洁、

141 E.H. 贡布里希：《木马沉思录》，曾四凯、徐一维译，广西美术出版社，2015，第 32 页。

142 同上。

清晰、克制等作为价值都成为表现手段的来源。“审美价值经常可以在其他价值领域中找到共鸣。”[143] 在此贡布里希为隐喻和表现的意指作用（他称为替代）找到了来源或理据，或者说以联觉隐喻为基础的表现是一种有理据的符号。

之后贡布里希又提出了象征与征象 (symptom) 的对立范畴：表现这个词有各种不同含义。脸红是害羞的一种征象，一般说来难以控制。皱眉是发怒的征象，但是可以故意皱眉，假装生气。“我们可以任意皱眉以表达我们生气这个事实。皱眉作为发怒的一种表现可以等价于同一意义上的言语表露。”有些表现是本能行为，有些是人为的言语程式。“我们在日常生活中谈及‘表现’这个词时，老是将象征与征象混为一谈。我们有理由这样认为，因为社会交往中所使用的表现是由这两类符号组成的。”[144] 言语是惯例符号，那么，等价于言语的象征应当也是惯例符号；而征象是自然符号。贡布里希认为在浪漫主义之前艺术中的表现就是情感的象征。浪漫主义流行以来不断增长的是这一信念：艺术的功能是情感的交流，艺术作品本身被认为是艺术家心理状况的一种征象。因为浪漫主义混淆了艺术中的象征与征象，所以才会产生所谓的表现真诚与否的问题。象征一词内在的滑动在这篇文章发表前后清晰可见，象征从对立于代码转向对立于征象之后，也从自然符号变成了惯例符号。贡布里希没有直接使用自然与惯例符号的称呼，只是用“等价”和“并非有意识的”等词把自然与惯例的问题糊弄过去。这主要是由于象征一词本身的多义性以及贡布里希提到的象征的两个概念对立有着不同的理论来源。不可否认的是这种滑动也体现出贡布里希对自然与惯例符号定位的游移。在这里贡布里希的表现符号

143 E.H. 贡布里希：《木马沉思录》，曾四凯、徐一维译，广西美术出版社，2015，第 33 页。

144 同上，第 44 页。

（或用于表现的象征）是：并非有意识规定的自发感受，不具有固定含义，因而区别于作为纯符号的代码；又具有生物学或社会学的事实根据，因而区别于纯自然的本能征象。红色就是这样一个视觉隐喻或象征：红色是火和血的颜色，这是其表意的理据，而具体是代表革命党还是交通信号的停止要看其所处语境。这篇文章中贡布里希没有明确告诉读者艺术中的表现是否可以为自发的征象。

上述在脸红和皱眉之间进行的象征与征象的区分早在1948年的《象征的图像》初稿中就已提出：

> 语义上的混淆，这就是“符号”（sign）一词所具有的两种意义——作为语言一部分的符号和自然符号或迹象——之间的混淆。不过，这两种意义很自然地会被混淆，因为在人类的交往中，这两者实际上微妙地相互渗透。作为一种尴尬迹象的脸红和作为生气符号的皱眉之间其实没有明显的分界线。[145]

所以自然和惯例符号从一开始就没有被贡布里希当做一个有效的区分方式。对这种区分的否定在研究再现问题之时更明显。在给莫里斯写的书评中贡布里希问道：“概念的（和惯例的）形象的缩减在艺术上标志着‘图像性’的增加吗？”原始人画的概念式人物可能有着完整的十个手指，而瓜尔迪画的贡多拉船上的船夫却仅仅用一小块颜色来代表。二者哪个具有更多的图像性呢？贡布里希认为比起符号的形态分类学，描述的符号学

145 E. H. Gombrich, “Icones Symbolicae: The Visual Image in Neo-Platonic Thought,” *Journal of the Warburg and Courtauld Institutes*, Vol. 11 (1948), p.180.

更应该关注阐释分析。这样一来“许多困难就可以被避免”[146]。他在《艺术与错觉》中明确说：“传统上是强调作为程式符号的话语跟运用‘自然’符号去‘模仿’现实的绘画的区别的。……我们已经开始认识到这种区分是不真实的。”[147]在后来对表现进一步论述之时，同样重申自然征象和语言代码只是两个极端，“日常生活中大多数交流和表现手法均处于两个极端之间的某处”[148]。这种模糊两种符号间对立的态度可以追溯到比勒：纯形象和纯象征之间有各种过渡和中间形态。甚至语言也只是“比较接近”纯象征的一极（其以乐谱和运用高烧曲线为代表）。“两种极端情况都无法付诸实施，相反，所有已知的描述手段都是形象性与（空洞的）‘任意性’对应交替主导，协调互动。”[149]自然与惯例符号之间没有截然区分，只有平滑的过渡。对相似性的保留更是有雅各布森的符号学理论作为支撑：雅各布森在对索绪尔的批评之中提出所谓的能指与所指之间关系的任意性是“极不恰当的”。其关系是一种习惯性的、后天学到的相邻性关系，而且在图像和指示问题中都牵涉到相似性原则。[150]所以指责贡布里希在惯例与自然符号问题上前后矛盾只是没有理解他的思路。符号具有惯例性，不代表其就不能有图像性或理据性。贡布里希从未前后矛盾，因为二者可以你中有我，在两个极端间存在，至多只能指责他是在回避该问题。

这里更有趣的是一般认为自然符号是有理据符号，而惯例符号是无理据的。贡布里希虽然区分了两种符号，却为它们都找到了理据，只不过

146 E. H. Gombrich, "Review," *The Art Bulletin*, Vol. 31, No. 1 (Mar., 1949), p.73.

147 E.H. 贡布里希：《艺术与错觉——图画再现的心理学研究》，林夕、李本正、范景中译，湖南科学技术出版社，2000，第 61—62 页。

148 E.H. 贡布里希：《木马沉思录》，曾四凯、徐一维译，广西美术出版社，2015，第 78 页。

149 卡尔·比勒：《卡尔·比勒语言哲学文集》，温仁百译，商务印书馆，2017，第 374 页。

150 罗曼·雅柯布森：《雅柯布森文集》，钱军选编译注，商务印书馆，2012，第 84—85 页。

有些理据是自然产物，有些是社会文化的结果。所以可以说贡布里希在《艺术中价值的隐喻》中提出的表现理论是为表现找到可证明或可“检验有效性”的外在根据。他想要以此驱逐浪漫主义或审美鉴赏式的直观体验的表现论。另一种限制浪漫主义表现论的方法是把联觉比喻看做个人性的[151]，因而无法进行交流传播。

然而数年后发表的《艺术与错觉》第十一章“从再现到表现”（1960年）[152]和《表现与交流》（1962年）中提出的更加成熟的表现理论却给出了与先前非常不同的解答，其关键之处就在于结构或关系。同样把联觉作为表现的基础，但是《艺术与错觉》中不再关注其现实理据：“如果在这里我们同样不去注意各成分的相似性，而去观察表现在一个标尺或矩阵之中的结构关系，我相信联觉的等效关系问题不会显得武断而主观，令人为难。”[153]说 u 是深蓝色，i 是鲜绿色，完全是胡说，说 i 比 u 鲜明时就具有普遍性。二者的发音本身没有色彩，其是在比较中，在相互关系中才产生意义。这表明的就是结构主义符号学的基本原理：意义产生于结构系统中符号之间的差异，而不是符号自身带有意义。认为符号自带情感意义的代表就是表现主义者，他们认定特定形状或颜色天生就被装填着一种要在观看者心中爆炸的表现意义。“表现主义者的著作有时所缺乏的正是这种对于相互关系的认识。”[154]

数年时间中贡布里希的表现论就从追求理据性转向了依赖结构。这

151 贡布里希：《图像与文字》，载范景中、曹意强、刘赦主编《美术史与观念史》（XXI），范我闻译，南京师范大学出版社，2018，第150页。

152 这一章源于1956年春的七次演讲之一，贡布里希称其“仅稍做更改”。E.H.贡布里希：《艺术与错觉——图画再现的心理学研究》，林夕、李本正、范景中译，湖南科学技术出版社，2000，“序言”第5页。

153 同上，第269页。

154 同上，第272页。

种转变的契机是清楚的，在《艺术与错觉》中贡布里希自己明确说，“让我注意到联觉牵涉相互关系这个事实的是罗曼·雅各布森教授”[155]。雅各布森写于1942年的论文《索绪尔语言学回顾》中已经明确认为表现情感的语言“不缺乏规约性”：“表达情感的语言看起来很自发，很自然，表达自己感情的人看起来是自由运用储备的天然手段，这些储备的天然手段是所有的人所共有的，他可以随意地运用。但是实际上，所有表达感情的手段都取决于相应的表达理性的语言的手段。在选择表达感情的手段的过程当中，重要的是表达理性的语言的结构。”[156]正是雅各布森这位结构主义的开创者直接点化了贡布里希。

在1962年的《表现与交流》一文中贡布里希更是把浪漫主义推崇的自然共鸣理论作为首要批判对象，进一步批判符号自带情感意义的观点：

> 只专注于视觉和听觉的相貌特征，而不去搞清楚交流的结构状况，便永远产生不了艺术表现学说。……艺术家在传达或表现情感时，并不是简单地为它找出天赐的自然对等音调或形状，而是如他在描绘现实一般着手工作，即在调色板上现成的颜色中选择一种他认为与所要表达的感情最为贴切的颜料。人们对他的调色板越了解，就越能欣赏他的选择。[157]

选择就是在有限的区别性特征或系统内的语汇中进行选择。文中还利用了信息论：“信号传递信息并不像火车装煤一般，信号由于拥有做选

155 E.H.贡布里希：《艺术与错觉——图画再现的心理学研究》，林夕、李本正、范景中译，湖南科学技术出版社，2000，第269—270页。

156 罗曼·雅柯布森：《雅柯布森文集》，钱军选编译注，商务印书馆，2012，第28—29页。

157 E.H.贡布里希：《木马沉思录》，曾四凯、徐一维译，广西美术出版社，2015，第83页。

择的潜力而具有信息容量。”[158]忒修斯通过选择挂黑帆或白帆表示失败或成功。但是读者无需选择书籍上印刷的文字的黑色，故文字的黑色毫无表现意义。“再强烈、再复杂的感情都无法转换成无结构的媒介。”[159]所以贡布里希认为：

> 各种艺术形式都不是艺术家内心之物的复制品，正如它们不是他在外部世界所见之物的复制品一样。在这两种情况下，它们都是在一种既有手段范围之中的描绘之作，这种手段是在传统和技能——艺术家和观看者的——熏陶之下成熟的。[160]

就像再现的符号不依靠相似一样，表现的符号也不依靠相似或自然对应。这类似于读解再现的情况：“有了这样一个相互关系的键盘，亦即有了一个有表示较多或较少概念的可理解的维数的矩阵或标尺，那么就等效关系而言，可用作艺术表现工具的种种形式系统大概并无限制。”[161]反之没有选择情境、工具、矩阵的意识，就无法估计一种个别特征的意义。[162]这里的矩阵也就是讨论再现问题时贡布里希谈到的图式系统的网络，一个“预先存在的空白表格或程式汇编”。这种描述类似于格雷马斯所说的世界意义的网格。总之就是一个帮助捕捉意义的分节之网。

158 E.H. 贡布里希：《木马沉思录》，曾四凯、徐一维译，广西美术出版社，2015，第 81 页。

159 同上，第 88 页。

160 E.H. 贡布里希：《艺术与错觉——图画再现的心理学研究》，林夕、李本正、范景中译，湖南科学技术出版社，2000，第 269 页。

161 同上，第 272 页。

162 同上，第 274 页。

贡布里希援引奥斯古德的语义差异（semantic differential）的观念就是一种为了测量语义而设置的意义网络或矩阵：“我们总是把任何概念都放进一个有明显结构的矩阵之中，他们称这个矩阵为‘语义空间’”；其提供了一种途径“去理解传统象征主义的处理方式”。[163] 在这个矩阵中可以问雪是聪明还是笨，黑色是轻还是重，甚至铁路发动机是亮还是暗等怪问题。表面上奥斯古德的表格表明了自然共鸣的对等代码，但是其还是在对立的概念、在系统、在矩阵之中进行选择。“它们当然说不上具有内在的意义，但它们能够通过（意义的）多项性产生相互作用，并且在适当有限的上下文内产生意义。”[164] 实际上奥斯古德的《意义的测量》（1957 年）发表后不久语言学家瓦恩里希（Uriel Weinreich，1926—1967）就指出他测量的不是词本身的词素意义，而是这些词的情感反应。[165] 奥斯古德在其后的工作中也采纳了这个批评。虽然无法得知贡布里希是否看过瓦恩里希的批评，但他对语义差异的使用就是专注于这种反应：古典修辞学家把语言当做一种给它的使用者提供一系列不同的标尺和“中止”的工具，因而产生了表现方式的选择范围。“对言语的这一细致的分析会给奥斯古德的研究提供一个极有价值的补充，甚至是个修正。在奥斯古德只谈概念的地方，这些批评家则把注意力集中于词语的影响，集中于词语的声音和它们在我们反应之中的身份。”[166] 贡布里希把这种测量方法与十二问游戏——

163 E.H. 贡布里希：《艺术与错觉——图画再现的心理学研究》，林夕、李本正、范景中译，湖南科学技术出版社，2000，第 271 页。

164 E.H. 贡布里希：《象征的图像——贡布里希图像学文集》，杨思梁、范景中编选，广西美术出版社，2015，第 271 页。

165 William F. Brewer，“Charles Egerton Osgood: 1916-1991，” *The American Journal of Psychology*，Vol. 107，No. 4 (Winter，1994)，p.588.

166 E.H. 贡布里希：《艺术与错觉——图画再现的心理学研究》，林夕、李本正、范景中译，湖南科学技术出版社，2000，第 273 页。

从给莫里斯的书评中就开始涉及——联系起来，于是“乒”和“乓”作为系统可以表现各种对立的概念。中国人用阴阳划分世界也是类似的语义差异的体现。

贡布里希也明白语义差异或十二问提供的二元对立的结构过于简单，其相当于在格雷马斯的语义学中最初级的语义轴。艺术并非单独依靠一个二项代码——绘画有形状、色彩、质地，排列组合这些简单的视觉词汇也能达到相当可观的复杂度。[167]平行的标度可以相互支持加强或削弱其他通道的信息，从而制造形象传达的信息的冗余度或增加歧义。摆脱歧义的方法在于建立信息的层次结构——主次的等级系统。《堂吉诃德》是带悲剧色彩的喜剧小说。库尔贝的石工是英雄标度上的下等人形象。所以艺术史知识作为更大的系统语境有助于观者迅速建立起初步的大致分级。只有知识相通，或者说接受者拥有发送者相同的符号系统才能接收信息。“与我们的粗陋模型相反，艺术品的关系结构丰富无比。”虽然贡布里希提出了表现的层级，并把艺术史知识作为表现的语境和系统，但是总体来说他只是借助结构主义符号学提出了一个最一般的模型，至于具体结构他并未进行论述。

表现与再现另一个相同之处在于多义性。除了像红色那样的表现符号需要语境之外，表情也像空间中的物体一样是不明确而多义的。表情是运动和时间中存在的动作序列。被固定的表情往往是难以辨别的。这种认识来自30年代卡尔·比勒在维也纳他的研究班上所做的一系列实验。贡布里希曾作为一名被试者参加。可见贡布里希在讨论表现之时不断返回到再现进行类比，并使用与再现系统相同的模型进行分析。这说明他把形象的功能都看做相同的符号系统，所以无论在传达哪一种语义之时整体上都具有相同的机制。通过引入结构或关系，贡布里希终于把表现纳入形象的

167 E.H. 贡布里希：《木马沉思录》，曾四凯、徐一维译，广西美术出版社，2015，第84页。

一般语言学之中。《艺术对象征符号研究的用途》进一步提出“我们的术语在音乐描绘词语的意义和用音乐表现词语的意义之间游移，但我总觉得最好还是让‘表现’一词只用来指情感的各种自发征象”。我们永远不能理解艺术家的情绪内心信念等这些他个人的事情。“我们所理解的不是他本人，而是他的作品，他的选择”，亦即他对那些现成的音乐隐喻的选择。[168]艺术家的理想观众是随时准备欣赏对方选择的人，所以艺术中的表现不是情感交流，而是情感象征的解读。[169]艺术表现是象征或描绘而不是征象，是语言而不是表现主义意义上的自然共鸣。

但是贡布里希的这种结构主义就像在再现中一样，并不彻底，并不认定表现是依靠纯粹任意性的惯例规约。实际上他还是悄悄为表现符号的理据性留下了存在的空间，例如“这种自然符号学说若是有理的话，也仅仅适用于选择关系”，以及“就算色彩、形状或和弦可以被体验为具有表现力的，艺术家也只能在有限的选择情境内将它们运用自如”。[170]虽然承认得很勉强，而且有限制（仅在选择关系之内），但是贡布里希也无法否认表现符号确实可以有着明确的生物学或社会学的理据性，例如红色给人热或暖的感觉确实是与火或太阳的颜色有关。只是这种理据性必须服从于总的结构关系，在结构关系之中才能表意，才有确切含义。值得注意的是，雅各布森谈到表现的规约性时也没把话说死，只是说表现感情的语言的“绝大多数手段”具有规约性。表现符号的理据性说明了这些符号自身的表现力的初始来源，但是其必须在一定语境和一定选择之下才能真正具有表现力（如红色相关于火或血，在不同情况下可以表示停止或革命）。如

168 E.H. 贡布里希：《象征的图像——贡布里希图像学文集》，杨思梁、范景中编选，广西美术出版社，2015，第296页。

169 E.H. 贡布里希：《木马沉思录》，曾四凯、徐一维译，广西美术出版社，2015，第83页。

170 同上，第82—83页。

果借用格雷马斯的语义学术语，这些理据性含义是形象词汇的核心义素，不同具体含义的取得则是由于外在语境导致的语境义素，那么贡布里希实际上已经走到了一种形象的语义学边缘。

五、象征作为不同的意指方式

贡布里希作为著名的图像学家，他（在理论成熟期）认为图像学就是“一门阐释艺术中的象征符号的学问”[171]，所以贡布里希的研究中对象征理论也着墨甚多，但是这些有关象征的理论却未必都属于图像学的范围。在符号学中，象征是一个非常模糊不清的概念，其可以等价于一般的符号（如卡西尔的用语），也可以与任意性符号相对立（如索绪尔），以论述象征概念为主题的书也不在少数。贡布里希自己对象征概念的使用也不是完全不变的。在讨论贡布里希的图像学意义上的象征理论之前，本书将先就贡布里希自己对象征一词的各种用法展开讨论。

长文《象征的图像》开篇谈到一般的假设是把象征与再现相对立，看做形象的两种功能。画中再现了手持天平的女子，象征了正义。但是贡布里希接着说画中还会有另一种象征，“一种不是程式性的，而只与个人有关的象征”，也就是艺术家意识或无意识心理的表现，那么象征可以包括表现。这也是本书上一小节中涉及的内容。同时再现、象征和表现又是形象的三种一般功能[172]。然而贡布里希认为在理性分析之外这些意义就不是截然区分的了。人类会把符号与符号指示之物混为一谈。在1951年的《木

171 E.H. 贡布里希：《象征的图像——贡布里希图像学文集》，杨思梁、范景中编选，广西美术出版社，2015，第261页。

172 同上，第171页。

马沉思录》中象征可以取代再现。“象征及其被象征之物的共同特征，同样不是外形而是功能”。[173]象征一词虽然不如再现的含义那样精确，却有助于建立各种象征之间的关系，也就是符号系统。他在《艺术与错觉》中进一步称：“人类的信息交流都是通过象征符号，通过一种语言媒介，而且媒介语言越分节，越清晰明确，信息通过的机会就越多。”[174]亦即再现就是一种象征符号。但是同书也使用了“象征符号式物像”和“象征符号式的人像”[175]等称谓指古埃及和中世纪的风格化的艺术形象。这里的象征又与写实相对立。上述象征与其他概念的对立与包容完全在于这里的象征的双重性，一方面是一种特殊的形象功能，另一方面是符号的等价物。

上一小节提到的《艺术中价值的视觉隐喻》中象征与代码的对立来源于克里斯和坎普兰的美学论文《审美的模糊性》。文中提出代码与象征的区别在于它们的意义是否随语境变化。“一个代码 - 词有一个单一固定的意义，不管伴随它的词语或在其中它发生的情况；象征词的意义根据这个语境改变，在语境中它被建构。”从符号学的角度看，严格地说没有不依靠语境就能产生的意义。这一点克里斯等人也很清楚：

> 所有词语都清楚地显示了象征的特征达到一个更大或更小的程度。全都发生在多样的语境中，在这些语境中不同的反应被唤起；并且先前的意义留存作为当前反应的成分或决定因素。象征既不在每个情况中被重新学习，也不像代码决

173 E.H. 贡布里希：《木马沉思录》，曾四凯、徐一维译，广西美术出版社，2015，第 18 页。

174 E.H. 贡布里希：《艺术与错觉——图画再现的心理学研究》，林夕、李本正、范景中译，湖南科学技术出版社，2000，第 281 页。

175 同上，第 53 页、第 97 页。

定一次对于全部就都适用。[176]

因此，任何象征的意义都不能被说出，只能列举它的回应范围以及这些范围倾向于分成的集群。

除此之外，《视觉形象在信息交流中的地位》中还援引了卡尔·比勒的语言的三种功能说。比勒认为，语言符号的语义功能："人类语言的功能是三重的，即表达、感召和描述（英译本译为再现 represent）。"；"象征是基于它与对象和事物的对应关系，征象（Sympton，Anzeichen，Indicium：Index）则基于它对发送者的依赖性，表达发送者的内在状态，而信号（signal）基于它诉诸于听者，犹如其他交流符号一样，指挥听者的外在或内在行为。"[177] 所以对于比勒而言，描述（再现）就是象征，感召就是信号（指示词），征象就是表现。由此也能找到象征和征象间对立的另一个依据。当贡布里希把象征与征象对立之时，除了基于惯例与自然符号之间的区别外，还出自语言－形象的不同功能。在这个意义上可以说《艺术与错觉》中研究的再现形象都是象征。艺术中的表现就其作为"描绘词语的意义"而非"表现词语的意义"而言，是（再现意义上的）象征而不是征象。所以《艺术对象征符号研究的用途》一文中不仅讨论图像学意义的象征，更涉及了表现和再现的问题。象征的范围虽然广阔得几乎与符号概念重合，并在艺术中"常常被当作一种纯符号"，但是该文中又一再指出象征除了作为标签和识别标志之外的另一种用法是"象征符号不只

176 Abraham Kaplan and Ernst Kris, "Esthetic Ambiguity," *Philosophy and Phenomenological Research*, Vol. 8, No. 3 (Mar., 1948), p.416.

177 Karl Bühler, Theory of language: the representational function of language, translated by Donald Fraser Goodwin, Amsterdam: John Benjamins, 1990, p.35. 中译本见卡尔·比勒：《卡尔·比勒语言哲学文集》，温仁百译，商务印书馆，2017，第 208 页。这里对中译本涉及概念的部分译法有修改，按贡布里希《视觉形象在信息交流中的地位》一文。下同。

是符号”。“符号是可译的，而象征符号的意义则是不可言喻的。”[178]那么象征既是符号又不是符号，既是再现又对立于再现，既是表现又对立于表现。象征的这些不同来源和用法使得贡布里希的文本看起来前后矛盾，无法理解，但是这也就是象征一词作为一个符号（或者说“象征”）随语境变化而改变意义的一个例证。

贡布里希对象征问题主要的符号学研究就是对“象征符号不只是符号”或象征对立于符号（如托多罗夫所言）的历史考察。《象征的图像》一文指出象征的图像有两个传统，一个是亚里士多德的隐喻传统。例如里帕的《图像学》的原理是亚里士多德的逻辑学和修辞学中的隐喻理论。属像是图解性隐喻。因为事物有四因，同一概念可以用不同方式表现，所以象征不是惯例符号，其是一物替代一物，把意义从一物转移到另一物的手法；是按照分类的属、种为抽象概念找到一个合适的形象代表或视觉定义。隐喻让人看到了事物之间的意外相似。这种寻求视觉定义或隐喻的工作是一种修辞，是“用眼睛来规劝”。在18世纪理性时代，古典主义要求排除殊相，只描绘类型。这导致艺术家把寓言形象等同于抽象概念化的空洞苍白的隐喻。贡布里希援引沃尔夫的话指出，隐喻不仅像亚里士多德想的那样，名称与语言一一对应，因而隐喻无关紧要。相反，语言中充满了空白和不充分。是语言创造了范畴，分节了物体。隐喻不是意义的转移，而是世界的重组。通过隐喻人才能增长知识。隐喻是暂时范畴。

另一个传统是柏拉图主义的理论。其基本观点认为象征是对真理直接的领悟。柏拉图认为“推论性言语”是揭示真理的低劣工具，智性世界的人可以不借助词语瞬间领悟真理。基督教神学认为上帝在每件事物中启

178 E.H. 贡布里希：《象征的图像——贡布里希图像学文集》，杨思梁、范景中编选，广西美术出版社，2015，第264页。

示自己，但是事物的神性语言更加隐晦。其不是程式性的，而是神自己选择的显现。视觉象征符号能被瞬间理解。直觉式理解本身就是高级智性理解真理的方式。神以美的事物（以相同喻相同）或神秘的事物（不同喻相同）作为象征。“象征符号的每一个方面都让人觉得充满了丰富的意义，这些意义永远也无法全部被领会，而只能在象征所引发的沉思过程中被发现。”[179]象征越是云山雾罩越是接近不可言喻的真理。“形象的再现功能和象征功能之间的区别变得模糊不清了。”[180]因为对象的本质就蕴涵在象征中。在神秘主义和巫术的象征中取消了象征与被象征物之间的区别，分享了其效力（例如护符会吸收星体的光芒）。象征甚至会融合表现功能。新柏拉图主义关于视觉符号的本质论点是：“不可见的实体以这些象征符号的形式出现，使人类有限的心灵能够理解它们。”[181]寓意图像并非象征，而是理念本身。象征被看做自然存在而非程式。象征符号的发送者不是人类，而是神灵，所以16世纪的人不区分人造符号与超自然预兆。在浪漫主义、西格蒙德·弗洛伊德（Sigmund Freud），甚至康德和黑格尔对象征的使用中都能看到新柏拉图主义的影响。

在此篇文章中，贡布里希没有寻找个别形象的意义，而是在探索形象意指的不同模式。亚里士多德派过分强调语言的威力，把语言的范畴看做世界的范畴，因而他们把象征的图像看做通过替代转移了意义的视觉定义；而柏拉图主义者蔑视语言，希望离开推论性言语通过形象瞬间直觉到更高的真理，因而他们把象征的图像看做蕴含了对象本质的自然存在。结果是亚里士多德式的象征图像被人认为因抽象而空洞苍白，柏拉图式的则

179 E.H. 贡布里希：《象征的图像——贡布里希图像学文集》，杨思梁、范景中编选，广西美术出版社，2015，第209页。

180 同上，第210页。

181 同上，第231页。

被认为充满了永远无法完全领会的过于丰富的含义。或者说前者是人为发送的语言符号，可以翻译成概念语言，能指与所指截然分离，能指是所指的定义；后者是更高智慧发送的自然符号，无法以语言表述，能指与所指融合为一，能指是所指的本质的直接呈现。罗兰·巴特曾说："对于人来讲，任何对于一种编码的求助都是通过一种理由和一种自由来自我证实和自我考验。在这种意义上，对于编码的分析比对于所指的分析也许更可以在历史上较容易和较确切地确定一种社会，因为这些所指通常可以表现为超历史的，它们更属于一种人类学内容，而不属于一种真正的历史。"[182] 那么，真正的符号学艺术史应该关注艺术符号编码的方式，而非具体的象征内容。贡布里希的《象征的图像》一文无疑是这种符号学艺术史的代表。

贡布里希书写的象征图像的亚里士多德与柏拉图传统的历史，让人想起托多罗夫所著的《象征理论》中浪漫主义对古典主义的两条路线。[183] 二者涉及的人物也大多数重合，但是托多罗夫并未涉及柏拉图，而是把考察的重心放在了18世纪之后。贡布里希对这一历史的建立与卡尔·比勒也有关联。贡布里希在《象征的图像》中援引了比勒书中对象征历史的回顾。[184] 比勒在《语言理论》中认为象征一词在古希腊的发展已经分为两支：征兆和协约性。亚里士多德融合了主观主义和客观主义分析法：

> 霍布斯以降的英国逻辑学家坚持征兆观，形成主观主义语言论，直到米尔（同样是片面的）才重新高举柏拉图客观主义分析的旗帜。……象征概念的现代历史说明，无论如何，

182 罗兰·巴特：《显义与晦义——批评文集之三》，怀宇译，百花文艺出版社，2005，第19页。

183 茨维坦·托多罗夫：《象征理论》，王国卿译，商务印书馆，2004。

184 E.H.贡布里希：《象征的图像——贡布里希图像学文集》，杨思梁、范景中编选，广西美术出版社，2015，第339页注释134。

> 浪漫派喜爱含义丰富的象征性概念，倾向于意涵无尽的“形象和比喻”；相反，逻辑学家则职业性地追求概念内容的精简和形式化，其结果，就只剩下符号与其所指之间任意约定的对应。[185]

贡布里希之所以能写出这一可与符号学家著作相比肩的篇章，是源自另一位符号学家的指引。

无论是任意约定还是意蕴无尽的神秘直觉，符号都会带来形象传达意义的不稳定和多义性。这种形象的多义性在再现、表现和象征中同等存在，后两者由于缺少外在的客观世界这样一贯的语境所以更加突出。所以贡布里希强调象征不是代码，不具有一一对应的含义，无法像查字典一样得知其意义。意义是在语境中产生和固定的。他把这称为词典的谬误。其实词典中每个词也不一定只给出一种解释。这种对词典的认识来源于前述克里斯等人的文章:“因此一部词典在严格的意义上能被仅仅建构为代码;对于象征，‘词典’只提供对于语境的阐释的线索。”[186] 所以在贡布里希的话语中，所谓词典就成了一种代码对译表。

另外，贡布里希作为保守学者的代表又认为图像学必须“确定一个形象的一种意义”。为了限制形象的多义性，贡布里希的图像学中的阐释学手段就是把作者意图规定为作品唯一的“支配性意义”或主要目的。[187] 不过贡布里希恐怕并不像一些艺术史家概念化甚至妖魔化的那般死板。贡

185 卡尔·比勒:《卡尔·比勒语言哲学文集》，温仁百译，商务印书馆，2017，第371—372页。

186 Abraham Kaplan and Ernst Kris, " Esthetic Ambiguity" , *Philosophy and Phenomenological Research*, Vol. 8, No. 3 (Mar., 1948), p.416.

187 E.H. 贡布里希:《象征的图像——贡布里希图像学文集》，杨思梁、范景中编选，广西美术出版社，2015，“导言:图像学的目的和范围”。

布里希并不相信所有意图意义都是在设计之初就存在的。只要作品不排斥"这种特别的意义的投射"，艺术家和观众就都有权"投射一些作品实际上并没有的外加意义。"这本身就是艺术创造和欣赏的一部分。"模糊之影，即象征的'开放性'，是任何真正艺术品的重要组成部分，……要明确区分有所表示的成分和无所表示的成分是不可能的。艺术随时向新的解释开放，如果这些解释合适，我们就永远无法知道它们与原意的一部分离得有多远。"[188]那么贡布里希对作品的阐释实际上已经类似于埃科在《诠释和过度诠释》一书中所提出的论点，亦即阐释者阐明的意义最终依靠于作品本身的文本意图的可能含义，或者说是标准作者与标准读者的意图。当贡布里希提出图像学"表示对一种方案的重建"，以对立于"对某篇具体原典的确定"的图像志[189]之时，"带有更多猜测性"的"方案的重建"就是基于作品本身文本意图的重建。在重建过程中图像学家依靠对原典、惯例和绘画的熟悉架起桥梁，沟通形象与题材。所谓"有能力感知特定的时期或社会环境中什么是可能的，什么是不可能的"，其感知的也就是时代和社会的标准读者和标准作者的意图。所以可以说贡布里希在作者意图的前提下实际上允许作品意义有一定的开放性。

与符号学关系更紧密的对个体符号的限制措施在于所谓的"符号界限"。贡布里希在不同的文章中反复指出："普通符号系统有个特点，即它们遵守卡尔·比勒所说的抽象关联原理。"比勒的表述是：

> 符号具有意义，但是，作为感官之物，即可感知的东西，

188 E.H.贡布里希：《象征的图像——贡布里希图像学文集》，杨思梁、范景中编选，广西美术出版社，2015，第47页。

189 同上，第33页。

> 此时此地的符号并非以其具体特征的全部发挥语义功能，更多的情形是，相对于其符号功能而言，只有这个或那个抽象元素具备相关性，简而言之，这就是所谓抽象相关性原理。[190]

比勒认为该原理适用于一切符号性的对象。形象作为物质对象其本身是极为丰富的。符号中有很多与表意不相关的特征（因而其不能被称为“区别性特征”）。同一文字有多种写法，玫瑰有许多种画法，无论怎么写和画，“只要它们遵守某些不变关系，就是同样的东西”[191]。或者说“形象的许多特征并不具有可以译解的意义，只有少数特征需要我们读解和译解”[192]。索绪尔在《普通语言学教程》中已经提出过类似的观点（字母可以有不同变体，也与用黑色、白色、钢笔、凿子生产无关）[193]，但是索绪尔没有明确对这些不相干现象进行归纳，只是强调了差异原则。这也使人想起古德曼所言，记谱理论中的有限区分符号和密集符号之间的区别。[194]问题在于所有符号都是有限区分的，但是绘画本身又是彻底密集的。对于阐释者而言，哪些特征属于表意的能指，哪些只是不相关的附属部分，这

190 卡尔·比勒：《卡尔·比勒语言哲学文集》，温仁百译，商务印书馆，2017，第 223 页。

191 E.H. 贡布里希：《象征的图像——贡布里希图像学文集》，杨思梁、范景中编选，广西美术出版社，2015，第 266 页。

192 同上，第 137 页。

193 费尔迪南·德·索绪尔：《普通语言学教程》，高名凯译，商务印书馆出版，1980，第 166—167 页。

194 纳尔逊·古德曼：《艺术的语言：通往符号理论的道路》，彭锋译，北京大学出版社，2013，第 108 页。中译本把前者译为“有穷区分的”。贡布里希甚至谈到过分离与连续符号的区别：“由于语言是分离的，绘画是连续的，所以画出的寓意形象不可避免地会具有很多种特征，而这些特征从这个观点来看是没什么意义的。”见 E.H. 贡布里希：《象征的图像——贡布里希图像学文集》，杨思梁、范景中编选，邵宏译校，广西美术出版社，2015，第 137 页。虽然古德曼确实读过并引用了贡布里希的著作，而且与贡布里希多有来往和辩论，但是无法证明有限区分与密集的对立等概念来自贡布里希或卡尔·比勒。

并非自明。“存在着译码员把每一个地方都看出代码的危险。”[195] 为了克服这种危险，贡布里希抬出了“符号界限”（sign limit）的概念。虽然贡布里希有时（犯糊涂）把这一概念也归于比勒名下，但是这其实是比勒的学生尤里乌斯·克兰费尔（Julius klanfer）在维也纳的未发表学位论文中提出的。[196] 当然这个概念本身也是基于比勒的抽象关联原则的进一步发展，或者说是其否定性表述。

贡布里希进一步把符号界限解释为心理学中的门控机制。显然符号中哪些特征应被排除，是人为的规约，是文化的惯例和习俗。狄更斯的《远大前程》中主人公小时候以父亲的墓碑的形式猜想父亲的容貌，就是突破了符号界限，过度阐释的典型。这就把问题引向了贡布里希所谓的“观相术的谬误”（physiognomic fallacy）。“观相术的谬误”是一种神话，其认为“符号系统，即风格，不是一种语言，而是一种集体呼声，它是一个民族或一个时代向我们发出的呼声”[197]。也就是黑格尔式的在同一时代一切事物中找到共同的时代精神的主张。贡布里希在反驳“观相术的谬误”时举出的例子恰恰是美国语言学家萨丕尔，其指出要表明语言形式与民族气质的联系是不可能的。[198] 那么贡布里希对黑格尔的评判就不仅仅是意识形态之争，同时也是不同的符号学意指模式导致的。黑格尔的意指方式类似于柏拉图的象征，是超越于符号关系系统能力和限制的妄想式的指称，其发送者同样不是作品的作者，而是时代精神自身，其是作品自身本质的显露。贡布里希的结构主义符号学自然不会承认这种意指模式具有学术认

195 E.H. 贡布里希：《象征的图像——贡布里希图像学文集》，杨思梁、范景中编选，广西美术出版社，2015，第 48 页。

196 同上，第 273 页。

197 E.H. 贡布里希：《木马沉思录》，曾四凯、徐一维译，广西美术出版社，2015，第 134—135 页。

198 同上，第 135 页。

识的合法性。

当然限制并非绝对，贡布里希在这里也为意义的开放性留下了余地："在象征图像中，意义界限即比勒所谓的'符号界限'则是相当开放的。"[199]同一个形象可以同时进行象征和表现。观看人类的面部表情和姿势时无须门控，而且这种开放性与欣赏者的审美反应相联系："我认为可以争辩说，我们面对艺术品所做出的审美反应包含着对门控的某种拒绝，图像似乎是开放的，我们可以在声音或形式的不确定的层次上自由地一层层地寻找意义的回声。"遥远难懂的事物会产生魅力："也许正是那些真正意义已被人忘却的图像和象征符号最能唤起我们的想象。"[200]但是这种接受只是欣赏而不是图像学应该遵循的程序，否则图像学研究就会变成自己的研究对象，变成不接受符号界限的神秘主义，从而建立一种神秘的象征模式。对神秘主义过度阐释的担忧在比勒的书中讨论象征的部分也有涉及。[201]坚持理性的符号学判断才有可能把包括神秘主义意指模式在内的各种符号学模式纳入研究之中。

六、形象与符号之差异

贡布里希是最系统地把形象比作语言的学者，并且为这种类比提供了最丰富和确凿的证据，但是"艺术语言只是比喻性的"[202]，他同时也为形象的独特性保留了领地，并承认相似的存在。这往往使援引贡布里希为

199 E.H.贡布里希：《象征的图像——贡布里希图像学文集》，杨思梁、范景中编选，广西美术出版社，2015，第137页。

200 同上，第273页。

201 卡尔·比勒：《卡尔·比勒语言哲学文集》，温仁百译，商务印书馆，2017，第226—228页。

202 E.H.贡布里希：《艺术与科学：贡布里希谈话录和回忆录》，杨思梁、范景中、严善淳译，浙江摄影出版社，1998，第316页。

据的极端惯例论者极为不满，认为他背叛了自己的主张。这种观点当然只是他们把自己的主张投射到贡布里希身上的结果。贡布里希从一开始就在研究语言与形象的相同之处的同时，探讨二者的差异。或者说正是因为他把二者都看做表意符号，就更应关注二者的不同表意模式，而不是简单地把它们“拉平”，所以语言与形象的关系问题成了贡布里希早期一个重要的研究方向。无论是1948年为莫里斯写的书评还是1950年斯莱德艺术教授就职讲座，语言与形象问题都是核心议题。

二者的首要差异在于形象本身从来不是一个陈述。莫里斯引述皮尔斯提出“一个人的肖像连同一个人的名字……是一个陈述，不亚于这个人的词语描述”。对此，贡布里希联系艺术史实践进行了批判：写有“汉斯·梅姆林（Hans Memling）”的一幅画，一般指作者而非被画人。画中名字的不同归属“强调我们通过语境援助收到的信息”。贡布里希又是通过卡尔·比勒说明这一点的。[203]“一个名字和一个形象不意味着一个陈述。名字必须首先被扩展成陈述”，甚至当我们说一幅画是某国王的肖像时，由于各文明的不同文化惯例，肖像也不一定等于“人的词句的描述”。陈述与形象的区分在《艺术与错觉》中表述得更为清晰：陈述才有真假，一幅画不是陈述，因而没有真假。[204]在注释中贡布里希把这一论述归于塔斯基。这一区分使得贡布里希可以回避客观写真的问题：“这种相对说（指表现物体外观真实性的相对说）是以图画、语词和陈述的混淆为基础的。”[205]

形象不是陈述的另一个结果就是“陈述不能被翻译成形象”。这种对语词与形象间互译局限性的认识从书评中就已开始，更成了《图像与文

203 E. H. Gombrich, “Review,” *The Art Bulletin*, Vol. 31, No. 1 (Mar., 1949), p.72.

204 E.H. 贡布里希：《艺术与错觉——图画再现的心理学研究》，林夕、李本正、范景中译，湖南科学技术出版社，2000，第47页。

205 同上，第63页。

字》一文的中心。贡布里希认为语词与形象不可互译（或者说互译后必然损失信息）的缘由是语词与形象的另一个重大差异：共相与殊相。形象既可以表现共相又可以表示特殊个体，但是无法以自身进行区别：

> 事实是无援助的形象（由于作为定冠词和不定的冠词的形式符号的缺席），是无能力去意指普遍的和特别的之间的区别。我们不能分辨是否一个形象再现了"一匹马"或一匹特殊的马；任何形象事实上能被以任何一种方式起作用。古典主义美学的尝试去把"一般化的"或"理想化的"形象等同于"抽象"或"普遍的"，这种尝试是令人感兴趣的主要作为错误的符号学分析的一个例子。[206]

所以形象更依赖语境，而且无法自我言说。与之相比，"归根到底，语言对应的主要是通用性概念，文字表明了事物的类和质。……正是因为语言的种种结构，任何特定的事物都会变成漏网之鱼"[207]。语言"所有描述必定都是有选择性的"。形象能依靠文字传授知识，但是无法确切地翻译。在把形象翻译为语言的过程中，绘画必然是具体的，而语言是概括的。"语言通过共相起作用，殊相总是会溜出语言之网，无论我们把网眼编织得多么好。由于语言是分离的，绘画是连续的，所以画出的寓意形象不可避免地会具有很多种特征，……。"[208] 而且任何一幅画都是多义的，其

---

206 E. H. Gombrich, "Review," *The Art Bulletin*, Vol. 31, No. 1 (Mar., 1949), p.72.

207 贡布里希：《图像与文字》，载范景中、曹意强、刘赦主编《美术史与观念史》（XXI），范我闻译，南京师范大学出版社，2018，第 148 页。

208 E.H. 贡布里希：《象征的图像——贡布里希图像学文集》，杨思梁、范景中编选，广西美术出版社，2015，第 137 页。

可以翻译成的陈述并不唯一。例如一幅画着猫的画，可以描述为猫坐在垫子上，然而还可以用无数种其他的陈述来描述这幅画：有一只背对着我们的猫，或者垫子上没有大象，猫将要坐在垫子上，如果猫坐在垫子上等等。[209] 对艺术史而言，结果是："任何文字描述都不可能像绘画那样十分具体。因此，任何一篇原典都给艺术家的想象留下了充分的余地。同一篇原典可以用无数不同的方法进行图解。"[210]

此外贡布里希在书评中已经反驳了莫里斯，称形象缺乏逻辑词（如果、不、因此、所以），例如莱辛早已提出绘画不能表述否定。[211] 贡布里希还提及"相对于口头表达，视觉符号的连接没有文法的梳理，让图像处于劣势"[212]。在后来的《西方艺术中的动作和表现》一文中他又把墓穴画《摩西击石出水》翻译为一个句子：摩西是主语，击石的动作是动词，岩石是宾语。若有进一步的具体描绘就会是副词和形容词从句，不过贡布里希对于形象的句法无论有无都是捎带涉及，没有做出详细的分析。在后期贡布里希更重视形象与语言的不同功能。按照卡尔·比勒的三功能说，虽然描述功能不及语言，形象却比语言有更强烈的唤起功能。小孩对语言无动于衷，图画的猫却会使他高兴。更不用说自古以来视觉印象就被认为具有更强的唤起感情的作用："鲜美的水果，富于挑逗的裸体，令人生厌的漫画以及使人毛发竖起的恐怖图画都影响我们的情感，引起我们的注意。"[213]

209 E.H. 贡布里希：《贡布里希论设计》，范景中选编，尹定邦主编，湖南科学技术出版社，2004，第 107 页。

210 E.H. 贡布里希：《象征的图像——贡布里希图像学文集》，杨思梁、范景中编选，广西美术出版社，2015，第 29 页。

211 E. H. Gombrich, "Review," *The Art Bulletin*, Vol. 31, No. 1 (Mar., 1949), p.72。这一观点后来也不断被提及，参见 E.H. 贡布里希《贡布里希论设计》，范景中选编，湖南科学技术出版社，2004，第 107 页。

212 贡布里希：《图像与文字》，载范景中、曹意强、刘赦主编《美术史与观念史》（XXI），范我闻译，南京师范大学出版社，2018，第 156 页。

213 E.H. 贡布里希：《贡布里希论设计》，范景中选编，湖南科学技术出版社，2004，第 107 页。

如果说贡布里希对语言与形象关系的分析是为了解决描述、研究和利用艺术品的实际问题，那么他在1978年在国际艺术符号学会议上的演讲稿《形象与代码：传统主义的范围和界限》（“Image and Code: Scope and Limits of Conventionalism”，简称《形象与代码》）以及1993年的《符号与形象》（“Signs and Images”）两篇文章则是对极端惯例主义者明确的回应。这种回应使贡布里希的理论方向出现了微调。

《形象与代码》面对的是古德曼的《艺术的语言》中“十足的相对主义”，即写实主义是相对的，“几乎任何一幅画都可以再现几乎任何东西”；以及极端的程式主义，即图画和地图之间不存在本质区别，透视完全是一种程式。[214] 贡布里希反驳称，代码的选择常常不是任意的，地图上的公园草地用绿色，湖区使用蓝色就是有理据的，“人们常常用联觉比喻把象征符号固定在心理感觉之中”。而且由于地球是一个球形曲面，平面地图无法保存所有地理信息，但是通过透视投射的计算，可以精确画出任何人从某一定点所能看到的或拍下的东西。卫星照片可以检验透视的准确性。照片的明暗关系与实际不同，但是“我们却没有资格称它们为一种任意的代码。它们不是任意的，因为在母题上观察到的明暗层次在照片上仍然显示出相同的层次，尽管层次的宽度减小了”[215]。之后贡布里希重复了《艺术与错觉》中对自然符号与惯例符号对立的排除：“从掌握技能的难易程度方面把握问题，长期流传的自然与程式的对立便显得令人不解。我们所看到的倒是自然得来的技巧和几乎没人能够掌握的技巧之间的连续统一。”[216] 这些自然技巧面对恶狗图之时，人无须像学习一门语言那样来获

214 E.H. 贡布里希：《贡布里希论设计》，范景中选编，湖南科学技术出版社，2004，第224页。

215 同上，第226页。

216 同上。

得有关牙和爪的知识，这种知识是容易辨认的。“我们天生能够很容易被有些图形触动，即对另一些图形无动于衷。确实，一种特征的生物关联性越大，它似乎就越容易辨认，不管其客观相似性怎样模糊。”接着贡布里希回到了《艺术与错觉》中的引起食欲或逃离的各种动物反应，以证明“至少在自然中的形象不像人类语言文字那样是程式性符号，而是表现了一种真正的视觉相似”[217]。在生活中自然与文化难以区分。除了古德曼，这种对相似的证明同时也是对埃科在《符号学理论》中排除图像性，并把相似看做惯例的回应（见本书第一章第二节）。贡布里希在文中直接引述了埃科的著作并揶揄说，形象不是逻辑学家为逻辑学家制作的。[218]现实中的形象是为了唤起相同生物反应而制作，并确实能起到作用的，因而形象就是相似物。

即便“其客观相似性怎样模糊”，由于其不属于人为惯例，所以只能是属于自然的“真正的视觉相似”。笔者认为贡布里希在此过快地把动物反应与无须学习画上了等号。自然符号或自然相似依然需要学习，虽然这种学习与惯例依靠的文化习得不同。幼儿笨拙地伸手探索世界，以及盲人复明后重新适应视觉信息的过程都是需要学习的自然过程，虽然空间本身不是人为惯例。对于贡布里希，重要的是他以主体的行为和效果论证了相似的存在以及自然符号的存在。这显然是受莫里斯式的行为主义的影响。像本章第二节第三小节所论述的那样，在《艺术与错觉》中贡布里希使用“等效”是为了避开相似问题，有趣的是在这里生物反应的效果变成了论证相似存在的证据。不得不说，这是他在与古德曼等极端惯例主义者的对话中做出的应激反应。据贡布里希称，古德曼在对该文的回信中承认

217 E.H. 贡布里希：《贡布里希论设计》，范景中选编，湖南科学技术出版社，2004，第 229 页。

218 同上，第 228 页。对埃科的引述见同书，第 223 页、第 227 页以及注释 1 和注释 11。

了再现并非只是程式问题，程式和非程式之间没有明确的分界线。古德曼仅仅保留了对透视法则是先天性创造的否定看法。[219] 所以贡布里希认为自己在论辩中赢得了胜利。

生物学本能在贡布里希的理论中的比重确实有增长的势头，但是这种增长仍然与语言学理论的进展有关。在贡布里希出版《艺术与错觉》前后数年，乔姆斯基先后发表了《句法结构》（1957 年）和《句法理论若干问题》（1966 年），批判了当时作为美国语言学主流的结构主义，提出了生成语法理论。乔姆斯基认为刺激 – 反应和模仿 – 记忆模式都无法说明儿童为何能够在短时期内习得母语，因而提出人具有天生的语言习得机制。他假设这种机制属于人类的物种属性，是由基因或大脑的基本构造决定的，因而人类的一切语言都是以普遍语法为开端的。每种语言都符合基本语法，又具有自身的特征，因此乔姆斯基认为语言学会走向心理学、生物学和认知科学。一直关注美国语言学理论的贡布里希在 1969 年的文章中就引述了乔姆斯基的深层结构和表层结构的区分。他把这一区分类比于视知觉中感知作为对象不变量的固有色和外光的颜色的区分，以及阐释面部表情时分开不变形式与表情运动的区分。“这两步过程被构成为感知的特殊构造的组成部分，并达到接近生理学的水平。”[220] 这种生理学或天生的感知能提供一个中值、一个深层结构，以判断外在不断变化的表层结构。这仍旧是把形象比作语言的形象的语言学方法，但是由于语言学本身不再强调结构自身的意义生产作用，而是诉诸生理或本能基础，所以贡布里希的形象语言学同样把表意的根据归结到天生的构造。

219 E.H. 贡布里希：《贡布里希论设计》，范景中选编，湖南科学技术出版社，2004，第 228 页。

220 E. H. Gombrich, “The Variability of Vision,” in C.S. Singleton (ed), *Interpretation: Theory and Practice*, (Baltimore, 1969), pp.62–63.

上述以“动物观看”论证自然与惯例符号以及相似性问题的路径是贡布里希最著名的论述之一。与这一生物符号学方法相比，贡布里希还有一个论述上述问题的方向，也就是从观者的主体作用入手。这一方法从给莫里斯的书评开始就已经出现：“一旦观者的态度而不是符号的客观结构被移入注意力的焦点，更多问题，甚至相关于‘图像性’的概念将可能产生。父神在一幅祭坛画中，或正义在一个法庭中，将被当做（上帝或正义的）一个图像的符号或一个后语言的象征，还是说，仅仅是一个词语的替代品？回答依靠观者的态度和确信。”[221] 因而其“图像性的程度”是不确定的。也就是说，到底看做相似的自然符号，还是看做人为的惯例符号，这不取决于能指本身的性质，而是取决于观者的主观决定。在《形象与代码》中这种观者的态度以心理学术语“心里定向”表述：看负片，“需要比认读正常照片更多的学习”，而看照片或望远镜需要的是正确的“心理定向”而不是学习程式。[222]

在1993年的《符号与形象》一文中，“心理定向”成为论述的中心。这篇文章虽未点名进行论辩，但是从其出现时间看显然是与诺曼·布列逊对贡布里希的批判有关。只不过贡布里希并未在文中直接涉及布列逊的具体论点，而是循着自己的线索进一步论述了形象与符号的区别。在这篇文章中贡布里希批评形象的符号学研究方法忽视了心理定向的过程。“我认为符号与形象的差异在于我们为着理解它们而不得不采取的不同的心理定向。”[223] 屏幕上的一个椭圆形，可以是数字0，字母O，一连串卵形饰物中的一个，或者加上叶子和梗就成了李子，“因为我们期待李子是立体

221 E. H. Gombrich, “Review,” *The Art Bulletin*, Vol. 31, No. 1 (Mar., 1949), p.73.

222 E.H. 贡布里希：《贡布里希论设计》，范景中选编，湖南科学技术出版社，2004，第226页。

223 李本正选编《偶发与设计——贡布里希文选》，汤宇星译，中国美术学院出版社，2013，第134页。

的”，所以其似乎就处于一个模糊的空间之中。虽然无法武断地说这些倾向是天生的还是文化制约，但是贡布里希认为“有些形状对于我们的知觉是强制性的”。这也就是上文论述的生物反应，只不过这里贡布里希也后退一步不再坚持动物观看的先天性，只是强调其强制性。这些心理定向导致的强制性使得形象与符号日益分离。之后贡布里希提到了汉字的书画同源，“形象与符号往往有着共同的祖先”，文字为了使用的需要逐渐变成被选择的区别性特征的符号。这是从形象到符号的倒退。与之相反的是马萨乔的透视错觉绘画把符号转换成形象，而且这一过程一旦开始就很难停止。值得注意的是贡布里希在符号与形象之间实际上设定了第三术语，也就是象征。当中世纪的人们害怕亵渎而不愿拼写神圣的名字或词语时，“符号就不仅是程式化记号了”，它带有其所代表的指称对象的力量和神圣，“与它的意义融为一体”[224]，是对象的神秘的模拟物。这就是上文提及的柏拉图式的象征用法。在这里贡布里希把其看做与形象的心理定向类似的一种不同的心理定向。这种把符号与模拟物混淆的倾向导致人们“试图从符号中得到比它们可能给予的更多的信息”，也就是观相术和表现的方法。这些心理定向都为程式化注入了新的图像性，最终使得菲狄亚斯在宙斯像中“把象征变成了图像”[225]。

从上面数篇文章可见贡布里希论点的变化，从论述语词与形象的差异，到自然符号与惯例符号的关系，再到符号与形象的区别。虽然实质内容相同，但是重点从区别不同类型的符号转向了把形象看做非符号。这是现实中面对的具体问题导致的，是古德曼以及布列逊的不同挑战所导致的不同的应战反应。但是在这一转变的最终一步中，当形象对立于符号之时，

224 李本正选编《偶发与设计——贡布里希文选》，汤宇星译，中国美术学院出版社，2013，第 137 页。

225 同上，第 141 页。

依然不是一种二元对立，而是与象征、表现这些不同心理定向并列，符号在此只是惯例符号。

值得玩味的是，虽然贡布里希把形象与符号的区别立足于心理定向这一主观因素，但是他在文中还是把菲狄亚斯的宙斯像、马萨乔的《三位一体》本身看做不容置疑的形象而非符号。于是符号与形象的区分似乎又回到了能指本身的性质，那么他所谓的心理定向就只存在于创造者的生产活动中，而不在接受者的接受过程中。这显然没有把心理定向的全部能量发挥出来。他似乎忘记了前述其早期对观者态度（也就是心理定向）的重视。初看之下心理定向是一个心理学术语，但是把符号归结于接受者的主体作用，而非物质的能指对象，这恰好符合皮尔斯的符号学理论。皮尔斯认为符号是“在一些方面或能力上对某人代表一些事物的一些事物”，所以符号的意义“对某人”才存在，才成立。那么贡布里希的完整版本的心理定向（包含作者和观者双方面）也就是皮尔斯符号学中对接受者主体作用的强调。即使是对符号与形象的区别，贡布里希的理论依然与符号学有关。贡布里希之所以在《符号与形象》中没有强调观者的心理定向，可能是顾虑到生物反应的存在——某些形状必然会引起人的相应反应，因而形象不是一个全然主观的选择问题。然而，生物反应虽然具有强制性，也依然是针对观看者才能出现的。所以心理定向在生物反应中仍然成立，只是并非一个纯主观或能够完全被主体所控制的心理和符号过程。

七、形象作为生命与非符号

无论如何贡布里希为形象的自治找到了一块心理－符号学的领地。听起来有点悖论的是，其实在贡布里希的形象的语言学的整体规划中就有一种非符号的形象，那就是《秩序感：装饰艺术的心理学研究》（简称《秩序感》）一书中论述的装饰图案。作为形象的语言学的一部分，贡布里希使用了大量语言学的方法对装饰图案进行类比，例如把装饰的历史变化看做历史语言学，基本纹样比作词根，风格变化比作语音变化等等。但是装饰图案与语言的根本区别是其没有意义的。“这种研究关心的是一种几乎没有任何明显的作用或功能的活动。”[226]图案是为了追求秩序感。秩序与意义有着复杂的相互作用，但是“过分的秩序将影响意义的知觉。”意义与秩序产生相反的牵制。“寻求秩序的倾向能使我们很快抓住多余度，但是会失去意义。”[227]或者说装饰是为了满足视觉的节省，为了不让人看到而存在的。“我们并不应忽视语言研究和图案研究之间存在的本质差别。不管怎么说，我们知道，语言的功能是交际。”[228]

《秩序感》一书的第九章就是专门处理符号与图案关系的。贡布里希认为符号学在学术界的兴起模糊了图案和符号，纯装饰性和象征性之间原本清晰的边界。贡布里希不否定图案可以有象征含义，但是“装饰纹样可以有象征意义，这一点易于使人得出这样的结论：原先设想出来的所有都是作为象征符号的”[229]。图案某一时期具有某意义，并不等于是该图案的最初意义。“有时是先创造出图案，后来才赋予图案以意义。”[230]“文化背景的变化会引起人们对纹样的意义作（做）出不同的解释，这种不同的解释反过来又会作用于纹样，使纹样进一步变化。”总之意义不是图案本身固有的，而是来自文化投射。虽然贡布里希没有进行论述，但是这种图案被赋予意义的过程实际上与结构主义符号系统的表意方式是相同的。

226 E.H. 贡布里希：《秩序感——装饰艺术的心理学研究》，范景中、杨思梁、徐一维译，湖南科学技术出版社，2005，第 163 页。

227 同上，第 168 页。

228 同上，第 246 页。

229 同上，第 242 页。

230 同上，第 250 页。

不过贡布里希确实提到了索绪尔的共时性研究方式："研究语言学的人已开始把兴趣集中于对语言在某一社区里所起的实际功能进行共时分析。图案研究者也该这样做，着重对图案过去和现在为人们所公认的功能进行研究。"[231]这种功能就是装饰，是满足人天生的秩序感。"装饰的意义一般只能被略微感觉到；它应该能够给我们以整体印象的效果。至于符号，我们得作精心观察才能看出它们的意义。"[232]伪阿拉伯字母纹样就是图案战胜了符号，秩序战胜了意义的例子。

贡布里希除了从功能上进行区分外，也力图从形式和观看方式上区分图案与符号二者的不同构造方式。装饰常常为符号或象征符号提供适当的背景。图案可以变成重复的，有节奏的纹样，而且其往往结合于框架；象征符号相反，被安排于中部，并具有其他的特质，如几何结构的简单清晰和对称。所以"符号和图案的关系：符号的功能是吸引注意力，给人以明晰、清楚的感觉，而图案设计者的任务则是要通过创造出合适的背景来加强这种明晰的效果"[233]。图案之所以能变成符号，之所以能被投射进各种意义，是因为它们具有中心对称等作为注意力焦点的形式特征。"正是这些形式特征赋予了象征符号以所谓的象征潜力。"[234]可以比较的是贡布里希在对比抽象画与装饰时也以是否成为视焦点为区分标准。[235]从这个角度看图案不是符号，却是潜在符号，是虚位以待意义的无意义符号。这种观察确实不同于传统的结构主义符号学，而是以知觉心理学研究人类的符

231 E.H. 贡布里希：《秩序感——装饰艺术的心理学研究》，范景中、杨思梁、徐一维译，湖南科学技术出版社，2005，第 249 页。

232 同上，第 255 页。

233 同上，第 258 页。

234 同上，第 269 页。

235 范景中、曹意强主编《美术史与观念史》（VII），南京师范大学出版社，2009，第 27 页。

号过程。如果说在一般的理解中符号与意义紧密相连，无法分割（在《秩序感》中贡布里希就是如此使用“符号”一词的），那么作为无意义的对象，图案就是一种纯形象和非符号。当然如果以卡尔·比勒的符号类型三分法来看，图案仍旧没有逃脱广义符号的范围。比勒的符号类型中包括信号或唤起作用：“信号性基于符号指向听者的唤起，犹如其他交通信号一样，控制他的外在或内在行动。”[236] 按照这种定义，图案就是引起人的秩序感的信号。只是贡布里希在写《秩序感》之时似乎忘记了比勒的教导。这也是一般符号学共同的盲点。一般的符号学往往偏重意义传达而不是生物性或精神性的唤起作用。营造秩序感的图案就与挑逗的裸体，恐怖的图画一起构成了一种无意义但是具有唤起功能的符号。

除了唤起作用的形象，贡布里希还不断提到形象的生命或活的形象。木马不是某一匹马或马的概念的模仿，而是替代。幼儿园里的木马不是复制品而是马科，玩具马属，木马种的一个个体。木马对于儿童来说就是一个活的形象。从这个角度看，贡布里希的全部研究既是开始于形象的语言学，又是开始于形象的生命。他一直把形象的巫术作用看做制像的主要目的，也就是“皮格马利翁的能力”，制作一个活的形象。“在原始人看来，一块像只动物的树干或石头，可能真的成了一种动物。”[237] 杰里科的被嵌上贝壳眼睛的头骨（图 10）与人的脸释放出相似的反应。[238] 贡布里希还提到世界各地的物像被锁上锁链或缺画眼睛，以免它们自行离去；或是埃及墓室中的蝎子的象形文字少画危险的尾巴，以免伤害墓主。贡布里希认为在人们心中是否相信魔法或物像变活，并不会有确定的答案。就算不信

236 卡尔·比勒：《卡尔·比勒语言哲学文集》，温仁百译，商务印书馆，2017，第 208 页。

237 E.H. 贡布里希：《艺术与错觉——图画再现的心理学研究》，林夕、李本正、范景中译，湖南科学技术出版社，2000，第 75 页。

238 同上，第 79 页。

图 10　杰里科的被嵌上贝壳眼睛的塑造过的头骨，约公元前 6000 年，采自《艺术与错觉》，第 78 页

魔法的他自己看到逼真的青铜蟹时也免不了像所有参观者一样想要通过触摸来使自己放心。这种魔法或形象生命的力量使得讽刺漫画成为禁忌。只要侵略性的意图被联系于魔法的威胁之时，把高官画成漫画就是不可思议的。[239] 在中世纪对模拟像处刑不仅是对敌人的侮辱泄愤，还能作为商业的保证金。一旦此人违约，他的毁谤性图画就会被公之于众。[240] 直到 16 世纪末卡拉奇兄弟才开创了作为玩笑的漫画。不过贡布里希认为“人性从未改变”。与之类似的是户外雕塑。贡布里希解释户外雕塑的类比物是与儿童分享枕头和餐盘的泰迪熊。儿童对它的需要表达了“生命化（animation）”的需要。“对于孩子，形象承载了它自己的生命，不是一个危险的生命，而是一个假装相信的虚构生命。”[241] 儿童在公园或运动场中触摸或攀爬雕塑的反应使贡布里希想起阿

239 E.H.Gombrich, *The Uses of Images: Studies in the Social Function of Art and Visual Communication*, London: Phaidon, 1999, paperback2000, p.191.

240 E.H. 贡布里希：《木马沉思录》，曾四凯、徐一维译，广西美术出版社，2015，第 158 页。

241 E.H.Gombrich, *The Uses of Images: Studies in the Social Function of Art and Visual Communication*, London:Phaidon, 1999, paperback2000, p.139.

比·瓦尔堡（Aby Warburg）关于形象的含义模糊但深刻的一条评论："你是活的，但不会伤害我"（Du lebst und tust mir nichts）。从埃及的斯芬克斯像、中国兵马俑到米开朗琪罗的《大卫》最初都是守卫者，无不负载着人们对雕塑生命以及保护功能的潜在观念。今天哥本哈根的《小美人鱼》（图 11）比其作者更具声望，其生命的力量已经超越了艺术价值。其已经成为"她"而非"它"。这就是户外雕塑具备生命潜能的例证。甚至在装饰中形象的生命也不可遏制：无生命的几何图案被画成花朵植物，斯堪的纳维亚艺术中群龙缠绕，器皿和家具被画上眼睛和脚爪，起到抵御邪恶的护卫作用。[242] 对于艺术家来说形象也是自由生长的生命：毕加索的创作不是计划，"而是注视着最最离奇古怪的生物从他的手下兴起，开始享有它们自己的生命"[243]。对于艺术史家而言，形象的历史就是一部生命斗争史，因而贡布里希独立提出了形象的生态学，把

图 11　爱德华·埃里克森（Edvard Eriksen），《小美人鱼》，1913，青铜，哥本哈根海滩，采自 *The Uses of Images*，第 157 页

242 E.H. 贡布里希：《秩序感——装饰艺术的心理学研究》，范景中、杨思梁、徐一维译，湖南科学技术出版社，2005，第 172 页、第 192 页。

243 E.H. 贡布里希：《艺术与错觉——图画再现的心理学研究》，林夕、李本正、范景中译，湖南科学技术出版社，2000，第 260 页。

艺术形象在特定社会中的功能比作自然中的生态位。[244]

可以说，在米切尔提出形象的生命问题之前，贡布里希就已经开始了完整而全面的形象生命的研究。对于贡布里希而言，形象的生命是艺术发生的起点，是制像最初的目的；同时又伴随着人性贯穿整部艺术史的进程。只不过就像他的符号学一样，贡布里希并未有意识地宣扬这些内容。

所以可以说贡布里希是在进行不自觉的符号学研究。在其研究之中符号学从未成为心理学那样的“显学”。这使得布列逊等人可以乘虚而入，把贡布里希贬低为符号学的对立面。今日笔者所见各种中外学者所著的艺术史方法论著作中均把贡布里希归在心理学艺术史中，这无疑是贡布里希的这种不自觉导致的结果。这种现象同时也说明艺术史和视觉文化学界自身的知识和理解力的贫乏。本节已经从多个方向论述了贡布里希艺术理论中使用符号学的广阔范围和理论深度。无论从师承关系还是实际使用符号学的角度看，贡布里希无疑都得到了结构主义符号学核心人物的真传。无法看出贡布里希的符号学方法，只能说明艺术史和视觉文化研究学界只知道些符号学的皮毛，缺乏深入了解。如果说20世纪的形象符号学理论中罗兰·巴特最为有名，那恰恰是因为巴特的文章比较短，涵盖的领域十分有限，也比较浅显易懂，更适合变成可以套用的理论公式。贡布里希广博的视野和全面的理论范围使得大多数学者只有能力接受其中一部分理论，就自以为得之。由于符号学知识的欠缺，符号学对于艺术史学界来说如此遥远，同时又是如此之近，因为它就在几乎每人都读过的贡布里希的著作中。如果排除学术界理解上的干扰，那么把贡布里希称为20世纪最重要、最全面的形象的符号学家就是题中应有之义。

244 E.H.Gombrich, *The Uses of Images: Studies in the Social Function of Art and Visual Communication*, London: Phaidon, 1999, paperback2000, p.48.

本节对贡布里希的艺术符号学或形象语言学进行了剖析，但是贡布里希理论中的符号学方法远不止于对形象的研究，还涉及对整个文化领域中观念的分析。我们可以在他的著作中发现一系列成对概念组成的艺术或文化观念：原始主义的朴素对文明的修饰，文艺复兴后艺术发展过程中的古典准则对非古典或反古典风格，艺术的社会政治含义中的大头派和小头派对立等等。这些对立意在建立一套意义的定位系统，也就是格雷马斯所谓的语义轴。在这条语义轴之上文化或艺术观念才因符号系统而具有了意义。虽然李格尔、沃尔夫林和沃林格等人也使用对立范畴架构艺术史，但是这两种对立有根本不同。贡布里希并不把他研究的各种观念对立当做艺术现象的本质，而只是看做历史上人们建立自身文化意义的工具，因而区别于本质化理解的前述三人。我们可以把这些运用了符号学的研究称为贡布里希的“艺术观念的语义学”，甚至是“文化语义学”。这一符号学研究也从未被人揭示，本书因聚焦于形象问题所以只得在此煞笔。

在符号学之外，贡布里希关注形象的非符号的使用。形象不仅仅是传递意义的符号，还可以唤起秩序感和生命感。对于人而言，形象是生命化的，是活的形象。这一研究路径与符号学相对，为形象研究开辟出一条探索意义之外的新路。那么贡布里希可以被称为探索形象生命问题的开创者。可见他既是形象符号学的开拓者，又预示了当代视觉文化研究中符号学方法之外的新方向。贡布里希在《视觉形象在信息交流中的地位》一文最后写到，如果说由于缺乏语境和代码，观者未能得到凡·高绘画的信息，这并不证明艺术家不行，“这只是证明，把艺术和交流等同起来的做法是不对的。”同理，如果说贡布里希的研究不全是符号学，这不证明贡布里希的理论不行，只是证明把形象完全等同于符号是不对的。

第三章 自觉的符号学艺术史

第三章 自觉的符号学艺术史

第一节 夏皮罗的框架

如果说贡布里希从未把他的研究自称为符号学，那么美国艺术史家迈耶·夏皮罗（Meyer Schapiro）则明确地把自己的三篇文章冠以符号学之名。夏皮罗可以说是自觉接受了符号学思想。然而，对比于被称为艺术史中的索绪尔的潘诺夫斯基（虽然上文已经为他摘下了这顶桂冠），以及贡布里希，夏皮罗却未被评论者充分肯定。由于夏皮罗的论文多是来自讲座的整理，所以其脉络不那么明显。加之其没有明确运用现成的符号学理论，所以中外论者往往在很大程度上否认其具有系统连贯的符号学方法，认为夏皮罗“在其文章中忽略对视觉符号的思考”[1]；其论文“它无法被

1 乔纳森·哈里斯：《新艺术史批评导论》，徐建译，江苏美术出版社，2010，第143页。

认为是艺术史符号学的蓝图，也不是系统的符号学”[2]；“他甚至也没有就图像究竟在何种意义上是一种符号进行过详细阐述”[3]。下面本书将对被夏皮罗标榜为“视觉语言的符号学”的三篇文章进行分析以考察其是否“到处体现出符号学的视角”[4]以及这种视角具体是什么。

一、差异的语法

在国内对夏皮罗的符号学的认识主要体现在《语词、题名和图画：视觉语言的符号学》（*Words, Script, and Pictures: Semiotics of Visual Language*，简称《语词、题名和图画》）一书中。该书由两篇文章组成，其最初分别源于1969年和1976年的两个讲座。

第一篇《语词与图画：关于在一个文本的插图中的字面的和象征的》分为四章。第一部分“艺术家对文本的解读”指出，“从晚期古代到18世纪欧洲视觉艺术的一大部分再现来自书写的、文本的主题。画家和雕塑家有把语词——宗教的，历史的，或诗歌的——翻译为视觉形象的任务”[5]。虽然艺术家也直接复制现有插图，但理解这些作品仍需相应的文本。“语词与形象的相应经常是有问题的和含糊的。”[6]例如一幅插图可以表示多个场景和故事。有时插图非常简略只是示意性的，“但是这样的缩减的意象的意义可能在内涵上是丰富的，而且象征的价值并非明显来自基本的文

---

2 安·达勒瓦：《艺术史方法与理论》，李震译，江苏美术出版社，2009，第41页。

3 邹建林：《文字、图像与东西方艺术的差别——从夏皮罗的〈文字、题铭与图像：视觉语言的符号学〉谈起》，《天津美术学院学报》2009年第3期。

4 王春辰，《夏皮罗中世纪美术研究：论一种作为文本的视觉语言符号学》，博士学位论文，中央美术学院，2007，第13页。

5 Meyer Schapiro, *Words, Script, and Pictures: Semiotics of Visual Language*, New York: George Braziller, 1996, p.11.

6 Ibid.

本自身”[7]。换言之，插图虽简略却含义丰富，而且我们所谓的前文本并非只包括插图直接图解的《圣经》文本，还包括各种口头的布道、祈祷、宗教评论等。有时插图也“扩大文本，增加未在书写资源中给出的细节、人物和背景”[8]。文本自身可能是简略的。例如《圣经》中该隐杀死亚伯的段落没有提到使用什么凶器，而为了能达意，绘画却不能不武装该隐。但是视觉形象并非总是比语词具体，许多情况中，插图中被迫铭刻着人物的名字、行为的短语。语词与形象的差异也来自历史因素：a）文本含义的改变。文本会合并于其他文本或被污染。如《旧约》被基督徒加入了预示《新约》的含义。b）图画风格的改变。因为各种风格对行为和场景的再现模式都不同。接下来夏皮罗专门处理了宗教文本的双重意义：字面意义和象征意义。这里的象征是指基督教释经学中的多重阐释带来的文本字面之外的象征。基督教早期的插图甚至直接描绘文本中字面上叙述的隐喻，就像描绘叙述内容一样。有些图画中通过两幅并置的图画图解寓言，一幅是经文的字面含义（《旧约》的一段情节），另一幅是经文后来被附加的外在象征意义（《旧约》预示的新约情节）。有些则是通过添加一些细节来指示象征意义。如在以撒献祭中增加十字架形的物体以表示以撒献祭预示基督上十字架。此外有时艺术家“不可容忍地偏离于文本”[9]。这或者是为了使得经文合理化或者是为了增加在中世纪象征系统中与主题相关的象征。

在第二部分中“为了显示在语词限制的形象中文本、评论、象征和再

7 Meyer Schapiro, *Words, Script, and Pictures: Semiotics of Visual Language*, New York: George Braziller, 1996, p.12.

8 Ibid, p.14.

9 Ibid, p.19.

现的风格的相互影响”[10]，夏皮罗具体分析了一个圣经故事的插图：在以色列人与亚玛利亚人的战斗中，摩西通过举起他的手以确保以色列人的胜利（“摩西何时举手以色列人得胜，何时垂手亚玛利亚人就得胜”）。最后为了不让疲劳的摩西放下手，亚伦和户珥扶着他的手使以色列人取得了最终胜利。对于基督徒而言，这个举起双手的姿势是基督上十字架的原型。“正是通过采取基督在十字架上的姿势并把他自己变成十字架的符号，摩西才战胜了亚玛利亚人。”[11]但是在早期绘画中摩西是自己举着手。这时其与文本的关系可以是任意的（例如再现分开红海）。这个姿势也被当做力量的象征，并被中世纪的基督徒使用在实际的战争中。可是到了9世纪以后摩西就全都被再现为由别人扶着双臂（图12）。第二章就是解释这种变化为何发生。夏皮罗认为图画的改变不可能仅仅是对圣经文本的重新阅读和审查导致的，而是相关于“一个权威的现存模型”。早期摩西被再现为不依靠他人的形象。这种形象源于古典艺术的英雄图式，其也符合于祈祷带来的基督教观念——上

FIG. 9. Vatican Library, ms. lat. 5729, Farfa Bible, fol. 1.

图12　摩西故事插图，梵蒂冈图书馆，采自《语词、题名和图画：视觉语言的符号学》，第90页

10 Meyer Schapiro, *Words, Script, and Pictures: Semiotics of Visual Language*, New York: George Braziller, 1996, p.21.

11 Ibid, p.22.

帝的干预而非人力的支撑导致胜利。而摩西手臂的支持者的形象源于由主教搀扶的国王授职的形象。总之由其他人支撑的抬起胳膊的人物是权力的一个符号。“它可能表达不是对被支持人物的依靠而是去命令支持的权力。”[12]类似的图式也出现在赫梯、贝宁甚至是拉斐尔的画作中。

第三部分则讨论摩西抬手图式的另一个转变：摩西的脸从正面变为侧面。在路易十二世时期发生的这种变化导致摩西姿势与耶稣上十字架的象征关系削弱或消失，观者只能通过自身的联想来实施预示论的类比。这是由于时代的艺术特征：从状态的主题（正面人物）转向对行动的主题（侧面）的兴趣，从画中的演员面对观者转向面对画中其他人物并参与自身空间的事件。状态与行动的对立类似于贡布里希所谓的象征与叙事的区别[13]，后面一种对立则像阿瑟·C. 丹托（Arthur C. Danto）所言类似于迈克尔·弗里德（Michael Fried）的剧场性和专注性[14]。由于恢复了普通的祈祷姿势，“摩西故事的意义已经从十字架的预示改变为在祭坛上的牧师的前象征（fore-symbol）”[15]。在早期绘画中正面与侧面人物也是并存的，但是正面一般用于基督等神圣存在，而侧面用于士兵等混乱的活动中的人。所以摩西的正面描绘是类比基督，侧面描绘则是强调历史事件。摩西的侧面化也是一种去神学化。文艺复兴开始这个场景中摩西的形象所占据的地位在下降，他被安排在战争场景的一角并随透视而缩小。这种变化相关于中世纪晚期把《旧约》故事看做英雄传奇的世俗化倾向。这加剧了对

12 Meyer Schapiro, *Words, Script, and Pictures: Semiotics of Visual Language*, New York: George Braziller, 1996, p.33.

13 E.H.Gombrich, *The Uses of Images: Studies in the Social Function of Art and Visual Communication*, London: Phaidon, 1999, paperback 2000, pp.49–65.

14 Arthur C. Danto, “The Prophet in Profile,” *The New Republic*, Vol.215, No.21, 1996, p.45.

15 Meyer Schapiro, *Words, Script, and Pictures: Semiotics of Visual Language*, New York: George Braziller, 1996, p.41.

行动主题的需要，同时传统的预示论也在理性面前越来越失去影响力。

第四部分把正面和侧面看做一种象征形式，并以这个问题来讨论“再现的风格在象征的形式中的角色”[16]。在再现中意义和艺术形式不能被轻易地分开。中世纪图画中并存两种构图模式：清晰观看的风格和表达等级的风格。侧面是清晰的风格而正面人物则区分出等级。侧面可以被看做第三人称的语法形式，正面则是第一人称。同时观者也就被当做第二人称。“立足于人类在场的日常经验，一个人必须考虑这些观看的选择和它们对应的艺术家对平衡、对立、重音和变化的要求。”[17]一群侧面人物中的正面人物是一种强调。侧面和正面的二元对立则携带对立的意义。如上文中正面的摩西是十字架的象征符号，而侧面是圣经字面意义的行动。通过分析中世纪绘画，夏皮罗提出正面不仅被用于神也用于王家人物。“那么正面和侧面的二元对立能指示好与恶之间的区别，神圣和不那么神圣或世俗，天堂和俗世，统治者和被统治者，贵族和平民，积极的和消极的，忙碌的和不忙碌的，活的和死的，真人和形象。”[18]但是这种对立的象征含义在不同时代和文化中不同。如古埃及侧面是标准，把正面留给次要的舞女或小神。希腊陶瓶画上也类似，神参与运动之处就是侧面。夏皮罗把这称为第三人称的敬称。而同一个风格中同一种脸的类型也会有相反含义，如中世纪作为统治者的魔鬼也是正面。夏皮罗称其为语法上的语词的可变意义。所以正面和侧面的象征含义不是固有的、普遍的、文化上无条件的。就像颜色虽然强烈负载着情感，但是其象征既非纯粹惯例也非具有单一的理据。因为颜色是一个性质的复合体，不同的语境关系强调其不同的性质，

16 Meyer Schapiro, *Words, Script, and Pictures: Semiotics of Visual Language*, New York: George Braziller, 1996, p.47.

17 Ibid, pp.50–51.

18 Ibid, p.55.

但是选择是有限的。“对表现的二元性的这些例子而言，共同点是对内在于有限选择中的匹配的约束。在一对有着尖锐对比的对象的再现中，其中一个成员的某一性质或意义作为形象的基础会在另一个成员中增强相关的对立品质。”[19]这种“对立的符号”的使用依靠系统中“差异的分量”。

整篇文章是在处理插图的字面意义和象征意义的关系。第一部分分析了中世纪插图中语词与形象的关系，引出了字面与象征的双重意义；第二部分具体说明了摩西插图象征十字架，而且其从单人演变到两人扶着摩西是由于搀扶图式象征权威；第三部分叙述了摩西插图从正面到侧面的转变是插图对象征含义的图解转变为对字面含义的描绘，从再现状态转变为再现行动；第四部分宏观分析了侧面与正面的一般象征含义。整篇文章都未用过“符号学”一词，除了符号、象征或语法这些一般词语外，也没有使用其他符号学术语。应该说前三部分都是一般的历史分析，无特殊的符号学理论，至多只是涉及了图像志的象征关系。这可能就是论者往往把此文看做语词与形象关系的一般讨论的原因。实际上第三部分是一个转折点，其中提出了正面与侧面的对立。之后在第四部分中夏皮罗才真正实践了他的视觉语言的符号学。侧面与正面的不同形式间产生了二元对立的差异，因而建立了一个系统。就像在索绪尔的语言学理论中不同词语的意义是依靠其与其他词语的差异而来一样，侧面与正面的意义也是通过相互对立，以及分别与半侧面的对立而呈现的。其语义并非固定，而是在不同语境中可变。从根本上说，“对立本身是比成对的每个术语的固定的值更本质的；所依赖的是由（图画）与观者的不同关系设定的等级的区别”[20]。

19 Meyer Schapiro, *Words, Script, and Pictures: Semiotics of Visual Language*, New York: George Braziller, 1996, p.61.

20 Ibid, p.57.

这种形象的表意方式显然受了索绪尔语言学的影响；前三部分与第四部分间的脱节也可以看做历史语言学与共时性语言学间的差异。相比之下，仅仅依靠前文本指出“狗象征忠诚”的图像志所研究的只是个别的象征含义，其还未达到语法或结构分析的层次。

相反夏皮罗真正发现了视觉的语法。另外，夏皮罗的视觉语言的符号学也不是完全的惯例主义，他并未把侧面和正面的对立当做像语言符号一样是完全任意的。正、侧面相关于图画与观者的关系、叙事的要求等风格和功能方面的考虑。通过列举颜色的象征性，他强调了象征的选择是在一定范围之内的。例如白与黑的象征在世界范围看是可互换的（中国人葬礼用白，西方人葬礼用黑），但是之所以选择黑或白是由于它们都是明度和色度的极值。天与地，太阳与月亮，男与女之间的象征和匹配也可互换，同样是基于对象本身的性质：“象征和被象征的事物的真实品质被显示在对立的匹配中”[21]。这种视觉符号中理据性对任意性的选择限制，类似于贡布里希谈到绘画的表现性时提出的用“乒”和“乓”命名对立事物的游戏。[22] 这就是夏皮罗的视觉语言符号与普通语言符号的区别，或者可以说夏皮罗的视觉语言符号是有一定理据性的表意符号。

二、画中题名

第二篇《图画中的题名：视觉语言的符号学》开篇说到，中世纪的艺术是书籍的艺术。然而“作为书写作品，书是非模仿视觉符号的领域——语言的研究者所谓的惯例的或任意的——其在一个读者中引起（在时

21 Meyer Schapiro, *Words, Script, and Pictures: Semiotics of Visual Language*, New York: George Braziller, 1996, p.61.

22 E.H. 贡布里希：《艺术与错觉——图画再现的心理学研究》，林夕、李本正、范景中译，湖南科学技术出版社，2000，第 270 页。

间中）知觉的指示模式”[23]。书写与绘画领域的交错引起一个问题：“如何去整合书页表面上的题名与一个状态或行为的形象，这形象存在于一个被暗示的空间深度中因而有更自由的秩序。”[24] 图画中出现书写的词会导致空间构图的不规则；另外，“书写的词对于眼睛没有像图画的符号一样的与空间的相同关系”[25]。作者的签名与图画再现的三维空间不协调，无论如何进行协调我们也只是接受这种惯例。一种协调二者关系的方式是把文字表现在被再现对象的表面上，例如被画出的书籍的标题。这种方式在中世纪早期教堂壁画中已经出现，而且其与观者有三种不同的关系：对于外部观者的文字（正向），对于内部观者亦即画中人物的文字（颠倒），不可读的文字的外观。第三种情况一般用以代表希伯来文等外来的不可读的文本，通过语境（如矩形的书页等形式）观者可以识别其代表书写。中世纪艺术的特点之一是被画出的词语的完整性。其必须是可读的，不可被手遮挡，遇到透视折叠的书页，文字也不会弯曲而是径直写过去。这属于在图画艺术发展中要求每个对象的清晰性和完整性的阶段。直到 14 世纪随着雕塑般有体量感的形式的发展，艺术家开始使文字适应于书籍的透视，到文艺复兴时代才出现了被遮挡的书写。

接下来夏皮罗讨论了“作为语音载体和符号的卷轴”[26]。在中世纪绘画中人物手持的卷轴相关于天堂、古代、语言、《旧约》。甚至代表语音的卷轴上可以没有任何文字，夏皮罗称之为提喻法（部分代整体）。中世纪的戏剧中演员持有卷轴，所以其也是戏剧关系和对话的符号。空白的卷

23 Meyer Schapiro, *Words, Script, and Pictures: Semiotics of Visual Language*, New York: George Braziller, 1996, pp.123-124.

24 Ibid, p.124.

25 Ibid, p.125.

26 Ibid, p.140.

轴是语音的符号而不要求被书写的词的解读。卷轴的不同形式又表达不同的对话关系：从一人手中传向另一人表示口授，三个人被一条卷轴连接表示三人交谈，两个人之间卷轴的交叉表示辩论或思想的一致（图 13）。那么如何区分画中的文字与语音呢？在一幅挖掘圣人遗骨的插图中主教的鼻子旁有他的语音，“它是芬芳的”。也就是说词语与其指示物的关系被模仿在画中。当然卷轴上文字方向的发展也符合上述内向读者与外在读者以及从中世纪到文艺复兴透视的发展规律。此外还有故意颠倒文字左右方向的例子：天使报喜中圣母的答语。其意在通过文字的颠倒指出圣母是夏娃的颠倒和救赎。“它标志着一种艺术，在这种艺术中与语言的结合确定了一些图画的特征；那么，绘画像语言一样处于它的连续叙事秩序，它的字面性，和它对象征主义的服从中。基于文本，形象承认书写的词作为一个具体的成分自由旋转在图画平面的二维中”[27]

FIG. 32. London, British Library, Royal I.D.X., Psalter, Supper at Emmaus, fol. 5b.

图 13 《埃玛的晚餐》，大英图书馆，采自《语词、题名和图画：视觉语言的符号学》，第 191 页

在文艺复兴之后绘画变成了有着统一透视的连贯形象，但是并不完全排斥书写的词

27 Meyer Schapiro, *Words, Script, and Pictures: Semiotics of Visual Language*, New York: George Braziller, 1996, p.149.

语。夏皮罗举了戈雅的两幅画为例。一幅描绘医生正在照顾重病的戈雅。画的下部题写着他对医生的感激；另一幅是《阿尔巴公爵夫人像》，在公爵夫人的脚下，沙地上写着戈雅的签名和对画中人爱慕的暗示，但文字被伪装为自然对象而且颠倒着只为画中人所见。这些绘画中题名出现的方式与中世纪类似。夏皮罗说道："在这两幅绘画之前我们可以问是否一个严格统一的、同质的视觉语言在艺术中是内在的或必需的。"[28] 当然多数绘画通过隐藏签名和把其自然化实现了画面的统一。

实际上，绘画和题名的真正联合或者视觉和语言的统一已经在20世纪的立体主义中实现了。在拼贴画中，"在被模仿的形式或深度场景的透视和被书写或附于那个表面的印出的词语之间，没有产生冲突"[29]。立体主义绘画中文字的秩序被打破，既没有透视，也不是中世纪的清晰风格，而是一种故意的随意安排。"最终有字母的结构，作为一个人工制品，作为在时代风格中被写出的词，有少数基本形状的规则限制的连续性——直线和简单曲线，伴随着一个固定的轴——从其中一个人能产生不同陈述的无限性——语法的、意义的、交流的，像立体主义画家以少数简单类型的形式建构他的艺术上有序而多变的图画一样。"[30] 中世纪文字的神圣性则体现在夏加尔绘画中对其崇敬的大师名字的书写。到了观念艺术，"书写符号和形象建构的极性已经被解决通过这个限制于作为艺术自身中的一个对象的书写的话语"[31]。

这篇论文可以总结为绘画艺术对文字始而不及，被文字统治（在中世纪文字可以按照自身的规则出现在绘画中）；续而达到与文字平等（绘

28 Meyer Schapiro, *Words, Script, and Pictures: Semiotics of Visual Language*, New York: George Braziller, 1996, p.151.

29 Ibid, p.153.

30 Ibid, p.155.

31 Ibid, p.157.

画在文艺复兴建立了自己的秩序——透视法，因而排斥文字或把文字自然化）；最终超越，把文字变成自身的一部分（现代主义和观念艺术中绘画完全把文字纳入自己的图画系统）。该文虽然题为符号学，但是相对而言却很少有符号学理论。开篇提到题名作为“视觉符号”是任意和惯例的因而与图画空间不协调，但是其并未明言图画符号的性质，而他作为中世纪专家清楚地知道图画可以是多么遵循惯例。只是再现对象的图画的惯例还是有别于文字的惯例。全文虽然没有总结出明确的规律，但是多次使用了“视觉语言”或“语法”之类的词，其都可以看做是从文字这个外在视点来考察图画的视觉语言的语法。这种语法在中世纪体现为题名在画出的书籍中出现的方式，语音在卷轴上出现的方式；在文艺复兴体现为图画自身的透视秩序，因而文字进入画中就必须服从这种绘画的语法；而现代主义和观念艺术则把文字合理化为自身的元素。当然这种把形象的逻辑类比于语法的观点只是一种非常初级的符号学的应用。丹托觉得此文充满未完成的氛围[32]，这也许是其中的符号学不能令人满意的一个原因。

三、绘画的非模仿元素

《语词、题名和图画》一书中的文章虽然较早就作为讲座稿发表了，但因为其书出版于1996年，所以其他的早期符号学艺术史研究中从未涉及或引述过其中的内容。相反夏皮罗作为符号学艺术史先行者的名声其实来自另一篇重要论文，即《关于视觉艺术的符号学的一些问题：形象－符号中的区域和载体》（“On Some Problems in the Semiotics of Visual Art: Field and Vehicle in Image-Signs”）。该文首先发表于1969年在波兰召开的第二届符号学国际研讨会上，同年发表于专业符号学期刊《符号学》

32 Arthur C. Danto, “The Prophet in Profile,” *The New Republic*, Vol.215, No.21, 1996, p.45.

(*Semiotica*)。如果说很多庸俗符号学理论认为“狗的图画是狗的相似符号”以及“狗代表忠诚”就是视觉符号学的全部了，那么这篇文章可以看做是那些“理论”的解毒剂。

这篇文章的主题是“形象－符号的非模仿元素和它们在构成符号中的角色”[33]。这些非模仿元素包括：基底、框架、位置和方向、尺寸以及“负载符号”。当我们今日在矩形的光滑的平面上涂画和书写之时会把这种绘画表面当做理所当然，但是夏皮罗指出“平滑的现成的区域是人类较晚近的发明”[34]。旧石器时代的壁画是在粗糙的岩壁上进行，而且往往在同一地点重复作画。随着磨制工具以及陶器的制造，这种承载符号的对象才被发明出来，随之而来的还有这些人工区域的闭合边界。基底和边界的发明使得图画平面可以发展为透明的透视空间，直至今日的照片、电影、电视屏幕。儿童的绘画是“一个继承漫长文化的结果，就像他们的简单的言语，在经历发音不准的阶段之后，展示出一个经过长期发展的语音系统和句法元素”[35]。同理，猴子能画出画也是由于被直接给予了这些人类的发明。基底同样有表达效果。形象与基底之间的关系决定不同的效果就像人类群体中空间的间隔一样。这种间隔对于词句符号同样适用。框架同样是晚于公元前第二个千年的发明。透视发明后框架通过窗户的隐喻加强了透视的统一和效果。框架设定了一个图画自身的世界。现代绘画经常是无框的，这也说明了框架的功能。“当绘画停止再现深度空间，并变得比起关心它们的精心制作成的符号，更关心非模仿标记的表现性和形式的品质

33 Meyer Schapiro, “On Some Problems in the Semiotics of Visual Art: Field and Vehicle in Image-Signs,” *Simiolus: Netherlands Quarterly for the History of Art*, Vol. 6, No. 1 (1972－1973), p.9.

34 Ibid.

35 Ibid, p.10.

之时，框架就不是必要的了"[36]框架表示艺术品的宝贵性，而无框的绘画"似乎更彻底和更谦逊地是艺术家的作品"。在一些画作中，通过形象元素穿透画框，画框也可以成为一种表现手段，服务于增强运动效果。"那么框架似乎不是作为一个围栏而是作为一个形象的图画环境。"[37]框架也可以作为不规则形式跟随对象的轮廓。"这里的框架的是强调符号的形式，而不是作为闭合一个符号的区域。"[38]

在边界和区域之内还有"影响我们对符号的感觉的定位特征"[39]，例如上下、左右、中心和外围等。形象在区域中的安排同样具有表现性。这里就像对基底的讨论一样，夏皮罗实际上间接地在讨论格式塔心理学的问题。"高和低的品质可能被联系于我们的姿势和与重力，并也许被我们关于地与天的视觉经验所增强。"[40]此外他还讨论了垂直与水平，并认为一些图画中有占优势的方向。作为符号学研究，夏皮罗否认定向性本身是惯例，当其变成惯例之时也不是任意的选择。"它产生于被再现对象的可转移性和在一个空间秩序中表现时间秩序的任务。"[41]选择可能基于条件和技术以及功能目的（如制造焦点或适应建筑物）。左侧面的优势还相关于生理学事实——大多数艺术家是右利手，也和读写的文化习惯以及空间习惯相关。"相关于符号学的是这个事实——即左和右已经被剧烈地区别在

36 Meyer Schapiro, "On Some Problems in the Semiotics of Visual Art: Field and Vehicle in Image-Signs," *Simiolus: Netherlands Quarterly for the History of Art*, Vol. 6, No. 1 (1972 – 1973), p.11.

37 Ibid.

38 Ibid, p.12.

39 Ibid.

40 Ibid.

41 Ibid, p.13.

所指对象自身中。”[42]左与右的相对价值在仪式、魔法、政治以及日常用语中都有体现。中世纪绘画中神的右边更受优待，而这是观者的左边。这种形象是镜像的颠倒。

另一个表现因素是形象－符号的格式（format）。所谓格式指“区域的形状，它的比例和支配的轴，还有它的尺寸”[43]。夏皮罗具体讨论的是尺寸。一方面尺寸可能具有语义，如雕像巨大表示主体伟大，小表示作品精致微妙等等。“但是尺寸也可以是使符号在某一距离上可见的手段”[44]，类似语音的音量和长度。另一方面视觉形象的尺寸又相关于被再现的对象和彼此。在文艺复兴之前的绘画中价值和重要性往往是由对象的尺寸来体现。以尺寸来表示价值——这在语言中是相同的——也适用于表现智慧和爱之类的无形对象。这种对空间符号的利用是惯例的但不是任意的。等级比例与数量比例的联合是“自然的”。例如把亚历山大大帝画得比士兵大对于想象是自然和自明的。在透视法引进后符号与被再现对象的尺寸按照距离来调节，其颠倒了图画的正常礼仪。

在文章最后夏皮罗探讨了所谓的“负载符号”（sign-bearing）的问题。“负载符号”的对象指绘画中点、线等“形象－物质”。作为符号的图画（或图画符号）通过相似去指示；而负载符号不同于被再现的对象。例如同一张脸可以以不同的线条来刻画，可以是粗线或细线，实线或虚线，或不同色彩的线，但是再现的是同一对象。“我们并不把这些轮廓线看做一个真

42 Meyer Schapiro, “On Some Problems in the Semiotics of Visual Art: Field and Vehicle in Image-Signs,” *Simiolus: Netherlands Quarterly for the History of Art*, Vol. 6, No. 1 (1972－1973), p.14.

43 Ibid, p.15.

44 Ibid.

实的或想象的脸的特征。”[45]负载符号的变化“就像一个以不同颜色的墨水写出的词语是相同的”。图画符号的区别是语义更为深入。“图画符号似乎将是彻头彻尾模仿的，而这是古老艺术品的许多误读的根源。”[46]线条、泼溅、点、马赛克小块都没有模仿的意义，通过相邻标记的联合才具有了再现功能。版画中的影线在自然中没有对应物，在一定距离上看才呈现明暗和体积。这类符号可以在大小等方面变化，但功能不变。这也是尺寸的另一个方面：符号的大小可变。印象派绘画中，树符号通过语境整体被识别为一棵树，但是图画的各部分却与树并不相应。“这里绘画似乎接近于一个词句符号的特征。”[47]在画中一些色点符合感觉，有些不是固有色，而是为了诱发对比色。印象派批评说自然中没有轮廓只有色彩。轮廓是任意性的符号。但是光、空气、色彩的相互作用同样是符号，其也要求图画物质，即笔触和颜料，其也是任意的。对此有学者总结说物质图画符号是审美上相关的，而语义上不相关。[48]但是这个不相关只是与被再现对象的不相关，而不是负载符号完全缺乏语义。实际上夏皮罗指出，另一方面“形象－物质的品质不是完全分离于被再现的对象的品质”[49]。也就是说负载符号有自身的语义内涵。粗线显得厚重，细线显得优雅或纤细。“‘媒介’

45 Meyer Schapiro, “On Some Problems in the Semiotics of Visual Art: Field and Vehicle in Image-Signs,” *Simiolus: Netherlands Quarterly for the History of Art*, Vol. 6, No. 1 (1972－1973), p.17.

46 Ibid.

47 Ibid, p.18.

48 Edited with Introductions by Robert E. Innis, *Semiotics: An Introductory Anthology*, Bloomington: Indiana University Press, 1985, p.207.

49 Meyer Schapiro, “On Some Problems in the Semiotics of Visual Art: Field and Vehicle in Image-Signs,” *Simiolus: Netherlands Quarterly for the History of Art*, Vol. 6, No. 1 (1972－1973), p.18.

的这些变化构成形象的诗，其音乐的而不是模仿的方面。”[50]于是被再现的对象反过来成为原创的审美形式的载体。在抽象绘画中“标记、笔画和点的系统以及在区域中结合和分配它们的某些方式，已经变得可以被任意使用，而没有作为符号的相符的要求”[51]。而抽象画的这种品质是源于传统绘画。

这些非模仿元素不仅组成了再现的符号或是再现的基础（因而可以像一些符号学家一样称之为亚符号），而且它们自身都具有语义。这些语义也并非由相似或模仿而来。区域表示空间和深度以及相邻、侵入等相互关系；框架意指作品的珍贵；上下左右与人类的一般价值息息相关；尺寸是等级和距离的符号；笔触、线条的形式也有表现的意义。像前两节讨论的文章一样，夏皮罗在《关于视觉艺术的符号学的一些问题》一文中同样不认为视觉语言符号是完全任意的。方向和位置与自然环境（天上地下）、心理（格式塔）、生理（惯用手）相关；尺寸代表等级也是“自然的”；印象派的色彩笔触也符合感觉。可以说夏皮罗的视觉语言的符号学绝不是索绪尔式的完全惯例和任意符号的符号学，或者说夏皮罗改造了索绪尔的语言学理论以适应形象的特殊性。对他而言，形象并不是一种与语言相同的符号，而且这种特殊性并非是由形象与被再现对象的“相似”引起的。形象的理据性甚至体现在非模仿元素中。然而有趣的是，这样的夏皮罗却影响了古德曼的《艺术的语言》。[52]后者则是一位完全的形象惯例论者。虽然《艺术的语言》初版发表于1968年，古德曼至少在写作初版之时不

50 Meyer Schapiro, “On Some Problems in the Semiotics of Visual Art: Field and Vehicle in Image-Signs,” *Simiolus: Netherlands Quarterly for the History of Art*, Vol. 6, No. 1 (1972 – 1973), p.18.

51 Ibid.

52 纳尔逊·古德曼：《艺术的语言：通往符号理论的道路》，彭锋译，北京大学出版社，2013，序第1页。

可能看过本书讨论的三篇夏皮罗的论文，但是《关于视觉艺术的符号学的一些问题》讨论负载符号的段落中对标记的非模仿性的讨论则与古德曼志趣相投，对负载符号的形式变化导致语义变化的说明也类似于古德曼的“饱和”的概念。符号学家因尼斯（Robert E. Innis）甚至认为夏皮罗的理论完全可以翻译成巴特、埃科等人的术语[53]。

如果把符号学分成句法学、语义学、语用学三个部分，那么在夏皮罗的三篇论文中：正面与侧面人物的组合关系、文字与图画空间的关系、画中的上下左右大小关系都属于句法学的讨论；摩西举手象征十字架，正面人物象征高等级，卷轴的安置象征不同谈话类型，以及非模仿元素的各种语义则是语义学的研究；正面和侧面对应第一人称与第三人称以及其与观者的关系，它们不同的象征和叙事功能，画中文字对内在观者与外在观者的不同适应等可归于语用学的范畴。显然在这些研究中夏皮罗没有直接提出连贯的视觉语言的规则，只有对具体艺术的历史问题的解答，但是把他的研究称为符号学并不为过，即便其只是隐隐显现为一个符号学的框架。此外夏皮罗的符号学的一个特点是其常常把心理学当做证据。他以精神分析中的父子关系来分析中世纪偏离于文本的老人和青年打斗的形象；以儿童发展心理学的实验类比侧面和正面的艺术形式在历史中发展和变化的原因；以格式塔心理学作为图画中位置和方向产生的依据。这已经脱离了潘诺夫斯基在论述图像学时所谓的“一般心理学”的模糊设想，进入具体和（在当时）前沿的心理学理论。这种对心理学的接近也是心理学本身（尤其是精神分析）的符号学特性所导致的。后来布列逊和米克·巴尔等人的视觉符号学也都极大地借助于精神分析。另一方面，感觉作为认知心理学的研究对象又是与任意性符号相抵触的

53 Edited with Introductions by Robert E. Innis, *Semiotics: An Introductory Anthology*, Bloomington: Indiana University Press, 1985, p.207.

图画的源泉。夏皮罗在对视觉艺术的符号学的探讨中对图画的心理和生理基础的让步实际上也是对图画的非符号特性（或者至少是非语言特性）的承认。

第二节 《诗画》与法国艺术符号学研究

由于法国学术界较早接受了索绪尔的语言学理论，形成了结构主义以及后结构主义运动，所以法国的符号学艺术史与其他国家和地区相比出现更早也更为发达。在英美新艺术史运动开展之前，法国学者已经进行了系统的符号学艺术史的实践。本节将探讨来自法国的符号学艺术史（第四节也将讨论最初以法语出版的著作）。就像结构主义运动一样，法国符号学艺术史家具有团体性质。最著名的法国符号学艺术史家于贝尔·达弥施（有的著作译为“余伯特·达弥施”）、阿拉斯以及路易斯·马林之间都有师生和同事的关系。正是在这种氛围下，法国符号学艺术史突破了之前的符号学艺术史家单打独斗的局面，创造出一批符号学艺术史名著。如于贝尔·达弥施（Hubert Damisch）的《透视》和《云的理论》，路易斯·马林（Louis Marin）的《乌托邦》和《毁灭绘画》，以及达尼埃尔·阿拉斯（Daniel Arasse）的众多著作。但是这些成果都是在20世纪90年代以后才翻译成英文的，所以虽然这些作品对符号学的探讨丰富而连贯，但是对英、美的新艺术史运动中的视觉符号学却影响有限。在英文中较早介绍法国符号学艺术史的是布列逊所编文集《诗画》。这部文集收录了包括巴特、福柯、雅克·德里达（Jacques Derrida）等著名后结构主义哲学家论述艺术品的文章或著作节选。这些哲学家的著作大多已经译为中文且认知度较高，所以在此不做介绍。由于篇幅有限，本书将集中讨论文集中三位真正的符号学家的文章，尤其是本书将结合其他著作重点介绍路易斯·马林的符号学研究。

一、穆卡罗夫斯基与艺术符号学

J. 穆卡罗夫斯基（J.Mukarovsky）是捷克哲学家、文学理论家，是布拉格语言学派的领军人物。他虽然不是法国人，但是布列逊把他称为“名誉法国人”，从而把穆卡罗夫斯基的《作为符号学事实的艺术》[54]一文当做了《诗画》的前言。由于其早在1934年就正式讨论了艺术符号学，所以本书也跟随布列逊在此简要评述这篇文章。文中的艺术并不专指视觉艺术，作者也没有讨论具体的艺术媒介的符号学特性，而是把作为一个整体的艺术看做“符号学事实”。穆卡罗夫斯基认为艺术品既不等于创造者的思想状态，又不等于接受者被唤起的思想状态，“艺术品是意欲在作者和集体之间起到中介的作用”[55]。其处于集体意识中，使用共有的符号唤起审美，具有客观的符号学特征。“符号是相关于它被设计去唤起另一个现实的感觉的现实。”[56]那么艺术品代表的是什么呢？首先艺术品可以是一个自治符号。总是有一些事通过符号被瞄准，“它是所谓的社会现象的整个语境：哲学，政治，宗教，经济学，等等”[57]。那么这里穆卡罗夫斯基与卡西尔以及潘诺夫斯基都非常相近，把文化的整体性当做了艺术的所

54 丁宁曾经介绍此文，但是其介绍只包括此文的前半部分。见丁宁：《绵延之维：走向艺术史哲学》，生活·读书·新知三联书店，1997，第57—58页。

55 Edited by Norman Bryson, *Calligram: Essays in New Art History from France*, Cambridge: Cambridge University Press, 1988, p.1。布洛克曼后来对此解释说：“艺术绝不是在虚空的唯我论境界中创造出来的。这并不意味着在艺术家和公众之间存在着一种不变的、基本的共时性关系，它只是强调这样一种事实，即在艺术创造过程中，公众，也就是‘他者’，总是以某种方式在那里。”见J. M. 布洛克曼：《结构主义：莫斯科——布拉格——巴黎》，李幼蒸译，中国人民大学出版社，2003，第60页。

56 Edited by Norman Bryson, *Calligram: Essays in New Art History from France*, Cambridge: Cambridge University Press, 1988, p.3.

57 Ibid.

指。但是穆卡罗夫斯基认为艺术还有另一个功能：交流的符号的功能。“因此一首诗不仅仅作为一件艺术品行动，而且也在同时作为一个‘parole’（言语），其表达一种精神状态、一种观念、一种感觉，等等。”[58]诗歌、绘画、雕塑的交流功能明显，舞蹈、音乐、建筑则隐晦。交流功能不仅体现于作品的主题，而且在形式中显现。形式可以有独立于主题的自身的交流价值。绘画的颜色和线条都意味着“一些事”。但是艺术不是纯交流符号，艺术品与所指事物的关系没有存在价值。因此艺术品就有着双重的符号学意义：自治的和交流的。这两个方面可能听起来类似于潘诺夫斯基的图像学三分法的重组：前图像志和图像志是交流的意义，图像学则是自治的意义。但是穆卡罗夫斯基并没有在自治与交流意义之间设立图像学那样递进的等级，而且这两个方面必须都被调查才能揭示符号学的特征，否则艺术理论就会或者偏向于把艺术作为纯形式的转换史，或者当做艺术之外的社会、心理和意识形态的历史。“只有符号学的观点允许理论家去识别艺术结构的自治的存在和本质的动力学，并去把艺术的发展把握为一个内在的运动，其也有一个与其他文化领域的发展的恒定的辩证关系。”[59]这篇艺术符号学的开山之作在今天看来过于笼统。其指出了艺术品作为符号有着多种不同层面的所指，但是穆卡罗夫斯基的艺术符号学可以说是艺术本质论而不是艺术史方法论，其只是把既有的形式主义、社会学、心理学等研究整合在了符号学的框架之下，而没有为分析具体的形象提供新的符号学方法。虽然不能苛求前人，但是他的理论确实没有告诉我们形象和图画作为符号的特殊性。

58 Edited by Norman Bryson, *Calligram: Essays in New Art History from France*, Cambridge: Cambridge University Press, 1988, p.4.

59 Ibid, p.6.

二、克里斯特娃与颜色

《诗画》中还收录了著名符号学家朱莉娅·克里斯特娃（Julia Kristeva）的《乔托的欢乐》。这虽然也是一篇理论性极强的文章，却以分析乔托的具体的壁画为着眼点。克里斯特娃把绘画看做“既没有一个名字又超过一个名字的事物”[60]。绘画是已经形成的“特殊‘符号’”，“是它自身的现实”。阐释是“把语言的符号插入这个已经产生的现实－符号”中，并命名一个名字的过程，也就是空间和颜色。乔托的绘画遵循基督教的叙事规范。基督教传奇是绘画的所指，但是在叙事框架之内绘画的能指有行动的自由。阿雷纳（Arena）礼拜堂的叙事壁画序列在后墙中断，把叙事揭露为“只是颜色的薄层”；地狱的场景打断了叙事，历史人物与最后的审判的并置是“叙事的分解的再现”，是反叙事。能指在此得到释放，绘画达到限制和分裂。“下一个步骤是去放弃再现，是只有颜色和形式——或什么都没有。”[61]

但是对叙事和反叙事的探讨不是此文的主题。克里斯特娃眼中，乔托最有特点之处不是透视法的应用，而是他的色彩。符号学常常把绘画类比于语言，但是“语言/绘画类比，当面对颜色的问题，就变成不能维持的”[62]。因此对这个问题的调查不再开始于结构的假设而是基于弗洛伊德的《元心理学》（*Metapsychology*，又译《心理玄学》）。颜色被定义为三重记录：“联系于外部的可见的对象的一个本能的压力；经视知觉和姿势引起适合的身体的色情化的相同的压力；以及这个压力的插入在审查制

60 Edited by Norman Bryson, *Calligram: Essays in New Art History from France*, Cambridge: Cambridge University Press, 1988, p.27.

61 Ibid, p.32.

62 Ibid, p.33.

度的冲突之下作为一个符号在一个再现的系统中。”[63]颜色浓缩了客观性和主观性，是价值的指号和本能的压力。主体通过颜色，逃脱了它在编码中的异化。“正是通过颜色，西方绘画开始逃脱叙事和透视规范的约束（像对于乔托）还有再现本身（像对于塞尚、马蒂斯、罗斯科、蒙德里安）。”[64]色彩像韵律之于语言，包含着意义的粉碎，但颜色不是零意义，而是过度的意义。它不抹掉意义，而是缺乏最终的所指。

克里斯特娃引用黑格尔把乔托的风格说成是滑稽的[65]，并认为乔托的色彩是滑稽的“形式”的等价物，尘世的笑的视觉先驱。“乔托的快乐是把他自身从一个意义（白色）的超验统治中解放出来的主体的升华的快乐，通过它的本能的驱动的到来。”[66]克里斯特娃把阿雷纳礼拜堂壁画中使用的蓝色看做乔托在其时代独具的特色（图 14）。蓝色的鲜明区别于拜占庭镶嵌画或奇马布埃的壁画的阴暗。蓝色的波长短，因而在暗淡的光线下更明显。人以视网膜外围的杆状细胞感知蓝色，但是杆状细胞不识别对象（中央视觉的圆锥细胞负责识别对象），所以蓝色“会有一个非中心的或去中心的效果，既减少对象的识别又减少现象的固定”[67]。因此蓝色使得主体得以返回到镜像的“我”之前。这种色彩的体验也就是镜像主体的出现的重复。

乔托的湿壁画的画框是矩形的，而其中的透视是倾斜的，其灭点不在中心而是在画面之外。色彩参与这一既和谐又冲突的空间。蓝色统治着背景的景色，其他区域或与之接近或与之对立，通过补色的对比，从而产

63 Edited by Norman Bryson, *Calligram: Essays in New Art History from France*, Cambridge: Cambridge University Press, 1988, p.35.

64 Ibid, p.37.

65 中译本见黑格尔：《美学》第三卷（上册），朱光潜译，商务印书馆，1979 年，第 315 页。

66 Edited by Norman Bryson, *Calligram: Essays in New Art History from France*, Cambridge: Cambridge University Press, 1988, pp.40–41.

67 Ibid, p.42.

图 14 乔托，阿雷纳礼拜堂壁画，1303 年，湿壁画，帕多亚

生出体积感。此外颜色块又细分以负载语义。克里斯特娃把《无辜者的屠杀》一画的颜色简化为红色、蓝色和黄色，并排列出画中颜色交替出现的序列。线条脱离于色彩的区域，这使得绘画逃离于对象的识别，“并因此逃离于现实主义”。于是乔托的色彩就预示了非再现的绘画实践。

艺术实践是符号，有着双重分节。艺术家被意指活动重铸为历史的主体，去匹配上升的阶级的意识形态的和政治的期待。于是乔托的作品，他在色彩和空间中的快乐，被合并于时代的意识形态（人文主义、世俗化）。色彩本身的差异对于绘画的意指不具重要性。它们仅标记着系统中的结构差异以分配空间，但是存在“色彩元素的本能的精神灌注和特殊时代安置在它们身上的意识形态价值”[68]。这些都逃脱了结构上的制约。这就是克里斯特娃的符号学和精神分析所研究的内容。

从当代艺术史研究的角度看，把乔托说成滑稽，这有点不着边际。

68 Edited by Norman Bryson, *Calligram: Essays in New Art History from France*, Cambridge: Cambridge University Press, 1988, p.49.

此外克里斯特娃的对乔托色彩的观察的主要资源是罗斯金（Ruskin），但是这位著名批评家恐怕在这点上只是缺少相关知识。无论是乔托同时代壁画的背景还是拜占庭镶嵌画中基督、圣母的袍子上都充满了蓝色。虽然在史实方面有上述欠缺，但是克里斯特娃的文章的理论至少是内在成立的。在文章开篇她把色彩当做一个对图画的语言进行类比的突破口，这值得注意。也就是说图画具有独特性，但其元素可能是无法与语言中的元素一一对应的。然而她在后文中又否定了自己的观察把色彩类比于语言中的韵律。克里斯特娃的这篇文章不仅体现了在具体分析实践中符号学与精神分析的合流，而且示例说明了视觉符号学的另一个重要的发展——这就是符号学家对视觉艺术的分析越来越远离对史实和对象的客观研究，而趋向于从当代视角利用对象。这篇文章利用乔托的绘画只是为了呈现绘画的意指实践问题，而这些问题与乔托无关。如上述把乔托的绘画看做反叙事绘画以及把其看做绘画脱离再现的预示都是明显的例子。乔托作为文艺复兴叙事性再现性绘画的鼻祖却被打扮成了现代派绘画的预示，这只具有智力游戏的意义。在文章最后克里斯特娃引用本雅明的话说道："这不是一个呈现作品的问题……在与它们自身的时代的关系中，在它们出生的时代的框架之内相关于当下这个知道它们的时代，也就是，我们的时代。"[69]那么克里斯特娃的符号学可以说是艺术批评而不是艺术史。符号学（以及精神分析）在此与其说是适合于形象的分析工具，不如说是屠宰形象的利刃。分析的主体只会取其所需，并对无用或与其目的矛盾之处弃之如敝屣。这也就意味着在这种分析中形象所呈现的内容不是它的全部。

69 Edited by Norman Bryson, *Calligram: Essays in New Art History from France*, Cambridge: Cambridge University Press, 1988, p.50.

三、路易斯・马林[70]与再现之再现

《诗画》中选取的最重要的一篇符号学艺术史论文无疑是马林的《面对视觉艺术中解读的一个理论：普桑的〈阿卡迪亚的牧人〉》。该文章开头提出以普桑的《阿卡迪亚的牧人》（图 15）为“一个实验装置”来验证当代符号学和语义学的概念和程序，试图去解决在一般化的方法论和个体的作品这两级之间的张力。选择这幅画是由于“它在一幅单一的作品中联合了两个符号学系统”，也就是语言（文字）和绘画。前者体现在坟墓上写着“阿卡迪亚亦有我在”（Et in Arcadia Ego）。马林的解读范式开

图 15 普桑，《阿卡迪亚的牧人》，1640 年，画布油画，87 厘米 x 120 厘米，巴黎，卢浮宫

70 路易斯・马林（Louis Marin，1931—1992）是法国后结构主义思想家和艺术史家，曾在约翰霍普金斯大学等地教书。他对法国艺术史家阿拉斯和布列逊等人都有影响。他的主要著作包括《毁灭绘画》（*To Destroy Painting*）、《崇高的普桑》（*Sublime Poussin*）等。

始于“本维尼斯特在话语和叙事之间做出的区别”[71]。在绘画中，前者指对画中事物的识别，后者则是历史画的图像叙事命题。这个区别类似于潘诺夫斯基母题与故事（或前图像志和图像志）的区别。本维尼斯特认为“在作为对立于话语的叙事的例子中，它的陈述作用（enunciation）的特殊形态是去抹掉或隐藏在叙述命题中的叙事者的符号”[72]，所以叙事采用第三人称和过去式。马林的问题是，叙事在绘画中如何发生？

首要的问题是历史画的叙事时间：“如果故事存在于时间中，图像命题如何变成一个叙事命题，在其是再现绘画的‘实质’的再现的空间之内”[73]。由于古典绘画对统一性的要求，历时的叙事时间必须被置换为共时的或整体与部分的空间结构。历史画的时态是现在时。[74]以统一的空间表现连续的时间序列，这是古典历史画的困难和矛盾之处，也是其地位高的原因。观者解读绘画，把图像的再现模型转换成语言，但是观者作为主体在这个陈述作用中是同时在场和缺席的。“当他是缺席之时，事件是存在自身的显现，纯粹和普遍的本质；当他在场之时，它们存在于它们的实际的时间连续性中。”[75]就是说，观者既要给自己讲解绘画又在讲解的过程中抹掉自身以便绘画本身的叙事呈现，“事件似乎去讲它们自身”。

接下来马林借助王港逻辑和语法区分了符号的层次与话语的层次，或符号学层次与语义学层次。（福柯的）古典认识论中再现的原则是：思想是事物的镜子；语言符号是思想的镜子。符号有两个亚关系：观念与符

71 Edited by Norman Bryson, *Calligram: Essays in New Art History from France*, Cambridge: Cambridge University Press, 1988, p.65.

72 Ibid.

73 Ibid, p.66.

74 Ibid, p.67.

75 Ibid, p.68.

号以及符号与事物的关系。在语言中是从事物到符号，“意指的对象的观念被代替为符号”；在图画中是从符号到事物，“图画符号被替代为事物或所指对象的观念”。[76]符号的双重本性导致口头或词句符号和书写符号的对立（后者再现声音）以及图画符号中设计（指素描）和颜色的对立。设计是图画符号的本质成分，是绘画的理性的部分，是“灵魂”。相反颜色是可见的成分，是“肉和身体”。“在话语的层面或在本维尼斯特意义上的语义学平面，最小单位是句子，而句子的核心是动词。”[77]由此王港逻辑学家认为：（1）每个动词都能被还原到这个动词“to be”；（2）动词“to be”的全部使用能被还原到现在时态；（3）动词“to be”的全部使用能被还原到第三人称单数。通过这些还原，陈述作用中的主体“我”被抹去，事物自身讲话。“再现的系统，经由它在话语中的使用，被变得等同于事物它们自身；我们可以把这个过程理解为，通过这个过程，主体把他们自身铭刻为他们的世界的中心并通过把事物转换成它们的再现来把他们自身转换成事物。”[78]所以王港逻辑学家的古典认识论范式是历史模式而不是自传模式。

在语言中通过人称代词、指示代词和动词时态，说话者被铭刻在说话方式中，但是在“历史的”陈述作用中好像无人讲话，指示网络在信息中被抹掉。正面肖像画直接涉及观者，形成“你－我”关系。阿尔贝蒂的《论绘画》中也谈到了在绘画中向画外观者指出故事中重要部分的“评论者”的角色。那么普桑的绘画《阿卡迪亚牧人》中没有人物看观者，这意味着对叙事信息发射和接受的全部标记的“否定”（弗洛伊德的术语）。

76 Edited by Norman Bryson, *Calligram: Essays in New Art History from France*, Cambridge: Cambridge University Press, 1988, p.69.

77 Ibid, p.70.

78 Ibid, p.72.

通过评述布鲁内莱斯基的透视装置（在一幅教堂建筑画的灭点上挖洞，从反面通过镜子观看错觉效果），马林在句法水平上找到了正面肖像中观者与画家的等价关系。布鲁内莱斯基的光学装置建立了观者和画家、接收点和发射点、视点和灭点的统一，所以透视作为形式结合了绘画的“话语”和主体发射与接收的功能。此外画布在文艺复兴以后的范式中被同时当做反射事物的镜子和看向世界的窗户。再现屏幕的可见和不可见是同时的，这与前述王港逻辑学中的还原分析具有相同的过程。

在文章的后半部分才开始了对《阿卡迪亚的牧人》的分析。四个人物中的三个通过姿势（指点）和观看的方向表明发送和接收的信息都涉及跪着的牧人。他们间的关系可以表示如下图：

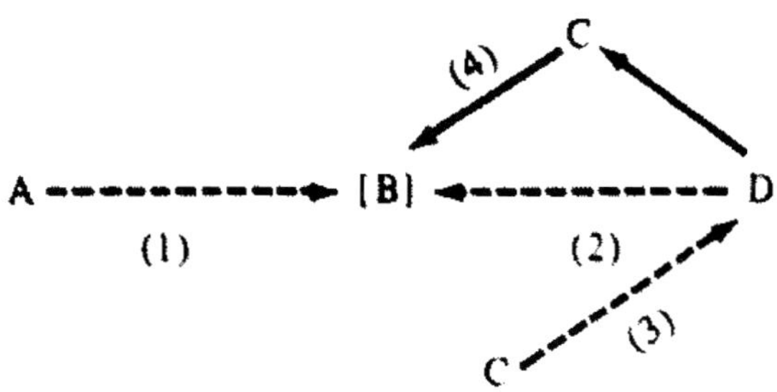

图 16　马林，阿卡迪亚牧人的人物关系图，采自《诗画》，第 78 页

A= 左边的牧人　B= 跪着的牧人　C= 右边的牧人　D= 牧羊女
虚线表示凝视　实线表示姿势

这个雅各布森式的交流模型是故事的特殊主题。跪着的牧人伸着手指正在释读坟墓上的墓志铭。这个人物指着、看着并解读着，因而汇聚了其他人物的全部语义功能。绘画的读者 - 观者正像跪着的牧人一样可以问铭文的作者是谁，其意味着什么，“自我”的名字是什么。

《阿卡迪亚牧人》更早的查茨沃斯（Chatsworth）版本与卢浮宫版本

的主要区别是空间结构从偏侧的纵深变成了中楣式的平行于画面。这使得灭点从透视的深度结构变成了前景的中心点；视点和灭点因而被等同并似乎颠倒。视点成了故事的起点和终点，灭点成了中心事件，再现的时刻是故事的焦点。“所被再现的是再现的特殊过程。……其把对于世界的指涉颠倒成一个对主体－自我的指涉。”[79]

在图像志上，左边的牧人和右边的女人扮演了坟墓角落雕塑的角色，也就是美德的化身，或者作为阿波罗和记忆女神的寓言化身。马林把右边的牧人和女人的交流译解为牧人在问铭刻中“自我”所代表的名字，而记忆女神回答：“你读者，被判处去译解，而且尽管，你不会知道任何事。你仅仅记住一件事：你总是已经忘记每件事”。[80]左右两组人物对称布置，整体的运动从左到右，与解读铭刻的方向一致，所以绘画的顺序是“从历史到它的译解和从关于意义的问题到记忆”[81]。

那么中心地点就是铭刻“阿卡迪亚亦有我在”。马林不认同潘诺夫斯基把这一铭文看做名词语句。本维尼斯特对名词句的研究表明，其是非时间，非个人的，并且不与讲话者有任何关系，是表明永久的真实。由于这个短语中自我（ego）的在场，所以其不是名词句。马林把这个铭文看做一个不完整句，但是对于墓志铭而言正在书写的“我”和被书写的“我”是相矛盾的。马林认为这个不可确定性正是普桑绘画的意义：历史的自反书写。“某种死亡的再现指涉作为死亡的再现的过程，书写（和作为一个书写过程的绘画）将读解和沉思它的活人驯服和中立化。”[82]

79 Edited by Norman Bryson, *Calligram: Essays in New Art History from France*, Cambridge: Cambridge University Press, 1988, p.81.

80 Ibid, p.83.

81 Ibid, p.84.

82 Ibid, p.86.

最后马林探索的是“一幅绘画的冥想的解读——其区域在证明和梦想之间，视觉和幻想之间，分析和投射之间，普桑称之为愉快。”[83] 在其中他讨论了跪着的牧人指着的字母 r 是对普桑的赞助人红衣主教罗斯皮廖西（Rospigliosi）的指涉。牧人的影子投在坟墓壁上使坟墓变成一幅绘画。“‘阿卡迪亚亦有我在’能被解读为一个由普桑发送的信息，为了意指从死亡的再现——也就是，历史的书写——到作为死亡和作为愉快的再现，历史画中的历史就是我们的当代神话。”[84]

马林的符号学解读更加专注于画中铭文的分析而不是形象。如果画中只有铭文没有人物，其结论也是相同的。他对画中人物间关系的分析使用了雅各布森的交流模型（发射、信息、接受、指涉、编码），但是如果我们不使用这种模型，人物之间的交流关系也不会改变，而且他最后承认“绘画的谜一般的运作总是超过它的解读”[85]，这无疑会被看做是符号学对绘画分析的无能为力。当然只从这篇文章本身来评价马林的符号学研究可能有失公允。因为这篇最初发表于 1980 年的文章其实是他于 1977 年出版的《毁灭绘画》一书的前半部分的缩写，但是这一缩写部分并未强调出原书的主要论点——绘画的自反性，所以一些学者未能充分理解这篇文章也在情理之中。[86]

《毁灭绘画》一书主要分析了两幅绘画：普桑的《阿卡迪亚牧人》和卡拉瓦乔的《美杜莎的头》（图 17）。书开始于费力比安的复述：普桑说卡拉瓦乔进入世界是为了去毁灭绘画。而马林认为普桑毁灭了再现，

83 Edited by Norman Bryson, *Calligram: Essays in New Art History from France*, Cambridge: Cambridge University Press, 1988, p.87.

84 Ibid, p.88.

85 Ibid.

86 例如丁宁：《绵延之维：走向艺术史哲学》，生活·读书·新知三联书店，1997，第 61—63 页。

图 17　卡拉瓦乔，《美杜莎的头》，1598 年，画布油画，直径 58 厘米，佛罗伦萨，乌菲奇美术馆

“我们在普桑的作品中发现的是历史画由于元再现而解构，一个刻画了这种绘画的再现的主体的否定的理论”[87]。上文的方法论和对作品的讨论均是为了论述这个目标。通过普桑对解读绘画的要求，马林把历史画看做“巨大的句子”，人物安排和透视及场景都是句法。《阿卡迪亚牧人》被规则统治又揭示规则。“绘画澄清全部再现的本性，其本质上是再现和阐明的过程的否定。”[88]在画面中心是死亡的义素“坟墓”，上面铭文中的自我（Ego）凸显了书写的我与被书写的我之间的矛盾，因而再现了再现的主体。牧人的阴影使得坟墓的墙壁成为仅能反射幻象的（柏拉图洞喻式的）绘画。

书的后半部分开始于迈克尔·弗里德对现代艺术的自我批评的论述。马林把这推广到全部绘画中，认为再现性绘画再现了再现自身。在古典主义艺术批评看来，卡拉瓦乔仅仅奴隶般模仿自然而没有艺术的理念。其不是再现，而是模仿的过剩。这种执着于外表的绘画虽迷人（使人麻木），

87 Louis Marin, *To Destroy Painting*, translated by Mette Hjort, Chicago: University of Chicago Press, 1995, p.29.

88 Ibid, pp.63–64.

却是“空虚的”。其是绘画毁灭自身的“再现的悲剧”。卡拉瓦乔的绘画缺乏行动（叙事）但是有着绘画的力量——释放着有着视觉效果的颜色。马林因此开始考虑颜色的符号学。颜色有麻木行动的效果，其释放一个去看的预期（窥阴癖），也就是“再现的美杜莎效果”。之所以开始于《美杜莎的头》是因为它是“斩首本身”而不是斩首的故事。这幅画绘制在一面圆盾上，被送给柯西莫美蒂奇作为装饰和辟邪物。

《美杜莎的头》不像《阿卡迪亚的牧人》有铭文等象征的中介，“因为卡拉瓦乔的绘画不仅使再现在被再现者中变得可见，而且也使用模仿去毁灭模仿的过程”[89]。珀尔修斯用计偷取了美杜莎的姐姐们唯一的独眼，从而进入了未知空间中的“视点”；又用盾牌当做镜子反射不能看的美杜莎从而将其斩首。马林把神话重新阐释为美杜莎是看见了自己在盾牌上的镜像从而石化了自己。珀尔修斯是在美杜莎即将变成石头的瞬间砍下了她的头，此时美杜莎处于肉体和石头的转换过程中。画中的美杜莎的头转向左四十五度。这部分是因为绘画是一个微微凸起的表面。所以其是个正面肖像，但不是完全正面。于是马林也像夏皮罗一样探讨了正面肖像与观者间的“我－你”的主体人称关系。但是《美杜莎的头》看观者，并不真看。“美杜莎和我被双重地定位在‘我’和‘你’之间某处，以及在‘我/你’和‘它’之间某处。换句话说，我反身观看的是一个裂缝或一个缺口在被再现的之内——在其间什么也没有。美杜莎反身所凝视的是在再现本身中的一个缺口。”[90] 美杜莎的头已被砍下，所以其不是映在珀尔修斯的青铜镜中的镜像，而是在大公或珀尔修斯的盾牌上；又因为其浮雕的效果使背

89 Louis Marin, *To Destroy Painting*, translated by Mette Hjort, Chicago: University of Chicago Press, 1995, p.115.

90 Ibid, p.120.

景产生了深度，从而使盾的凸面颠倒成一个凹面。这使其又成了珀尔修斯的青铜镜上的反射形象。所以“美杜莎的头同时内在于被再现的空间，又外在于再现的空间”[91]。

接下来马林又把这幅画看做一个凸面镜的反射，并引述潘诺夫斯基《作为象征形式的透视》中对视网膜形象的讨论，指出《美杜莎的头》是对透视装置的利用。进一步，在丢勒等人对凸面镜的使用中，由于镜像颠倒对象，所以颠倒的头被配合于正常的身体。所以《美杜莎的头》正是凸面镜的效果：绘画的主体的自我再现（石化的凝视和被石化的眼睛）；以及镜子自反的再现的斩首（绘画的头分离于身体）。画家的笔触就是珀尔修斯的一击。

卡拉瓦乔抓住了石化的时刻，但是为什么美杜莎的头是偏的，没有盯着观者呢？因为观者处于正在斩首的珀尔修斯的位置。但是这样一来观者应该看见的是椭圆形的盾牌。马林举出阿巴尼·卡拉奇的一幅同题材湿壁画展示了“观众把‘圆’盾牌看做内在于叙事的场景中的一个椭圆”。也就是把观者从再现和陈述作用引向了被再现和被陈述的事物。卡拉瓦乔的历史画浓缩了两个历史时刻，斩首之前和之后。美杜莎与自己反射的对峙变成了其与观者对峙的“无符号的时刻”，而斩首的时刻是缺席的，就如同画家的笔触在绘画中的缺席。绘画成了打击的效果，自然和艺术变得相等。美杜莎的头往往被看做画家的肖像，这成了最激进的画家的自反。画家既是被斩首者又是斩首者。“因此这里展示了再现如何成为一种基于暴力的权力，因为再现被建立并变成了一种制度，在砍的这个特殊地点。”[92]

---

91 Louis Marin, *To Destroy Painting*, translated by Mette Hjort, Chicago: University of Chicago Press, 1995, p.121.

92 Ibid, pp.142–143.

陈述作用的主体(画家)被斩首,所以这里陈述作用被否定,事件讲述自身。

于是马林讲到了弗洛伊德对美杜莎神话的评论——阉割的恐惧。在弗洛伊德看来斩首等于阉割,美杜莎的头是女性生殖器的视像。蛇发代替阴茎,其增殖又指示阉割。美杜莎使观者僵硬,这意味着勃起,其安慰观者阉割未对其实施。处女神雅典娜以美杜莎的头抵制性欲,外阴也具有辟邪效果。马林认为如果我们看到某种"缺乏",则意味着我们一定已经期望看见某些事。描述否定的方式依靠"不"这个词。在形象中必须先去再现对象,然后再展示它的破坏。在弗洛伊德看来,再现是再现对象的缺席,但不是缺乏,因为对象曾经在那里。但是弗洛伊德没有分析神话的中心时刻,也就是珀尔修斯的镜子诡计:美杜莎在镜像中自我石化。在卡拉瓦乔的画中,真实自身是缺乏的。由于有了代替物,我们被允许不去看或不想去看真实。"再现把这个真实性标志为'缺乏',强调它的同时试图去隐藏它。"[93] 于是"卡拉瓦乔的美杜莎的头成为一个反对图画的再现诡计的反诡计"[94]。

普桑的绘画中色彩倚重空气透视法,亦即半透明的白色的厚度,其随着距离增加使物体变淡。这就是白色的阿卡迪亚空间(Acadian space)。但是这不是被再现事物的知觉问题,而是像几何学一样的被概念化的理论。卡拉瓦乔的绘画没有这样的理论,却有一种绘画的力量,这种力量是剧烈的明暗对比,也就是一个昏暗的黑色空间。马林把这个黑色空间看做一个盒子,一个棺材(Arca),一个棺材空间或秘密空间(arcanian space)。其创造了一种失明和麻木的效果。批评家们认为卡拉瓦乔不讲

93 Louis Marin, *To Destroy Painting*, translated by Mette Hjort, Chicago: University of Chicago Press, p.148.

94 Ibid, p.149.

故事，但他的绘画创造了迷人的错觉——这就是一种“美杜莎效果”。卡拉瓦乔的绘画如同快照捕捉瞬间的闪光。“换句话说行动被固定并被制成一个雕塑。它被麻木在美杜莎－效果中。”凝视在这一瞥中麻木了自身。如同笛卡尔把视觉比作盲人的手杖，视觉变成了触摸。普桑的绘画中表达影响的符号作为字母服务于叙事书写，而卡拉瓦乔的绘画不讲述故事，其“一瞥是一个指的姿势，一个无言的‘这’，它废除了辅助的话语和描写”[95]。

在本书中马林把绘画比作语言，把画面的安排比作语法，使用雅各布森的交流理论分析人物关系的信息，这些都是符号学的应用。但这些也都是老生常谈的应用，更重要的是他把符号学中陈述作用的概念引入绘画，讨论了再现的主体在绘画中的位置与缺席。此外他提出的“颜色的符号学”并非颜色的图像志的象征意义，而是把颜色放在与行动（叙事）的二元结构中阐释其对观者的影响和意义，以及不同的颜色处理方式在绘画结构中的角色。然而马林最关注的，也是其最具独创性之处在于把元语言的概念应用于绘画。所谓元语言也就是解释语言的语言，在此指绘画指涉自身。后来的缩写本中马林直接使用了“元图像的”（Metaiconic）一词。[96] 在雅各布森的理论中，元语言是任何语言事件始终在场的方面。[97] 所以马林认为所有绘画都具有元语言的性质。《毁灭绘画》一书自始至终都把对再现的再现或绘画的自我指涉作为其出发点和结论。由此绘画不再是一个被语言所解释的被动的对象，而成为一个以图画语言指涉再现行为本身的主动的解释者，而艺术批评的语言仅仅是对绘画的自我指涉的“语言的复

95 Louis Marin, *To Destroy Painting*, translated by Mette Hjort, Chicago: University of Chicago Press, 1995, p.164.

96 Edited by Norman Bryson, *Calligram: Essays in New Art History from France*, Cambridge: Cambridge University Press, 1988, p.78.

97 保罗·科布利编《劳特利奇符号学指南》，周劲松、赵毅衡译，南京大学出版社，2013，第323页。

制”。“它事实上不是关于给定绘画的话语，而是属于绘画自身的话语。”[98] 于是在符号学之内绘画有了一种与语言相同的智力地位。实际上绘画的自反性以及作为发送者的画家在绘画的陈述作用中的显现是马林偏爱的论题。在后来的《主题与形象：我描绘我自己》一文中同样讨论的是绘画中的自画像以及画家不同的在场类型。[99] 然而马林把符号学的元语言应用于绘画的唯一目的和结论却似乎是使绘画污名化：绘画的再现导向再现的死亡和毁灭；卡拉瓦乔绘画的真实揭示出的是——绘画只是真实的缺乏。提升到语言自反性的绘画所做的唯一的事情就是揭示或掩盖（或通过掩盖来揭示）绘画的再现是“欺骗眼睛”的“诡计”。绘画的自反性仅仅指向自身的空虚和缺失。这与其说是绘画自身的话语，不如说是作为其对立面的语言（更确切地说是古典认识型的语言学或哲学理论）想要说出的诋毁的话语。再现性绘画是再现，而不是被再现的对象，这样一个浅显的道理是否需要调动符号学来说明呢？马林的绘画元语言的研究使得绘画在获得符号学自觉之后，实际上却失去了存在的价值，绘画唯一残存的存在目的成了不断的地自我检讨和认罪（不真实之罪）。马林就像他描写的普桑和卡拉瓦乔一样抹掉了自己在陈述作用中的主体性，把话语借给绘画，从而隐藏了自己对形象所做的双簧。可以说他的符号学是在压制和反对（再现的）形象。如果说卡拉瓦乔毁灭了绘画，那么马林则毁灭了再现。

当然无论如何路易斯·马林都以其对理论和历史材料的精通把符号学在视觉艺术中的应用提高到了一个新的高度。他以古典时代的王港逻辑学、本维尼斯特和雅各布森的符号学和语言学为理论基础，并把弗洛伊德

98 Louis Marin, *To Destroy Painting*, translated by Mette Hjort, Chicago: University of Chicago Press, 1995, p.98.

99 史蒂芬·梅尔维尔、比尔·里汀斯著编《视觉与文本》，郁火星译，江苏美术出版社，2009，第231—248页。

的精神分析理论加入讨论中。前一点超越了夏皮罗一般化的符号学知识，而后者不仅显示出与夏皮罗的类似之处，而且预示了布列逊和米克·巴尔的道路。他对画中作者的主体性研究、对普桑的分析，以及对布鲁内莱斯基的光学装置的说明等为诺曼·布列逊所吸收。他对形象的元语言的提倡更是启发了米切尔。

第三节　圣 - 马丁与《视觉语言的符号学》

20 世纪对于视觉符号学最深入和详细的建构可能要数费尔南德·圣 - 马丁（Fernande Saint-Martin）[100] 的《视觉语言的符号学》（*Semiotics of Visual Language*）了。这本书的预备版本以英文出版于 1985 年，法文原版出版于 1987 年，英译本出版于 1990 年。虽然时间上晚于布列逊的艺术史三部曲，但是圣 - 马丁的书中没有引述过布列逊，反倒是布列逊和米克·巴尔的《符号学与艺术史》一文中提及了这本书。所以本书将这本著作列入新艺术史之前这一章中。

在序言中圣 - 马丁写到，人类自古以来就制造视觉再现，但是“它语言的本性以及它运作的模式仍然在逃避我们”[101]。视觉符号学可以有助于完成符号学的一般理论，但是视觉符号学充满困难。“视觉语言的符号学假定视觉再现是组成一个语言的意指实践。”[102] 洛特曼（Iouri Lotman）

100 费尔南德·圣 - 马丁是加拿大学者，生于魁北克的蒙特利尔。她也是一位记者、诗人、散文家、教师、艺术理论家和艺术批评家。她曾任蒙特利尔当代艺术博物馆的馆长，以及蒙特利尔魁北克大学的当代艺术史和视觉符号学教授。她与索内松等人共同创立了视觉符号学国际协会，并于 1990—1994 年任该协会主席。

101 Fernande Saint-Martin, *Semiotics of Visual Language*, Bloomington and Indianapolis: Indiana University Press, 1990, p.ix.

102 Ibid, p.x.

把语言定义为："使用了以一种特殊方式安排的符号的任何交流系统。"然而把语言学模式应用于视觉结构是大可质疑的。罗兰・巴特最清楚地给出了这样的理论。但是众多学者都认为巴特的视觉符号学"未标志一个新的学科的开始，而是简单地存续了这个由欧文・潘诺夫斯基在 1939 年创立的图像学"[103]。这种图像－符号学只能依靠词语来确定意义，而忽视了建构图形的句法关系，所以远不及音位学和句法学成熟与科学。因此视觉语言的符号学对于许多研究者变得不可能。实际上词句的语言是二维的、不连续的符号，视觉语言是三维的、空间的语言。不可能用词句语言设想空间经验。"在一个由逻各斯统治的文明中，这个疏忽在很大程度上使得人类从意识中排斥视觉语言的相关性，即空间的经验。"[104] 在弗洛伊德的理论中，空间经验联系于无意识，而不存在于有意识的思想中。实际上空间的概念先于对象的概念或对象的建构。梅洛庞蒂把空间看做"与世界的交流方式，且比思考更古老"；弗朗・卡斯泰尔也把不同时期的艺术再现结合于不同社会的几何假说。圣－马丁把视觉符号学的基础建立在拓扑学中。"拓扑学模型允许我们思考……动态的张力的视觉空间领域，其处于一个持续的改变的状态中。"[105] 任何语法的目标都是研究符号如何被组织以表达意义，视觉语言的句法理论假设关于视觉语言的特殊意义。有的学者把视觉再现分为"表达平面"和"内容平面"。内容被当做仅由可识别和可命名的形式来提供。这是词句语言对非词句语言的符号学的霸权。虽然视觉符号学也使用词句语言，但不是用其指涉自然对象，而是把它当做元语言。视觉语言是一种空间语言。它将平衡逻各斯的一维倾向。由此可

103 Fernande Saint-Martin, *Semiotics of Visual Language*, Bloomington and Indianapolis: Indiana University Press, 1990.

104 Ibid, p.xi.

105 Ibid, p.xii.

见圣－马丁虽然以“视觉语言的符号学”为题，但是她对语言学模式的局限性有着清醒的认识。在她的词汇表中“语言”至少表面上仅指表意系统，而非一般的词句语言，那么实际上她所谓的“语言”也就是符号系统。题目“视觉语言的符号学”似乎成了“视觉的符号系统的符号学”这样的同义反复。此外她在视觉语言与词句语言之间进行的区别其实是是古老的时间与空间的区别。

第一章“视觉语言的基本元素”中讨论了长期困扰视觉符号学的基本单位的问题。索绪尔语言学建立在音位这个最小单位之上。只有找到基本单位，句法才能提供法则并最终构成系统。乔姆斯基认为语言由“字母表”和其语法定义。但是视觉符号学显然不可能有一个“有限集合”的字母表，也很难区别非语法的视觉句子。视觉语言的单位不可能像词句语言一样是简单的、隔离的和独立的。化学工业已经识别了超过六万以上的不同色调，点线面的结合也产生无穷变化。所以语词的线性的、不可逆的链条不可能为空间的视觉语言提供基础。就像当代物理学不再关心作为“实质”的最小粒子而是关心力的中心，视觉语言的符号学考虑的应该是成团的物质和现象的动态性，即拓扑学的团块（lumps）。“给定这个在视觉领域的建构中由知觉过程扮演的关键角色，我们提出符号学的视觉单元的维度应该依照视觉感知的特殊结构来确定。”[106] 圣－马丁把视觉语言的基本单位定义为“色位”（coloreme）[107]，其相当于视觉固定和凝视的焦点，

106 Fernande Saint-Martin, *Semiotics of Visual Language*, Bloomington and Indianapolis: Indiana University Press, 1990, p.4.

107 有人把这个术语译为“色素”。见韩丛耀：《图像：一种后符号学的再发现》，南京大学出版社，2008，第50—52页。译为色素显然是不妥的。首先中文中的“色素”一词有明确的物理学上的所指。这样只能增加混乱和误解。其次如上所述，coloreme一词无论是在视觉符号学中的功能还是词形都是仿照音位（phoneme）一词创造的，所以中译名顺理成章应该仿照音位译为色位。另外上述《图像：一种后符号学的再现》一书是中文中唯一提及圣－马丁的著作，但是其仅仅提到了圣－马丁对最小单位的论述。

或在一个再现的区域中手指着的“直证的点”。“色位被定义为相关于眼睛的向心性的视觉语言领域的区域。……通过在视觉领域的方向上眼睛的定位，视知觉被实现，称为眼睛的向心性或固定。”[108]所谓向心性和固定都是来自鲁道夫·阿恩海姆（Rudolt Arnheim）的术语。视觉分为中央凹、黄斑和周围视觉。中央凹由密集的圆锥细胞组成，是视觉最锐利的点，但是区域甚小；黄斑是围绕中央凹的区域，细胞更少但范围和弧度更大；周围视觉是其余的视网膜，其充满不敏感的杆状细胞。一个色位的区域是两个相关区域的产物：“（1）一个中心区域更明确、密集和紧密，相应于中央凹视觉；而（2）一些周围层，不那么密集，但在色彩上仍然是丰富的，对应于黄斑视觉。”[109]色位的大小是弹性的，其符合于中央凹和黄斑视觉的动态，而周围视觉则在色位更宽泛的联合中扮演角色。作为一个空间化的拓扑学实体，色位的边界是模糊的。色位不是色彩。色彩不是基本单位，因为它依赖其他视觉变量的动态。色位不孤立于其语境，无法像音位那样被隔离。感知者面对视觉再现主要使用周围视觉扫描整体并伴以中央凹和黄斑视觉对少数细节进行识别。整体视觉文本的建构是动态的并指涉时间中的特殊时刻。视觉文本因此是恒常变动的。“符号学分析因此被构思为一种强烈的主观经验，要求个体概念的和感情的资源而且不是作为词句的标签的分配。它没有固定不动或撕碎视觉再现，而是给它以血肉。”[110]色位又被定义为“占有一个一般的非特定的构造的大块，就像某个厚度或内部体积”。拓扑学所谓的内部体积不同于欧几里得几何学的外部体积。外部体积是不可变形的固体；内部体积“能改变它的外部边界或轮廓，而没

108 Fernande Saint-Martin, *Semiotics of Visual Language*, Bloomington: Indiana University Press, 1990, pp.5-6.

109 Ibid, p.6.

110 Ibid, p.10.

有修改组成它的内部体积的物质的数量”[111]。如同黏土可以被捏成各种形状而体积不变。色位作为内部体积不是二维概念。在拓扑学中，容器和内容、封套的和被封套的分享相同的特征。因此色位之间是连续性的，其联系于周围区域。色位与其环境的关系无法对应于语言学的词句单位。

第二章“视觉变量”分析了色位的六种变量范畴：颜色、边界、质地、维度、矢量性和平面中的位置。不同色位间的区别依靠色位具有不同的视觉变量。这些视觉变量不能被当做基本单位，因为六种变量在每一点上都是同时在场的。颜色严格地说不是事物本身的“特征”，其感觉不是恒常的。人们在知觉的层面以相似和差异的方式使用颜色的观念，但是其无法被量化，而在连续的知觉中修改了色彩的知觉。词句的语言无力充分命名颜色。光谱的分节在每种语言中是任意的。圣－马丁否认固有色或原色的存在，并代之以色彩的极。因为圆锥细胞不是由特定色彩而是被颜色的某个范围激活。她指定了十三个色彩极：红色、蓝色、黄色、绿色、橙色、紫罗兰色、赭石、紫色、褐色、玫瑰红、白色、黑和灰色。全部颜色都是各色彩极的重组。色彩的极性能根据染色性、饱和度、色调、发光度和补充性来分析。染色性（chromaticity）指一颜色区分于另一颜色；饱和度指色彩强度的最大水平，即一个颜色能达到而没有被转变为另一个颜色；色调是明暗的量；发光度是光线振动的强度；补充性指眼睛向对象投射的补色。色彩的物质性和视知觉机制产生了颜色之间相互作用的规律和视觉语言的句法，其包括同等化法则，即在不同颜色间的差异被降低以恢复同质性；光学的混合，即并置的两种颜色被看做第三种颜色；色彩和色调的对比等等。质地使得视觉语言指涉非视觉空间，即触觉或动觉。颜色和质地是直接被感

111 Fernande Saint-Martin, *Semiotics of Visual Language*, Bloomington: Indiana University Press, 1990, p.12.

知的，而其余的则是外界刺激下“知觉的内生机制的更复杂的产物”[112]。物质的维度在视觉中呈现为一个质量或三维的固体。平面中的位置组成一个句法结构，其有两个深度——模式光学深度和错觉深度。前者是不同色彩产生的前进和后退的效果；后者来自不同惯例下的透视系统。颜色的热值随艺术家而变，是文化和自然联想与记忆的结果。它是知觉的内涵而非常量。颜色的重量感也与此类似。矢量性是色位在三维中运动的方向，其以张力的形式被感知。边界或轮廓有两种形式。当边界明晰且闭合之时，它是封闭的形式；模糊或不闭合之时，它是开放的形式。对这些变量的分析说明了基本元素之间的运动和相互作用。

第三章“视觉语言的句法”模仿语言学的句法建立了视觉的句法。“视觉语言的句法规则由运作和功能的设定组成，通过这些运作和功能，知觉机制在多变视野中的基本元素之间建立相互关系。它们的应用导致特殊空间整体的建构。”[113]所以视觉语言的句法是能量和视觉转换的调整者，而不仅是对固定元素间关系的描述。这里，圣－马丁又把色位类比为物理学上的粒子，无形式、无维度但充满能量。句法体现在三个基本层面上：A. 色位重组的规则，包括拓扑学关系、格式塔关系、颜色的相互作用法则（这一点在第二章已经涉及）；B. 由色位插入到能量的基础结构中而产生的规则，也就是基本平面对于图画、虚拟立方体对于雕塑、环境对于建筑；C. 距离的效果，也就是不同的编码和透视系统的规则。拓扑学关系建立在视野中张力的基础上。视野中不同点的相互关系，称为“路径”。其有两种类型运动（locomotions）和交流。色位之间又有着邻近和分离的

112 Fernande Saint-Martin, *Semiotics of Visual Language*, Bloomington and Indianapolis: Indiana University Press, 1990, p.54.

113 Ibid, p.65.

不同关系。色位可以有着多样的排列组合关系，例如依靠分离的系列化，依靠邻近关系的封套结构。拓扑学关系基于连续性。空间的连续性是知觉本身的建构。矢量的概念在拓扑学中勾画出向心 – 离心的能量以及反应于周围领域的矢量的力量。而欧几里得的投影几何不能用于绘制感性空间和情感的动态现象。在色位的集合层面，视觉变量被格式塔的知觉法则统治，如：视野由图底关系构造；视觉变量在知觉上根据更规则、简单的、对称的形式被重组等等。拓扑学和格式塔都是在视觉再现的观看中起作用。视觉语言的各类型（媒介）的不同在于其有不同的基础构造，也就是基本平面（绘画和摄影）、虚拟立方体（雕塑）和环境立方体（建筑）。

第四章和第六章是对上述 B 项的深入讨论，第五章是对 C 项的讨论。第四章“图画的基本平面”中把康定斯基看做绘画符号学的开拓者。对基本平面的探讨类似于夏皮罗对非模仿的绘画元素如框架和区域的讨论。基本平面构成了图画的句法结构。在基本平面中，视野被加以限制，其内部充满了心理的张力。康定斯基将其描写为左右、远近、垂直水平、轻重、高低、冷暖、积极消极、男女等对立项。圣 – 马丁认为康定斯基的描述把视觉能量并列于相关的语义而不是感性的秩序，因而是可疑的。其不是内在于平面本身，而是由艺术家投射的内涵结构。为了建立更客观的基本平面的符号学，圣 – 马丁讨论了人的偏侧性、重力、积极和消极力量的问题。例如偏侧性不属于基本平面，而是由进入基本平面的物质能量（图画平面）产生的。圣 – 马丁从拓扑学的角度把基本平面看做动态区域而非空的平面。四条直线形成直角因而产生了辐射的能量。这个能量面对中心成对增强，越到中心越不密集。两条垂直线又分别划分出两对正方形，也就是成一个十字结构的垂直和水平能量（见图 18）。这被看做基本平面的客观的恒量。这种格子密布于整个平面。视觉的聚焦点也就是垂直 / 水平的能量的相遇点。基本平面也与围绕它的力量领域相互作用。“视觉再现的外围被能量所影响，通过：（1）基本平面的矢量的基础构造；（2）通过图画活动生产的视觉变量的效果；（3）在图画平面和周围的墙壁之间相互作用生产的，颜色和色调的多样的同时对比，质地和矢量性的多样的同时对比。”[114] 中心区域的能量相对不易受周围墙壁的干涉。“因此视觉语言的句法学组织被定义为各种各样强度的网络，其产生于基本平面的能量的相互作用和

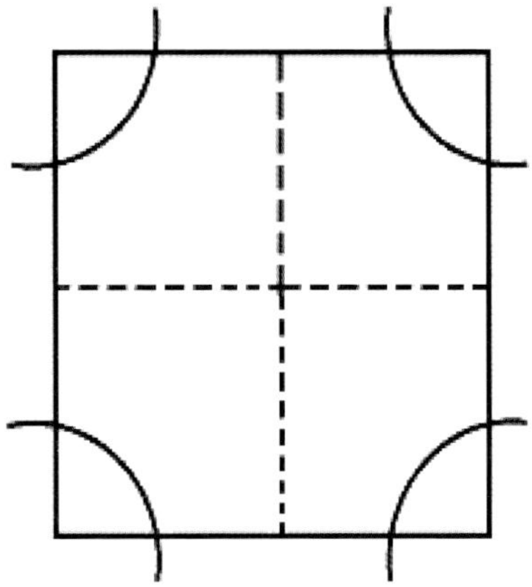

图 18 圣－马丁，基本平面的能量示意图，采自《视觉语言的符号学》，第 99 页

图画平面的视觉变量的相互作用。”[115] 其实这种分析方式与阿恩海姆的格式塔心理学别无二致。

第五章“距离和透视的效果”中把透视看做某些色位的重组，因而透视是超级语段。这里，圣－马丁把潘诺夫斯基的《作为象征形式的透视》当做出发点。她首先区别了自然世界中知觉的透视与图画的透视。后者是基本平面中有组织的感觉标记。透视被建构为空间化的不同系统，其是视点和距离的效果。透视有两种深度：拓扑学深度和错觉深度。关于前者，基本平面被再现为有深度的波动的空间。“这个深度在视野中通过向心性和专注的感知机制被虚构。”[116] 而错觉深度是一般所谓的透视，其“是依靠惯例编码的某组标记或符号的阐释的产物”。此外圣－马丁还讨论了宽度和高度的距离以及有关这个区域的生产者的位置。最后她把各种透视系

114 Fernande Saint-Martin, *Semiotics of Visual Language*, Bloomington and Indianapolis: Indiana University Press, 1990, p.106.

115 Ibid, p.107.

116 Ibid, p.122.

统按照与观者的距离分成近距离透视、中距离透视、远距离透视。大类之下又细分，总共分为 26 种透视系统。

第六章“雕刻的语法”讨论了雕刻的基本结构和透视。圣 - 马丁首先否定了格雷马斯把自然世界的观看看做语言的理论。她认为这种语言是无人讲话的。语言只存在于表达的水平而非意义的水平。其次，她否定了莱辛在空间艺术和时间艺术之间的对立。人的感性活动总是发生于时间中。雕塑尤其需要延长的和复杂的知觉过程。接下来她否定了把绘画看做视觉对象，把雕塑看做触觉对象的对立。二者的基本机制是相同的。雕塑不仅是触觉和视觉对象，也是动觉的、姿势的对象。绘画与雕塑的知觉差异在于雕塑的观者在雕塑前的不同位置使得其视野区域与先前感知的完全不同。但是这不意味着对雕塑的感知是一系列静止的图画，而是应该被构思为动态的活动。历史上，雕塑开始于小雕塑或护身符和浅浮雕，这些都是近距离雕塑。小雕塑产生一个冻结的外部体积，不在句法功能中导致元素间的关系。其可在手中转动观看，符合拓扑学的封套关系。浅浮雕与图画的句法相似，其维持与墙壁的关系。高浮雕增加了对内部体积的组织。独立式雕塑有变成普通对象的危险，底座使独立雕塑孤立于环境，变得自治。独立式雕塑像绘画一样被展示在一个虚构空间中。而在立体主义和构成主义雕塑中基座被取消，雕塑与空间重新结合，同时建构了内部空间和外部空间，并使得正、负空间不可分离。于是在雕塑中空间不是被看做空无，而是一种物质实质。所以雕塑的句法在前述拓扑学关系、格式塔关系、颜色相互作用关系之外还有“（4）虚拟的立方形的基础构造和它的基本平面的系列。（5）在透视的虚构的组和自然的组之间的相互作用”[117]。

117 Fernande Saint-Martin, *Semiotics of Visual Language*, Bloomington and Indianapolis: Indiana University Press, 1990, p.171.

圣 - 马丁将雕塑限制于一个虚拟立方体中——大部分情况下是一个平行六面体——通过这个立方体可以清楚地分析雕塑内部的能量以及其与环境的关系。雕塑的句法分析目标就是去观察内部体积在边界上的能量现象，以及与虚拟立方体的相互关系。雕塑的透视不完全由生产者控制。观者首先在远距离上感知，这把雕塑阐释为一个空间语境。

第七章“符号学分析”重新简述了全书的内容，串讲了其符号学分析方法和步骤。值得注意的是圣 - 马丁在色位分析与句法学分析之间加入一个分割系统，也就是前述基本平面上的格子。每个格子中又分割成五个区域，每个区域符合于一个观者视线的向心性（见图 19）。这种分割不是作品本身的结构而是观察和分析的方式。圣 - 马丁认为这个分析将恢复作品的生产者的全部的感知的视野。

A 1 4 5 2 3	B 1 4 5 2 3	C 1 4 5 2 3	D	E
F	G	H 1 4 5 2 3	I	J
K	L	M 1 4 5 2 3	N 1 4 5 2 3	O
P	Q	R	S	T
U	V	W	Z	Y 1 4 5 2 3

图 19　圣 - 马丁，符号学分析的格子分割及格子内色位的定位，采自《视觉语言的符号学》，第 198 页

圣－马丁的书中引述了本章中之前提到的几乎所有作者和作品：潘诺夫斯基、贡布里希、夏皮罗、穆卡罗夫斯基、克里斯特娃、达弥施、马林。但是她只把康定斯基看做绘画符号学的先驱。一般而言，康定斯基的艺术理论被当做表现主义理论，而不是真正意义上的符号学。《视觉语言的符号学》的论述同样注重的是形象以及其各部分给人的力量、运动、深度的感觉或其表现力。其可以说是表现主义理论和形式主义理论的具体化和理性化。圣－马丁指出视觉语言提供能指的两个层次："一个层次其能被称为'事实的'或再现连接/不连接的直接产物或拓扑学关系，而另一个层次仍然联系于再现的词句的或图像学的形式。"[118]但是她在书中排斥了形象与词句的联系。她引用埃科的话指出马的轮廓描绘需要大量词句陈述的协作，然而形象中只有"区域的语法"，没有文本的语法或命题的语法的对应物（名词、动词、谓词）。区域中动态的视觉事件被呈现为定性的能量的再现。书的标题中的"语言"不涉及形象的语义内涵，实际上仅仅指"形式的语言"。这本书最初是为了调查当代艺术理论和批评，现有版本中的例子也以现当代艺术品为主。（值得一提的是她的丈夫就是一位以抽象绘画知名的加拿大艺术家。）可见其符号学分析的主要对象是作品的非再现的形式和心理力量。或者说由于现代派艺术（尤其是抽象艺术）不是再现性艺术而是表现性艺术，所以圣－马丁的分析目标就不是再现内容的符号，而是表现性的内涵符号。她所谓的语言其实不是再现性语言，而是形象的表现性语言。换言之，她的视觉符号学在绘画中分析形象的"形容词"，而不是"名词"和"动词"。

圣－马丁虽然引述了众多早期的艺术符号学或视觉符号学著作，但

118 Fernande Saint-Martin, *Semiotics of Visual Language*, Bloomington and Indianapolis: Indiana University Press, 1990, p.222.

是我们却很难把《视觉语言的符号学》一书评价为集前人之大成的视觉符号学。因为对前人的引述都不是系统的，而且她的研究仅仅涉及艺术品分析的少数方面。《视觉语言的符号学》很少引述符号学经典理论家的论述，即便引用，也只是些非常笼统的结论（例如乔姆斯基对语法的无意识性质的说明）。这种符号学具体理论的缺乏依靠视觉语言在分级结构上对词句语言的模仿来补充。或者说圣－马丁的符号学仅仅在分级层次上与词句符号学相似。也就是基本单位—句法—语义的分级。词句语言的基本单位是音位，视觉语言的基本单位是色位。这一点确实创造性地解决了视觉符号学的一个难题。这种解决并未否定视觉对象的密集特征，而是把基本单位的划分从对象转移到观看主体身上。色位是依靠视觉的向心性和聚焦来分割的。简单地说就是观者看哪里，哪里就是一个符号的单位。但是在基本单位之上，词句语言中还有音节、字词、短语等由基本单位组合而成的更大的单位。圣－马丁并未说明色位如何进一步组成更大的单位，以及这些更大的单位是什么。在规定色位之后，她便专注于色位与色位，以及色位的不同视觉变量之间的相互关系。“这个解析法瞄准所揭示元素之间的相互关系，而不是它们假定的本质——在作为视觉作品的整体中。”[119] 尤其是她在第七章中提出的格子分析法，实际上使得色位不仅是作为基本单位，而且是作为视觉语言的唯一单位存在。形象地说，这种符号学分析类似于研究一幅修拉的点彩派绘画的每个笔触之间的关系，却从不分析笔触组成的整体区域和再现对象。这与其处理的对象（现代派作品）的视觉要求相一致（在看见战马和裸女之前首先看见的是绘画平面）。但是显然这种分析不完整，也不符合人类观看对象的方式。因为没有人会把每个焦

119 Fernande Saint-Martin, *Semiotics of Visual Language*, Bloomington and Indianapolis: Indiana University Press, 1990, p.183.

点区域当做一个符号单位进行视觉感知，却从不考虑更大的区域的整体。或者说人的视觉确实不是计算机屏幕上的像素点，需要逐个读取。从基本单位直接跳到句法，是跳过了视觉词汇、视觉短语以及它们的句法，同时也跳过和止步于语义。圣－马丁在书的最后说："我们也把拓扑学的视觉符号学的语义系统的发展托付给一个未来的作品，它组成它的目标和定论。"[120] 那么这一符号学至多只是视觉语言的基本单位的句法学。我们有理由怀疑，作为句法的色位自身间的关系是否能直接构成视觉语义学的基础。实际上圣－马丁的这种止步不前是由其分析目标决定的，因为只有"形容词"的语言分析不可能形成完整的语法。

此外更值得怀疑的是视觉语言的符号学中的符号学模式——分层结构——是不是符号学所独有的。如果把分层结构看做一般的人类认知和分析图式，那么此书中的符号学方法的确没有起到重要作用。相比于符号学，圣－马丁对拓扑学、格式塔心理学、一般认知心理学、视觉生理学的引述倒是成了理论的主干。这些理论的共通点是它们都能为康定斯基那种神秘主义的表现主义理论提供科学和客观的基础。那么圣－马丁的理论也许称为视觉感知的符号学要更加合适。如此一来这本书的论述范围就过于狭窄了。现在，已经有学者在批评圣－马丁像李格尔、沃尔夫林、早期的潘诺夫斯基、弗兰卡斯泰尔等传统艺术史家一样排他地专注于艺术品，"给予图画特权作为接近人类对空间的经验和概念的唯一手段"[121]。就像语言学不仅专注于文学，其研究对象还包括日常语言。视觉语言的研究也应该包括非艺术甚至自然的视觉对象。当然她本人会断然否认这一点。因为在她

120 Fernande Saint-Martin, *Semiotics of Visual Language*, Bloomington and Indianapolis: Indiana University Press, 1990, p.225.

121 Lev Manovich, "Review," *The Art Bulletin*, Vol. 73, No. 3 (Sep., 1991), p.501.

看来“语言”一词包含了发送者和信息的双重含义，自然对象没有发送者因而不是语言。但是不讨论再现的语义的视觉符号学更接近构图学，而不是对视觉语言的完整解析。在词句语言中，说话声音的高低、顿挫等都具有表现性，但是这些声音元素之间的关系不构成词句语言的符号学的一般论题。把形象的表现性当做视觉符号学的基础大有以偏概全之嫌，而且圣－马丁没有回答贡布里希提到的符号界限的问题。在一般的表意形象中，并非所有视觉感受都是作为符号传达意义的。她从不关心如何区别哪些是相关因素哪些不是。因为这正是现代艺术的开放性的欣赏方式。可见她的视觉语言的符号学非常局限于作为模板来源的现代艺术。

圣－马丁的视觉语言的符号学的确是一个非常尊重形象自身特殊性的研究。其是从形象自身出发探讨形象的意义结构，从而摒除了对语言学的套用，而且她的研究强调了对形象的表现性和视觉感受的分析，这一点在既往的符号学研究中是极为少见的。但是在圣－马丁去除了符号学中的语言学模式之后，视觉语言的分析中符号学残余得稀少说明了符号学与语言学的紧密关系。词句语言的理论以任意性和惯例为根据，其不需要心理－生理学为其提供依据。如果视觉语言离不开心理－生理学依据，那么视觉心理学完全可以取代视觉符号学成为这一研究的更适合的名称。或者说尊重形象本身的特性导致了符号学理论的缺席和心理－生理学理论的介入，这只能被视为符号学理论不适用于研究形象的证据。

第四章
新艺术史

第四章 新艺术史

英语世界的艺术史在70年代末尤其是80年代掀起了一场所谓的新艺术史运动。这场运动并没有统一的目标或方法论，而是以对传统守旧的艺术史现状的不满为共同点。新艺术史家想要把精神分析、文论、文化研究、结构和解构主义哲学、女性主义等其他学科和研究领域的新进展引入艺术史研究，其中又以英国学者诺曼·布列逊为代表的符号学艺术史最引人注目。后来受他的影响，荷兰学者米克·巴尔也开始了视觉符号学的研究。他们的研究与之前的符号学艺术史相比显得更加理论先行。艺术史成了符号学的试验场，同时也使得对视觉艺术（或形象）的符号学研究从学者的零散试验和边缘化的个人努力变成了学科的核心议题之一。

第一节 布列逊的研究

布列逊早年从事文论研究后转入艺术史领域。[1] 其最有影响力的著作

1 诺曼·布列逊是英国艺术史家，现为伦敦大学斯莱德美术学院的教授，曾在哈佛大学执教。他原从事文学研究，后成为新艺术史的代表人物。

就是80年代出版的新艺术史三部曲：《语词与图像：旧王朝时期的法国绘画》[2]（简称《语词与图像》）、《视觉与绘画：注视的逻辑》（简称《视觉与绘画》）以及《传统与欲望：从大卫到德拉克罗瓦》（简称《传统与欲望》）。此外本节也会涉及布列逊的其他相关文章以及其与他人合著的数本新艺术史——视觉文化文选。90年代后出版的绝大多数艺术史概论性质的书籍或方法论研究的著作都把他当做符号学艺术史的代表。可以说今天布列逊几乎已经成了符号学艺术史的代名词。作为新艺术史家，布列逊的符号学艺术史中最具标志性也最具刺激性的部分就是他对贡布里希的批判。布列逊的理论向来是以反贡布里希的面目出现的。然而贡布里希同时也是把艺术形象比作视觉语言和符号的最有成效的学者。甚至有学者称布列逊实际上"暗中偷窃了"贡布里希很多的"珠玑"。[3]那么布列逊的符号学与贡布里希的视觉语言研究有何不同呢？另外，布列逊的符号学与其他符号学家以及早期符号学艺术史家的形象理论又有何异同之处呢？布列逊的三部曲都已经被翻译为中文，国内的读者并不陌生，但是熟悉与领会之间未必是无缝衔接的，所以本书仍将开始于对三部曲的细读。

一、《语词与图像》：形式主义的双重化妆

一个有趣的现象是，大多数艺术史概论性质的书谈到布列逊时都只介绍了《语词与图像》一书[4]，仿佛这本著作可以代表布列逊的全部理论，

2 按照本书的译法，此书名应为《语词与形象》。为了便于读者核对中译本故在提到该书名时保留其中译本原书名，但这并不表示笔者同意这种译法。

3 范景中：《纪念贡布里希·前言》，载上海师范大学美术学院编《艺术史与艺术理论Ⅰ》，中国美术学院出版社，2004，第39页。

4 笔者手头的几本这类型的著作都是如此：温尼·海德·米奈：《艺术史的历史》，李建群等译，上海人民出版社，2007；安·达勒瓦：《艺术史方法与理论》，李震译，江苏美术出版社，2009；乔纳森·哈里斯：《新艺术史批评导论》，徐建译，江苏美术出版社，2010。

或是其余著作对学生而言“少儿不宜”。这种提喻法产生了一种倾向，即认为《语词与图像》（尤其是其理论性最强的第一章）体现了布列逊对贡布里希的批判。[5]但是如果不带先入之见来阅读文本，就会发现该书第一章正文根本未提及贡布里希。书中被当做保守的传统艺术史家进行批判的是法国著名艺术史家弗朗卡斯泰尔（P. Francastel，中译本译为P. 弗朗卡斯特）。贡布里希仅仅出现在一个注释中：“对于把现实‘置换’成符号的支配编码之历史性质，有两种截然相反而同样饶有兴味的讨论，见贡布里希，《艺术与错觉》；另见……”；这个注释在正文中所注解的内容是，基本模本并不存在，支配着使真实转换到形象的诸多规则是历史地变化着的。[6]贡布里希在《艺术与错觉》中确实把形象看做视觉语言和转换现实的代码符号，而且作为语汇的图式随着时代变化被修正，从而历史地变化。由此可见在《语词与图像》中布列逊是把贡布里希引为符号学同道，并且贡布里希的经典著作是他对本质的复制（即基本模本）的否定和形象的历史变化的思想源头之一。当然，在后来的《视觉与绘画》等书中贡布里希的确从理论先辈跌落为主要的批评对象。但是我们不能颠倒历史顺序，以后来的证据阐释在前的文本。或者说布列逊当时还未成为布列逊；《语词与图像》中的布列逊还不是今天我们所熟知的那个反“贡”、好斗的布列逊。那么《语词与图像》时期的布列逊意欲何为呢？

布列逊从坎特伯雷大教堂的一幅玻璃窗画开始，说明语言对形象的控制。它屈从于《圣经》文本而且是其代替品。“作为一种符号”，形象如同语言符号一样具有能指和所指。玻璃窗画像语言一样重视所指（经文）

5 例如乔纳森·哈里斯：《新艺术史批评导论》，徐建译，江苏美术出版社，2010，第148页。

6 诺曼·布列逊：《语词与图像：旧王朝时期的法国绘画》，王之光译，浙江摄影出版社，2001，第8页。这里对中译版涉及概念的部分译法有修改，具体解释请见绪论第二节。下同。

而贬低能指（绘画物质本身）。布列逊把这称为“话语的主宰图形的一个佳例”[7]。语言思维总是作用于视觉经验，例如展览小册子以及绘画标题都是代表。布列逊引用了约翰·伯格（John Berger）的《观看之道》中凡·高的作品是否加说明会影响观感的例子。然而语言对视觉经验的影响并非像布列逊所言“被冷落得很惨”，贡布里希对此就有大量论述[8]。但是与“语词与形象”问题相比，这里更重要的是提出了该书中最重要的一对概念：话语与图形。布列逊认为：形象的话语的方面，指的是那些表明语言对形象有影响的特征……形象的“图形的”方面，指的是那些属于形象的作为一种独立于语言之外的视觉经验特征——即它的“形象存在”。[9]米奈认为“从一个不太严密的角度上来说，它们可以和‘语言’与‘图像’相比”[10]。恐怕这种说法“不太严密地”令人无法接受了。因为语词与形象的问题首先指独立于形象的语言与独立于语言的形象间的关系。相反，图形和话语二者都是作为符号的形象的一部分。这里的话语不是像经文或标题那样外在于形象的语言文字，而是形象中属于文本功能，效忠于形象外文本的部分。图形则是只属于形象，坚持形象的自主性、物质性的部分。话语与图形的对立是形象内部不同成分的对立。当然话语体现了外在于形象的语言对形象的控制和限制，图形则体现了形象的自治。图形和话语的对立是语词与形象对立在形象内部的体现，这两种对立却不可等同。米奈的错误就在于把内部关系误解为两种实体间的关系。在第一章之末，布列逊近乎不

7 诺曼·布列逊：《语词与图像：旧王朝时期的法国绘画》，王之光译，浙江摄影出版社，2001，第5页。

8 E.H.贡布里希：《贡布里希论设计》，范景中选编，尹定邦主编，湖南科学技术出版社，2004，第110页。E.H.贡布里希：《20世纪艺术中的图像和语词》，王彤译，一维校，《新美术》1991年第3期。另见本书第二章第二节六小节。

9 诺曼·布列逊：《语词与图像：旧王朝时期的法国绘画》，王之光译，浙江摄影出版社，2001，第7页。这里对中译版涉及概念的部分译法有修改，具体解释请见绪论第二节。下同。

10 温尼·海德·米奈：《艺术史的历史》，李建群等译，上海人民出版社，2007，第218页。

情愿地指出：“画家性符号的分割，像所有符号一样，无非是所指与能指的分别，它们又被提升到话语性和图形性……”[11] 简言之，图形性就是形象的能指，话语性是其所指。

书中布列逊为使用这样两个术语的科学化和笨拙向读者致歉，但是他并未告诉读者这一对立术语的来源。但看看《语词与图像》的参考书目就会明了，这对术语出自著名解构主义者哲学家利奥塔（Jean-François Lyotard）1974 年的著作《话语，图形》。但是利奥塔的理论绝非把话语和图形看做所指和能指这么简单。利奥塔称此书是对眼的捍卫，是“希望词语说出图形的优越性”。话语性代表了传统的逻各斯（Logos）和理性，是透明的。甚至在利奥塔看来“语言活动不是由符号所形成的”[12]。能指与所指的关系也完全不是任意的。图形性是不透明的和有厚度的，是爱欲（eros），是美，是暴力。话语中都有图形性，也就是语言中的可见的和有厚度的。图形中也有话语性，也就是可读的和可理解的。这听上去有点类似于能指和所指的区分，但是在话语性中能指是透明的，而在图形性中所指是不存在的。被赋予内涵之时，图形就变成了语言活动。反之，文字只要不参照内涵系统就成为图形性的。图形性也不等同于绘画，绘画中的再现和意指就是话语性的。利奥塔区分了图形性（figural）和“形象的”（figuratif）。“形象的”指当代绘画评论中对立于“抽象的”概念。“形象的世界只是图形世界的一个特殊情况，……如果绘画不再具有再现的功能，如果它本身就是对象，那么形象性将消失。在这种情况下绘画的价值单单来自能指的组织结构。”[13] 总之图形性和话语性的对立是既区别于语

11 诺曼·布列逊：《语词与图像：旧王朝时期的法国绘画》，王之光译，浙江摄影出版社，2001，第 30 页。

12 让 - 弗朗索瓦·利奥塔：《话语，图形》，谢晶译，上海人民出版社，2012，第 81 页。

13 同上，第 255—256 页。

言与绘画的对立，又区别于能指和所指的对立。布列逊不仅把这一哲学观点进行了剧烈简化，而且他只涉及了利奥塔理论的一半内容（形象中的图形性和话语性）。这种选择使得图形与话语的对立缺少了利奥塔原本的平衡。利奥塔的理论叙事中包含的图形性对语言的渗透被布列逊完全忘记了，他的改写版变成了形象反抗语言压迫的历史。更应注意，利奥塔实际上是反对符号学的："绘画并不像今天的符号学家所说的，是用来读的，克利说它是用来咀食的，他还说，它令人见，……因为它令人见到什么是'见'。"[14]

在设定图形与话语对立之后，布列逊将其区别于传统的意义与存在（或外表）的对立。后者的代表是弗朗卡斯泰尔（利奥塔的书中常引用他的著作）。其诉诸普遍视觉经验，假定了本质的复制或自然的态度。布列逊（像贡布里希一样）反对本质的复制。马萨乔的绘画（即文艺复兴时期的写实绘画）"比起任何其他形象，它并不离真实更近或更远"[15]。那么该如何解释现实主义或为什么马萨乔的画比窗画更真实呢？布列逊实际上给出了四种并列和承接的解释，只是他的修辞和写作技巧使得这些解释融为一体。第一种是冗余度解释，即现实主义"为我们提供了比我们所需掌握其叙事内容更多的视觉信息，也比我们能恢复作为语义所相关的内容还多"[16]。布列逊提出语义的相关性是有等级的。只要很少的信息就可以表现出叙事内容，如使徒、金钱、收钱者就足以构成《圣经》故事的叙事话语；在其之下有可有可无的细节，承载更多潜伏的话语，如有胡子对没胡子、长袍对短衫代表神圣对世俗；之后是语义上不可复原的透视，对于叙

14 让－弗朗索瓦·利奥塔：《话语，图形》，谢晶译，上海人民出版社，2012，第7—8页。

15 诺曼·布列逊：《语词与图像：旧王朝时期的法国绘画》，王之光译，浙江摄影出版社，2001，第10页。

16 同上，第11页。

事而言精确的空间位置是多余的。“形象中真实的效果要求建立一种离开明确的意义场的距离标度，……但当形象向我们传播不一定与文本功能有关的信息时，该信息便构成多余，正是在这个多余区域之中，我们铭刻下‘真实的存在’。”[17] 当然这些多余的信息必须是“语义上无害的细节”。这种冗余度带来的现实主义的解释来自结构主义文论对现实主义的解释，也类似于贡布里希在“什么”和“如何”之间进行的区分[18]。

但是透视造成了形象被分成图形与话语两种成分的趋势。为了克服这种形象的断裂，布列逊引出了第二种解答：自然化解释，即把形象中的意义隐藏在信息阈的反面，即无害和语义中性的区域。换言之，话语性被假扮为图形性[19]。如长袍与短衫的语义载荷似乎来自衣服的实体本身，而不是符号。人物的姿势和表情更微妙难解，因而更像被发现的，而不是由形象产生的。显然这种解释就是罗兰·巴特所谓的形象的修辞学或神话学。虽然没有直接提及巴特的学说，但是布列逊不仅以广告作为这种解释的例证，而且把巴特使用的内涵和外延的概念引入讨论。内涵和外延都是话语，明显的语义或意指是外延；暗含的则是内涵。内涵性质的意义“来自一个散漫的学问体”，没有明确的定义，如身体姿势、表情、服装的意指。由于意义没有清晰的来源，“头脑为应付‘这些意义来自何方’的问题，就走了捷径：意义不是——或似乎不是——由任何系统所代表的，而是在意义消失的领域内所固有的，也就是说存在于形象的图形性之中。”[20] 认可属性导致对属性所属对象的认可。于是假扮为图形性的内涵使得外延自然化，并被认为是真实的。

17 诺曼·布列逊：《语词与图像：旧王朝时期的法国绘画》，王之光译，浙江摄影出版社，2001，第 13 页。

18 同上，第 93 页。

19 同上，第 15—16 页。这里对中译版涉及概念的部分译法有修改，具体解释请见绪论第二节。下同。

20 同上，第 18—19 页。

接下来布列逊引入了符号学的横组合和纵聚合概念。在分析形象时他把纵聚合当做形象与其之外的文本的联想关系；把横组合当做绘画内各部分间的关系。他指出，形象的图形性可描述为横组合项支配纵聚合项。[21]而这种两轴间的支配关系也是现实主义的特征。所以这里出现了第三种现实主义的解释：横组合项支配纵聚合项或图形性增强带来现实主义。当然，第三种解释必须结合前两种。现实主义的发展不是简单的图形从话语下解放，真实的效果取决于宣称效忠话语的形象成分与拒绝同话语结盟的形象成分之间的微妙相关性与合作[22]。

但是这里布列逊的阐述产生了问题。在传统的现实主义的解释中绘画日益接近被模仿的对象并从话语下解放。布列逊把这种传统的意义与存在（本质复制）的两级中远离话语的一级的代表说成是静物画。“横组合项的首要地位”在静物画中“达到了顶峰”。[23]静物拒绝了叙事句，只剩下名词、形容词与连词，而且修饰词胜过了名词，“连词战胜了修饰词”。静物画“彻底排除语句”，远离了文本，因而被认为接近真实：“‘有 x 与 y 的静物’与其说是描述，还不如说是逃避描述：语言没有立足点”[24]。静物确实缺乏叙事，但是把它称为逃避描述、远离话语则是一种诡辩。因为叙事不是描述。布列逊后来在《注视被忽视的事物：静物画四论》中就把静物称为“趋小的描绘”，并讨论了静物的意指和社会建构的话语。显然静物画可以看做描述性的陈述句，而且如果“彻底排除语句”就不可能存在横组合，这与他之前的说法相矛盾。在《语词与图像》中布列逊实际

21 诺曼·布列逊：《语词与图像：旧王朝时期的法国绘画》，王之光译，浙江摄影出版社，2001，第 23 页。这里对中译版涉及概念的部分译法有修改，具体解释请见绪论第二节。下同。

22 同上，第 29 页。这里对中译版涉及概念的部分译法有修改。

23 同上，第 24 页。

24 同上，第 26 页。

上把叙事等同于话语，把描绘等同于图形。为什么他在这里会进行这种歪曲呢？请看下列来自利奥塔的《话语，图形》一书的摘录：

> 在中世纪造型艺术中……，形象（原书译为图像）能指是作为文本被建构起来的。……这些图形，就它们与所指的关系而言，旨在获得类似于一份文本中的字母的地位，这一地位使我们看到的两种空间得以组合。形象和文本所参照的所指是圣经故事。这一所指由一种叙事的、隐喻的话语所构成。……
>
> 在马萨乔的造型艺术中，能指不再像一份文本一样被书写，并且尚未被根据几何光学的规则充分重建。这首先意味着能指失去了这样一种原则上不可分离的紧密联系——在一个语言系统中将每一个单位项能指的一面与其所指的一面结合在一起的紧密联系。……至于所指，这一次轮到它被一笔勾销，尤其是其叙事功能被一笔勾销（静物画、肖像画成为可能，它们在什么都不讲述的意义上什么都不意指）。[25]

布列逊文中从中世纪窗画到马萨乔的文艺复兴时期写实绘画，再到最写实的静物画的叙述[26]几乎就是上文的翻版。而且在这里我们也找到了布列逊混淆叙事与话语，并抹杀静物画的话语性的来源——这直接来源于利奥塔。这种借用其实很不成功。因为叙事绘画同样在画面之内形成了横

25 让－弗朗索瓦·利奥塔：《话语，图形》，谢晶译，上海世纪出版集团 上海人民出版社，2012，第226—227 页。这里对中译版涉及概念的部分译法有修改，具体解释请见绪论第二节。下同。

26 诺曼·布列逊：《语词与图像：旧王朝时期的法国绘画》，王之光译，浙江摄影出版社，2001，第 23—26 页。

组合关系。叙述和描绘之间的对立无法与纵聚合和横组合之间的对立相对应。

无论如何，布列逊通过图形性（能指）和话语性（所指）的二元对立重构了现实主义（或再现性艺术）的发展过程。但是他并不满足于代替原有的艺术史，而是想要使包括现代主义绘画在内的历史都涵盖在二元概念的两级运动之下。于是有了第四种现实主义解释：通过抹杀能指达到现实主义。他指出，形象要使我们相信它反映了真实只有抹煞自身产生的痕迹，并掩盖能指的独立物质存在。[27] 第二种解释提到的抹煞意义的生产是指内涵的作用，即话语（所指）被隐藏于图形（能指），而第四种是对生产能指的物质痕迹的隐藏。第二种解释强调所指的隐藏，第四种解释强调能指的隐藏。维米尔的画被看做对这种现实主义的克服，其聚焦和笔触不统一，其结果是产生对画家的物质生产活动的指涉。但是这两个解释之间的矛盾之处在于现实主义作为统一的概念，如何既隐藏所指又隐藏能指呢？显然布列逊巧妙的修辞技巧也“隐藏”了这些矛盾（也许可以仿效被布列逊称为符号学理论的“现实主义”）。借助这种解释，布列逊扩展了话语性与图形性的对立概念的使用范围：形象坚持图形性，抵制渗透和压制话语性，这导致了从象形文字、图式化绘画到文艺复兴的写实绘画的发展；之后图形性继续增强，只剩下“不可简约的形象成分”，即物质性的能指或画家性痕迹，这导致了从写实绘画到抽象派，尤其是抽象表现主义的现代主义绘画的发展。

那么在此我们终于明了了布列逊的目标，那就是把艺术史的发展重新解释为所指逐渐消退，能指的地位不断增强的历史。这种历史解释不仅

27 诺曼·布列逊：《语词与图像：旧王朝时期的法国绘画》，王之光译，浙江摄影出版社，2001，第 29 页。这里对中译版涉及概念的部分译法有修改，具体解释请见绪论第二节。下同。

涵盖了传统的再现的艺术史，而且将其与现代主义阶段的发展联系为一部完整的历史。但是在赞扬布列逊重新整合了原本断裂的艺术史之前，艺术理论家们难道没有感到布列逊的理论如此似曾相识吗？他的艺术史叙事实在非常接近格林伯格（Clement Greenberg）等形式主义理论家的历史叙事：绘画逐渐摆脱了描画外在事物尤其是文学故事的任务。绘画本身和它的媒介成了绘画自身的目的，于是绘画从他治走向了自治。而格林伯格的艺术自律性叙事的终点同样也是波洛克的抽象表现主义的无语义绘画。布列逊的图形性 / 能指实际上就是格林伯格的媒介，也就是一般理论中的形式；布列逊的话语 / 所指其实是我们所说的内容。人总是满足于找到一个答案，当布列逊透露出话语性 = 所指、图形性 = 能指之时，读者就会满足于这个符号学的答案而不去进一步深究。形式与内容这对“平凡的”概念先是被包装成符号学的能指和所指，接着又被包装成解构主义者口中的图形和话语。通过双重包装，形式主义的艺术史叙事重新焕发出符号学的光彩。虽然布列逊没有直接引用格林伯格，但是形式主义理论早已是一种常识性知识，而且布列逊在书中引述了格林伯格的高徒弗里德的文章且大加赞赏。[28]当然布列逊的理论并不完全与形式主义相同。首要之处在于他的理论中图形性与话语性比例的发展不是一种目的论或必然性的历史，而且布列逊的艺术史叙事没有格林伯格那样明确的价值判断。不过价值判断只是不明确而已，并非没有。

在第二到第八章中对图形性的推崇是不难发现的。勒布伦的艺术是完全可解读的话语性的艺术，倒空了话语之后，绘画就失去了价值。华托的绘画充分利用内涵代码掩饰话语性，无限暗示却从不直接传递明确意

28 诺曼·布列逊：《语词与图像：旧王朝时期的法国绘画》，王之光译，浙江摄影出版社，2001，第 128 页注释 2。

义，所以他的画被看做富有音乐性和精神含义。布歇和弗拉戈纳尔等人的洛可可绘画是情欲的艺术。情欲抵制话语和叙事。为了满足观者的享受，绘画只留下画的平面而压制透视和连贯空间。[29]里戈的肖像画和夏尔丹的静物画被认为与洛可可风格相同，都是重视图形性，轻视话语性。格勒兹的绘画是对洛可可的图形性的反拨，其中话语或叙事是明显的。但是其绘画中存在不相容的幸福时刻的集中（家庭轶事画）或不相容的人生阶段的集中（格勒兹女孩），其不相容及图形性与说教性话语冲突，使话语崩溃。于是格勒兹"成为图形性画家"。狄德罗在早期《沙龙》的批评中向往一种透明的符号（象形文字）。这种象形文字通过直接投射在大脑中形成形象，以克服与感官失去联系的语言的缺陷。所以早期《沙龙》重视想象的画面的描述和绘画的话语性（因而格勒兹受其赞扬），这是建立象形文字的努力。而后期《沙龙》中狄德罗更重视绘画技法并放弃了象形文字的设想。他"认为看起来活生生的符号（缺少能指的符号）不仅不能使人恢复人性，人还被它的错觉所奴役"[30]。所以狄德罗通过绘画技术（能指）来消除错觉。大卫的四点技术创新都使得他区别于一般的新古典主义。新古典主义不是宣传，宣传作品也不古典。大卫的作品虽然充满话语性，但意义不确定，总呈现相互排斥的两种判断。他不是废除话语，而是革新地运用了形象中的话语。"通过阻止话语没收形象，大卫又在他已帮助建立的新秩序中保持了图形性的活力。"[31]总之艺术史被改述为艺术家处理话语性与图形性两极关系的不同策略的历史。在这种历史中，远离话语性，控

29 顺便一提，国内说到布列逊的《语词与图像》常常会特别提到洛可可绘画中的性别角色划分："女人是图像，男人是观看的承受者。"（113 页）这种理论同样来自《观看之道》，而且不涉及符号学理论也不是全书的主线。

30 诺曼·布列逊：《语词与图像：旧王朝时期的法国绘画》，王之光译，浙江摄影出版社，2001，第 228 页。

31 同上，第 277 页。

制话语性，或破坏话语稳定性的艺术家被赞扬。

不论其暗含的形式主义价值观，布列逊的确通过这对术语为艺术史提供了一种不同于风格史的编史工具，而且这种理论工具谱写的历史确实能解决风格史上的那些例外人物（如夏尔丹和格勒兹）带来的问题。但是从形象研究的角度看，图形和话语仅仅重新安排了既有绘画史的秩序，而没有为我们提供任何对于形象的新理解。其对形象的物质性或画家性痕迹的强调在形式主义理论中早就完成了。图形与话语无论是作为能指与所指，还是作为形式与内容都只是既往理论的重新包装。在对作品中对立概念的比例的调查中，无论图形还是话语本身的性质都没有进入视野。此外，与布列逊的符号学信念相反的是，图形性概念所具有的破坏性能量。符号学可以完美地分析话语如何在形象中运作，以及图形性与话语性的关系，但是对于排除了话语性的纯粹画家性痕迹本身却无能为力，没什么可说的。布列逊多次把图形性称为“作为图像的存在”（being-as-image）[32]，这只能被理解为形象根本上是那个符号学所不可解的图形性。无疑，这种对符号学艺术史的破坏是由图形性概念从利奥塔的解构主义中遗传来的，但是仅仅对利奥塔进行简单模仿的布列逊却对这种遗传缺乏自觉。

二、《视觉与绘画》：影响的焦虑

1983年出版的《视觉与绘画》一书与之前的《语词与图像》及之后的《传统与欲望》不同，是本纯理论著作，或称艺术史哲学。但是其讨论的大部分内容未超出《语词与图像》第一章的范围。《视觉与绘画》可说是《语词与图像》中理论的扩写和进一步讨论。不同之处是布列逊几乎否定了自

32 诺曼·布列逊：《语词与图像：旧王朝时期的法国绘画》，王之光译，浙江摄影出版社，2001，第276页。

己之前提出的理论。正是从此书开始，布列逊把贡布里希当做了头号批判对象。有学者已经指出“虽然布列逊的沉思是作为与贡布里希的《艺术与错觉》截然相反的选择而提出的，但是许多人会觉得，这部分也是贡布里希本人的追求”[33]。而且，如果认为布列逊满足于颠覆贡布里希那就太小看他了，罗兰·巴特和索绪尔等符号学家也都是他的批判对象，那么下面将分析布列逊的文本，看看我们是否也是上述的“许多人”。

首先布列逊再次摆出了他所谓的自然的态度。从普林尼到弗朗卡斯泰尔，绘画被看做在历史中变化。而这个形态学却并非艺术史，“历史正是它所真正否定了的维度”。因为绘画只想复现现实。可布列逊认为现实不是既定的，而是文化制约下人类生产出来的。自然的态度导致了本质的复制的观念，即清除了人为痕迹或无风格的绝对逼真。这种态度作为绘画的态度就是非历史的，并以知觉为中心的。接着布列逊又否定了相对主义的替代方案，即“现实主义”是与特定社会的现实相符。这一点在《语词与图像》中也有涉及。[34]但是相对主义只是否定了单一的本质的复制，每个特定社会的绘画都成了对该社会而言的本质的复制。这排斥了技术，导致解释进入循环论证。布列逊渴望的是“绘画作为一种物质实践的历史”。他认为对本质的复制的“更有力挑战”来自贡布里希：通过使用波普尔的证伪法，贡布里希的理论提出眼睛和画笔之间不是无中介的，中介就是传统图式。但是布列逊认为他对本质复制的弃绝只是表面的，其理论强化了普林尼的进化论和目的论。据说贡布里希没有明确所谓图式是手工实体还是精神实体。实际上贡布里希的图式就是艺术家对对象外观的知识。在制像过程中，这种知识体现为如何去画的知识，物质形式是传统的形象。在

33 阿莱克斯·波茨：《困难的意义》，劳诚烈译，《美术译丛》1988年3期，第64页。

34 诺曼·布列逊：《语词与图像：旧王朝时期的法国绘画》，王之光译，浙江摄影出版社，2001，第9—10页。

观看过程中，这种知识体现为预期或猜测，即认为对象是什么的知识。《艺术与错觉》中从未提到过肌肉运动的程式；格式塔确实被用于说明空间的多义性以及其他知觉现象，但是贡布里希对作为知识的图式的观点从根本上与赞成天生的格式塔心理学相对立。[35] 所以图式既不是肌肉的程式也不是“格式塔的精神结构”[36]，那么布列逊按照自己的错误理解提出的进一步推论就无需多言。实际上在第二章中，布列逊提出的最有力的批评源于对波普尔的科学哲学的批评。证伪原则不导致进步，因为不断增加试错仅仅证明了什么是错的，并未说明什么是对的。“进步和变化的差别依赖于我们事先对进程终极目标的了解，因此与终极目标对准或是偏移的程度才是可以计量的。”[37] 只有设定明确的目标（本质的复制）才能说乔托比奇马布埃更真实。如果《艺术与错觉》一书不曾存在，那么这么说倒是合理的。但是贡布里希明确指出一切艺术都是概念性的，我们心中的埃及人（即寻求意义的主动的内心）是无法彻底打败的。[38] 现实是丰富和复杂的，人只能根据社会要求模仿自然的一个方面。“它不是忠诚地记录一个视觉经验，而是忠实地构成一个关系模型。”[39] 贡布里希并不否认人能识别差异和相似（见本书第二章第二节三小节和六小节），但是他从未说过“形象只能是‘相似’而已”[40]。毫不奇怪，布列逊在如此指责时根本未给出出处。

35 E.H.贡布里希：《艺术与错觉——图画再现的心理学研究》，林夕、李本正、范景中译，湖南科学技术出版社，2000，第190页“是我们的知识，更确切地说，是我们的猜测，使我们把许多画中小小的马或牛解释为远处的马或牛。……（这些论点）格式塔学派丝毫不会接受。”

36 诺曼·布列逊：《视觉与绘画：注视的逻辑》，郭杨等译，浙江摄影出版社，2004，第27页。

37 同上，第39—40页。

38 E.H.贡布里希：《艺术与错觉——图画再现的心理学研究》，林夕、李本正、范景中译，湖南科学技术出版社，2000，第62页、第285页。

39 同上，第64页。

40 诺曼·布列逊：《视觉与绘画：注视的逻辑》，郭杨等译，浙江摄影出版社，2004，第28页。

因为整部《艺术与错觉》都在谈论视觉语言、既有知识对制像的影响，而且对于贡布里希而言不存在终极标准，所以才有各种风格。只有了解模仿自然的哪个方面，才能判断何者更逼真。

接下来，布列逊提出风格学和图像学都忽视了"绘画作为符号的存在"[41]，而这要由贡布里希的模仿的教义来负责。模仿的教义又被概括为"识别"（recognition）[42]。识别涉及早先记忆和当前材料的比较，以及不同个体之间经验的普遍性。布列逊通过引证维特根斯坦指出识别的普遍性不是模仿理论所认为的对人的经验或先前现实的模仿，而是依靠社会化构成的识别符码。对识别的保证来自对观者的识别反应进行观察。所以识别不必揭露内心，"而是要满足外部对主体提出的可执行的要求"[43]。那么识别就属于社会和物质领域。到此布列逊所言极是，但是之后他说："在模仿的教义中，绘画所属的领域是知觉的而不是识别的领域。"[44]他如此快地忘记了刚才识别还是模仿的教义的概括。布列逊认为模仿的教义就是贡布里希的所谓知觉主义。据说其"最消极的结果就是它在由形象激活而生成的识别符码中排除了社会构成的基本作用"[45]，即绘画只是记录知觉。所以社会建构在知觉主义中的作用是压制形象发展。但是真的贡布里希（而非布列逊想象中的稻草人贡布里希）告诉我们："视网膜上的信息要由我们对物体'真实'形状的所知来矫正"，所谓"真实"就是"特征形

41 诺曼·布列逊：《视觉与绘画：注视的逻辑》，郭杨等译，浙江摄影出版社，2004，第42页。

42 同上，第43页。recognition这个词在中译本《视觉与绘画》及《传统与欲望》中被翻译为"再认"，而在《艺术与错觉》中被翻译为"识别"或"辨认"。这些译法都是合理的，只是容易让读者误以为其说的是不同的概念，故本书中以"识别"作为该词的唯一译法。

43 同上，第47页。

44 同上，第48页。

45 同上，第48页。

状”[46]。特征形状从何而来呢？显然是布列逊所说的社会建构的结果。此外贡布里希认为我们的观看需要投射、视觉预期，观看就是解释和猜测。[47]投射、预期、解释和猜测的内容当然是社会建构的知识。他还多次引用菲洛斯特拉托斯书中的话：“除非他知道那些动物的模样，否则谁也不会看懂画的马或牛。”[48]可见只有生理的知觉能力是不够的，识别关键在具有相应的知识。贡布里希只是坚持在社会约定的知识之外还有生物本能带来的相似的效果。这些效果不是社会建构的，而是自然建构的。但是自然的效果并不是形象能够表意的基础（基础是形象的区别性特征形成的差异系统），只是说明相似并非纯粹惯例。可以说布列逊所谓的识别相关于社会建构，实际上就是贡布里希对识别相关于知识的翻译。贡布里希不使用“社会建构”这一术语。布列逊正是钻了这个空子，通过强调知识的社会性，从而把贡布里希的理论陌生化，并反过来反对贡布里希自己。贡布里希说过：“艺术的错觉以识别为前提。”[49]所以布列逊才会把识别当做模仿的教义的概括。但是他在把贡布里希的理论翻译成自己的理论的过程中忘记了这一点，于是出现了前后矛盾。至于在贡布里希的理论中社会建构压制形象发展之说更是无稽之谈。知识/社会建构是观看和制像的前提。没有它们就没有制像，不存在压制的问题。而且只有在目的论的艺术史中（例如布列逊想象的朝向本质复制的历史以及他自己在《语词与图像》中利用的形式主义的历史）才会有压制的问题。

在把贡布里希的理论斥为知觉主义之后，布列逊着手提出自己的替代

46 E.H.贡布里希：《艺术与错觉——图画再现的心理学研究》，林夕、李本正、范景中译，湖南科学技术出版社，2000，第220页。

47 同上，第165、第177页。

48 同上，第133—134页。

49 同上，第190页。

方案。这一替代理论是为了回答为什么“乔托无疑要比杜乔更‘真实’”[50]，即为什么会有现实主义。但是令人困惑的是，既然“知觉主义”把绘画仅仅当做相似，那么布列逊为何不用符号学解释一下虚假的相似是如何产生的呢？事实上布列逊把相似当做虚构置之不理，却从未直接证否或替代这个概念。因为无论是贡布里希还是罗兰·巴特都没有否认相似的存在，继承二人理论的布列逊自然无力批判相似概念。由于无力否定相似，所以他偷换了论题，把现实主义当做出发点。布列逊把逼真当做修辞，之后重复了在《语词与图像》中对现实主义的解释一（冗余度解释）和解释二（自然化解释）。而且他把这些解释称为“形式主义的解释——让我们关注画框四边内图画符号的内部安排”，而且认为其“从根本上说是站不住脚的”[51]。虽然“站不住脚”，但是为了反“贡”却又不得不用。所谓形式主义并非指艺术理论中的形式主义（如费德勒、沃尔夫林、格林伯格等），而是指以罗兰·巴特为代表的结构主义者［包括索绪尔、列维-斯特劳斯（Claude Lévi-Strauss）等］。在《语词与图像》中并不质疑这些解释的时候，结构主义者的名字像贡布里希一样是不在场的。而到了《视觉与绘画》，当批判的矛头指向他们之时，他们才被提到，并被给予了一个贬义性名字——“形式主义”。

虽然这两种解释在两本书之间没有实质性变化，但是相关的措辞在两本书中是有出入的。在冗余度解释中，再现叙事的基本语义的部分被称为“识别的最低限度图式”[52]。这个术语不是来自巴特的理论，而是来自贡布里希。《艺术与错觉》中“最低限度图式”（minimum schema）或

50 诺曼·布列逊：《视觉与绘画：注视的逻辑》，郭杨等译，浙江摄影出版社，2004，第 56 页。

51 同上，第 59 页。

52 同上，第 62 页。

“最低限度形象”（minimum image）[53]指可以使人识别形象的最简单形象或能激发动物反应的模造物。贡布里希把古埃及和中世纪的简略风格称为图画文字。布列逊把这些概念借用在叙事形象上。更重要的一点是在《语词与图像》中多余的细节还有一个定语修饰：无害的。这个形容词在《视觉与绘画》中消失了。贡布里希也说过正确描绘是指“不会获得错误的信息”[54]。“无害”意味着还有有害或错误的冗余细节。现实主义并非是只要增加多余细节就可以了。增加的细节一旦和最低限度图式发生冲突，逼真就没有被增强而是被削弱了。例如，可以想象在一幅《哀悼基督》中，添加恐龙或错乱的明暗和透视只会使其更不逼真；给中世纪图式化绘画的金色背景中不断增加装饰图案也不会使其更接近现实主义。那么无害的标准是与相似有关的。对布列逊而言，这个定语实际上趋向于本质的复制，所以必须被掩盖。其实贡布里希和巴特讨论形象时都提到了冗余度的概念，但是他们都把这个信息学概念用于固定形象的多义性[55]，而不是说明现实主义。布列逊的冗余度解释来自对现实主义小说的解释[56]，即巴特所谓的“真实的效果”（the reality effect）。巴特认为现实主义文学使用了大量“无意义记号”（insignificant notation）或“无用的细节”（useless detail）。其是能指与指称的结合，因而是无内涵的。正是由于无内涵，所以其变成了“现实主义”的能指。这就产生了“真实的效果”[57]。巴特

53 E.H.贡布里希：《艺术与错觉——图画再现的心理学研究》，林夕、李本正、范景中译，湖南科学技术出版社，2000，第73页、第215页。

54 同上，第63页。

55 同上，第200页；罗兰·巴特：《显义与晦义——批评文集之三》，怀宇译，百花文艺出版社，2005，第23页。

56 布列逊在《语词与图像》的一个注释中指出了这个来源。

57 罗朗·巴特：《真实的效果》，邓丽丹译，《外国文学报道》1987年第6期；Roland Barthes, *The Rustle of Language*, Translated by Richard Howard, Berkeley: University of California Press, 1989, pp.141-148。

在这里讨论的是文学不是绘画，虽然现实主义绘画也可以使用“无用的细节”增加真实效果，但是这对于绘画而言只是辅助手段。文学在提到一个名字或名词之时无需任何描写也有相对确定的所指，但是绘画必须与指称物相似才能达到指涉所指的目的。所以“真实的效果”不能从根本上适用于绘画。伦勃朗的粗放笔触让我们感到更为真实，许多简洁的素描或写意画同样是逼真的。[58]这都与冗余度解释或所谓的“真实的效果”不一致。与其评论乔托与奇马布埃的差异，布列逊更应该解释一下初级写生素描课上为什么学生们的成绩并不相同，为什么有人画得更逼真。弧度太大或太小都不像（或不能匹配）模特的脸，一条曲线的曲率不存在冗余度或隐藏内涵的问题。

对于巴特的“内涵消除外延”的自然化解释，布列逊先开始了对其“错误”的修改：巴特的外延概念（无编码信息）体现了“一双天真的普林尼式的眼睛，不受文化生产和文化决定的识别符码的影响”[59]。外延不是知觉而是“从那些被图像志符码所统治的识别程序所产生的”[60]。总之一切都是社会符码和建构的结果。天真之眼和知识对视觉的建构都是在以贡布里希来批判巴特。但是这个修补只是开始，对巴特等“形式主义者”的批判还在后面。第四章一开始就提出“形式主义本身无法完全解释现实在绘画中的影响”[61]。这实际上否定了《语词与图像》第一章的理论所做的努力。形式主义（即结构主义符号学）认为逼真来自内涵和外延这两种不同符码的比例。而巴特等符号学家之所以被称为形式主义，就在于其“认为

58 参考 E.H. 贡布里希：《艺术与错觉——图画再现的心理学研究》，林夕、李本正、范景中译，湖南科学技术出版社，2000，第 241—242 页。

59 诺曼·布列逊：《视觉与绘画：注视的逻辑》，郭杨等译，浙江摄影出版社，2004，第 66 页。

60 同上，第 67 页。

61 同上，第 72 页。

意义（或识别）是来自符号内部秩序的结果，而非来自超越自己的外部影响”[62]。布列逊认为因为内涵在社会建构中运作，所以内涵打破了形象的内部秩序，使其向社会构成开放。内涵符码没有现成的辞典，因而与外延（图像志符码）相比是不明确和多义的[63]。形式主义者肯定了内涵的不明确，从而认为这是欺骗的手段，即巴特所谓的神话（如广告或意识形态宣传）。布列逊认为内涵符码是在物质生活中习得的，是由社会建构的，其在语境中是确定的。形式主义者不了解这些，所以才把逼真当欺骗，把观者当白痴。另外，形式主义者忽视了内涵的多义性。只有在具体的语境中才能排除多义性。所以形式主义者“仅仅理解了部分的现实主义方程式”：内涵符码脱离语境进入画面之时就变成了多义的，观者根据自己的生活体验“创建并即兴造就达到所指的形式”[64]，“西方绘画的自然主义之所以有说服力，……也是因为世俗的体验将微妙的符号实体与实践的物质实体如此紧密地相连”[65]。所谓多义性是贡布里希在《艺术与错觉》中反复申述的内容：形象和空间都是无限多义的，由于尝试性投射和一致性检验的存在，多义性本身是看不见的。在稍晚的《图像与眼睛》中贡布里希更是明确指出语境对多义性解读的影响：对于多义的鸭兔图只要改变“视觉前后关系”（如画一个养兔场），“那么，我们所说的心理定向肯定会上当，并会确定一种读解”[66]。在布列逊说“现实主义下的形象从实例中抽取了知识的一种侧面轮廓”[67]之时，他只是在重复贡布里希的论述：绘画

62 诺曼·布列逊：《视觉与绘画：注视的逻辑》，郭杨等译，浙江摄影出版社，2004，第73页。

63 同上，第76页。

64 同上，第82页。

65 同上，第83页。

66 E.H.贡布里希：《贡布里希论设计》，范景中选编，尹定邦主编，湖南科学技术出版社 2004，第20页。

67 诺曼·布列逊：《视觉与绘画：注视的逻辑》，郭杨译，浙江摄影出版社，2004，第82页。

只能模仿丰富而复杂的自然的一个方面。贡布里希再次被征召反过来对付巴特。

当然在布列逊的指责中，巴特像贡布里希一样是被冤枉的。巴特在《摄影讯息》一文提出了内涵编码的社会建构性：“内涵编码似乎不是‘自然的’，也不是‘人为的’，而是‘历史的’，或者如果我们愿意这样说的话，它是‘文化的’”；“照片的内涵是一种建构性活动”。[68] 在《形象修辞学》中巴特强调了形象以及内涵的多义性：“任何形象都是多义性的”；“构成这一系统之新颖特征的，是对于同一词汇（同一图像）的解读方式的数目是依据个人而变化的……这便是对于图像的多种解读方式的情况”。[69] 从根本上说，巴特的《神话学》和《形象的修辞学》的目的都不是解释现实主义绘画的产生，而是为了解释政治宣传和商业广告如何潜移默化地传递意识形态和信息，并把这些信息自然化。面条广告的照片或敬礼的黑人士兵的摄影都与乔托绘画意义上的现实主义无关。如果说巴特的理论无法解释现实主义绘画，那么错不在巴特，而恰恰在于把巴特的理论运用于绘画的布列逊。布列逊再次偷换了概念，推卸了责任，把他自己的自我批判和忏悔改写成了对巴特的批判。可以说《语词与图像》与《视觉与绘画》已经发生了根本的断裂。之后布列逊又开始指责索绪尔，以解构主义从能指到能指的滑动来代替能指到所指，又用能指加社会建构到能指来代替前者。总之指责索绪尔仅仅提供了有缺陷的符号学，忽视了社会建构的话语。此外，意义不仅产生于结构而且产生于语境。这与对巴特的批判没有太大区别。

那么，在《视觉与绘画》中布列逊以巴特批判贡布里希，以贡布里

68 罗兰·巴特：《显义与晦义——批评文集之三》，怀宇译，百花文艺出版社，2005，第15页、第19页。

69 同上，第28页、第35页。

希批判巴特。不过这种鹬蚌相争是由于布列逊为他们设置了与其理论不相关的问题导致的，所以这是关公战秦琼。并且布列逊还故意忘记二人的理论，然后再以他们自己的理论指责二人。正如波茨所言：巴特和贡布里希都为布列逊“提供了主要的出发点”，“然而他却试图在两位使他获益匪浅的作者身上搞破坏性的工作，任意地改述并且过分地简单化他们的观点，然后以这些浅薄的曲解为靶子，藉（借）以把自己的思想抬高为新的东西”[70]。借用布列逊后来的《传统与欲望》（或布鲁姆的原著）中的理论，可以说他自己充满了“影响的焦虑”。贡布里希和罗兰·巴特这些前辈和学术巨擘的理论都极其博大精深，这使得作为后来者的布列逊感到除了误读之外无话可说。

书中布列逊另一个主要论点就是对画家性符号的研究。他把语言学中的指示性（deixis 或译为指代）用在了形象中以讨论画家性符号的时间性、空间性和身体。这类似于马林对陈述作用的讨论。当然哪怕是这一点也无法算作布列逊的原创。因为罗兰·巴特早在 1973 年就已经提出即使是最抽象的绘画都再现着身体，绘画源于手的运动（见本书第一章第三节二小节）。布列逊把西方绘画对立于中国画，认为前者是对指示性的参照、对身体的否定；后者是对指示性符号和身体的确认，是行为艺术。这两种绘画又对应两种视觉方式：“凝视”（中译本译为“注视”）和“扫视”。凝视是静止的、超然的，处于持续时间之外的瞬间，与劳动的身体分离；扫视是跨越的、不连续的、无序的视觉，强调观察的过程和身体的痕迹。凝视性的绘画因而否定时间性和空间性，希望抹去自身的介质，把观者和画家的身体压缩为一点（视点）；扫视性绘画“诉诸观察主体在持

70 阿莱克斯·波茨：《困难的意义》，劳诚烈译，《美术译丛》1988 年第 3 期。

续时间性中的视觉”[71]，强调对笔触的控制，也就是强调画家的运动的身体和观者观看的身体。《语词与图像》只限于指出画家性符号，指出之后则是话语对图形的沉默；而《视觉与绘画》则借助无所不在的社会建构打开了画家性符号的坚硬果核，开始对其进行分析。当然与其说他是在谈论画家性痕迹，不如说布列逊找到了其在图像志之外的所指（按照布列逊的说法是不断漂移的能指链），也就是身体、欲望等话语。画家性痕迹成了再次回到社会建构问题的跳板。这种对形象中话语的分析是全面的。布列逊认为社会学艺术史（如赞助人研究）和苏联语言学虽然都强调社会对艺术的影响，但是社会的影响是狭窄的、外在的和间接的。“画家性符号的社会特征是内在固有的。”绘画的方方面面，制作和识别都是社会连续体的一部分，并与其周围的其他实践活动相交织：“它们在每一关键点上都与经济和政治的领域相互作用”[72]。形象不是被动传输完成的符号，而是通过劳动而转变。符号意指或社会建构的话语形式是在形象的所有层次上起作用。“能指组合不能造成与在社会内部起作用的话语构成的接触，就永远不能获得可理解性；……可是一旦绘画在沙龙展出，含义生成的历史就没有了止境”[73]，因为其与周围的经济和政治实践不断在进行多变的遭遇，由此阐释形象中的社会建构成了布列逊的目标。这种对社会建构在形象中体现的专注是《视觉与绘画》与《语词与图像》相比更为重要的断裂。话语不再仅仅是来自外在的语言，而是与符号结合在一起，渗透在形象的每个角落。

布列逊的贡献在于以极度刺激的方式把社会建构推到了学科前沿，

71 诺曼·布列逊：《视觉与绘画：注视的逻辑》，郭杨等译，浙江摄影出版社，2004，第 101 页。

72 同上，第 150 页。

73 同上，第 160 页。

使其不是作为配角而是作为研究的核心出现。可以说布列逊没有提供任何新理论，但是他重新结构了理论中的关系，凸显了社会建构的重要性。

但是这种贡献却是以牺牲贡布里希和巴特为代价的。贡布里希实际上相当重视社会对形象的感知以及制像的影响：文化不同的希腊人和印第安人看见的星座也不同。“一个再现的形式离不开它的目的，也离不开流行着那一种特定视觉语言的社会对它的要求。”[74]布列逊努力想告诉我们现实主义的效果是如何造成的，但是未能告诉我们，而且根本没有想到这个问题：为什么中世纪程式化的绘画会变成文艺复兴时期的写实绘画？或者说为什么艺术家想要去制造多余的细节和自然化的效果？难道是文艺复兴时期的人学习了巴特的符号学之后想在绘画中实践一下吗？然而贡布里希却明确地从社会学和历史的角度提出了说明：古希腊社会有对叙事的需要，而叙事使得“什么”与“怎样”不可分，使得“看起来像”的要求开始发展。后来贡布里希又把这总结为“见证原则”，提出文艺复兴的写实艺术来自圣方济各的戏剧性布道产生的“戏剧性唤起”的要求。贡布里希的社会要求是历史上特定社会情境向艺术家提出的任务（即布克哈特所谓的“作为任务的艺术史”）。而布列逊的社会建构则是形象中蕴含的微观话语。贡布里希把艺术史作为满足具体的社会任务而进行尝试的历史。任务一旦下达，社会就不再过问艺术家如何完成这个任务，只是对结果进行检验。所以在每个任务之下艺术获得了一定的自律性。布列逊实际上忽视了宏观艺术史的存在，社会建构的存在无所不在却不具有连贯整体。

布列逊把知觉主义作为一个否定性的称呼以使贡布里希污名化，但是自相矛盾的是，他提出的凝视与扫视都是不同种类的知觉。如此说来布

74 E.H. 贡布里希：《艺术与错觉——图画再现的心理学研究》，林夕、李本正、范景中译，湖南科学技术出版社，2000，第 64 页。

列逊才是货真价实的知觉主义者。可见，知觉并不排斥社会建构和文化作用或者符号。贡布里希的文本已经充分说明了这一点。布列逊其实混淆了知觉与本能。本能确实与社会建构无关，是先天的，但是知觉的材料可以是社会-文化现象或符号，知觉的过程（像贡布里希指出的那样）充满着既有的知识的约束。更重要的是识别符号，领会其所指也需要知觉或认知过程。排斥知觉变相排斥符号学。本能在贡布里希的理论中确实占有一席之地，但是它不是再现理论的全部，无法取代知识和符号系统。正是在预期和投射等既有知识发挥作用的知觉的各个阶段，社会建构以及符号才进入视觉认知和制像过程中。而且本能在研究中的在场是对客观事实的负责，贡布里希不像布列逊那样为了强调一者的作用而贬低其他。正是贡布里希为研究形象和视觉中的社会建构提供了坚实的心理学和符号学基础，而且他的研究实际上把社会建构当做了艺术史中必须被研究的对象。

布列逊所说的全部内容几乎在贡布里希和巴特的著述中都有涉及。布列逊的贡献不在于提出某个观点，而在于改述了二人理论中的重点，即把形象各个方面的社会建构当做最重要的议题。布列逊的《视觉与绘画》实际上是发展了二人的理论，而不是批判之。这本书对于布列逊自己而言更适合于题为《传统与欲望》。如果他能克制一下自己“影响的焦虑”和独创的欲望，不进行危言耸听的攻击，而是平静客观地分析两位前辈的理论传统并与之进行对话，那么这本书的品质将会大为改观。

三、从视觉性到视觉文化研究

虽然《传统与欲望》比《视觉与绘画》晚一年出版，但是其中的一些内容在《语词与图像》一书中已有体现。两书中论述的艺术史范围也是相互衔接的。《语词与图像》讨论的是从勒布伦到大卫，《传统与欲望》是“从大卫到德拉克罗瓦”。《语词与图像》结论一章的后半部分实际上是对《传统与欲望》内容的提示和预告。其中说道："风格论不易解释在一种形象与它的源头之间具有的这种变动的距离；它不易感觉到在大卫的作品中（在安格尔的作品中也一样）包含着一种对艺术家与他在作品中选用的风格之间的关系的焦虑。"[75] 这正是《传统与欲望》的主题：质疑传统风格学或形式研究中的渊源分析（或称绘画图式资源分析）。在布列逊看来，艺术史可以"全无时代之分"地通观整个历史，其和艺术品是同时代的，所以便把自身作为观者的视点强加给艺术家。但是画家却是处于特殊的历史时代和传统中进行创作，"而传统可能早已把他要说的东西全说了"[76]，所以画家与传统的关系不是简单的继承。经典的渊源分析只是"盘点存货"，却无视"画家对渊源与风格异常而又微妙的转化"[77]。

当把《语词与图像》《传统与欲望》两书连读之时就会发现两本书都是以现有的艺术史研究方法为起点。《语词与图像》探讨的是文与图的关系，其方法论是对图像志的延伸。传统图像志仅仅处理有前文本的形象，当揭示出形象的前文本之时任务就完成了；而图形和话语的分析探讨了前文本在绘画中的体现与绘画能指本身的多样关系，并把前文本不重要或没有前文本的绘画（如波洛克的抽象表现主义绘画）也纳入讨论的范围。《传统与欲望》探讨的是图与图的关系，其方法论是对渊源分析的扩展。传统的渊源分析仅限于指出一幅绘画对既往图式的继承，以及与先前绘画的关系；而《传统与欲望》中则更多考虑了画家在借用传统图式之时不同的策略和目的，或者说从意图的角度分析了绘画与其引用的先前形象的关系。可以说这两本书都是对传统艺术史方法论反思、发展，并进行符号学包装

75 诺曼·布列逊：《语词与图像：旧王朝时期的法国绘画》，王之光译，浙江摄影出版社，2001，第294页。
76 诺曼·布列逊：《传统与欲望：从大卫到德拉克罗瓦》，丁宁译，浙江摄影出版社，2003，第7页。
77 同上，第54页。

的结果。布列逊实际上在《视觉与绘画》中提出的风格学与图像学的“综合分析”以及形式主义语义学也来自类似的思考。

由于《传统与欲望》出版于《视觉与绘画》之后，所以其自然也以反“贡”的面目出现。于是传统渊源分析的疏失的缘由也要由贡布里希来承担：像普林尼、瓦萨里一样，贡布里希描述的艺术史也是一个通过修正前人的图式而传递发展的进步的绘画史。在这种看法中传统是后人的阶梯，每一代人站在前一代人肩上，图式只是工具。布列逊认为贡布里希的看法是“乐观主义的”，其隐藏了西方艺术史也是打破前人图式的“圣象破坏”的历史。“事实上，新手与前人的关系是一种内在的对抗关系。”[78]但是且慢，《艺术与错觉》中提到中世纪艺术图式就是形象；文艺复兴以后由于学院的存在以及由于追求理想美的目的，图式还有权威。之后贡布里希明确写道：“18世纪晚期和19世纪的艺术史就成为跟图式进行斗争的历史。”[79]“18世纪晚期和19世纪”不正是“从大卫到德拉克罗瓦”的历史吗？可见贡布里希不是乐观主义，也没有隐瞒什么，他只是对历史的论述很全面而已。进一步说，布列逊没有用16或17世纪的艺术史来例证影响的焦虑。可见《视觉与绘画》正是在贡布里希上述论述的指导下展开的。他对贡布里希的否定正是直接受贡布里希影响的证据——布列逊的“影响的焦虑”症再次发作了。虽然此书中隐含的核心概念“影响的焦虑”来自哈罗德·布鲁姆（Harold Bloom），但是布列逊至少没有直接使用布鲁姆的六种修正比，而且在全书最后的跋中布列逊甚至提出传统的影响不一定是俄狄浦斯式的父子间搏斗，而可以是“在充满敬意的转义中定位”；偏离和变化可以是

78 诺曼·布列逊：《传统与欲望：从大卫到德拉克罗瓦》，丁宁译，浙江摄影出版社，2003，第21页。

79 E.H.贡布里希：《艺术与错觉——图画再现的心理学研究》，林夕、李本正、范景中译，湖南科学技术出版社，2000，第127页。

自然而必要的。[80]那么在这里布列逊甚至否认了影响的焦虑的精神分析的基础（这显然与书的开篇不一致），同时也变得“乐观”了。所以贡布里希的影响更为直接。接下来布列逊重述了《视觉与绘画》中的识别问题并把它运用于当下的再现与传统的关系。形象为了能被识别必须进入符号系统。无论感受多么个人化，“一旦想要向别人交流这种知觉时，他就必定要进入那种先于他的知觉而存在的识别回路”[81]。所以一切再现都是永久滞后的，是没有真正的所有权的。总之画家要与图式和前辈进行搏斗，“传统越是伟大，画家就越难发现传统中尚未开垦的土地”[82]。

全书写的就是这种斗争的策略的历史。新古典主义本身作为复古是无生气的。而大卫在早期绘画中并列展示了法国近代画风的全过程，从而使本来透明的风格凸显出来，并使之成为转调形式的反讽。“用重述性反讽把过去的力量压制下去。”[83]在另一幅绘画中则使用传统的一部分嘲弄另一部分，把自己置于某个前辈的保护之下，也就是所谓的盾式转义。《贝利撒求乞》中使学院派的严谨风格和德勒兹的风俗画风格相对峙，从而形成把不相容话语组合在一起的误用性转义。《萨宾妇女的调停》通过大量引用前人，使主形象获得丰富性，从而确立权威性，最终作为引证的母题获得原创性。《拿破仑御像》使用了整体性或举隅性转义，即通过引用西方艺术史各阶段风格，使传统相互抵消，凸显前辈也是后起之辈，使自身处于传统之外。安格尔的肖像画则使用移位性转义使拉斐尔的绘画符号在绘画间能指链条的指涉中失去了原创的意义。由于身体是唯一直接可感的手段，所以《瓦平松浴女》等画借感官使前辈成了同辈。《土耳其浴室》则是欲望寂灭的表现。安格尔

80 诺曼·布列逊：《传统与欲望：从大卫到德拉克罗瓦》，丁宁译，浙江摄影出版社，2003，第279—280页。
81 同上，第30页。
82 同上，第18页。
83 同上，第49页。

的女性肖像画把渊源变成提喻，进行逆反性转义，仿佛前辈正在模仿安格尔。德拉克罗瓦在壁画的叙事中把野蛮和教化相对立。绘画的叙事缺乏清晰定位。野性被宣称推动了文化。所以文化－传统就成了后来者。当浪漫主义者德拉克罗瓦在自身中发现野性之时，传统就无足轻重了。

在主线之外，书中还有两个次级主题：一个是前半本书中对“视觉性”[84]的讨论；另一个是后半本书中对欲望的讨论。与本书相关的是前者。

布列逊首次大量使用“视觉性”一词是在1983年发表的题为《大卫的〈贺拉斯兄弟的誓言〉与“影响”的问题》（“David's Oath of the Horath and the Question of Iinfluence'”）的文章中[85]。而《传统与欲望》在界定视觉性之时专门提到了迈克尔·弗里德的《专注性和剧场性》(《专注性和剧场性：狄德罗时代的绘画和观众》的简称）。[86]其实弗里德的影响一直贯穿布列逊的三部曲，虽然《语词与图像》出版时《专注性和剧场性》还未出版，但是布列逊引述了弗里德为该书写的一篇文章。在《视觉与绘画》中这种影响更为直接。布列逊把透视分成两期，第一种是阿尔贝蒂式透视，第二种是鼎盛时期的透视。第一种以拉斐尔的《圣母的婚礼》为代表，“人物是有意识的，完全察觉到一个看不见的目击者的在场”，空间被舞台化，人物是在做戏；第二种以维米尔的《代尔夫特的风景》为代表，“观者不再像剧院中的观众那样是一个预期的存在”，其空间不以观众为中心，不

84 对视觉性一词在历史上和后来的词义演变见刘晋晋：《何谓视觉性：视觉文化核心术语的前世今生》，《美术观察》2011年第11期。本书下面的相关内容部分来自这篇文章的第五章。

85 布列逊在1983年发表的“Vision and Painting”第120页上就使用了visuality，但这个视觉性实际等同于视觉。中译本也是如此翻译的。见诺曼·布列逊：《视觉与绘画：注视的逻辑》，郭杨等译，浙江摄影出版社，2004，第130页。他在1983年发表的文章后来形成了《传统与欲望》一书的相关章节。见Norman Bryson，“David's Oath of the Horath and the Question of 'Influence'”，*French Studies*，Vol.XXXVII，No.4，1983。

86 见诺曼·布列逊：《传统与欲望：从大卫到德拉克罗瓦》，丁宁译，浙江摄影出版社，2003，第60页。

是舞台化的，视觉是漫不经心的。[87] 显然这里是在不具名地引用弗里德的剧场性与专注性的对立，而且可以讨论布列逊和弗里德二人各自提出的对立本身与沃尔夫林所谓的封闭和开放形式之间的对立的关联。在《传统与欲望》中这种影响走到了前台并导致了视觉性的提出。视觉性一词虽然来自形式主义的术语，主要内容却与纯可见性不再有丝毫联系，但是其灵感的来源还是深深植根于格林伯格—弗里德的批评实践之中。具体而言是来自表面上与视觉性无关的现代主义艺术批评对极少主义艺术的抵制。

20 世纪 60 年代极少主义艺术兴起时，格林伯格感到现代主义艺术受到了威胁和背叛。因为他认为极少主义不掩盖客体的在场，把观者、环境与作品的关系引入艺术品之中，从而破坏了形式自足的原则。他的学生弗里德在《艺术与物性》一文中进一步把“在场”的批评话语发展成“剧场性”[88]。后者指观者与艺术品形成一种观众和演员的关系，并且作品把观看者包括在内：作品自觉到观众的在场，并主动向观众展示自身。现代主义艺术就是反剧场性的艺术。

1980 年弗里德把这些反极少主义的旧批评观装入了他对法国 18 世纪的艺术批评研究的新瓶之中，写出了著名的《专注性和剧场性：狄德罗时代的绘画和观众》（*Absorption and Theatricality: Painting and Beholder in the Age of Diderot*）。书中他把“专注性”（absorption）对立于“剧场性”（theatricality）。洛可可艺术中的人物神情涣散，百无聊赖，仿佛仅仅为了把自身展示给观者。这是剧场性的典型表现。反洛可可的绘画和艺术批评则把人的专注状态看做值得表现的符合道德的母题。所以夏尔丹的看书的哲学家、吹泡泡的青年，格勒兹的读《圣经》的家庭都被弗里德看做是

87 诺曼·布列逊：《视觉与绘画：注视的逻辑》，郭杨等译，浙江摄影出版社，2004，第 121 页。

88 迈克尔·弗雷德：《艺术与物性：论文与评论集》，张晓剑、沈语冰译，江苏美术出版社，2013。

体现专注性的作品。这导致观者忘记自身的观看，从而真正专注于画作。这种情况在60、70年代发生变化。沉默地专注于自身和自身行动的主题已不再能说服当时的法国观众。绘画开始需要展现更多行动和表情的场面。于是在格勒兹1778年的《受惩罚的儿子》（*Le Fils puni*）中，戏剧性开始增强，并最终在大卫的成熟期画作中达到高潮。弗里德所谓的戏剧性也是专注性的一种。由于人物忙于画内的戏剧性冲突，所以对画外的观者视而不见。这意味着法国绘画从个体的专注性转向了群体的专注性。戏剧性价值的地位上升在批评中关联于重新确立历史画的最高等级地位及对绘画整体性的本体论要求。

此书的主题可说是把20世纪的艺术批评投射到了18世纪，不过这近乎错时论的研究非常有新意和启发性。弗里德揭示出一个长期被艺术史忽视的问题，即绘画（或画家通过绘画）如何设定与观者的关系。对于这一点布列逊在书评中就已大加赞赏，认为其“预示艺术史自身性质中的深层变化”[89]。在《传统与欲望》中布列逊把作品与观者的关系进一步扩展成了看与被看的一般关系。

为了说明这种关系并将其应用于作品分析，布列逊启用了“视觉性”一词。他写道：“‘视觉性’的诸种结构——它是一个大于‘视觉’的术语，而且人们也总是倾向于把处于社会和话语条件下的视觉构造再现为视觉性，就像它在人的主体上所呈现的那样。”[90]这是历史上视觉性首次被明确对立于视觉。其实“视觉性”一词在《专注性和剧场性》一书中并非重要的术语。在之前的艺术批评文章中“opticality”一直是弗里德艺术批

89 Norman Bryson，“Review,” *The Journal of Modern History*，Vol. 53，No. 4（Dec.，1981），p.705.

90 诺曼·布列逊：《传统与欲望：从大卫到德拉克罗瓦》，丁宁译，浙江摄影出版社，2003，第60页。

评的关键词，对立于触觉性。其更强调视觉的光学和物理方面。该词即形式主义所说的纯视觉，其在形式主义理论中与视觉性是同义词。在《专注性和剧场性》中重新启用了术语“视觉性”。在有限的3次使用中专指观者对自身观看具有自觉意识：“像狄德罗设想的那样，tableau（图画或舞台造型）的首要功能与其说是从事或说明剧场性观众的视觉性，不如说是去压制那个视觉性，把它隔离于舞台上发生的表演，使观众像戏剧人物一样忘记它。”[91]可见词义已偏离纯视觉的轨道，和视觉的主观性发生了关系。

布列逊对《专注性和剧场性》“既十分推崇又不能苟同”。他认为弗里德“解释了视觉的主观性”，分析了作品的“叙事结构”却忽视了“首先是视觉中他人的存在，这种存在使人的视觉性（与照相机的纯视觉相反）产生了分化，之所以会分化就是由于主体在知觉视野里并非独立无涉，而是被一种他必定要与之交往的他人的视觉性所包裹”[92]。形式主义者的可见性或纯视觉等于视觉性，并超越于受其他因素影响的视觉；而布列逊从形式主义理论中借用视觉性一词时却颠倒了这一关系，使视觉性与纯视觉对立。由此视觉性成了主观视觉，社会化视觉的代名词，用以揭示看的主体对被看的意识。

这一颠倒体现的实际上是理论重心的转移。毕竟布列逊不是形式主义者而是符号学的提倡者。但是当他把视觉性定义为“一种看与被看的主观经验”[93]时，视觉性在符号学艺术史的分析中占有不大的份额，只是拉康镜像理论的载体。与符号学话语尚有距离，更无法肩负视觉文化研究基础的重任。无疑，“看与被看”只是视觉文化研究的众多问题之一。

---

91 Michael Fried, *Absorption and Theatricality: Painting and Beholder in the Age of Diderot*, Chicago: the University of Chicago Press, 1988, p.96.

92 诺曼·布列逊：《传统与欲望：从大卫到德拉克罗瓦》，丁宁译，浙江摄影出版社，2003，第61页。

93 同上，第143页。

不过视觉与视觉性的对立吸引了学术界的注意。1988年福斯特召集了“视觉与视觉性”学术研讨会。借此契机，布列逊重新审视和定义了“视觉性”。他提交的论文名为《扩展领域中的凝视》（“The Gaze in the Expanded Field”），其中讨论了：萨特描述的观看主体被他者凝视时造成的主体去中心化；拉康描述的观看主体遭遇对象回视时造成的主体去中心化；以及日本禅宗的“空”的概念导致了无威胁的主体去中心化。对于本书而言，最重要的是这篇论文扩大了视觉性的范畴：

> 视觉是社会化的，因此，对视觉真实的社会建构的偏离能被多样地测量和命名，像幻觉、误认或“视觉干扰”。在主体和世界间被插入了组成视觉性的话语的整体——视觉性即文化的建构——并使得视觉性不同于视觉，视觉指无中介的视觉经验。[94]

在主体和世界间有着一道社会、文化、历史产生的符号之屏，人需借符号方能认知和交流。这种符号学观点是布列逊在《传统与欲望》中明确提出并图示出来的（见图20）。这种符号之屏其实就是《视觉与绘画》中相关理论的总结。这里的不同之处仅在于他将这种社会建构命名为视觉性。同时前述“看与被看”的关系则成了新定义的一个子项或外延。这种定义带来了一点饶舌：如上文所述，一般意义的“视觉”是“社会化的”，而与视觉性对立的特指的物理的“视觉”则是“无中介的”。这个麻烦恐怕正是布列逊颠倒形式主义术语带来的结果。但无论如何在这篇文章中视

94 Norman Bryson, “The Gaze in the Expanded Field”, in Hal Foster, ed. *Vision and Visuality*, Seattle: Bay Press, 1988, pp.91–92.

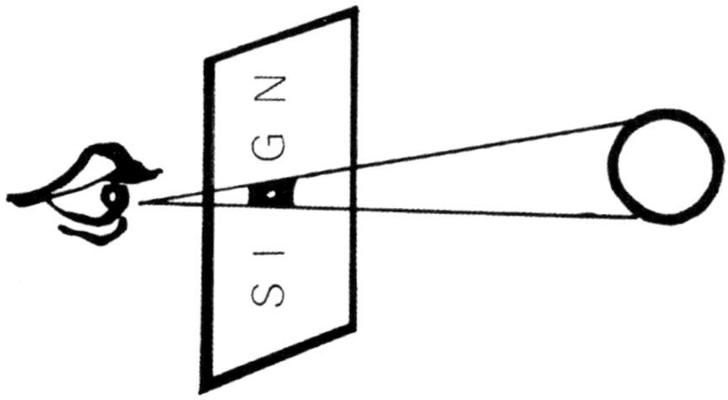

图 20　视觉间距图，采自《传统与欲望》，第 89 页

觉文化的理论前提终于找到了自己的名字。不过应该看到，视觉性的定义是新的，但是“人的观看是为社会或文化所建构的”这种认识并非布列逊的发明。相反，像上文已经指出的那样，贡布里希在否定天真之眼，以投射、预期等心理学条件把知识引入观看之时，实际上已经把社会和文化建构当做了视觉所不可或缺的方面。布列逊的贡献不在于提出这个观念或理论，而在于把这个理论的内容赋予了一个响亮的名称。同时布列逊通过歪曲，对贡布里希和巴特等人理论中的重点进行了取舍，客观上也凸显了视觉性的这一理论方面，使其从认知过程和结构主义的理论中独立出来，从而使视觉文化研究成为可能。《视觉与绘画》中提出的凝视和扫视虽然主要是对形象本身的划分方式，但是其事实上已经把观看的主体和观看的方式引入了讨论。这为视觉性议题的发展提供了理论线索和渊源。当然这又最终来自弗里德对观者与艺术品关系的讨论。可以说视觉性由贡布里希以及巴特提供内容，形式主义者提供词语的形式，最终由布列逊综合出来。

此后借助这种理论的突破，布列逊的研究不再限于传统艺术史的范围，而是拓展到整个视觉文化研究的领域中（不过值得一提的是，在此之前其研究范围明显比所谓传统艺术史家贡布里希要小得多）。除了出版专著《注视被忽视的事物：静物画四论》之外，布列逊更有影响力的行动是参与组织了两次针对视觉艺术中的理论和阐释的暑期学院：1987 年在霍巴特和维廉史密斯学院（Hobart and William Smith Colleges）和 1989 年在罗切斯特大学（University of Rochester）。研讨成果由布列逊等人编成文集，分别是 1991 年出版的《视觉理论：绘画和阐释》（*Visual Theory: Painting and Interpretation*）和 1994 年的《视觉文化：形象和阐释》（*Visual Culture: Images and Interpretations*）。还有就是上文已经提及的 1988 年出版的《诗画》。这三部论文集的前言都由布列逊撰写或参与撰写[95]。这些文章几乎都是《视觉与绘画》中相关论述的重复。布列逊总是开始于对贡布里希的所谓的知觉主义的批判，认为其理论把绘画当做感知的记录，而且其没有给形象与权力的关系问题留任何空间。传统艺术史认为权力外在于形象和感知过程，但是形象的识别是社会性的，所以社会建构是内在于形象中的。因此绘画是符号的艺术、话语的艺术，与其他社会建构的符号是相连的。作为话语的艺术就重回社会领域并联系于权力的运作，而不是仅仅作为经济基础的反映或赞助人的要求。而且形象中的话语不是外在的而是符号本身具有的。绘画中所具有的权力和话语来源于符号的物质性，来源于其是劳动的结果。显然布列逊所探讨的权力是福柯式的渗透于生活方方面面的微观的权力。与《视觉与绘画》等书中的论述相比，三篇导言中最明显的变化是与精神分析相关的概念“欲望”被更为时髦的福柯的概念“权力”所取代。所以布列逊的符号学最终想要在形象中揭示的话语就变成了权力。此外值得一提的是《视觉与文化》的导论中提出“从艺术史到形象史的转变”，即重点关注文化价值而非审美价值。虽然形象史

95 三篇导论的中译本见汉斯·贝尔廷等：《艺术史的终结？——当代西方艺术史哲学文选》，常宁生编译，中国人民大学出版社，2004；诺曼·布列逊：《符号学与视觉阐释》，载段炼编《艺术学经典文献导读书系：视觉文化卷》，罗玉添译，北京师范大学出版社，2012；诺曼·布列逊、迈克尔安·霍利、凯思·莫克塞伊：《〈视觉与文化〉之前言与导论》，易英译，《美术馆》2010 年第 2 期。

（或图像史）不具有取代艺术史的条件和意义，但是这种命题确实使得形象研究的独立成为可能，使得对形象的研究可以避开审美等艺术史所需要讨论的变量来进行。

布列逊的研究（到80年代末）已经从形式主义式的对画家性符号的赞扬和沉默发展到把绘画阐释为身体、欲望、权力的话语的载体。在他看来，形象是在社会中可交流的，所以它是符号。因为形象是符号，所以其与其他话语符号处于互动的关系中。那么形象作为符号的特殊性是什么，或者形象是什么特殊的符号呢？更重要的是，布列逊似乎已经忘记了《语词与形象》中那种拒绝话语的画家性能指，而且对大量无法进行交流和不是为了识别而生的形象视而不见。另外，他对自己的理论进行图解时在眼睛与绘画之间插入了一个符号之屏。这虽然很好说明了人的认知过程，但是同时也暗示着符号是外在于绘画而存在的。也就是说布列逊的符号学理论是自我否定的，其否定了绘画是由符号组成的。他对视觉性的提出使得对形象的研究加入了主体的视角。布列逊的研究线路从对形象本身的符号学研究自然延伸到了对视觉的研究，这并非学术界环境的要求，而是其自身理论逻辑发展的结果。这种转变虽然不能完全归结于研究对象从客体对象到主体的转变，却提示出符号学真正所处理的对象的范围。

第二节　米克·巴尔的“伦勃朗”

布列逊的《语词与图像》的一个积极影响是激发了学术界对语词与形象问题的关注。例如1985年创刊的《语词与形象：词句/视觉研究杂志》（*Word & Image: A Journal of Verbal/Visual Enquiry*）就是这种新兴兴趣的征候之一。米切尔1985年出版的《图像学》一书也是这种新型研究的代表作之一。在这种学术范围下，原本像布列逊一样从事文学批评的荷兰学者米克·巴尔（Mieke Bal）[96]也仿效布列逊投入了以符号学阐释视觉艺术品的研究。米克·巴尔在从事视觉艺术的研究之前已经是一位著名的叙事学专家和以女性主义阐释《圣经》文学的批评家了。其对符号学理论的理解比布列逊更为全面。米克·巴尔在80年代后期开始涉足视觉艺术，而且第一部研究视觉艺术的著作就成了其代表作，那就是《阅读"伦勃朗"：超越语词–形象对立》（以下简称《阅读"伦勃朗"》）。这部书源于1987年米克·巴尔应邀在加拿大多伦多大学作为诺森罗普·弗莱（Northrop Frye）教授所做的十二次讲座。[97]同时这本书的写作也和她与迈克尔·安·霍丽、布列逊、卡娅·西尔弗曼（Kaja Silverman）等人在罗切斯特大学共同创办的比较诸艺术课程以及前述布列逊和霍丽等人举办的暑期学院相关。虽然《阅读"伦勃朗"》与布列逊对语词与形象的研究相关，但是从标题可知米克·巴尔的核心观念是超越语词与形象的二元对立。这种超越是受到米切尔影响的结果，也是对布列逊既有的符号学方法的超越。同时在米克·巴尔看来，她的研究还是对现有文学研究和艺术史（尤其是图像志）中语词的特权和对视觉领域的压制的超越。

96 米克·巴尔是荷兰著名学者，阿姆斯特丹大学教授，阿姆斯特丹文化分析学派的领军者。她原先从事文学研究，后进入视觉艺术研究领域与霍丽等人一起开创了美国第一个视觉文化的研究生计划，并长期在美国执教。她在文学批评、《圣经》研究、女性主义、叙事学、符号学、艺术史、文化研究、理论史等方面都有杰出贡献。此外她还是视频艺术家。

97 在写作《阅读"伦勃朗"》之前，米克·巴尔在1987年就用荷兰语写作过一部相关主题的著作《伦勃朗的效果》（*Het Rembrandt effect*），但是其只涉及五幅伦勃朗的绘画。此外《阅读"伦勃朗"》中引用了大量1988和1989年出版的著作的内容，参考书目中甚至还列有一两本1990年和1991年的著作。这充分说明《阅读"伦勃朗"》并非那部著作的英译，而是全新发展的结果。

一、理论概述

米克·巴尔从导言就开始了对维米尔的《持天平的女人》（图21）的分析。这幅画在传统上被认为是逃避叙事的，或用阿尔珀斯的术语说是描绘的艺术。但是米克·巴尔注意到画面中挂着《最后的晚餐》的墙壁上有一个钉子，钉子旁有个洞。这个细节“挑起了思辨的繁殖力的爆发”[98]。洞指示着之前有过一次失败的挂画的尝试。画家为了使得画面平衡而寻求调整挂画的位置。这种平衡的困难又由持天平的女人和最后的审判之间的隐喻来凸显，所以米克·巴尔认为“我们正在看一幅（体现）这一平衡的画作，而不是一个真正的房间”。通过洞的存在，我们意识到女人造作的姿势和艺术家对绘画的安排。钉子和洞都是没有图像志含义的视觉元素，但是对它们的叙事分析使得静止的场景开始运动。“作品不再独自成立；现在观者必须承认他或她使其运作，而且表面不再是静止的，而是在讲述制造它的故事。这是叙事对艺术品所做的，不论它是视觉的还是文学的。”[99]那么米克·巴尔的视觉叙事不是形象对先前的叙事文本的图解，

图21 维米尔,《持天平的女人》, 1662-1664年，画布油画，39.7厘米×35.5厘米，华盛顿，国家画廊。下图为钉子的细节。

98 Mieke Bal, *Reading Rembrandt: Beyond the Word-Image Opposition*, Amsterdam University Press, 2006, p.3.

99 Ibid, p.4.

而是形象不依靠前文本自己体现的叙事。从而叙事以及修辞、阅读、话语性、视觉性等术语都不以媒介来限制，而是同等地运用于视觉和词句双方。所以《阅读“伦勃朗”》致力于探讨的是“从属于语词与视觉艺术之间关系的理论和阐释的问题”，而不考虑媒介划界问题。

《阅读“伦勃朗”》有两个前提假设：1.“艺术品和文学在其中出现和运作的文化并不强迫词句和视觉领域之间的严格区别”；2. 艺术既是完全人工的又是完全真实的，也就是“不分离于由每日人们做出的社会决定确定的意识形态结构”[100]。简言之，即语词与形象作为符号都是相同的，且都是社会意识形态的建构。

假设 1 是主要的假设，其也是对《阅读“伦勃朗”》一书副标题“超越语词与形象对立”的解释。米克·巴尔认为文学研究和艺术史或更一般的视觉研究之间在方法上相通，阐释模式上相似。艺术史中的图像志需要研究前文本，而文学研究也涉及形象问题，而且语词与形象的两个领域之间在文化生活中不断相互渗透，所以没有纯形象和纯话语。米克·巴尔的这些表述显然受到了米切尔在《图像学》中对语词与形象的讨论的影响，与其结论一致。但是米切尔主张维持二者的对立又不进行截然划分，而米克·巴尔则认为按照语词与形象的媒介进行划分是不必要的。形象也被看做文本。克服语词与形象二元对立的方式就是把它们都看做符号。导论中虽然称：“本书不是基于词句和视觉艺术间差异的否定，而是基于临时悬置那个差异可能所是的问题。”[101] 其实这只是米克·巴尔的一种安抚性的修辞。在随后的第一章以及贯穿全书的是把语词与形象的差异看做必须去

100 Mieke Bal, *Reading Rembrandt: Beyond the Word-Image Opposition*, Amsterdam University Press, 2006, p.5.

101 Ibid, p.8.

克服和抹去的阐释的障碍。例如“这个特殊短语‘语词和形象’暗示两个不同的，也许不可比较的事物被铸在一起；这个短词强调差异，而不是二者的共同方面。这个二分的谬误持续削弱语词和形象研究许诺的更新”；“……去把一个讨论立足于语词与形象间的区别不再是可能的”。[102]消除语词与形象间差异的直接目的是使阐释方法和阐释者可以跨越媒介和学科的边界，无顾虑地对词句和视觉艺术品使用任何阐释策略。阐释想要的就是意义，而语词与形象二者作为符号确定无疑的共通之处就是二者都能产生意义。所以米克·巴尔对语词与形象二元对立的克服或超越的根本目的就是使得阐释活动可以畅通无阻地得到对象中的意义。

米克·巴尔所说的意义并非艺术史中讨论的艺术品作者的意图。这类似于前一节中提到的布列逊（以及贡布里希和巴特）对形象的多义性的讨论。只是米克·巴尔并不关心在众多意义中进行锚固。在她看来作品不是给定之物，而是作为效果和影响存在。作品的意义被定位为一个意义的效果。阐释总是与阐释者自身的历史地位相关，或者说阐释总是主观的。“文本与形象什么也不做；阐释者发明意义。”“既然读者和观者把他们自己的文化和个人负载带给了文本和形象，那里就没有这样的事物作为一个固定的注定的意义。”[103]但是这不代表阐释无用。因为在形象或文本中的不是唯一的固定的意义，而是意义的“机会”。换言之，每个阐释者都可以有机会在作品中得到自己的意义，而且作品的意义是不可能被固定的。米克·巴尔把对于阐释的任何限制都看做是“对文化参与的自由的更新的威胁，一种审查的新形式”[104]。她认为对阐释的抑制源于学院教育对

102 Mieke Bal, *Reading Rembrandt: Beyond the Word-Image Opposition*, Amsterdam University Press, 2006, pp.27-50.

103 Ibid, p.12.

104 Ibid, p.13.

女性和少数族裔的开放："只要女人开始阐释，就不再需要更多阐释。"总之这暗示不认可她的任意阐释的人就是政治不正确，就是性别歧视。

阐释的进行基于语词与形象都是符号，基于双方差异的抹杀。按照古德曼的观点，词句符号是可分的；而视觉符号是密集的，个体符号是不可分离的。米克·巴尔援引维特根斯坦的话指出语言像图画一样是密集的，而且符号的密度不是一个问题。对静态的符号的设想实际上是"早期结构主义的遗物"，是原子论的观点。它们把符号设想为可数的，分离的，静止的"真实事物"。而米克·巴尔的符号"不是一个事物而是一个事件，问题不是去划界并把一个符号从其他符号之中孤立出来，而是去追踪符号在一个作品－读者相互作用的具体情况中可能的出现"[105]。符号事件发生于特定环境，所根据的是有限的文化的惯例或编码，所以阐释行为是有限的。作为事件的符号就导致意义不是预先确定的也不是纯主观的。

对符号事件、意义的不固定、阐释的主观性的这些理解导致了《阅读"伦勃朗"》对传统艺术史的众多观念的根本性否定。首先是上文提及的对作者意图的蔑视。艺术史阐释的主要目标之一是恢复作者的意图。这种对意图的专注在米克·巴尔看来是通过清除和抑制分析的主体来完成的。实际上作者的意图是研究者自己意图的投射和伪装。研究者的意图也就是前述的意义，"意图与意义，以及作品和分析，被融合"[106]。所以她注重的是读者（或观者）而不是作者。其次，同样受到质疑的是社会史偏爱的语境概念。米克·巴尔承认语境的研究不可或缺，但是她援引乔纳森·库勒（Jonathan Culler）的话指出，语境的概念过度简化而非丰富了讨论：

105 Mieke Bal, *Reading Rembrandt: Beyond the Word-Image Opposition*, Amsterdam University Press, 2006, p.15.

106 Ibid, p.5.

“语境不是根本上不同于它所语境化的；语境不是被给定而是被生产的；属于一个语境的事物被阐释的策略所决定；语境正如事件一样需要阐释；而语境的意义由事件决定。”总之，语境不能固定作品的意义，因为语境也是一个需要被阐释的文本。语境的代替品是框架（framing），也就是“符号如何被多样的话语实践、制度安排、系统价值、符号学机制所建立（框架）”。[107] 再次，则是对天才艺术家和高级艺术地位的否定。对于高级艺术的概念，当时的学术界已经有许多责难，例如认为低级艺术对文化生活更有代表性；想要忽视高级和低级之间的差异进行无偏见的分析；或批评高级艺术对于考察阶级、性别、种族问题是意识形态上有缺陷的。米克·巴尔认为第三种态度是把“高级艺术”当做流行文化的一部分。即便作品是精英文化的部分，其诱导的回应却未必是，亦即高级艺术也可以低级地观看。高低之别不是内在于对象，而是文化假设。这种处理高级与低级艺术的方式显然是意义的不固定的结果。对于艺术家，她引证福柯认为作者只是读者的投射，是一个有影响的功能，所以其意图不被关心，其传记也不是解释艺术品的依据。《阅读“伦勃朗”》中主要讨论的是伦勃朗，对此米克·巴尔称，“‘伦勃朗’是一个文化文本，而非一个历史真实”[108]。她不关心书中引述的伦勃朗作品是否被鉴定为真迹，因为作者的名字只代表对“作为特殊艺术家的作品”的某作品的解读的复杂性。所以伦勃朗的名字被放入引号中提醒其不是指历史上的真实人物伦勃朗，而是我们的文化中的文本“伦勃朗”。米克·巴尔把自己的上述研究方式称作接受为导向或读者为导向的批评视角，其分析的对象是“我们与形象的关系”[109]。

107 Mieke Bal, *Reading Rembrandt: Beyond the Word-Image Opposition*, Amsterdam: Amsterdam University Presserdam University Press, 2006, p.6.

108 Ibid, p.8.

109 Ibid, p.18.

这个“我们”指的是主体和其社会含义。

那么米克·巴尔一举否定或忽视了艺术史所注重的作者意图、语境的阐释效力、高级艺术的功能以及作品的鉴定归属。但是艺术史家大可不必因此而愤愤不平，因为米克·巴尔并未把自己的研究当做是艺术史或新艺术史。她把自己的研究定位于文化批评的研究领域中，目标是于文化理论有贡献。她称自己的研究是视觉诗学，用现在的术语说，可以算作视觉文化研究。在该书写作的80年代末，艺术史学科中热议的话题是艺术史的危机。米克·巴尔认为危机的征候是欺骗性的，危机感其实是学科进行反思因而保持健康的标志。文学研究的学者通过符号学进入艺术史可以带来新的或不同的视角。《阅读“伦勃朗”》是要建立一个语词与形象不可分离的综合学科。第一章更是明确指出：“这不是一部艺术史的作品，无论‘新’或不新，虽然它深深地负载于艺术史中的一些杰出作品。”[110]这些杰出作品是阿尔珀斯的《描绘的艺术》和《伦勃朗的事业》，弗里德的《专注性和剧场性》和《现实主义，书写，毁容》，布列逊的符号学三部曲。第一章开始于对上述三位作者的评论：阿尔珀斯对叙事和描绘没有给出定义，而且不质疑其二元对立；布列逊对立语词与形象以及内涵和外延无助于清晰，实际上忽视了前文本和形象的内文本之间的区别；弗里德的剧场性概念把语词与形象统一成合成的符号。在米克·巴尔看来，艺术史家往往不是压制了词句性（如阿尔珀斯对描绘的强调）就是压制了视觉性（安置图像志的前文本解释而不理会画面本身）。与艺术史的学科范式相比，《阅读“伦勃朗”》除了上述的阐述策略的不同之外，从根本上说其目标是理论而不是艺术品。所以她对艺术品的阐释不是为了了解艺术品本

110 Mieke Bal, *Reading Rembrandt: Beyond the Word-Image Opposition*, Amsterdam: Amsterdam University Presserdam University Press, 2006, p.27.

身，而是为了发展和检验阐释理论：“因此艺术把自身借给了那种我希望的问题”。因而其阐释策略的制定是为了“能产生对再现策略的洞察以及阐释策略的洞察，作为不同于媒介划界的机制，并能帮助引发对其他文化问题的更宽泛的思考”[111]。艺术品只是探讨理论问题、文化与社会问题的跳板。虽然书中每一章都开始于或包含着对一幅或数幅“伦勃朗”的画作的分析，但是这些画作往往只是某个观点的证据或问题的起点，而社会问题（强奸、父子关系、窥淫癖）以及理论问题（图像志与解读、批评的自反性、精神分析）才是论述的目标。而且米克·巴尔基本上没有把现成的理论套用于形象的分析，而是对既有理论（如精神分析或图像志）分析作品的效果进行分析并对原有理论进行修正。可以说《阅读“伦勃朗”》的大部分篇幅不是分析形象，而是在充当二级话语分析理论，其很大程度上是一部元理论著作。

作为元理论，《阅读“伦勃朗”》的术语包括了女性主义理论、修辞学、叙事学、精神分析、艺术史等学科和研究领域中的既有术语，但是其在使用中往往进行修正。当然在这些学科之上的是符号学，其提出的问题把所有术语统一和联系在一起。在这个学科间的构架中“符号学会服务于让多种学科的传统和方法有意识地面对彼此”[112]。米克·巴尔独创的术语是“脐”。这个概念发展自德里达所谓的“处女膜”。德里达把作为最终意义的男性生殖器的隐喻（能指、所指）替换成处女膜的隐喻，在其中意义循环而不固定。米克·巴尔认为处女膜调用了婚姻，而脐也是身体的一部分，并且“是基本上性别特殊的——脐是依靠母亲的伤痕——但它也

111 Mieke Bal, *Reading Rembrandt: Beyond the Word-Image Opposition*, Amsterdam: Amsterdam University Press, 2006, p.5.

112 Ibid, p.59.

是民主的，男女都有它”[113]。脐是一个符号，是“并不适合‘官方’阐释的小细节”[114]。所谓官方是指形象预期图解的文本。形象与其前文本不是重叠或冗余的，“它们不是文本的重述而是它的使用；不是一个插图，而最终是一个新文本”[115]。米克·巴尔对形象自身的分析都是着手于形象与前文本或既有阐释之间的差异和不协，通过对形象的内文本或其自身特殊性的考察从而找到属于形象自身的叙事。

二、回应社会问题

虽然女性主义、语词与形象的融合、精神分析这三类议题贯穿全书，但是二到四章都处理了女性主义关注的社会问题；五、六章重点在于图像志和文本性的讨论；七到十章从批评的自反性讲到精神分析的自恋。当然这种划分只是为了本书的论述便利，实际上《阅读“伦勃朗”》的每个章节往往处理多个交叠的议题，充满对绘画的分析、对理论的分析、对阐释模式的分析以及批评的反思。或者说多个级别的话语交织在一起，几乎是无法进行归纳的。

第二章的标题是“视觉修辞学：强奸的符号学”。主题是双重的，既是对强奸的讨论又是对修辞学的讨论。其中讨论的修辞概念是其装饰用法和立论用法的复杂联系。她又把自己的解读方式称为“臆病”的符号学解读，其为细节而读并破坏修辞的暴力，擦去暴力的修辞。文章开始于“伦勃朗”两幅名为《鲁克莱西》的画作。两幅画都表现了鲁克莱西的自杀，米克·巴尔把这看做强奸的隐喻和换喻的再现，因为强奸本身在视觉上不

113 Mieke Bal, *Reading Rembrandt: Beyond the Word-Image Opposition*, Amsterdam: Amsterdam University Press, 2006, p.23.

114 Ibid, p.24.

115 Ibid, pp.34-35.

可表现。1664 年的《鲁克莱西》（图 22）中有两个小细节：鲁克莱西的耳环未挂直，匕首的尖端有重影。这是速度的符号。其强调了自杀的行为。而这种强调是强奸的意识形态，即强奸被等同于自杀，“受害者被构想为已经犯下了对她自身的罪”[116]。这种意识形态是使用隐喻的结果（强奸像自杀），并把责任推给了受害者；而当我们使用转喻之时（强奸导致自杀），责任就回到了强奸者身上。而且应该使用提喻（细节代表整体），从而以自杀代表整个故事，把强奸者包括在再现中。所以强奸不是自杀而是谋杀。匕首与阴茎也互为隐喻。画中的鲁克莱西正在扭开头不看画外（耳环提示了这一点），这个运动是对观者位置的指涉，是“顿呼法”。鲁克莱西的姿势是对持镜的维纳斯的图像志传统的指涉。其看向匕首意味着强奸者抹杀了她的自我，所以强奸是对受害者主体性和自我形象的毁灭。1666 年的《鲁克莱西》（图 23）表现故事中稍后的场面，鲁克莱西已经刺了自己，并把匕首从伤口中拔出。在传统的文学表现中实际上是布鲁图斯拔出了匕首，并用它来号召罗马人民推翻国王建立了共和国。米克·巴尔把布鲁图斯看做是对个人经历的高度政治化，是对鲁克莱西的挪用或误用。画中鲁克莱西持着一条绳子，这既可以被看做是召唤父亲和丈夫去复仇的铃绳，又可以看做是画室中模特用的吊索。这把鲁克莱西变成一个戏剧场面，变成开放的展览。通过分析李维、奥维德等人的文学描述，米克·巴尔指出文学传统中鲁克莱西的视觉美引起强奸，从而把责任归于鲁克莱西，并把自杀说成是其清白的证明。而莎士比亚的文本提出犯罪的预谋产生于鲁克莱西丈夫的多言癖的话语。鲁克莱西在其丈夫与其他人对自己妻子的比赛中被挪用，被剥夺自身。伦勃朗则把她挪用为对自身技巧的注意。强奸

116 Mieke Bal, *Reading Rembrandt: Beyond the Word-Image Opposition*, Amsterdam: Amsterdam University Presserdam University Press, 2006, p.68.

图22　伦勃朗，《鲁克莱西》，1664年，画布油画，120厘米 ×101厘米，华盛顿，国家画廊

图23　伦勃朗，《鲁克莱西》，1666年，画布油画，105厘米 ×93厘米，明尼波利斯，明尼波利斯艺术研究所

是"一个公共的符号学的行为"，是一个男人对别的男人所拥有的身体的暴力挪用或财产的盗取。强奸是对男性竞争者以及不可被占有的女性的憎恨。所以强奸是一种身体的话语，其把受害者变成符号，把女人变成了景观和形象，失去了自己的声音。显然女人作为男性的私人财产是强奸的基础。但是米克·巴尔对这种所有制无能为力，相反她给出的反对强奸的方法是归还女性的声音，"关注女人提出的强奸的再现"。《鲁克莱西》中拒绝布鲁图斯拿匕首自杀被当做对布鲁图斯的挪用的抵抗和批评，从而把读者的注意力转向她的经历。米克·巴尔认为女性对强奸的叙事可以克服个人的毁灭感。这可能真的是一个叙事学家所能提出的唯一办法了。无论这种方法是否能从根本上解决问题，她的论述完全是为了这一问题，而不是为了绘画本身："不是绘画意味着什么，而是消费文化能用它做什么"[117]。

117 Mieke Bal, *Reading Rembrandt: Beyond the Word-Image Opposition*, Amsterdam: Amsterdam University Press, 2006, p.74.

基于皮尔斯的符号的定义，她提出：重要的是符号是对“某人”的意义，也就是符号的使用者或生产者。可见米克·巴尔也是在挪用绘画。此外她的修辞学不区分“字面的”和“比喻的”之间的区别，而且通过不对视觉与词句领域进行划界，符号的阐释才得以进行。

第三章的标题是“视觉的故事讲述：父亲、儿子和神话的问题”。这一章围绕“伦勃朗”关于约瑟夫与波提乏妻子[118]的两幅油画（图 24）和一幅蚀刻版画展开（图 25）。米克·巴尔作为女权主义者声称要质疑波提乏妻子的罪责。首先米克·巴尔讨论了“神话”的概念。神话往往被看做是普遍性的和含义稳固的，但是不同的阐释者对神话的意义有不同的解读。她引述巴特指出“神话的真正目标是去固定这个世界”。实际上神话是一个空的屏幕，其稳定性是虚假的，是为了克服偶然性的感觉。“稳定的所指的错觉允许神话的使用者进行更自由地投射。但是他／她被当作是一个所指，实际上作为一个能指起作用。”[119]接下来米克·巴尔又讨论了绘画叙事的手段。“再现的叙事时间序列在视觉艺术中被屈从于大量惯例手段，以补偿把时间展开成空间的困难。”[120]这些手段包括：1. 连续手段也就是同一画中前后情节并置展开的连环画；2. 包孕的瞬间或故事情节浓缩在单一事件中；3. 图像志象征的使用。她认为多重事件浓缩成单一场景是高度有问题的手段。其使得情节变得模糊，使得故事成了一个相对空的屏幕。在图像志象征之外，例如“说话的手”还可以是模糊的，起到图像志没有的含义。例如约瑟夫给狱友解梦的画中，约瑟夫的手也是一个指

118 此《圣经》故事为：约瑟夫被卖到埃及后给长官波提乏当管家。波提乏的妻子勾引约瑟夫，约瑟夫逃走，但是他丢下了袍子。为报复约瑟夫，波提乏的妻子以袍子为证据控告他企图强奸，导致约瑟夫被下狱。

119 Mieke Bal, *Reading Rembrandt: Beyond the Word-Image Opposition*, Amsterdam: Amsterdam University Press, 2006, p.99.

120 Ibid, p.100.

图 24 伦勃朗，《波提乏的妻子指控约瑟夫》，1655 年，画布油画，106 厘米 ×98 厘米，华盛顿，国家画廊

图 25 伦勃朗，《约瑟夫与波提乏的妻子》，1634 年，蚀刻版画，9 厘米 ×11.4 厘米，阿姆斯特丹，国家博物馆

挥的符号，因而预示了他之后的发达。所以这一视觉细节超过了《圣经》故事的众多韵文。“视觉媒介不是对叙事再现的一个约束性限制。”[121]“伦勃朗”的两幅关于波提乏妻子控告约瑟夫的画就使用了浓缩和说话的手这两种手段。在《圣经》中三人并未同时在场，但是绘画把前后相继的两个场景合并在一起。藏于华盛顿的那幅，叙事化更模糊。女人的手未指着约瑟夫而是指着代表约瑟夫错误行为的红袍。米克·巴尔把三人的关系解读为女人正在保护自己免于丈夫的接近并把约瑟夫指出作为更可欲求的爱的对象。约瑟夫被照亮，而波提乏“几乎是幽灵般的”。每个人物的视觉都是内向的、幻想的。之后作者又讨论了托马斯·曼的小说中对相关情节的描述。其中指控约瑟夫自恋和傲慢，为了通向社会成功而保卫其贞洁。由于约瑟夫“美”的女性气质，男人和女人都爱他，他失去了自身，把自身变成了屏幕。米克·巴尔则通过另一幅“伦勃朗”的《约瑟夫与波提乏的妻子》的蚀刻版画（图25）的分析来为波提乏的妻子开脱。画中女人身体弯曲，上半身转向约瑟夫，赤裸的下身转向观者。同时约瑟夫眼角的污迹又使得他似乎不是在转开视线，而是看着画面前方的床柱。这个巨大的床柱被看做阴茎，看做父亲的代表。所以是约瑟夫对波提乏的恐惧，即对父亲的恐惧使他离开。约瑟夫逃走的姿势就像是运动员准备起跳，“人物正准备从儿子的位置跳到父亲的位置”[122]。画中女性的腹部被解读为一个婴儿，米克·巴尔又提出，在画中在代表儿子的约瑟夫的位置上看见的是作为爱的原初对象的老一代的怀孕的女人；在父亲的位置上看见的则是代表年轻一代女人的婴儿。总之波提乏的妻子是儿子的恐惧和父亲的嫉妒这

121 Mieke Bal, *Reading Rembrandt: Beyond the Word-Image Opposition*, Amsterdam: Amsterdam University Press, 2006, p.105.

122 Ibid, p.124.

种父子权力关系的牺牲品。对于符号学而言，米克·巴尔提出了神话与其各个版本之间的关系不存在是否被充分阐释的问题。它们之间是相互转移的关系。对叙事而言，词句艺术和视觉艺术各有千秋，不存在哪一方更适于讲故事。

第四章的标题是“在聚焦和窥淫之间：视觉的再现”。其围绕“伦勃朗”一系列关于《苏珊娜与长老》的素描和油画探讨窥淫问题以及绘画对观者的设定。女性主义艺术史已经提出真蒂莱斯基画的苏珊娜不回应男人们的凝视，因而打破了苏珊娜主题传统的窥淫再现。这种窥淫把强奸转变为引诱。而“伦勃朗”两幅关于苏珊娜与长老的画中，苏珊娜同样不看长老而是转向观众。米克·巴尔的目的就是探讨这是否意味着窥淫。为此她讨论了观者的视觉与窥淫姿态之间的关系。首先她对布列逊提出的扫视与凝视的概念进行了分析，并指出这对概念有时指作品的模式，有时指观看的模式。米克·巴尔把这对概念挪用为观看模式。凝视是抹掉再现的劳动痕迹以支持现实主义的态度；扫视是强调观者自身作为观者的位置的模式。虽然被绘画再现的观看和实际的观看不是一一对应，但是“观看的再现确实影响实际的观看”[123]。另外在拉康的术语中，凝视是视觉的内在化的社会建构，其是多样的并非总是具有攻击性或挪用的。“伦勃朗”的一些女人体素描被认为过于真实因而是“丑陋的”。米克·巴尔提出其丑陋在于其姿态是抵制窥淫的，是对扫视的吸引。其中一幅素描中，女人的眼睛警惕地看向观者，这被称为“顿呼法”，其通过直接涉及观者使身体免于色情化。因而面对她，观者只能不舒服地扫视并意识到自己的冒犯，相反凝视是不受打扰的对被再现的身体的篡夺。观看对观看者的影响超过被观看对

123 Mieke Bal, *Reading Rembrandt: Beyond the Word-Image Opposition*, Amsterdam: Amsterdam University Press, 2006, p.143.

象。因而观看和欲望之间，或窥淫和强奸之间有直接关系。虽然不是所有色情描写的消费者都实际去实现欲望，米克·巴尔认为这与病态的窥淫癖和阳痿相关。长老们偷窥苏珊娜洗澡并进而想占有她的故事就是这种情况的说明。长老们以虚构苏珊娜与青年通奸的故事来威胁苏珊娜，而苏珊娜未像鲁克莱西一样就范。米克·巴尔称这是由于长老们虚构的青年男人成了影响长老们地位的竞争者，超过影响苏珊娜的名誉。窥淫行为相关于真实或恐惧的阳痿。长老们对苏珊娜的诬告实际上是他们的欲望的幻想。结果幻想成真，年轻的但以理揭穿了长老。虽然苏珊娜的故事中的外在聚焦者认同于庄重的视角，但是故事仍向色情的使用开放。色情描写不是视觉媒介独有的，但是相关于视觉性。词句的色情作品就是词句的视觉性的证据。米克·巴尔把叙事学中聚焦者的概念引入绘画分析。外在聚焦者在功能上而不是身份上区别于叙事者。内在聚焦者则是画中进行观看的人物。[124]故事通过聚焦者中介和生产，而且对于不同聚焦者，事件有不同解释。

在藏于柏林的《苏珊娜与长老》(图26)中，二长老一位观看一位触摸。观者的初步位置被等同于观看的长老。观看者作为内在聚焦者看他的同事和苏珊娜，苏珊娜又看向观者。这打破了从内在聚焦者到外在聚焦者的连续运动，因而这幅画并非色情作品。脱苏珊娜衣服的长老孤立来看可以起到窥淫癖的作用。语义学上其诱使窥淫者从看到摸，然而句法上苏珊娜对观者的指涉是在呼吁观者转开眼睛，因而形成了对此的批评。当然米克·巴尔并非认为画中裸女直视观者就解除窥淫，反之就是色情。《巴示拔的洗浴》(图27)中巴示拔也看观众，但是其不相关于任何内在聚焦者，因而是对窥淫和凝视的邀请。《达娜厄》中虽然达娜厄不看观者，但是她自己安排和支

124 笔者认为严格说来绘画中不存在叙事学中所谓的内在聚焦者。在文学的叙事学中，内在聚焦者指作品呈现的内容受控于某个人物的视角，但是观者无法感知和获得绘画中的正在观看的人物的视野。所以米克·巴尔所谓的画中的内在聚焦者只能是被聚焦的人物。

图 26　伦勃朗，《苏珊娜与长老》，1645 年，画布油画，84 厘米 ×102 厘米，柏林，国家博物馆

图 27　伦勃朗，《巴示拔的洗浴》，1643 年，木板油画，57.2 厘米 ×76.2 厘米，纽约，大都会艺术博物馆

图 28 伦勃朗，《苏珊娜洗浴》，1636 年，木板油画，47.2 厘米 ×38.6 厘米，海牙，莫瑞泰斯博物馆

配自己，不是展示的对象。所以绘画不迎合窥淫，而是增强对观看的行为的意识。另一幅《苏珊娜洗浴》（图 28）缺乏对观者自身位置的暗示。长老们被隐藏在树林中，因此邀请观者利用这个安全的凝视的位置。苏珊娜的观看也同样不联系于内在聚焦者。这种去叙事化导致作品相比之下更色情。在柏林的《苏珊娜与长老》中，米克·巴尔发现了两个文本之脐：1. 脱苏珊娜衣服的长老正在看她的头发；2. 他的右手像握着某物。后者被当做视觉零符号，其鼓励观者想象。米克·巴尔想象他握着一把放大镜正在观察苏珊娜头发上伦勃朗的厚涂法的颜料，而这又被联系于科学观察与窥淫癖的邻近性。“坏的观看”不仅使受害者处于危险中，而且使观看的主体阳痿。虚构的放大镜表明观看忽视了作为主体的他者。

比起放大镜的幻想，更重要的是米克·巴尔在第四章中理论的滑动。比起前面几章的论述，在这一章中她更多依靠了作品本身的结构对观看位置的限定。因而阐释部分回到了对形象本身的讨论，而不是仅仅取决于观者赋予的意义。

三、图像志，现实主义与不协的细节

第五章“识别：读图像，看故事”把艺术史的传统方法“图像志”

作为讨论的主题。米克·巴尔认为布列逊虽然挑战了艺术史的现状，却为潘诺夫斯基式的图像志留下了空间。图像志方法是在读图，其把视觉形象转变为“其所不是的”。形象被殖民化，有理据的符号变成了惯例符号。图像志本身是解读的一个话语模式。米克·巴尔想要“把图像志的解读模式转变为一个强有力的批评工具，一个能被用于破坏语词与形象间对立的工具”[125]。

首先，米克·巴尔想要证明图像志的识别不是一个稳定可靠的工具。她开始于讨论“伦勃朗”的素描《多俾亚的辞别（辣古耳欢迎多俾亚）》（图29）。画中出现了一只狗。图像志上狗可以是对前文本《托彼特之书》

图29 伦勃朗，《多俾亚的辞别（辣古耳欢迎多俾亚）》，1651年，素描，19.2厘米 x 27.1厘米，阿姆斯特丹，国家版画馆

125 Mieke Bal, *Reading Rembrandt: Beyond the Word-Image Opposition*, Amsterdam: Amsterdam University Press, 2006, p.178.

（*Book of Tobit*）[126]的一个指号。狗指旅行，间接指告别。修辞上是对故事的提喻或转喻。布列逊所谓的外延被等同于图像志。米克·巴尔认为这个运作是反视觉的："我们看见的形象被从属于我们知道的意义。"[127]图像志解读一般被认为是确定性的。然而米克·巴尔提出当把素描识别为告别的场景之时，画中有个戴面纱的多余的女人。图像志阐释或者忽视这个人物或者把她当做仆人，可是故事中未提到仆人。米克·巴尔把她阐释为多俾亚远亲的女儿莎拉。多俾亚的旅行最终为莎拉驱魔并娶了她，所以莎拉的出现应该是旅行的结果。这被进一步阐释为多俾亚父亲的失明和莎拉的克夫都联系于性无能，而二者都是多俾亚在天使的帮助下治愈的。莎拉在告别场景中出现是叙事的同时性的展现或未来的情节。"词句故事的叙事学结构因此被结合于视觉作品中。"[128]这个多余的女人也是个图像志符号。所以图像志的外延有不同的程度和种类之别。"符号学上，外延和内涵之间的二分法与图像志阐释本身的标准程序都是不充分的。"[129]此外图像志解读的词汇表不是固定的。这次讨论的对象是"伦勃朗"的三幅《驱逐夏甲》的素描。有的画中也有一只小狗。狗是多义的，其是一个相对自治的符号，可以意味着离别场景也可以意指情景和现实，既可以是内涵的

126 《托彼特之书》是天主教和东正教的正典，对于新教是《旧约》伪经。米克·巴尔把这个故事叙述如下："《托彼特之书》呈现了一个正直的人的故事，涉及他的妻子安娜，和他的儿子多俾亚。一天当托彼特正在庭院中小憩，一只燕子把一条面纱放在他的眼睛上，然后他失明了。托彼特失去了他的财富并变得贫穷，但仍是畏神的和好的。他派他唯一的儿子多俾亚去一个远房亲戚那儿收债。关切的父母给男孩提供了一个向导，但他们不知道这个向导是天使拉斐尔化名的。他们提到多俾亚的堂妹莎拉，远亲的女儿，已经嫁了七次，但她的丈夫都在婚礼之夜死去。女孩绝望了并希望去死。她的母亲安慰她。在途中，多俾亚捉了条大鱼，而他感到害怕。拉斐尔帮助他捕捉并吩咐他留着肝脏以便日后使用。当他们到达亲戚的房子之时，多俾亚希望娶他的堂妹。他用鱼的肝脏烧掉恶灵。在收债之后，多俾亚顺利返家。最后在拉斐尔的指示下，多俾亚从他父亲的眼睛中除去了面纱。"

127 Mieke Bal, *Reading Rembrandt: Beyond the Word-Image Opposition*, Amsterdam: Amsterdam University Press, 2006, p.181.

128 Ibid, p.183.

129 Ibid, p.184.

又可以是外延的符号。总之，“提喻的原则是把一个故事的任何元素变成一个为了识别的图像志符号”[130]。任何细节在米克·巴尔看来都可以成为图像志符号。这种扩展是为了使读者可以把故事中的任何视觉元素带入对故事的阐释。只有阐释可以自由进行，图像志识别才被她看做是“有用的”，“睁着眼睛不盲目的”。

米克·巴尔认为图像志更重要之处是可以作为批评的手段。其分析的对象是小说《汤姆叔叔的小屋》、艾丽丝·沃尔克（Alice Walker）的小说《颜色紫》以及斯皮尔伯格的同名改编电影。前者致力于废除奴隶制度，后两者致力于解放黑人女性。这里所谓的图像志就是指作品使用的情节资源或暗指的前文本。《汤姆叔叔的小屋》主要的前文本是《圣经》，但是其也批评《圣经》指涉本身的使用。例如奴隶主伪善的《圣经》布道被戏仿。前文本被识别作为作品的否定的配对物而不是模特。因此小说被转向《圣经》的批评的重写。沃尔克的《颜色紫》直接涉及《汤姆叔叔的小屋》，但是其不是重复，而是批判的女性主义的重写。相反，斯皮尔伯格的电影是失败的，因为其失去了原作的语境和前文本，忽视了原作指涉的文学传统，缺乏“来自其他文本的图像志的共鸣”。电影对一些片段的处理没有暗指《汤姆叔叔的小屋》，反而指向无声喜剧。这改变了作品的意识形态含义。[131] 所以艺术作品的制作中包括词句或视觉的资源，在作品中被不同的修辞处理的这些资源（如上面提到的反讽）；词句或视觉前文本与修辞手法相互作用。

对于视觉媒介，米克·巴尔提出了构图的图像志。也就是在一幅作品

130 Mieke Bal, *Reading Rembrandt: Beyond the Word-Image Opposition*, Amsterdam: Amsterdam University Press, 2006, p.188.

131 相同段落参见米克·巴尔：《叙述学：叙事理论导论》（第二版），谭君强译，中国社会科学出版社，2003，第 196—200 页。

中识别出另一幅作品的构图，同时构图被认为传递了被模仿的作品的意义。构图整体上被看做一个符号，其接近于句法符号。构图的图像志“有可能导致强有力的批评的阐释”[132]。米克·巴尔举出一幅“伦勃朗”对达·芬奇《最后的晚餐》的素描复制品（图30），其中的基督头后面有另一个头。它没有被当做草图抛弃，而是被阐释为预示了犹大的吻或被识别为一个女人。在这幅素描创作三年之后出现了《参孙的婚宴》一画（图31）。这幅画主题上接近勃鲁盖尔的《农民的婚宴》，但是构图上被认为接近《最后的晚餐》。新娘坐在画面中央，不与其他人交流。在其左右，人们或聚在一起打赌或两两调情。这类似《最后的晚餐》中基督的孤立内视与众门徒的骚动间的对立。在《圣经》故事中参孙在婚宴上与人打赌。结果新娘套出了参孙的谜底告诉了自己的亲戚，于是参孙一气之下出走，等回来时新娘已被嫁给别人。这又引起了参孙的杀戮。传统上新娘被认为出卖了参孙，是达利拉的预示。米克·巴尔作为女性主义者同样要为其正名。在她看来，新娘是在亲戚的胁迫下无奈背叛了丈夫，而且她最后付出了生命的代价。作为牺牲品的新娘因而在画面中与最后的晚餐中基督的位置和姿势相同。“伦勃朗”的构图表达了对她的同情。先前的素描成了后来的油画的“使用说明”。此外，新娘左边有一个正躲开一个男人的女人，这被阐释为是新娘被威胁的场面在画面中的连环画再现。

图像志的解读并非唯一的解读，米克·巴尔更看重不依靠前文本而从绘画中读出的视觉叙事。她认为也不必忽视图像志唤起的叙事。这两种故事不重叠，但是可以被并置，并通过它们相互作用的张力产生新意义。并置的一种情况是二者相互协调。通过分析一幅《耶稣给彼得洗脚》的素

132 Mieke Bal, *Reading Rembrandt: Beyond the Word-Image Opposition*, Amsterdam: Amsterdam University Press, 2006, p.199.

图30　伦勃朗，仿达·芬奇的《最后的晚餐》，1635年，素描，36.5厘米×47.5厘米，纽约，大都会艺术博物馆

图31　伦勃朗，《参孙的婚宴》，1638年，画布油画，126厘米×175厘米，德累斯顿，历代大师画廊

描，她提出视觉叙事在图像志和《圣经》之外给谦卑的观念一个特殊的意义，增强了劳动的尊严。并置也可能产生二者的不协。这次的例子是一幅《三王之一朝拜圣婴耶稣》的素描（见图38）。其图像志的识别是简单的，但是米克·巴尔要求我们漠视这个故事，并把画面中的元素连接成一个叙事语段。婴儿的脚隐没在女人双腿间的一个墨点中。这被阐释为脚仍在产道中。“女子‘正在’把婴儿拔出她的身体并把它交给老人。”[133]所以这幅素描是合并了基督诞生和崇拜基督。婴儿的头与老男人相似，这相关于福音书的家庭罗曼史的解读并通过强调圣婴的人性确认了道成肉身的教条。男女两个形象间不是统一的。男人是正侧面，而女人是四分之三侧面，而且男人没有面对孩子。从现实主义和技术的角度看该素描会是一个失败，但是叙事上这种误配构造了一个叙事：仅能接受孩子的男人和实际生产了孩子的女人之间的根本的分离。“叙事解读正好强调了这些‘错误’。”[134]叙事解读不同于图像志解读。前者是解读，而后者是叙事资源的识别。

米克·巴尔认为图像志对于批评是必不可少的，因为通过其可以解释形象和前文本的关系，或者说形象如何改变前文本的意义。图像志有四个特征，前三个都是消极的：1.这个解读模式过多基于给定的意义，使传统超过创新；2.追溯母题的传统排除积极阐释并止步于识别；3.折中主义；4.它是解读的词句模式，把形象解读为它所不是的。米克·巴尔对第4点持肯定态度。因为“阅读正是：以它们代表的缺席取代符号”[135]。重要的是把图像志理解为一个阐释模式，而不是以意识形态的态度对待对形象的

133 Mieke Bal, *Reading Rembrandt: Beyond the Word-Image Opposition*, Amsterdam: Amsterdam University Press, 2006, p.211.

134 Ibid, p.213.

135 Ibid, p.215.

词句阐释。这种意识形态就是对立词句和视觉艺术并把其中之一看做高于另一个。

虽然米克·巴尔这一章的阐释十分有趣，但是其对图像志的讨论并不十分令人信服。例如《多俾亚的辞别》一画在她的书中也标注出其有另一个题目：《辣古耳欢迎多俾亚》（*Raguel Welcomes Tobias*）。也就是说这是远房亲戚在欢迎多俾亚。那么莎拉的在场就是合理的，而不需要同时性叙事了。除了米克·巴尔故意选取有问题的题目之外，从根本上说，她不承认这幅绘画可能是被误置了标题。总是削足适履让绘画的阐释适合于错误的标题。这种对标题的过度崇拜与消除语词和形象差异的理念是相悖的。这同样反映在她对《三王之一朝拜圣婴耶稣》素描的技术错误的辩护中。她把自己的这种态度称为“一种憎恨无意义性的符号学态度”[136]。所以构图的借鉴和画家的笔误必须要传达意义。这就好像精神分析理论中口误都不是偶然，而是潜意识的表现一样。对于只想要意义而不管这个意义的来源的读者而言，憎恨无意义当然是可以理解的，但是令人不解的是画家的构图劳动本身以及笔误本身为什么不能成为一个意义。没有理由认为每件艺术品都完美无缺或都有适合的题名。如果考虑下米克·巴尔的符号学背景，这也不难理解：符号学探索和追求系统与对象结构的逻辑的连贯，因而从开始就排除了绘画或形象可以是一个内在断裂和不协的存在。所以符号学家面对形象中的不协和破裂之处时就产生了焦虑，必须把这些阻止阐释的统一的点阐释为另一种统一性的意义。当然米克·巴尔的理论也并非完全不可取。图像志确实无法分析画中的一切，很多细节和不协之处也确实存在着阐释的空间。例如法国符号学艺术史家阿拉斯就同样致力

136 Mieke Bal, *Reading Rembrandt: Beyond the Word-Image Opposition*, Amsterdam: Amsterdam University Press, 2006, p.202.

于揭露传统图像志对阐释的遮蔽以及细节带来的意义。米克·巴尔缺少的不是阐释的策略和勇气，而是让阐释停下来的策略和勇气。此外米克·巴尔所谓的构图的图像志也命名得有些勉强。实际上那更接近于艺术史中的渊源分析，也就是对图式资源的调查，属于形式分析的范畴。像上一节三小节指出的那样，布列逊的《传统与欲望》实际上已经在对渊源分析的调查中加入了对图式意义的分析。

第六章“文本性和现实主义”针对传统解读中的另一种模式——现实主义。现实主义解读在巴特等人看来是抹去对符号系统的意识，通过“自然化”以利于意识形态操纵。米克·巴尔提出的对应模式是“为了文本的解读”。所谓文本不同于作品，文本是我们对作品的阅读，其是有意义的。两种解读之间的差异是对于文本性的一个意义的解读“不必排除整体性的基本缺乏的意识”[137]。对不适合的细节的解读有助于反现实主义的批评的解读。

无论是文学还是绘画中都有许多元素无意义，却又不可省略。这些元素被巴特式的现实主义解读看做服务于“真实的效果”，而非符号。但是文本的概念导致符号学事件，也就是解读的行为。米克·巴尔举出一幅由七个人物头像组成的草图（图 32）。其本身是不连贯的，但仍可以从中读出叙事性和意义。它们因阐释而变成了符号。产生一致性、叙事、意义、感觉的符号被称为文本的符号。在此它们与作者的意图无关，“当读者承认它们存在之时，符号就存在”[138]。接下来米克·巴尔讨论了“伦勃朗”的《巴示拔的洗浴》（图 33）中的文本符号。这件作品可以有不同的解读模式。例如现实主义解读把画中人物看做伦勃朗的事实婚妻子亨德

137 Mieke Bal, *Reading Rembrandt: Beyond the Word-Image Opposition*, Amsterdam: Amsterdam University Press, 2006, p.218.

138 Ibid, p.223.

图32　伦勃朗，《不同的听众》，1637年，素描，19厘米×12.5厘米，柏林，版画和素描博物馆

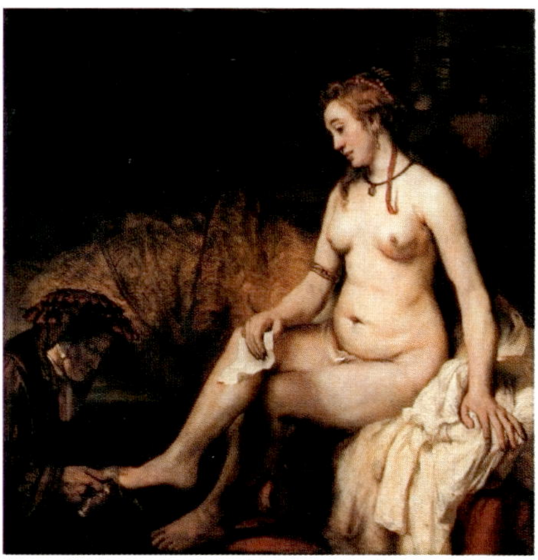

图33　伦勃朗，《巴示拔的洗浴》，1654年，画布油画，142厘米×142厘米，巴黎，卢浮宫

里克；或看做传统裸体画，因而是一幅潜在的窥淫作品。而文本性解读可以联系于传记解读和叙事解读双方。这幅画场面静止，又有着强烈的叙事感。米克·巴尔在其中找到的文本性符号就是巴示拔手中拿着的信。在《圣经》文本中大卫王从未给巴示拔写过信，其中只有一封“不忠诚”的信，亦即大卫写给军队将领要求秘密处死乌利亚的信，而巴示拔从未看过这封信。这可以被解读为巴示拔牵连于乌利亚的死，所以手中的信成了一个叙事错误的符号。而且其使得巴示拔的忧郁的观看也成为一个文本性符号，在信的左角有一个红点。现实主义把其解读为封蜡，但是封蜡应该在信的中间。米克·巴尔把它解读为血，暴力的预期的符号（女人的暴力占有、她丈夫的死、强奸所生的孩子的死）。这些符号指示了能指和所指间的缺口。

另外，现实主义解读要求的“为了真实的符号”也是有价值的批评元素。文学理论中把叙事与描写相对立并划设等级。米克·巴尔认为“真实的效果”不是叙事的剩余，应该积极地定义“为了真实的符号”，把它定义“为一个在叙事之中的元素”[139]。其可以致力于唤起自反的对虚构性的意识。对环境的描写提供了对观者的强调，在自身中铭刻被叙事化的观看行为。上述的信以现实主义细节指出现实主义的矛盾，从而变成弄巧成拙的修辞。“作为一个手段的现实主义削弱了现实的感觉”。[140]

为了文本的符号打破现实的错觉，强调自身是被建构的；为了真实的符号抹掉自身的符号地位。“但是正是读者决定符号将产生何种效果。”[141]米克·巴尔想要现实主义细节和文本细节根据观者相互合作或致力于反对彼此。这两个模式间的张力又相关于词句和视觉媒介的文化态度的意识形态。她试图在视觉和词句艺术之间的相互作用中讨论两种解读模式间的张力。在文本中也有不适当的细节。在《圣经》文本中说到乌利亚的死，使用了一个隐喻。这个隐喻提到了一个被女性从城墙上用石头砸死的暴君。这个隐喻实际上暗示巴示拔引起了对她自身的强奸，她才是真正的犯人，谋杀由她的视觉存在引起。虽然隐喻中的暴君可以被联系于大卫王，因而令其具有批评的潜力，但是隐喻的功能在于把故事变成图形和寓言，让读者通过责备女人和视觉为国王的罪行开脱。于是罪从犯罪者转移到受害者。为了走出这个意识形态，米克·巴尔再次转向“伦勃朗”的《巴示拔的洗浴》中另一个不合适的细节。女人的腿呈现不可能的扭曲，其右腿交叉过左腿，但右腿仍在膝盖右边。这种扭曲是为了尽可能把身体转向代替

139 Mieke Bal, *Reading Rembrandt: Beyond the Word-Image Opposition*, Amsterdam: Amsterdam University Press, 2006, p.231.

140 Ibid, p.234.

141 Ibid, pp.234-235.

大卫王窥淫的观众。因此这个作为绘画的文本性的扭曲暴露了大卫王的窥淫癖。“而我们能把扭曲解读为从现实主义到文本的自我意识的转换。”[142]作为文本符号和真实符号的解读不可能同时出现。但是可以交替进行，因为正是观者引起了这些符号事件。这些解读模式也不是作品强加的，而是依靠读者进行选择。

通过对这两章的简介，可见对于米克·巴尔而言传统的图像志解读和现实主义的解读都只是配角。从作品的不适当细节（也就是文本之脐）中引申出的视觉叙事或文本的解读才是真正带来批评的自觉的解读模式。老方法之所以被保留也基于其可以被变成像新方法一样（例如构图的图像志解读更接近叙事解读；现实主义解读可以变得自反以打破真实的错觉）。虽然新老方法被认为应该并列使用以制造张力，但是其核心论点都是通过新方法得出的，而且是基于对老方法的破坏，那么对老方法的保留就大有屈尊进行废物回收再利用的姿态了。

四、米克·巴尔与视觉符号学

《阅读“伦勃朗”》的第七到十章更多专注于对批评文本和精神分析理论的评论，而伦勃朗的绘画只是附带提及的例证或涉及的对象。因此本书将只做简单介绍：第七章讨论作为解读模式的自反，分析了委拉斯开兹的《宫娥》引发的众多评论［福柯、约翰·瑟尔（John Searle）、乔尔·斯奈德（Joel Snyder）和特德·科恩（Ted Cohen）、列奥·斯坦伯格（Leo Steinberg）、阿尔珀斯］中体现的不同的批评的自反。第八章探讨了作为符号学方法的精神分析的批评和自我批评的潜力。其理论对象也从自反转

142 Mieke Bal, *Reading Rembrandt: Beyond the Word-Image Opposition*, Amsterdam: Amsterdam University Press, 2006, pp.243-244.

移到自恋。第九章以精神分析尤其是自恋讨论了“伦勃朗”作品中的盲目性的主题。第十章是讨论“伦勃朗”作品中相关于死亡和再现与性别的主题，提出死亡成了一个对于再现的适当的隐喻。

也许《阅读“伦勃朗”》最引人注目的是其无拘无束的超自由阐释。例如米克·巴尔在第九章中对《参孙的致盲》（图 34）进行了精神分析的评论。她说画面左边的士兵持着的武器是阴茎状的。被刺的参孙与其阐释为被阉割，不如结合参孙张开的腿阐释为被强奸，所以参孙的性别是不稳定的。作为背景的整个房间 / 洞穴被阐释为母亲的子宫，参孙则是正在分娩中的婴儿。达利拉是母亲的化身。他脚的动作正把自身分离于母亲。反过来参孙自己又被等同于正在分娩中的母亲，伸展着脚让婴儿通过。士

图 34　伦勃朗，《参孙的致盲》，1636 年，画布油画，205 厘米 ×272 厘米，法兰克福，施塔德尔艺术研究所

兵则成了助产士。参孙或者从母亲的身体中出现，或者认同于母亲。这再现了“初级自恋的位置被呈现为主体性的形成的中心时刻”[143]。既然米克·巴尔认为重要的是文化消费者用形象做什么，那么她的阐释至少可以激发笔者以类似的阐释尺度分析同一幅绘画：《参孙的致盲》可以看做是对符号学家阐释绘画的隐喻。画中的达利拉代表着符号学家，她接近代表绘画（或艺术史）的参孙只是为了割下他的一缕头发，也就是符号学家认定的符号或文本之脐。这虽然对于绘画而言只是一些细枝末节，但是符号学家却拿着它满意地离开，并把剩下的绘画留给了过度阐释的凶残士兵们进行折磨。

当然，指责米克·巴尔忽视艺术史的学科范式是无聊的。因为她对历史不感兴趣，从未把艺术史以及恢复作者的意图作为自己的目标。她阐释绘画是为了达到其设定的外在于绘画的社会和理论目的。但是太阳底下无新事，形象的多义性早已是老生常谈了。米克·巴尔的阐释与其说是符号学，不如说更像叙事学版本的罗夏实验。绘画在她的阐释中都变成了可以任意进行投射的空白屏幕。传统艺术史并非从未听说过或不知道如何阐释出意图之外的意义，非不能，不为也。例如贡布里希在谈论图像学之时就已经对意义与意图的阐释进行了区分。[144]意义是无限的，艺术史只能以有限的意图为目标。在米克·巴尔的以读者为导向的研究中，作品的符号传达的不是作者的意图而是读者的意图。这种对阐释的主体性的直白说明被标榜为诚实和务实。对作者意图的研究是对阐释者意图的隐藏，因而是欺骗性的。阐释确实离不开主观性，但是这不等于我们不能不断接近作者

143 Mieke Bal, *Reading Rembrandt: Beyond the Word-Image Opposition*, Amsterdam: Amsterdam University Press, 2006, p.339.

144 E.H. 贡布里希：《象征的图像——贡布里希图像学文集》，杨思梁、范景中编选，上海书画出版社，1990，第3—4页。

的意图，并不断对阐释主体的意图进行批判和反思。另外，过度强调阐释主体的阐释会失去与批评文章的观者的社会共同性，（就像《阅读“伦勃朗”》一样）进入极度的自反与自恋。艺术品的作者意图可以成为研究者和研究文本的读者的共同兴趣，但是批评家对自我的言说与批评论文的读者又有什么关系呢？米克·巴尔的读者导向性阐释实际上把艺术品的读者变成了作者，并在同时忘记了她自身也有读者（或是故意抛弃了自己的读者）。这实际不过是传统理论中所说的艺术的再创造。

《阅读“伦勃朗”》中另一个主要的论题是对语词与形象二元对立的超越。这首先体现在作者的阐释游刃于绘画和文学作品之间，不受学科界限的阻碍。这当然与米切尔先前的理论有关，而且相关于新兴的视觉文化研究以及比较艺术的研究。但是不同于米切尔，米克·巴尔把语词与形象以符号来融合，而且融合被看做绝对的，打破二者之间的对立是书中最主要的目标之一。她从而错失了米切尔理论中语词与形象二者对立统一的辩证法。在符号对语词与形象的统一中，语词与形象以及文学与视觉艺术的平等是重要的议题。这相对于莱辛式的对绘画地位的贬低而言的确是进步的和积极的。米克·巴尔摒弃了传统的文学研究者对待视觉艺术的傲慢心态和学科范式，这是非常难能可贵的。然而这种平等只是表面上的平等。也就是说二者之所以平等是因为它们都能产生意义，都能叙事。产生意义和叙事对于语词与形象而言无疑都是可以胜任的，但是这不构成二者平等的条件。这种所谓的平等是把意义和叙事的价值过分抬高的结果，是把叙事学的价值当做最高价值来评价绘画。或者说米克·巴尔无法想象一种不同于文学的视觉艺术，无法想象没有叙事和意义的形象。所以这种语词与形象的融合是价值上单向的融合。形象的地位的获得仅仅是通过把它变成文学。

当然米克·巴尔对形象叙事的研究本身是积极而有趣的。在她的视觉叙事学中，绘画图解前文本的诸方式只是一个次要的方面。她真正看重的，而且也是她的研究中的独特之处是绘画在前文本之外自身所表达出的叙事和文本。这种独特的叙事又是依靠不协的细节（绘画之脐）来展开的。这确实提醒我们不能把绘画看做铁板一块的整体，而是可能存在着内在的断裂和不协。然而米克·巴尔对绘画之脐的阐释却是为了获得统一的叙事（至少在叙事之一中）。虽然她承认可以有多重叙事，但这些叙事都是“鸭兔图”，不能被并列。这实际上与她对绘画本身的不统一性的信仰相抵触。不协的细节和断裂的绘画在阐释中再次统一起来，于是原先被发现的断裂的图画又由于阐释而被整合。就如上文所述，断裂和不统一无法成为米克·巴尔的符号学所追求的意义。第十章例举了伦勃朗的一张素描，房间台阶的线条穿过了图中丈夫的身体——这被阐释为：人物的虚弱表现了他的道德和行为的不正当。这与其余的阐释相统一，但是画家的手误却被排除于意义之外。看来符号学的意义强迫症（憎恨无意义）也是选择性的。米克·巴尔的视觉叙事学想要找出形象自身的叙事，而不是“其所不是”的前文本。在她看来这打破了图像志识别的老套和失明，但是这并未打破语词与形象的相互转化的关系。图像志是从语词到形象，视觉叙事学是从形象到语词。那么二者的关系只是进行了颠倒，而没有什么新意。米克·巴尔的视觉叙事与从幼儿教育中就开始进行的看图说话没有本质差异，只是她的看图说话极富批评理论的深度。米克·巴尔把她从画中得出的不同于“前文本”的文本看做是绘画的“内文本”。但是由于她从画中阐释出的文本往往是为了外在的或阐释者的，所以更确切地说应该是“后文本”。后文本与形象本身无关，而只是阐释者对形象的利用。总之她对形象的讨论中形象始终只能围着文学转，服务于生产新的叙事或视觉小说。形象可以解读出叙事，但是这不应该成为形象主要或唯一的目的。

米克·巴尔的视觉符号学或视觉诗学看似是一种走火入魔似的对视

觉艺术的阐释，但是其实乃符号学艺术史逻辑发展的结果。符号学就是对意义以及产生意义的方式的研究。所以作为集大成者，米克·巴尔把符号学对意义的追求推到了极致。这可以说是对追求意义的“不择手段”（无论语词还是形象都是其手段）。而形象作为意义的手段或工具本身并非视觉诗学所关心的。作品消失在阐释者的自我、自反和自恋中。所有对作品的分析都只是为了看到阐释者。符号学的主要功能使得阐释自由进行，而不是提供具体的分析方法。所以《阅读“伦勃朗”》一书的方法是跨学科的，既有图像志又有精神分析和叙事学。这除了说明符号学本身的跨学科性质之外也反映了符号学理论本身处理形象问题的贫乏。

视觉符号学的前提是把形象看做符号，而在米克·巴尔读者导向的理论中，形象作为符号以及符号的种类并不是自明的，而是阐释者指定的。“正是读者决定哪种元素是离散的符号而哪种不是”[145]，读者生产符号，决定其效果。观者或读者是引起符号事件的主体。读者想要符号，符号就存在。符号全凭主观设定。但是米克·巴尔又多次声称：“文本和读者之间的相互作用，不是文本独自决定对象的效果。”[146]“意义的焦点是在文本和读者之间的相互作用中，不是独自在文本中。”[147]如果转换这两句的论述重点，我们就会发现米克·巴尔自己也承认意义并非读者独自决定，文本（在她的术语中也包括形象）也是意义的来源。即便有矛盾之处，通过皮尔斯的符号学理论的极端化，米克·巴尔依然为形象与符号的问题指出了一种解决方式：是符号还是形象来自观者/读者的意志。

145 Mieke Bal, *Reading Rembrandt: Beyond the Word-Image Opposition*, Amsterdam: Amsterdam University Press, 2006, p.219.

146 Ibid, p.155.

147 Ibid, p.219.

第三节 《符号学与艺术史》及其争议

在《阅读“伦勃朗”》出版的同时，布列逊和米克·巴尔二人联名在艺术史的核心刊物《艺术通报》上发表了一篇著名且极富争议的超长论文《符号学与艺术史》（笔者的中译本达 5 万字）。此文一出就在艺术史界中引发了激烈辩论并进而引发了反符号学的学说。本节将简介这篇论文及其争论。

一、艺术史的符号学转向

这篇文章提出人类文化由符号组成，人从事于理解符号的意义。符号学怀疑和挑战了传统艺术史的知识观。传统艺术史被指控为实证主义（positivism），其“似乎将不情愿放弃到达实证知识的希望”[148]，而符号学被认为能提供更为明智的方法。“既然符号学从根本上是一个跨学科的（transdisciplinary）理论，它帮助避开给予语言特权的偏见，这种偏见经常伴随着使诸学科相互发生作用的尝试。换句话说，我们将建议一个对于艺术史的符号学转向（semiotic turn），而不是语言学转向。”但是论文不是“呈现一个符号学理论的概观”，而“是把符号学当做一个视角，提出一系列围绕和内在于艺术史本身的方法论关注的问题”[149]。也就是说，像《阅读“伦勃朗”》一样，这篇文章也是一种元理论。其对方法和理论的兴趣远大于对形象的兴趣。值得一提的是文中说，概观符号学理论的任务被托付给了圣－马丁的书《视觉艺术的符号学》。但是从上一章中对圣－

148 Mieke Bal and Norman Bryson, “Semiotics and Art History,” *The Art Bulletin*, Vol.73, No.2 (Jun., 1991), p.174.

149 Ibid, p.175.

马丁的书的介绍可知，该书无论如何无法完成这个任务。该书甚至没有涉及形象的语义学，更不必提对符号学理论的概观了。这很让人怀疑文章的作者们是否真的看过圣－马丁的书。

整篇文章的讨论主题分别为：1. 语境；2. 发送者；3. 接受者；4. 皮尔斯；5. 索绪尔；6. 精神分析；7. 叙事学；8. 意义。第 1 部分中警告说语境本身不是给定的，像视觉文本一样也需要解释。一旦从文本的不确定性开始后退向语境，就没有闸门。语境像索绪尔的所指一样是静态的和固定的，而后结构主义符号学认为符号过程是动态的不固定的。语境总是能被扩展。语境确实能决定意义，但是语境本身不饱和。在讨论一幅维多利亚的绘画时，阐释者会根据画面之内的对象（如火车）确定绘画产生的语境。之后又把这个语境当做外在于绘画的原因来阐释绘画。文章称之为一个转喻的修辞学运作或因果的颠倒。实际上是绘画生产和定位了其语境。所以语境与文本之间不应被分裂看待。传统的语境分析把艺术品看做由各种领域因素的汇聚所形成的，而文章认为艺术品作为符号是可重复的，其组成复数的语境。“一旦被投送进世界，艺术品就受制于所有接受的变迁。”[150] 文章声称符号学不躲避历史性，其认为意义总是在历史的特定地点被决定。语境在符号学看来不是用于固定意义并隐藏阐释者自身的位置，而是帮助阐释主体定位自身。所以文章其实是在否认作品生产的语境而强调接受或阐释的语境。

第 2 段讨论发送者。作为发送者的艺术品的作者虽然表面上涉及真实存在的人，但是其名字包含着描述。“作者身份”是“我们精心地生产的一些事而不是我们简单地找到的一些事”[151]。其是一个聚合和多层的概

150 Mieke Bal and Norman Bryson, “Semiotics and Art History,” *The Art Bulletin*, Vol.73, No.2 (Jun., 1991), p.179.

151 Ibid, p.180.

念，也是被掩盖的矛盾因素。在人文主义艺术史中作者就像神一样是创造性的，其艺术史叙事模式是提喻（例如时代精神研究）；现代主义艺术史中作者不是起源，而是文化环境与作品的中介和链条上的一环，其艺术史叙事模式是转喻（例如赞助研究）。现代主义艺术史中作者不是分析的中心。其使作者变得透明，呈现了“作者之死”，因而更“进步”。但是现代主义叙事为了获得客观性，否认艺术史家的创造性作者功能，隐藏了阐释者的位置，“现在作者”带着“当时作者”的面具。像对待语境一样，文章其实是在否认生产艺术作品的原作者而强调生产批评文本的现作者（即艺术品的接受者 / 阐释者）。

第 3 部分“接受者”终于登场了。视觉艺术的符号学被认为不是始于生产艺术品的阐释，而是点出观者如何使艺术品产生意义。（借用文学批评术语）观者被分成“理想的观者”和“经验的观者”。经验的观者是实际存在过的观者，理想的观者是作品设定的抽象的。后者是现代主义艺术史的焦点。文章关注经验的观者，并把这看做是更唯物主义的分析目标。对于接受的符号学，接受需要掌握一定代码（不同群体之间代码不同），而代码不是给定的，掌握它是一个过程。而且群体中成员间掌握代码的能力和程度不同，所以接受是个体化的。即使众多个体观者的阐释无法被找回，符号学也认为我们应该记住那些未被倾听的观者（例如过去文献中缺席的女性观者）的存在。个体观看的“私人语言”“把支配性代码重新安排进欲望和身份的秘密构造”[152]，其代码未必与其他人的相同。视觉文本的观看是无限的、不稳定的和不可被耗尽的。发现先前未被承认的接受模式并不能改变传统的接受研究的提喻法（以少数观看方式代替全体）。所

152 Mieke Bal and Norman Bryson, “Semiotics and Art History,” *The Art Bulletin*, Vol.73, No.2 (Jun., 1991), p.187.

以视觉符号学不是重建传统的接受研究，而是要问从哪里，从什么位置开始重构被制造出来？答案是重构的观者是被学科的叙事规范书写的。例如艺术史对女性观者的忽视就不在于档案缺乏，而在于艺术史的制度力量，所以应该调查的是艺术史的制度和叙事。这些叙事用“当时接受”服务于掩饰“现在接受”。总之文章还是要否定调查历史上的接受者而强调调查当前的阐释者。

这确实是一种极端的怀疑论，除了“我思”（确切说是“我阐释”）之外什么都被清除和否认。同时可以说这种极度自反的研究不是艺术史的方法论，而是艺术史方法论的研究方法。另外值得一提的是布列逊在《视觉与绘画》等书中以识别的共同性来证明绘画只适用于使用符号学。这与《符号学与艺术史》中第 3 段对视觉的私人语言和不相通的个体接受的议论正好相反。显然这段并非出自布列逊的手笔。布列逊在所有著作中也都没有抛弃对历史语境（如法国学院派和王权的关系）、作者意图（如格勒兹的话语策略和安格尔对前人的引用）以及历史的接受者（如狄德罗的反应）的研究。《符号学与艺术史》像《阅读“伦勃朗”》一样是以极端读者为导向的，与布列逊的研究方式相差极大。

之后的第 4 和第 5 部分分别简述了皮尔斯和索绪尔的符号学理论。论述皮尔斯的部分中《符号学与艺术史》强调了皮尔斯的理论是动态的，核心是包括了符号的生产和阐释的符号过程。符号过程分成再现项、解释项、指称物。其中解释项最被看重：“一个符号是一个带着一个心理解释项的再现项。”这也是对阐释的强调。所以艺术品在接受以后才成为艺术品。符号学又分为语用学、语义学、句法学。符号的类型学可以分为指号、图像和象征。文章正确地指出图像并非与视觉的整个领域相同一。索绪尔的理论被看做静态的对语言的普遍规则的寻求。与对皮尔斯的简单介绍不同，文章对索绪尔的讨论集中于改造。索绪尔的符号学理论（以及追随索绪尔的结构主义艺术史）把语言分割成单位，并为其提供句法规则。《符号学与艺术史》则引述德里达的《画中真理》指出符号是能指到能指而非确定的所指的运动。视觉含义无法被边界限定。一般认为语言的基本单位是清楚的，而对于形象的单位是什么，却没有明确。因为画是连续的表面，所以对于索绪尔式的符号学而言没有最低限度单位的形象无法成为研究对象，但是文章将这种原子论看做应该摒弃的符号学的实证主义。在社会实践中作为语言的意义单位的是词与句子，所以在这一水平上语言符号本身是密集的。在这一点上词句和视觉话语无差别，也就是说《符号学与艺术史》只在阐释的层面上讨论符号，抹掉了个体符号的划界和隔离。所以在符号过程的层面上“符号不是作为一件事物而是作为一个事件”[153]。另一个索绪尔的“挑战”是符号的任意性。现实主义绘画似乎是与惯例相抵触的，但是巴特证明了“自然”是文化的建构；古德曼证明了逼真性效果是某种指示的产物，所以现实主义是惯例的。“的确，惯例主义的一个极端形式矛盾在于对处理意象的人类的自然能力的承认，但是一个人不可能确信惯例主义的所有形式都受到了同样程度的威胁。”[154]例如弗洛伊德的理论中生物学的程序也成了象征形式的支持。生物学程序外在于符号过程。所以象征形式“可以被非符号学基础附加地支持”[155]。

很明显对两位符号学家的讨论是以皮尔斯修改索绪尔。对于索绪尔的关注是布列逊和米克·巴尔二人共有的，但是对皮尔斯理论的研究却是米克·巴尔的专利。布列逊在《视觉与绘画》中确实提及了皮尔斯的理论，但是他实际上误解了皮尔斯的符号分类。他认为皮尔斯的指号与象征是符

153 Mieke Bal and Norman Bryson, “Semiotics and Art History,” *The Art Bulletin*, Vol.73, No.2 (Jun., 1991), p.194.

154 Ibid, p.195.

155 Ibid.

号的两极。[156]而实际上皮尔斯的符号分类是三分的：指号、象征和图像。图像符号依靠相似性，这与布列逊的理论正好相抵触。可见至少在写《视觉与绘画》之时，布列逊还对皮尔斯缺乏应有的了解。相反，在米克·巴尔的《阅读"伦勃朗"》中，皮尔斯而非索绪尔才是主要的符号学来源。在《符号学与艺术史》的这两个段落中只有对符号的任意性的讨论与布列逊的既有研究相关联，但是其对非符号学基础（如认知）的承认实际上是对《视觉与绘画》中的论点的修正。可见这里布列逊的参与也很少。

第6段是对精神分析的讨论。精神分析本身被认为是一种符号学理论，但是提倡的不是传统的艺术史和精神分析理论中用精神分析理论分析作品或作者，因为作品不能说话。在面对艺术品的谈话疗法中，阐释者或批评家是精神分析的病人，甚至精神分析理论的话语是病人。所以文章假定"作品和精神分析之间的关系是两个话语之间的相互作用，在三个主体之间传导：精神分析理论家、作品和批评家"[157]。这种理论关系的设置是《阅读"伦勃朗"》中第八章开头提出的，这里只是在重复。经典的精神分析批评中使用的是类比的模型，也就是把艺术实践与精神分析实践的过程进行类比。其变体——医学的模型把作品当做档案和插图，其说明形式是医学的。与之不同的是清单的模型。精神分析在其中作为探照灯，不是分析材料，而是分析主体自身。文章提倡的是"阐释学模型"，其较少利用已经被发展的理论，而利用弗洛伊德和拉康的符号学直觉。在其中，形象不再是单一的主体位置，而是再现为复数的主体。因文章对这个问题的论述十分丰富而且与本书主旨不相关，故在此不做详述。

156 诺曼·布列逊：《视觉与绘画：注视的逻辑》，郭杨等译，浙江摄影出版社，2004，第57页。

157 Mieke Bal and Norman Bryson, "Semiotics and Art History," *The Art Bulletin*, Vol.73, No.2 (Jun., 1991), p.196.

第7部分对叙事学的讨论提出既有的对视觉艺术的叙事的说明“倾向于聚焦于形象如何有能力叙述故事的问题”[158]。这种研究虽然有用，但是其前提是叙事首先是话语而非视觉的问题，形象在此先天不足。符号学不假定叙事对于视觉艺术是外来的模式。巴特的《S/Z》被看做其例证，是“一个图像志代码的叙事版本”。识别借助象征代码，代码进入文化知识，最终产生一个叙事。巴特开始于接受者，这又接近于苏联文艺理论家巴赫金的复调概念。复调是小说中不同声音的缠绕。从视觉符号学来看就是说形象不是统一的。意义不是来自单一的作者或叙事者，叙事被原子化为三个中介：叙事者、聚焦者、演员。这种模式考虑了两个重要观点：符号是被组织的以及在作品内部存在差异。绘画中人物之间的相互观看的关系被设想为相互嵌套的视觉对话。文章在此举出的例子则是《阅读“伦勃朗”》第四章中对一系列苏珊娜绘画中人物观看和叙事的讨论。人物间的观看类似于文学中的对话，所以叙事符号学“为解读那些与话语和形象之间所谓的对立格格不入的形象提供了一个可能性”[159]。而且叙事符号学提供了对视觉叙事的洞察，不仅仅研究词句叙事的视觉暗示。此外文章认为关键是牢记叙事不是片面的结构，观者参与再现的方式不是单一的。话语的主体由“我”来定义，绘画中的“我”经常是观看行为被再现的人物。但故事还包括旁观者。当马奈的《奥林匹亚》积极观看观者之时，她自身的个体化就无效了，并把观者称为了“你”。理论的主体性总是通过作品的“我”和“你”之间的相互作用产生。

第8部分的标题是“历史和意义的状态”。艺术史关心形象的历史地位、

158 Mieke Bal and Norman Bryson, “Semiotics and Art History,” *The Art Bulletin*, Vol.73, No.2 (Jun., 1991), p.202.

159 Ibid, p.206.

起源和原初意图，以及同时代观者的阐释方式。文章认为这些历史的重构都是不适当的。文本间性、多义性、意义的位置——通过这三个问题符号学成功地将历史研究复杂化。巴赫金提出的文本间性类似于图像志，但是图像志只把先例看做后来者的资源；而文本间性颠倒了因果关系，把较晚艺术家的作品看做对其材料的干涉。文章称图像志分析中借用母题不同时借用意义，而文本间性意味着符号伴随着意义，符号的借用就是意义的借用。文本间性还暗示了文本的特征。进一步说，文本间性暗示了自我反思。对当下的阐释者的强调不是作为阐释的缺陷或失败，“而是作为分析中的分析者的文化位置的在场的绝对不可避免的证据”[160]。这使得历史更为可靠。第二个问题多义性指“读者和观众把他们自己的文化负载带入形象，就不能有确定的、预定的或统一的意义”[161]。所以对固定意义的斗争相关于社会性权力，而意义的位置就在于社会和权力关系。符号是一个事件，“其在历史性和社会性的特定情境中发生”[162]。符号事件根据文化上规定的可变更的代码发生。代码的选择导致特定的解释行为。符号学就是要处理不同的解释行为的来源。总之文章所要讨论的是解释背后的权力关系。讨论的对象不是形象而是阐释者。

一个小的矛盾如果形象没有固定的意义，一个图像志先例也应是如此。那么较晚的艺术家如何能借一个不固定的意义呢？或者说这里的“借”意义和发明意义又有何不同呢？当然此段落称图像志只讨论借用形式不讨论借用意义，这是错误的。这里文章的作者们显然弄混了图像志和渊源分析。从这种不熟悉图像志理论的状态来看，这个段落依然出自米克·巴尔的手

160 Mieke Bal and Norman Bryson, “Semiotics and Art History,” *The Art Bulletin*, Vol.73, No.2 (Jun., 1991), p.207.

161 Ibid, p.207.

162 Ibid, p.207.

笔，她在《阅读“伦勃朗”》中没有提到过艺术史中的渊源分析法，而布列逊对此是了解的。

这篇文章虽然是布列逊和米克·巴尔共同署名，但是实际上更多反映的是米克·巴尔自己或《阅读“伦勃朗”》的观点。文章对语境、发送者、接受者三个部分的讨论就是《阅读“伦勃朗”》的序言部分中相关内容的扩展。精神分析和叙事学也是《阅读“伦勃朗”》中最重要的理论资源和讨论内容。布列逊虽然也在《传统与欲望》中涉及了精神分析的议题，但是他的涉及是相对少和迂回的（通过影响的焦虑进行迂回）。布列逊从未把精神分析本身当做主要的讨论内容。布列逊和米克·巴尔确实有理论立场的重叠，例如他们都把德里达的能指的无限滑动的概念当做主要的理论依据。他们也都赞成绘画本身不是一个整体。例如布列逊在《语词与形象》中把画作传达的评价看做是相互矛盾的（如大卫的《荷拉斯兄弟的誓言》中不明确是赞扬男性的忠诚还是女性的人道）；《传统与欲望》中也把一幅画的风格看做是可以不统一的（如《萨宾妇女的调停》集合各时期的风格元素）。但是他的对画作多义性的讨论都是在作者意图和处理策略的前提下进行的。对待作者意图的态度是二人的根本区别。布列逊对作者意图的讨论向来是走折中路线。《语词与形象》中称：“我们是该把作品同作者不可知、不可追的思想联系起来，还是同我们自己这个陌生时代联系起来？这是无解的难题。”[163] 而在《视觉理论：绘画与阐释》文集的前言中布列逊表现得更为灵活：文末讨论了阐释向当下敞开是否意味着无政府主义的问题。他区分了三种观点：原意与阐释的截然分离；假设“播散”是无政府主义的；以及认为阐释总是被特定历史眼光限定，因而不存在无

163 诺曼·布列逊：《语词与图像：旧王朝时期的法国绘画》，王之光译，浙江摄影出版社，2001，第126—127页。

政府主义。第三种观点显然是米克·巴尔的论调；而布列逊认为无论是区分原意与而后的阐释还是选择不区分都是历史眼光、生活方式以及阐释的机制使然。“换言之我们做什么与将要做什么完全出于务实的需要。”[164]布列逊把作者意图作为可选的阐释目的，相反米克·巴尔以及《符号学与艺术史》则是彻底否定探讨作者意图的合理性。正是这一点使得布列逊的三部曲成了新艺术史，而米克·巴尔的《阅读“伦勃朗”》成为文化批评。所以《符号学与艺术史》中绝大部分论点都是《阅读“伦勃朗”》相关内容的扩写或缩写，布列逊的直接贡献甚微。结合文章发表的时间可以看出此文是《阅读“伦勃朗”》的副产品。二者最主要的区别在于，《阅读“伦勃朗”》把自身明确为文化批评或视觉诗学并否认有成为艺术史的打算；《符号学与艺术史》则明确把艺术史作为论述对象。这使得《符号学与艺术史》对于艺术史学科而言具有了挑衅的意味。

二、争论

艺术史界对于这种挑衅的回应是《艺术通报》杂志在1992年的第三期刊登了两篇对《符号学与艺术史》一文的质疑文章，同一期上还登载了米克·巴尔和布列逊对它们的回应。1993年《艺术通报》第二期又刊登了一篇质疑文章。

列娃·沃尔夫（Reva Wolf）[165]把《符号学与艺术史》礼貌地称为“令人感兴趣的和有用的文章”，但是她对《符号学与艺术史》中对所谓的实证主义的学者的指责做出了反应，认为艺术史学者其实对知识的限制是有

164 段炼编《艺术学经典文献导读书系：视觉文化卷》，北京师范大学出版社，2012，第233页。

165 列娃·沃尔夫是纽约州立大学纽博分校（SUNY New Paltz）艺术史系的教授。研究范围为从18世纪艺术到当代艺术。出版的著作有《戈雅和讽刺版画》以及《安迪·沃霍尔、诗和闲话，在1960年代》。

自觉意识的。潘诺夫斯基就是一个代表。她指出潘诺夫斯基认为对象是在一个“产生意义的系统中”被理解，所以不是绝对知识而是认知系统。《符号学与艺术史》选择性地忽视符号学与历史调查的其他形式之间的相似性，而这无助于符号学方法的接受。此外维特科夫尔（Rudolf Wittkower）和W. 尤金·克莱因鲍尔（W. Eugene Kleinbauer）等人也早已指出历史是被个人塑造的，并由个人生活的时代和地域塑造。只是这些强调没有被作为历史编纂的焦点。历史研究者的限制和偏见何时是书写风格，何时是实质性问题，这样的问题无法以一般化的方式回答。对于意图的怀疑也不是符号学的专利。潘诺夫斯基同样指出：“我们对那些‘意图’的评估不可避免地被我们自身的态度影响，其反过来依靠我们个人的经验还依靠我们的历史境遇。”[166]《符号学与艺术史》提出权力的问题不可避免，所以符号学也占据一个权力的位置。沃尔夫把这个位置看做是来自文学研究的新历史主义。既然知识的运作都是处于系统之中，那么就不能说一种工作的价值胜过另一种。沃尔夫引证彼得罗的《批判的艺术史家》指出文学为艺术史提供方法论是误解，文学研究不可能为它自己不做的事提供方法。

相比之下佛朗西斯·H. 道雷（Francis H. Dowley）[167]的质疑文章言语更为激烈和直接。他认为《符号学与艺术史》攻击的实证主义的概念并不清楚。今天的大多数艺术史家不是期望获得最终的结果，而是寻求一个合理的可能性，“但是巴尔和布列逊不考虑可能性”。[168]《符号学与艺术史》

166 Reva Wolf, Francis H. Dowley, “Some, Thoughts on ‘Semiotics and Art History’,” *The Art Bulletin*, Vol. 74, No. 3 (Sep., 1992), p.523. 潘诺夫斯基原文的中译本见 E. 潘诺夫斯基：《视觉艺术的含义》，傅志强译，辽宁人民美术出版社，1987，第 16 页。

167 佛朗西斯·H. 道雷（1915—2003），芝加哥大学艺术史系教授。他是早期现代法国艺术史专家。他发表过多篇关于普桑和大卫等人的论文，但是没有出版过专著。据说其把自己的想法都留给了学生去写。道雷生活简朴，终身未婚，“绝对致力于不时髦”。

168 Reva Wolf, Francis H. Dowley, “Some, Thoughts on ‘Semiotics and Art History’,” *The Art Bulletin*, Vol. 74, No. 3 (Sep., 1992), p.523.

强调阐释，但是阐释也要有指称物。阐释和指称物的关系必须是可证实的。“没有确证就没有严肃的历史调查。”[169] 指称物可以有多种阐释，所以就必须进行选择，通过历史和科学的实践的确证来选择哪个解释更好。所以阐释仍然依靠来自调查的证据。符号学阐释不能独立于艺术史方法之外。例如精神分析只能基于基本调查和阐释的确证被实现的基础上。

接下来道雷质疑了《符号学与艺术史》对作者的否认。例如《符号学与艺术史》中列举荷马为作者是建构的证据，这被认为不具代表性。对作者的讨论又涉及艺术史的作品归属研究。“如果作者仅仅是‘阐释策略’的产物，那么归属应该给予阐释者，是阐释者的策略生产了它们。”[170] 不同于《符号学与艺术史》对鉴定过程的描述，鉴定不仅仅是物理证据或一般技术科学，而是需要专家对真实作品的风格进行分析。《符号学与艺术史》把作者身份看做多层概念和矛盾因素。道雷问道：“矛盾在哪里？”作者概念的多重压力或多种观察方式不构成矛盾。矛盾仅仅是一个对多样性的修辞的同义词。艺术家作为阐释链条的一环把观念转变为形象，必须有一个积极的行动，是从大量可能的形象中进行挑选。艺术家对此工作的完成并不相同。《符号学与艺术史》忽视了艺术家的能力造成的差异。伟大艺术家是创新的图像志、构图和图画观念的起源。

对于艺术作品而言，《符号学与艺术史》否定作品是自身统一的有自身目的的，而且说：“符号由定义来看就是可重复的。它们成为一个复数的语境；艺术品通过不同的观者以不同的方式在一个不同的时间和地点被组成。”[171] 道雷说符号可重复不证明艺术品也是。艺术品是符号这是需

169 Reva Wolf, Francis H. Dowley, “Some, Thoughts on ‘Semiotics and Art History’,” *The Art Bulletin*, Vol. 74, No. 3 (Sep., 1992), p.524.

170 Ibid.

171 Mieke Bal and Norman Bryson, “Semiotics and Art History,” *The Art Bulletin*, Vol. 73, No. 2 (Jun., 1991), p.179

要首先证明的。艺术品可以包括符号，但是“艺术品的一些方面可以作为符号运作并不证明作品作为整体也如此”[172]。作品的审美品质如构图、色彩、比例就不是符号。符号学家必须证明审美品质可以还原为符号。《符号学与艺术史》认为艺术品的文本不外在于读者的环境存在。道雷质问说这是否意味着物理学上的艺术品也不能独立存在？（这里道雷混淆了意义或文本与实物的区别）。道雷指出，“如果一件艺术品从不同的观者在不同的时代唤起不同的回应，它必须有一些它自身的持久的身份”[173]。乔尔乔内的《暴风雨》的阐释非常多样，但是其构图和色彩并不变化，而且这幅画与其阐释并不同一。绘画的艺术品质使其独立于指称物。《符号学与艺术史》过分简化了艺术品的复杂性，“未能意识到一件作品能作为一个符号工作，或是语言学上以符号的术语被阐释，并且仍然保持它的以自身为目的的本性和独立的品质”[174]。

最后道雷反驳了《符号学与艺术史》中对重建历史和意图的否定。《符号学与艺术史》是反历史的，而且误解了历史研究者的主张。后者认为实证是不可能的，要求的是合理的可能性。《符号学与艺术史》把文本间性应用于图像志，并把图像志错误地刻画为对先例的重新使用的检查。但是例如伦勃朗的自画像是以独特的方式背离文艺复兴原型。《符号学与艺术史》引证巴克森德尔对影响的攻击，“达到因果间关系的解构”。但是巴克森德尔虽然指出后辈的积极回应却不否认因果关系。《符号学与艺术史》认为艺术史家缺乏客观性，所以批判起源的调查，否认作者的意图。道雷说更合理的表达是：“在一个给定的例子中可能有一个艺术家对他的作品

172 Reva Wolf, Francis H. Dowley, “Some, Thoughts on ‘Semiotics and Art History’,” *The Art Bulletin*, Vol. 74, No. 3 (Sep., 1992), p.526.

173 Ibid.

174 Ibid, p.527.

打算的‘固定的、事先决定的意义’，但是后来的阐释者不会同意。”艺术史家可以像符号学家一样有偏见，“但是将是足够有才智的和足够自我反思的，以说明他在建构和核实他的阐释中的限制”[175]。

艺术史的目标之一是发现、重构、评估艺术品。对于艺术的归属、赞助人、预备草图、更改、不同版本和复制品以及历史的和当代的批评评价的调查，符号学无能为力。米克·巴尔和布列逊“似乎把艺术品当做已知的和已经说明的，而不是作为调查的对象和质量判断的对象”[176]。如果符号学只与接受有关，而无关于调查，那么它就过于有限。符号学对艺术史调查任务能有什么作用，这需要以不同方法的同一个案研究的比较来示范符号学的优越性。总之《符号学与艺术史》被认为太一般化，对艺术史问题太冷漠，且没有直接方法。

米克·巴尔和布列逊的回应文章如同《符号学与艺术史》本身一样，米克·巴尔本人的成分更为明显。其中的一个例子“来自至少我们之一熟悉的领域”，而这个例子是《阅读“伦勃朗”》中提到的伦勃朗的《波兰骑手》。“至少”这个词暴露出文章更多出自米克·巴尔的手笔。

在回应中首先讲了个故事：鲁滨孙在无人岛上独自生活，一天他看见沙子上的足迹，因而高兴地说：“这是我的孤独的结束。”于是他在岛的另一侧找到了另一个人并成了朋友。社会学家研究社会化过程，艺术史家据说只研究形状、颜色和足迹的位置，而符号学家的研究不是把鲁滨孙的事件看做一系列词，而是符号事件。不是足迹本身，而是鲁滨孙的知觉、识别和阐释建立了他与其他人类的关系。“作为一个符号的对象的这个使

175 Reva Wolf, Francis H. Dowley, “Some, Thoughts on ‘Semiotics and Art History’,” *The Art Bulletin*, Vol. 74, No. 3 (Sep., 1992), p.527.

176 Ibid, p.528.

用未触动那个对象的所有其他可能的使用，包括它作为一个审美对象的使用。”[177]符号事件需要对象的呈现、接受者的识别并把其解释为代表缺席的某物。足迹符号对鲁滨孙的第一个意思是岛上有其他人，但这个意思也不是固定的，鲁滨孙也可能满足于只观察足迹的形状。所以第一个意思也只是阐释者头脑中的解释而不是客观事实。足迹的第二个意义是鲁滨孙孤独的结束。这是符号和第一个意思作为新符号产生的新意思。鲁滨孙是在可能的第二个意思中进行了选择（比如他可能不想结束孤独，或把其他人看做威胁）。鲁滨孙的故事证实符号事件发生在“符号被解释之时，而阐释发生在一个符号和符号的使用者之间的相互作用中”[178]。

上述文中提到符号学不妨碍或反对审美，这既是对道雷的质疑的妥协又是对符号学范围的有限性的承认。接下来回应称《符号学与艺术史》并非想要代替或对立于传统艺术史，而是为了产生“艺术史和符号学的两个视角的交叉提供的大量可能性”[179]。他们是想要让艺术史从符号学中受益。潘诺夫斯基被看做第一个符号学家，而不是实证主义者。实证主义者不关心鲁滨孙的阐释，只测量足迹的物理特征。回应质疑作为一个范式的实证主义，其问题在于“不允许质疑个体艺术家的中心重要性”[180]。图像志先例的借鉴被认为几乎不能被证明。例子是一些艺术史家把伦勃朗的《波兰骑手》的来历基于伦勃朗可能看过的画。而归属不是本身错误，被质疑的是其中的意识形态许诺。归属的问题在于其中的实证主义“模糊了它的‘他者’”。“我们试图去做的是探究对调查的对象‘艺术品’还能

177 Mieke Bal, Norman Bryson, “Reply,” *The Art Bulletin*, Vol. 74, No. 3 (Sep., 1992), p.528.

178 Ibid, p.529.

179 Ibid.

180 Ibid, p.530.

做些什么。”[181]他们想问的问题是传统问题（比如图像志、归属、作者意图）服务于什么目的。“然而一个基于个人精通和联系于它的因果关系的狭窄概念的艺术史的前提不允许我们去研究。”[182]道雷申辩的归属、作者意图和起源的问题被认为都是个人主义的。其代表了艺术史的失明范式，并无力去听到对其他问题的提议。这些新问题被认为帮助打开失明的范式。

一年之后《艺术通报》又刊登了一篇玛丽·恰赫（Marie Czach）[183]的质疑文章。恰赫和沃尔夫都是女性学者。《艺术通报》刊登二人的回应文章显然是有用意的：这避免了给人以压制女性的口实。恰赫的文章把回应中对符号学家与实证主义者的派系划分看做类似于总统选举的用词一样过度政治化。实际上有大量艺术史家对新理论、新方法保持开放态度和敏感度。符号学是语言学的分支。“因为艺术以有意义的方式不同于语言，去把符号学思想处理为无实质的理论是去忽视在原始数据中的差异，在其中符号学理论被建构。”[184]忽视语言和形象的差异会使艺术史变成“科幻小说”。60年代以来语言学理论已经被应用于许多其他学科，但是除了在文学系之外结果往往令人失望。恰赫也质疑了巴尔和布列逊回避对最小单位的讨论。她还指出圣-马丁的符号学未产生后继的研究。引入语言学的术语的活动未进入艺术批评的主流，德里达的意义的活动则是诡计。符号学方法如何对图画起作用，这是一个巴尔和布列逊应该探讨并进行核实的问题。这个问题对于艺术史是无价的。不是进行纯思辨而是进行假设检

181 Mieke Bal, Norman Bryson, “Reply,” *The Art Bulletin*, Vol. 74, No. 3 (Sep., 1992), p.530.

182 Ibid.

183 玛丽·恰赫是西伊利诺伊州大学（Western Illinois University）艺术史博士，独立学者。曾任George Eastman House 国际摄影博物馆调查伙伴，芝加哥艺术研究所摄影助理馆长，她主要从事摄影史研究。曾在Afterimage、Visual Resources、History of Photography 等杂志发表论文。

184 Marie Czach, “Further on ‘Semiotics and Art History’,” *The Art Bulletin*, Vol. 75, No. 2 (Jun., 1993), p.338.

验，这才能让人判断符号学是否适用于艺术史。然而巴尔和布列逊的符号学转向放弃了实证的知识的调查（如社会史和归属），那么其是否适用于艺术史就是可质疑的。

恰赫的论述是力求公正的，她的文章后来影响了埃尔金斯的相关论述，但是她并未揭示出《符号学与艺术史》中的符号学理论不适用于艺术史的根本原因。显然回应的立场比《符号学与艺术史》有所后退，承认了传统艺术史问题作为阐释者建构的语境，本身“没有什么固有的错误”，并申辩说《符号学与艺术史》从未质疑调查是一个有价值的工具。但是如果《符号学与艺术史》真像回应所言是为了丰富艺术史的问题仓库，是提议调查艺术史研究的社会和权力前提，那么他们所致力的应该是艺术史的方法论和史学史，或像笔者过去提出的那样把艺术史看做特殊的视觉文化，“把艺术史作为视觉文化的研究对象”[185]。简言之回应中提出的是对艺术史理论的研究，而不是对艺术史（或艺术）现象的研究。这与《符号学与艺术史》是有差异的。这种研究立场和对既有研究的反思当然是值得钦佩的。艺术史家们所质疑的是《符号学与艺术史》把意图、作者、归属等作为错误的问题抹掉。如前所述，回应否认传统问题本身是错误的。问题在于“错误”这个概念。回应在对鲁滨孙故事的总结中提出阐释是多样的，但又可以是“错误的或不充分的”：“错误的阐释将通过进一步探究的缺乏被确认；它们停止解释，保持孤立，或者生产不新的洞察。”[186]所以所谓错误不是阐释与客观不相符，而是阻止进一步推进阐释的阐释就是错误的，不管客观上阐释会有什么限制，那么无论是《符号学与艺术史》

185 刘晋晋：《潘诺夫斯基的盲点：提香的〈维纳斯与丘比特、狗和鹌鹑〉新解》，《美术观察》2012 年第 7 期。

186 Mieke Bal, Norman Bryson, “Reply,” *The Art Bulletin*, Vol. 74, No. 3 (Sep., 1992), p.529.

还是回应，都是在对这种“错误”进行斗争。其目的只有一个，就是消除阐释的限制，而作者、原意、归属等方面的“错误”被认为在于其“不允许”对新问题的研究。

按照一般的逻辑，既然阐释可以是多义的，那么对原意的阐释就可以并列于非原意的研究。这只需要承认阐释本身不是作者的原意即可，而这一点也是《符号学与艺术史》的作者们并不讳言的。回应从传统研究中看出对新研究的“不允许”，这非常接近迫害性妄想。其实这种逻辑与《阅读“伦勃朗”》中把多种阐释看做不可同时存在的鸭兔图是一致的。那么我们在《符号学与艺术史》以及回应中看到的是一个蓄意谋杀的犯罪现场及供认：为了不使阐释者屈从于原作者的意图，原作者必须“死”。与其说这是后结构主义的理论使然，不如说来自米克·巴尔个人的意图。后结构主义理论只是满足这种意图的手段。米克·巴尔是来自文学研究领域的专家。文学上一般不需要鉴定《巴黎圣母院》是不是雨果的作品。结合《阅读“伦勃朗”》中大量超自由阐释（如长老手中的虚拟放大镜、被性侵的参孙、正在生孩子的圣母等等）来考虑，米克·巴尔实际上是在进行一场进攻性防御或先发制人的打击，防止传统艺术史家批评她的书抛弃作者意图、同时代观者的历史调查，忽视归属鉴定，而这些恰恰是她所无力或不愿进行研究的。因为文章的重点在于辩护，不在于提供新方法，所以道雷才会发现《符号学与艺术史》缺乏具体的符号学艺术史的操作方法。而这种积极防御的结果就是作者之死和传统艺术史研究的限制。提倡自由的人往往是为了让别人不自由，所以《符号学与艺术史》不可能像沃尔夫所希望的那样使艺术史家对符号学更开放。

道雷提出的证明形象是符号的要求在回应中未能被直接满足，但是鲁滨孙的故事中的足迹可以说是对这个问题的隐晦回答。回应其实是在说形象或绘画就像脚印一样，本身无所谓符号与否，都是鲁滨孙 / 阐释者把它识别为符号。鲁滨孙也可能“正好没看见它”或不理解脚印，那么脚印对鲁滨孙就不成为符号。这种说明与《阅读“伦勃朗”》中的“读者想要符号，符号就产生”是一致的。一般符号学艺术史会把信息的传达看做重点。形象作为符号就是被看做包含着作者意图的文字，也就是把绘画看做作者写给读者的信。而《符号学与艺术史》和回应恰恰否认这种信息的传达，否认作者发出符号，或者说绘画成了读者写给自己的信。所以《符号学与艺术史》实际上对传播学的危害比对艺术史更大。鲁滨孙的故事在此有极大的误导性，因为脚印和绘画不同，前者是行动的副产品，不是有意图的，而后者必定是某种意图的产物。无论阐释者是否能识别或是否愿意识别，这种意图都不以阐释者为转移。脚印被当做符号类似于自然物被当做符号。如果鲁滨孙在沙子上看见的不是脚印而是字符“SOS”，那么就不能说这些痕迹没有意图。绘画作为人有意识生产的对象更接近“SOS”而不是脚印。圣－马丁在对视觉语言的讨论中已经提出过这种区别（这再次证明《符号学与艺术史》的作者们不熟悉《视觉语言的符号学》）。

当然鲁滨孙的故事实际上并未满足《符号学与艺术史》中对作者的否认。因为哪怕是无意识的，脚印也都有确切的“作者”。如果脚印像回应中假设的那样是猴子留下的，那么脚印属于人的推测就可以被证否。反之鲁滨孙如果找到了留下脚印的人，那么推测则被证实。甚至鲁滨孙即使没有对脚印进行阐释，他也可能偶然遇到那个人而改变生活。这说明了意义并不仅仅取决于阐释者和其建构的语境。脚印也许是鲁滨孙自己留下的，也许是猴子留下的，也许是自然形成的并被鲁滨孙误读，还可能是数百万年前的古人留下的脚印化石或刚刚离开的海船船员的足迹。这是对脚印的多重阐释。但是历史学家（包括艺术史家）不会满足于观察其形状和审美特征，而是会调查脚印的形成时间（年代学），谁留下的（归属鉴定），如何留下的（风格和技法），为何会留下（作者意图和社会目的）等等。故事中的鲁滨孙其实已经完成了这些调查并给出了自己的结论。只是故事的叙事中简化了这些研究过程，仅讲述了鲁滨孙对调查结果的阐释。作为顶尖的叙事学家米克·巴尔不可能不知道叙事既可以揭示又可以掩盖事件的过程，那么回应在此是有意掩盖调查阶段的阐释活动以及后期阐释的实证的前提。道雷虽然相对来说过于保守，但是当他指出巴尔和布列逊“似乎把艺术品当做已知的和已经说明的”之时就切中了要害。当然这些调查受个人知识限制是会出错的。可证伪正是科学的和客观的方法的标志。《符号学与艺术史》和回应龟缩在阐释的多义性和主观建构的修辞中，就是为了否认阐释相较于事实可以是错误的，亦即否认阐释被证伪的可能性。正是对于被证伪的恐惧使得《符号学与艺术史》的作者们排斥和逃避艺术史对原意的追求。就像道雷所说，艺术史家允许研究中可能性的存在，同时艺术史家也把自己的研究设定为可证伪的。相比之下《符号学与艺术史》追求的不被证伪实际上更接近于实证主义,或者说是对实证主义的迂回达到。

前述《符号学与艺术史》中从传统的符号学艺术史对作者的符号的关注转移到对后结构主义的读者的符号的关注，这就是对证伪的焦虑的征候。但是无论是《符号学与艺术史》还是回应，都没有像《阅读“伦勃朗”》中那样明确地阐明符号的主观来源。《符号学与艺术史》及其相关讨论的意义是使得学术界由于刺激而强迫性地注意符号学和符号学方法在艺术上的应用。但是这篇文章并未给出艺术史可以采用的符号学方法，反而由于对其他艺术史的理论问题（如作者意图）的批判而转移和削弱了对符号与形象间关系的讨论。

第四节　米克·巴尔与布列逊的近期视觉符号学研究

本节将简述《符号学与艺术史》的争论之后，从90年代中期至今米克·巴尔与布列逊二人视觉符号学理论的发展。

一、布列逊的《前言》

从90年代至今，布列逊没有再发表过像三部曲那样带有震撼性和颠覆性的著作。除了与米克·巴尔合编的一些文集和零星文章外，他的研究转向了艺术的批评领域，尤其是当代西方、中国、日本的当代艺术和视觉文化研究等方面。虽然继续在大学教书，但是其在理论界的影响力与80年代已不可同日而语。有趣的是，约翰·奥尼恩斯（John Onians，或译奥涅斯）宣称米切尔和布列逊都已放弃了"视觉的社会建构"。[187] 笔者已经论述过他对米切尔的评论只是由于他对米切尔的理论缺乏了解和偏狭的学术态度所致。[188] 但是布列逊确实为沃伦·内迪什（Warren Neidich）的书写了一篇导言。

布列逊在文章中认为对于现象学而言，世界在人的意识中的出现是自我与世界协作的结果，头脑和世界通过交叉组成彼此，对象还是实在可靠的。但是认知神经学取消了身体和事物的可靠性。其理论核心是变化的神经系统和大脑与世界间联系的各种路径。"神经元的某些复合体被编码以回应于颜色的刺激，其他的回应于形状、重量、质地、运动，每个复合

187 约翰·奥涅斯：《"视觉研究"：过去、现在和未来》，万木春译，《新美术》2010年第3期。

188 对奥尼恩斯的批驳见刘晋晋：《何谓视觉性？——视觉文化核心术语的前世今生》，《美术观察》2011年第11期。

体都占据它自身在大脑中的区域。”[189] 这些复合体通过神经刺激的同时输入形成构造。所以事物的物体属性是各种相异的同步输入在时间信号约束下形成的无缝整体。于是真实的层面不再处于对象上而是处于神经元中。这种理论与海德格尔以及德里达的差异在于，神经科学使得先前哲学中世界达至稳定的关键术语——能指——变得不可使用。在语言学转向之后，语言自身是首要的真实。世界是语言的建构。能指的首要性以及被分享的符号学的惯例保护了主体在世界中的地位。神经科学的激进主义悬置了把世界结合在一起的能指：“制造了苹果的不是能指‘苹果’（虽然这也可能在建立现实的过程中扮演一个重要角色），而可能是在细胞和有机体生命之内轴突和神经元的同时开火。”[190] 存在的基础成了神经构造。布列逊把这称为“神经转向”，而且认为其对真实的说明有优势。首先是后结构主义的理论有能力描述的经验的宽度是有限的。由于专注于能指，所以后结构主义只能处理含义的问题。“虽然符号学经常尽力去指出能指属于感觉秩序，但是难以去调整这个术语以适应感觉和情绪体验，情感的、身体的和运动觉的全部范围。”[191] 符号学专攻话语领域，而神经科学中对大脑与世界的各种联系的研究却能涵盖情感、记忆、触觉、运动习惯等更广的区域。例如对物质文化的考察中人工制品的象征意义只是一方面，它还相关于区域、价格、功能以及通过眼和手代代相传的手艺传统。“虽然每件人工制品可以携带属于文化象征的秩序的一个意义或多个意义，但是人工制品不能单独源于这些。”[192] 人工制品不仅是意义，还是感觉和运动觉的

189 Warren Neidich, Norman Bryson, *Blow up: Photography, Cinema and the Brain*, New York: D.A.P./Distributed Art Publishers; Riverside, Calif.: UCR/California Museum of Photography, 2003, p.12.

190 Ibid, p.14

191 Ibid.

192 Ibid, p.15.

操作。这些组成了神经“信号”。文化空间更多根植于感觉、运动觉、情感经验而不仅仅是再现、代码和意义。大脑的皮层运作会经常修改，用进废退，所以主体本质上是习惯和环境的产物。由于主体是可塑的，所以视觉交流的技术（摄影、电影、电视、互联网）就可以干涉和殖民经验的现实。但是内迪什所描述的不同于德波的景观社会等后现代理论：不同技术体制之间的冲突促进了主体性的进化，而且主观的可变性、快速适应力和选择会抵制那些强制力量。此外先锋派艺术据此获得了中心性的改变的力量，也就是“雕塑大脑”。

由上述简述可见，布列逊对神经科学并不完全肯定，而是认为其带来了比后结构主义更不稳定的世界观。他在这篇文章中确实承认了符号学不能包办一切问题，感觉和身体的诸方面是符号学或以能指为基础的方法所无力说明的。这与他在80年代表现出来的符号学帝国主义和乐观主义是判若云泥的。如本章第一节二小节所示，虽然布列逊把贡布里希斥责为知觉主义，但是他的艺术史的符号学其实是以贡布里希的心理学艺术史的主要论断为依据而建立的，所以布列逊对神经科学的承认只是他对自己的研究的承认或者说是对贡布里希式的研究方式迟到的承认。反过来说，布列逊在此文中并未否定符号学能解释意义或文本性问题，只是这些问题也可以被神经科学覆盖而已。文章中也没有提及或否定视觉的社会建构的问题。与奥尼恩斯的看法正相反的是布列逊文中提到的技术、艺术等外在环境和事物对塑造大脑、塑造现实的影响不是别的，正是社会建构。当然，贡布里希在《艺术与错觉》中提到的绘画对我们观看世界的影响也是类似的论题，或者说社会建构像贡布里希的理论告诉我们的那样不可能外在于认知过程而存在。此外布列逊的文章只能代表他自己，而实际上国际上对认知符号学和符号神经学的研究大有人在。本书第二章第二节一小节中已经论证了符号学与神经科学、认知心理学不仅不是截然对立的，而且有着密切的联系，也许关键问题在于找到符号思维的神经学基础。

二、米克·巴尔的近期研究和影响

米克·巴尔至今仍是一位精力充沛而多产的作家。米克·巴尔的许多书和文章都是对既有论文的改写。例如1994年的《关于意义制造：符号学论文集》（*On Meaning-Making: Essays in Semiotics*）中的13篇文章都来自已经出版的书籍和发表的文章。和形象有关的7至9章就是她与布列逊合著的《符号学与艺术史》，而且改动非常少。第6章和第10章则来自《阅读"伦勃朗"》。第12章也有部分内容来自《阅读"伦勃朗"》。2001年的《一瞥：观看的艺术》（*Looking In: The Art of Viewing*）则是应布列逊之邀把她十年来出版的著作中与视觉文化相关的文章进行结集出版。另外《视觉与文本》中米克·巴尔的文章《解读凝视：伦勃朗作品中的性别构建》可以说是对《阅读"伦勃朗"》一书一些基本观点和段落的缩写。[193]

在《阅读"伦勃朗"》之后，真正新颖的著作是下述几本：1996年的《双重曝光：文化分析的主体》（*Double Exposures: The Subject of Cultural Analysis*）对博物馆展览等方面进行了文化研究和权力分析；1997年的《斑驳的屏幕：视觉上阅读布鲁斯特》（*The Mottled Screen: Reading Proust Visually*）用视觉文化的方式解读了布鲁斯特的文学作品；1999年的《引证卡拉瓦乔：当代艺术，荒谬的历史》（*Quoting Caravaggio: Contemporary Art, Preposterous History*）延续了《阅读"伦勃朗"》中对经典艺术家的讨论，但是其目的不是解释卡拉瓦乔，而是用卡拉瓦乔解读当代艺术，因而成为一本艺术批评著作；2001

193 见史蒂芬·梅尔维尔、比尔·里汀斯编著《视觉与文本》，郁火星译，江苏美术出版社，2009，第172—204页。

年的《路易斯·布尔茹瓦的蜘蛛》(*Louise Bourgeois' Spider*)则是直接以女性主义视角对布尔茹瓦这位著名当代艺术家进行分析。《人文学科中概念的旅行：一个粗略的指南》(*Travelling Concepts in the Humanities: A Rough Guide*)和新版的《叙事学导论》中也涉及了形象研究。近期米克·巴尔更多的致力于艺术批评的著述，在此不再累述。

总之今天的米克·巴尔的学术兴趣除了文学批评、叙事学、艺术评论、经典艺术家之外还涉及移民文化、理论的移民（移植）、当代视频艺术、博物馆学、视觉文化理论等诸多方面。但是与布列逊投身当代艺术研究一样，米克·巴尔也没有通过《符号学与艺术史》的写作进入艺术史的研究领域，而是更加专注于艺术批评和理论以及视觉文化的研究。这可以说是其理论的逻辑结果，而且她近来已经不满足于只做阐释文本的作者，还亲自进行视频艺术的创作，成为一位视频艺术家。只是很难想象作为一位向来否认艺术品原作者阐释地位的批评家如何处理自己的双重身份。

值得一提的是2007年以刊登新艺术史论文著称的英国期刊《艺术史》出版了一期专刊《关于米克·巴尔》[194]。这本专刊于2008年被作为文集出版。这期专刊刊登了多篇艺术史和艺术批评论文以及米克·巴尔与霍丽的一篇对话。论文跨度从文艺复兴艺术到当代艺术再到博物馆学。这些论文的共同点就是作者都受到了米克·巴尔的理论的影响。《艺术史》杂志给一位在世的学者出版专刊是很少见的，除了她之外享受了专刊殊荣的艺术史家只有巴克森德尔（1998）和斯蒂芬·班（Stephen Bann，2006），可见她对当代艺术史和理论的影响之大。在专刊中汉内克·格罗特伯尔(Hanneke Grootenboer)的《阅读天使报喜》借用米克·巴尔对伦勃朗的《达

194 对这期专刊的介绍见 Deborah Cherry，"Conversation Pieces: About Mieke Bal," *Art History*, Vol.30, No.3, (June, 2007)。

娜厄》的解读，分析了《天使报喜》题材绘画制造意义的过程中性与童贞相互缠绕的关系，《天使报喜》作为艺术史阐释的寓言，以及圣母的童贞的不可见的概念与意图使其变得可见的透视之间的关系。[195] 乔万尼·卡雷利则基于米克·巴尔的阐释的当下性等理论把西斯廷天顶画看做理论对象进行分析。[196] 可以说即使剔除艺术史家无法接受的观点，米克·巴尔的研究仍然极为丰富，可以成为研究者借鉴的宝库。此外她对视觉文化理论的建设也做出了贡献。例如她曾经挑起了对以尼古拉斯·米尔佐夫（Nicholas Mirzoeff）为首的视觉本质主义的论战。[197] 她对视觉本质主义和图像时代的批判是《阅读"伦勃朗"》中超越语词与形象观念的进一步发展。

195 Hanneke Grootenboer, "Reading the Annunciatin," *Art History*, Vol.30, No.3 (June, 2007).

196 乔万尼·卡雷利：《历史的时间与历史之外的时间：作为理论对象的西斯廷礼拜堂》，李建群译，《世界美术》2010 年第 3 期。这一期专刊目前只有一篇被译为中文。

197 相关讨论见刘晋晋：《敲响图像：W.J.T. 米切尔与视觉文化的新方向》，硕士学位论文，中央美术学院，2010，第四章第三节。

第五章 反符号学理论

第五章 反符号学理论

由于布列逊和米克·巴尔等人的努力，视觉符号学在20世纪80年代迅速崛起，从过去个别学者们的学术实验，发展为理论热点。尤其是《符号学与艺术史》一文引起传统艺术史家的强烈反弹。但是这些反弹与其说是反对符号学，不如说是被其极端的反实证主义和反历史的态度所激怒。同时这些争论也引发了学术界对符号学与形象关系的新思考。学者们或是担忧符号学侵犯传统学科领域进而形成“符号学帝国主义”，或是不满于符号学把形象与语言无差别地当做符号。一些艺术史家、文艺理论家、视觉文化研究者提出了与之针锋相对的观点，认为符号学并不适用于研究形象。约略同时，美国学者W.J.T.米切尔提出了“图画转向”（pictorial turn）的概念，德国艺术史家戈特弗里德·波姆（Gottfried Boehm）提出了“图像转向”（iconic turn）。这两个概念的提出共同形成了视觉文化和艺术史中不同于符号学路径的新方向，并分别在英语和德语世界中鼓励了一批学者投身反符号学或非符号学的形象研究。

第一节 米切尔的后符号学

面对咄咄逼人的符号学家要把形象领域囊括入符号学研究范围的企图，像布列逊和米克·巴尔一样出身文学研究的 W.J.T. 米切尔[1]却致力于探讨形象与语词的关系以及形象自身独特的存在价值。在 90 年代，他提出了一系列形象研究的新概念和新问题，建立了多样的抵制和包容符号学的不同策略。米切尔也是一位高产作家，本书不可能复述其全部相关著作。幸运的是，在出版于 2008 年的文集《视觉读写能力》中，米切尔提出了形象科学的四个概念：图画转向、形象－图画关系、元图画、生物图画（biopictures）。如果加上米切尔早期在《图像学》中讨论的语词与形象关系的问题，那么这五个概念正好可以描绘米切尔的形象理论的发展脉络：语词与形象和生物图画分别是图画转向提出前后的主要研究方向；元图画概念孕育于语词与形象的研究，为了弥补图画转向的缺席而发展，并运用于后来的阶段；形象与图画的关系则是贯穿于米切尔的整个研究生涯的一个问题。那么下面将按时间顺序分别讨论这五个概念，尤其是其与符号及符号学的关系。

一、语词与形象

米切尔的学术生涯开始于他的博士论文《布莱克的合成艺术：插图诗的研究》（简称《布莱克的合成艺术》）。布莱克既是杰出诗人又是杰出艺术家。米切尔的研究因此涉及对诗与画关系（更普遍地讲即语词与形象的关系）的探讨。他提出布莱克的书是插图诗与画之间一次成功的联姻，但

1 W.J.T. 米切尔（W.J.T. Mitchell）是美国芝加哥大学文学和艺术史系教授。他的研究领域包括浪漫主义文学、视觉文化、艺术史和媒介理论。他因提出了图画转向的理论而享誉全球。他的主要著作包括《图像学：形象、文本、意识形态》《图画理论》《最后的恐龙之书》《图画想要什么？》《克隆恐怖》《媒介研究的批评术语》等。

成功之处不在于静态的和谐平等，而是“更像一场精力充沛的竞争，……独立模式之间的对话和辩证”[2]。布莱克的插图诗中图画不图解文本，而是引入自身的维度。在米切尔的叙述下，布莱克的合成艺术中诗与画之关系既不被简化为无区别的再现，也不被非辩证地对立为“图文战争”，相反，充满了复杂多样、对立统一的辩证法。这成了米切尔讨论语词与形象的原型。

通过研究布莱克的合成艺术，米切尔对莱辛在画—空间艺术 / 诗—时间艺术之间的划分产生了怀疑，因而在 1980 年发表了一篇讨论文学的空间问题的文章，并以之为契机组织了《批评探索》杂志的专刊《形象的语言》。在该专刊前言中米切尔明确涉足了语词与形象的一般问题。他把“语词的实践和形象的实践之间几乎强迫的合作‘看做’现代文化最打动人的特征之一”，并认为“艺术史家和文学批评家也已开始合作”，而且这种合作最有成果之处不是来自交叉学科（interdiscipline）而是“单一学科的内在需要”。[3]“形象的语言”这种隐喻表达了二者之间的一种辩证关系。“形象的语言”逻辑上似乎成问题，可又是“艺术批评中最熟悉的转义之一”[4]。“形象的语言”这种近乎矛盾的修辞说法本身就是对语词与形象二元关系的一种消解。它在彼此之内发现对方的存在，而非把语词与形象看成两个将要发生关系的实体。于是形象本身也如“语言与形象”一样成了问题。对“形象是什么”的问题的讨论集中体现在 1986 年出版的《图像学：形象、文本、意识形态》一书中。

2 W. J. T. Mitchell, *Blake' s Composite Art: A study of the Illuminated Poetry*, Princeton, N.J.: Princeton Univ. Press, 1978, p.4.

3 Edited by W. J. T. Mitchell, *The Language of Images*, Chicago: The University of Chicago Press, 1980, pp.1-2.

4 Ibid, p.3.

《图像学》第一章《形象是什么？》[5]称现代形象研究把形象理解为语言，而不是提供通向世界的透明之窗。“现在形象被当做一类符号，该符号呈现一种自然的、透明的欺骗性外观以隐藏一个不透明的、歪曲的、任意的再现机制，这是一个意识形态神秘化的过程。”[6]但米切尔不满足于这种套话：“形象不只是一种特殊种类的符号，而是像历史舞台上的演员一样的某种事物，像一种被授予传说地位的在场或人物，平行于并参与故事的历史，在这个故事中我们向我们讲述自身的发展，从以创造者的‘形象制作的’受造物，到以他们自己的形象制作他们自己和他们的世界的受造物。”[7]这里米切尔未否定符号学，却首次指出符号学和语言学对于研究形象是有限的。形象还作为演员参与人类历史。之后他把形象扩展为“形象家族”，并画出了形象（image）的家族树（见图 35）：

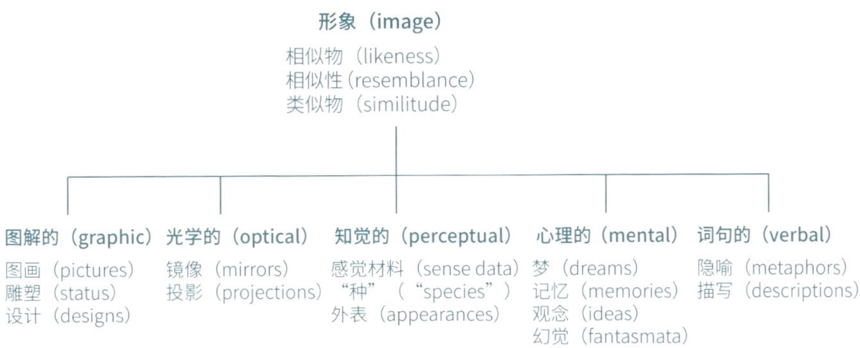

图 35　米切尔，《形象家族树》，采自《图像学》，第 10 页

5 1984 年该文首次发表于 *New Literary History* Vol.15，No.3；后收入 W. J. T. Mitchell，*Iconology: Image，Text，Ideology*，Chicago：University of Chicago Press，1987。

6 W. J. T. Mitchell，*Iconology: Image，Text，Ideology*，Chicago：University of Chicago Press，1987，p.8.

7 Ibid，p.9.

家族树左侧，图解的和光学的形象是物质的形象，一般认为这些才是适当的形象；而右侧是知觉形象、心理形象和词句形象（verbal image），即 image 包括有形的形象和无形的意象。[8] 米切尔承认："图表右边的心理和词句形象似乎只在一些可疑的、隐喻的意义上是形象。"他的目标就是论证心理形象和意象的合法性。德里达把形象看做掩饰成自然的抄本的符号。米切尔则想把形象转化为值得尊敬和信任的理论。通过引证中世纪犹太哲学家摩西·迈蒙尼德（Moses Maimonides，1135—1204），米切尔提出，在西方反偶像崇拜的宗教（犹太教、基督教、伊斯兰教）中，人是以上帝的形象或相似物制造的。该传统中形象首先是"事物本质的现实，通过堕落才变得联系于如偶像之类有形的事物"[9]，即形象首先指本质相似而非外表。所以"真实的、字面上的形象是心理或精神上的形象；不适当的、派生的、比喻的形象是由我们的感觉特别是眼睛感知的、物质的形状"[10]。接下来是为有形的图画正名。他引证贡布里希指出"视觉本身是一个经验和文化适应的产物"，绘画不是现实的复现。错觉图画掩饰了自身的人工性，但是艺术家坚持以表现性展示不可见的精神和理性灵魂。观看图画时总是需要标题等文字的说明，所以"绘画是图画的和词句的传统的汇合"[11]。由此，他进一步探讨了形象与语词的关系。莱辛把这种关系

8 所以笔者认为中译本《图像理论》缺失了副标题是一个严重的错误。原书的副标题是 "关于视觉和词句再现的文集"，其点明了要点并承接了《图像学》一书的理论思路。但是当它消失后，没有看过《图像学》的中国读者想必都会把家族树右侧的部分排除出思考范围。

9 W. J. T. Mitchell, *Iconology: Image, Text, Ideology*, Chicago: University of Chicago Press, 1987, p.32。迈蒙尼德的论述见摩西·迈蒙尼德：《迷途指津》，傅有德、郭鹏、张志平译，山东大学出版社，2007，第 21—23 页。

10 W. J. T. Mitchell, *Iconology: Image, Text, Ideology*, Chicago: University of Chicago Press, 1987, p.32.

11 Ibid, p.42.

比作两个管理着边界的国家[12]，米切尔认为这是因为“我们把语词和形象之间的鸿沟想象为如词与物之间、（最广义的）文化和自然之间的鸿沟一样宽”[13]。研究这一问题不是为了弥补二者间的裂痕，“而是考察它服务于什么利益和权力”[14]。米切尔不赞同莱辛的比喻，他对这种关系给出的模型是两种语言间的翻译或几何与代数的关系。他更看重后者，因为其暗示它们之间可以相互解释和补充。但他所谓的“代数和几何”实乃代数式和其函数曲线。[15]文章最后谈到精神分析和符号学之类的传统把语词“构想为位于图画表面背后的潜在的、隐藏的意义”。米切尔提醒说还有一个相反的传统，在其中词句是表面的，而视觉是其真实原因。文中专注于为意象或心理形象正名，但是后文并未讨论听觉意象、触觉意象。可见重点只是家族树最左端的图解形象和最右端的词句形象。

像米切尔后来所言，《图像学》一书的主要内容就是“试图去展示为什么词句的和视觉的再现之间差异的流行性转义（时间和空间、惯例和自然、耳朵和眼睛）并未给规范语词与形象的比较研究提供坚实的理论基

12 莱辛：《拉奥孔》，朱光潜译，安徽教育出版社，2006，第108页。

13 W. J. T. Mitchell, *Iconology: Image, Text, Ideology*, Chicago: University of Chicago Press, 1987, p.43.

14 Ibid, p.44.

15 Ibid, p.26, 44。在接受奥林王的采访之时，米切尔对所谓的“几何与代数”给出了 y=1/x 的函数曲线。米切尔用第三人称说自己：“在米切尔成为一个浪漫主义者，一个布莱克学者，或任何一种文学学者之前，他是一个数学家——诚然，是一个相当迟钝的数学家。”见 W. J. T. Mitchell, Orrin N. C. Wang, and (interview and gloss).*The Last Formalist, or W. J. T. Mitchell as Romantic Dinosaur; An Interview with Orrin N. C. Wang*, Romantic Circles Praxis series, 1997， 来 源：http://www.rc.umd.edu/praxis/mitchell/mitch-contents.html。另外需要强调的是，有的作者引用《艺术史的批评术语》(*Critical Terms for Art History*）中米切尔的《语词与形象》一文得出了他把语词与形象的关系比作国与国的关系的结论。但是由于该比喻来自莱辛，而且正文中已经指出米切尔并不同意这种观点，所以他只是把这种比喻当做流行观点摆出来进行评判和分析，不宜把这看做他自己的观点。米切尔对流行见解的批评一般较含蓄，这也是造成误解的原因之一。上述似是而非的结论的代表见安·达勒瓦：《艺术史方法与理论》，李震译，王春辰校，江苏美术出版社，2009，第50页；国内同样的观点见曹意强：《图像与语言的转向——后形式主义、图像学与符号学》，《新美术》2005年第3期。

础”[16]。否认语词与形象间传统的差异理论只是《图像学》一书的第一个目标。在这个目标之上的则是对传统区分方式体现出来的观念进行意识形态分析：古德曼对作为密集符号的图画和离散符号的文字之间的划分与破坏偶像和政治改良的愿望有关（第二章）；贡布里希未明确区分艺术的语言是自然还是惯例，这基于有关自然的意识形态（第三章）；莱辛的对诗/画的时/空区分联系于对性别划分和越界的焦虑（第四章）；埃德蒙·博克（Edmund Burke）崇高与优美的美学相关于听觉与视觉的对立，又相关于他对法国大革命的批评（第五章）；马克思使用暗箱和拜物教是为了获得资本主义的“偶像”（第六章）。这些被称为对“图像学问题的意识形态分析”。

在《图像学》一书之后，米切尔还提出了“形象文本”（imagetext）和“形象/文本”（image/text）的概念以及“一切媒介都是混合媒介”的命题。他为《艺术史的批评术语》（*Critical Terms for Art History*）撰写的《语词与形象》（“Word and Image”）一文的论点就是他对语词与形象间关系的总体看法：二者的界限不可消弭又不可维持。这种划分本身相关于权力和意识形态。首先，因为能看语词和听形象，所以从知觉上无法区别二者。其次，相似的不一定是形象；形象也可以不代表外物；拟声词也可以相似于对象；形象也需要惯例。所以，形象与语词的区分也不能归结于符号的相似性和任意性。“语词与形象的差别不太可能通过任何单一的概念语或固定的二元对立模式就明确地固定下来。‘语词与形象’似乎

16 W. J. T. Mitchell, *Picture Theory: Essays on Verbal and Visual Representation*, Chicago: University of Chicago Press, 1995, p.88；中译见 W.J.T. 米歇尔：《图像理论》，陈永国、胡文征译，北京大学出版社，2006，第 75 页。这里的译文略有不同。

要作为一种辩证的转义（trope），才更容易被理解。”[17]这就是米切尔的语词与形象关系的辩证法。

此外，值得注意的是，笔者早已指出米切尔所谓的图像学完全不同于潘诺夫斯基的图像学，其实就是当今的形象研究或图像科学。米切尔把自身的研究称为批评的图像学，把潘诺夫斯基的研究称为传统图像学。批评的图像学是一个研究领域，而传统图像学是研究艺术史的一种方法。对此米切尔本人并不讳言：“目前，既然在人文学科中没有研究口头和视觉艺术的关系的实际存在的‘领域’，没有用统一方式研究知觉的、概念的、口头的和图解的形象问题的‘图像学’，……”[18]正是由于“没有”，所以他的提议才是一种创造而非拾人牙慧。本书还需再次强调图像学的实质和米切尔重新定义的这个词的来源。《图像学》的第一章《形象是什么？》从开始就把形象置于和语言的关系之中。当米切尔说“如果语言学有它的索叙尔和乔姆斯基，那么图像学有它的潘诺夫斯基和贡布里希”之时，他的言外之意是图像学之于形象就如同语言学之于语词。论贡布里希时他也直接把二者并列：“‘艺术的语言’的概念……是图像学或‘形象的语言学’建立的一个前提。”[19]《形象的语言》是米切尔编辑的第一本专刊，而且对他有很大影响。这里把形象看做语言又是贡布里希的理论的特点之一，可见米切尔在论述贡布里希之时把图像学与形象的语言学并列并非偶然。贡布里希的文中最接近米切尔对“图像学”的表述是《木马沉思录》一文最后一节的开头：“图像学这个刚出现的学科跟艺术批评的关系就相当于

17 W.J.T. Mitchell, “Word and Image,” in edited by Robert S. Nelson and Richard Shiff, *Critical Terms for Art History*, Chicago and London: The University of Chicago Press, 1996, p.53；中译见W.J.T. 米切尔：《文字与图像》，《新美术》2007年第4期。

18 W. J. T. Mitchell, *Iconology: Image, Text, Ideology*, Chicago: University of Chicago Press, 1987, p.155。

19 Ibid, p.81；中译见米歇尔：《自然与惯例：贡布里希的错觉》，李本正译，《美术译丛》1987年第4期。

语言学跟文学批评的关系。”[20]在此，图像学被类比为语言学。虽然无法证明米切尔曾看过《木马沉思录》，但是该文为贡布里希早期最重要的文章，而米切尔又把贡布里希看做图像学 / 视觉文化研究的先行者，所以这是非常可能的。本书第二章第二节第二小节和第五小节已经论述了贡布里希早期和理论成熟期对图像学概念的不同认识以及前后变化。这里不再赘述。后来《艺术与错觉》的导论谈到图像学与视觉形象的语言学时，对上述言论进行了修正。其中把图像学当做形象的语言学的一个部分（研究寓言、象征或“不可见的观念世界”的指称）以区别于《艺术与错觉》中研究的“对可见世界的指称”。[21]米切尔在给《普林斯顿诗歌和诗学百科全书》写的图像学的条目一开始就引用了贡布里希的这段话。但是他却误解（或故意误读）了贡布里希论述的逻辑关系，使图像学涵盖了形象的语言学的整个领域：“因此，像 E.H. 贡布里希声称的那样，图像学是关于形象的‘科学’，其不仅‘调查寓言和象征中的形象的功能’，而且也探索我们所谓的‘视觉形象的语言学’。”[22]所以米切尔的图像学与其说是来自潘诺夫斯基，不如说直接源于对贡布里希的曲解。

那么，米切尔掏空潘诺夫斯基和贡布里希的图像学的内涵，填入扩大形象范畴的理论、哲学话语和意识形态分析，其目的就是要像语言有语言学一样使形象有自己的“语言学”。此后在《元图画》（“Metapictures”）一文中他也说：“我们可以称这个语境是对图画和形象的‘普通语言’观，

20 E.H. Gombrich, *Meditations on a Hobby Horse, and Other Essays on the Theory of Art*, London: Phaidon, 1963, Fourth edition 1985, p.11；中译见 E.H. 贡布里希：《木马沉思录：艺术理论文集》，徐一维译，彭力群校，北京大学出版社，1991，第 20 页。

21 E.H. 贡布里希：《艺术与错觉——图画再现的心理学研究》，林夕、李本正、范景中译，湖南科学技术出版社，2000，第 4 页。

22 W. J. T. Mitchell, “Iconology”, in Edited by Alex Preminger, *The New Princeton Encyclopedia of Poetry and Poetics*, Princeton, N.J.: Princeton University Press, 1993, p.552.

把再现当做俗语（vernacular）现象来处理。这个语境的学科名称是图像学。”[23] 在这种理论设想中，视觉艺术如同文学，形象就如同语言。其推论是如果艺术史研究艺术，文学批评研究文学，语言学研究语言，那么“图像学”就研究形象。这充分说明米切尔是按照研究语言的语言学模式来发明一种研究形象的图像学。米切尔设想的这种对语言学的模仿不是制造一个语言学的分枝。这种形象的语言学并非像结构主义一样分析形象的语法结构，其是一个形象自身的“学”，而不是语言学在形象上的应用。这种发明也是把形象置于自身学科话语和逻辑之下的一种努力。

二、图画转向

图画转向（过去译为“图像转向”）是米切尔理论中最著名的部分，也是误解最多的。提到这个概念，人们都会想到《图画理论：关于词句和视觉再现的文集》（中译本名为《图像理论》）一书中的《图画转向》一文。然而为人乐道的《图画转向》一文中前半部分讨论的“视觉文化”的概念不见于这篇文章的后半部分。后半部分论述的阿尔都塞也和前半部分出现的罗蒂和乔纳森·克拉里（Jonathan Crary）没有关系。两部分间唯一的共同点就是潘诺夫斯基和图像学。即便是对潘诺夫斯基的讨论也不同，前半部分讨论《作为象征形式的透视》，后半部分集中于《图像志与图像学》中的脱帽比喻。这种混乱导致出现许多误解和牵强附会的解释。其实文集中的这篇文章是由两篇独立的文章拼凑而成。前半部分是1992年在《艺术论坛》杂志上发表的著名论文《图画转向》；后半部分是米切尔1988年所写的一篇文章的后两节，该文题为《图像学和意识形态：潘诺夫斯基、

23 W. J. T. Mitchell, *Picture Theory: Essays on Verbal and Visual Representation*, Chicago: University of Chicago Press, 1995, p.36；中译见 W.J.T. 米歇尔：《图像理论》，陈永国、胡文征译，北京大学出版社，2006，第 27 页。

阿尔都塞和识别的场景》（“Iconology and Ideology: Panofsky, Althusser, and the Scene of Recognition”，简称《图像学和意识形态》）。杂志版的《图画转向》一文结束于文集版《图画转向》一文的中译本第 15 页的第一个段落。这一页的后两个段落来自《图像学与意识形态》一文，但是都做了修改。而且文集版中是在这之后的段落中才指明了文章后半段的出处。这提醒我们这两个段落非常重要。此外，实际上在《图像学》中根本未引用过潘诺夫斯基的任何理论，《图画转向》却突然热衷于潘诺夫斯基。要说明其原因还要从头讲起。

《图像学和意识形态》一文是米切尔对他的学生蒂莫西·欧文（Timothy Erwin）的《现代的图像学，后现代的诸图像学》（“Modern Iconology, Postmodern Iconologies”）[24]的回应，而欧文的文章又是给米切尔的《图像学》写的书评。

欧文在书评中评论说《图像学》“不是提供诗歌和绘画的预期的反思观点，它在学科间类比的当代和传统解读中评论意识形态批评的可能性”[25]，其能被叫做“元理论的”（metatheoretical）学科。在艺术史中图像学实践甚至标志着学科的建立，而文学研究中刚刚引入图像学“以定义一个对兴趣的新领域估价的方法”[26]。欧文问到，米切尔的《图像学》在两种意义上对艺术间的研究的未来意味着什么呢？接下来欧文（注意不是米切尔）把潘诺夫斯基的脱帽问候的故事当做“现代视觉理论的原初叙事

24 最初两篇文章同时发表在 *Works and Days* 11/12 Vol.6 No.1&2(Spring-Fall，1988)，之后重印于 Edited and with an Introduction by David B. Downing and Susan Bazargan，*Image and Ideology in Modern/Postmodern Discourse*，Albany：State University of New York Press，1991。欧文在芝加哥大学攻读博士学位之时曾师从于米切尔。

25 Edited and with an Introduction by David B. Downing and Susan Bazargan，*Image and Ideology in Modern/Postmodern Discourse*，Albany：State University of New York Press，1991，p.309.

26 Ibid.

（ur-narrative）”，一个阐释的总体模式。之后他引证艺术史家彼得罗的观点对这个故事进行了详细的分析。通过图像学，艺术史家的直觉综合将既通往历史又通往政治。欧文认为现代图像学倾向于混淆调查者的不可避免的偏见与调查对象的主观维度。所以图像学保持与文化史的距离，并把艺术品分离于世界。但是近期的艺术史已经使潘诺夫斯基的图像学概念返回到社会史：“潘诺夫斯基的遗产仅仅在其最纯粹的状态下才对意识形态分析不关心。”[27]欧文指出，米切尔“从交叉学科的角度重新想象图像学研究”，他不关心潘诺夫斯基的工作方法，只关心图画理论的历史和意识形态批评中的问题。米切尔的方法更新颖的方面被认为是对形象的影响的关心：“在潘诺夫斯基于平凡的叙事中铭刻上文化统一的强大神话之处，米切尔控告当代性别歧视，岛国心态和保守派思想的意识形态被暗示在长期存在的美学领域的分离中。”欧文把潘诺夫斯基与米切尔的图像学划分为现代和后现代的，并要求米切尔说明《图像学》如何进一步研究艺术间比较研究以及艺格敷词等问题。最后欧文问道：“图像学的实践……更多是一个指出意识形态的陷阱的问题吗？”[28]

这篇文章初听之下语气平和，但是这只是师生情谊下礼貌的表象。后来米切尔把欧文的文章称为“非常令人刺激的批评”[29]，那么是什么刺激了他呢？实际上欧文分析脱帽问候的故事是在隐晦地批评米切尔误读了潘诺夫斯基的图像学。米切尔忽视潘诺夫斯基的图像学是为了探究内在意

27 Edited and with an Introduction by David B. Downing and Susan Bazargan, *Image and Ideology in Modern/Postmodern discourse* , Albany: State University of New York Press, 1991, p.313.

28 Timothy Erwin, “Modern Iconology, Postmodern Iconologies”, in edited and with an Introduction by David B. Downing and Susan Bazargan, *Image and Ideology in Modern/Postmodern Discourse*, Albany: State University of New York Press, 1991, p.316, 318.

29 W. J. T. Mitchell, *Picture Theory: Essays on Verbal and Visual Representation*, Chicago: University of Chicago Press, 1995, p.25n19；中译见 W.J.T. 米歇尔：《图像理论》，陈永国、胡文征译，北京大学出版社，2006，第 16 页注释 1。中译本中没有译出“very”一词。

义，也就是作品的意识形态内涵；相反，他把图像学当做图画理论的代名词，并把引入意识形态批评看做自己的功劳。欧文还指出文学与视觉艺术间存在的大量学科间的研究问题，并指责米切尔仅仅是像后现代批评家一样满足于指出意识形态陷阱。

在《图像学和意识形态：潘诺夫斯基、阿尔都塞和识别的场景》中，米切尔并未认错，而是继续坚持自己的看法。对于元理论的说法，米切尔回应说："但是我的感觉是《图像学》不是一本真正哲学家的书，而是给作家、艺术家和批评家的文本。它不提供一个意象的有力的新理论或一个写作的新方法，而是提供一系列博学的和批评的反思，其针对使我们解除一些关于意象的深深确立的思考习惯，允许我们重新看它甚或带着更批判的警惕的敏感性使用它。"[30] 对于误解的指责，米切尔辩称，"关键步骤是上演图像 / 学（icon/ology）的两部分之间的遭遇——'图像'（icon）和'逻各斯'（logos）"[31]。图像和逻各斯也就是形象和语言。这是在死抠图像学的字面含义，把字面含义当做他的理解的基础，同时故意遗忘了自里帕到潘诺夫斯基的漫长传统。对于图像学与意识形态关系的问题，他认为自己是在让图像学和意识形态进行对话，或者"不单是让图像学具有意识形态的或自我批评的意识，而是要让意识形态批判具有图像学的意识"，故而他的图像学是"批评的和辩证的"。[32] 为此，米切尔仿效欧文对脱帽问候的故事的分析进行了分析。只是他的分析不是讨论潘诺夫斯

30 W. J. T. Mitchell, "Iconology and Ideology: Panofsky, Althusser, and the Scene of Recognition," in edited and with an Introduction by David B. Downing and Susan Bazargan, *Image and Ideology in Modern/Postmodern Discourse*, Albany: State University of New York Press, 1991, p.321.

31 Ibid, p.322.

32 Ibid, p.327. 同于 W. J. T. Mitchell, *Picture Theory: Essays on Verbal and Visual Representation*, Chicago: University of Chicago Press, 1995, p.30；中译见 W.J.T. 米歇尔：《图像理论》，陈永国、胡文征译，北京大学出版社，2006，第 21 页。

基的方法，而是对潘诺夫斯基（以及图像学的原初场景）的意识形态进行分析。而分析阿尔都塞的主体性的镜厅理论则是为了显示意识形态分析的“图像学的意识”，换言之就是在意识形态分析中使用形象进行论述，并包含着形象理论。所以对潘诺夫斯基和阿尔都塞的理论的分析都是为了证明《图像学》一书的方法合理。此外，米切尔否认自己的《图像学》有意成为后现代或当代的著作。他虽未完全拒绝欧文的划分，却更愿将其称为“批评的图像学”[33]。米切尔在回应中强调他的态度是辩证的，“建立在破坏偶像者和偶像崇拜者之间对话的可能性上”[34]，从而与进行破坏偶像式批评的后现代批评家（《十月》小组）保持了距离。后来在《图画理论》中这种距离体现为宣称后现代主义在80年代末之后终结了。[35]

对于“图画转向”而言，在这篇回应中最重要的一点是：“欧文的评述提醒我们图像学的圆周超出视觉和词句艺术的比较研究，并进入人类主观的基本建构，成为一个混合语言学和意象主义的（imagistic）存在。”[36]其实欧文的文章中并未提到此问题。欧文确实提到了潘诺夫斯基对调查对

33 W. J. T. Mitchell, “Iconology and Ideology: Panofsky, Althusser, and the Scene of Recognition,” in edited and with an Introduction by David B. Downing and Susan Bazargan, *Image and Ideology in Modern/Postmodern Discourse*, Albany: State University of New York Press, 1991, p.325。同于 W. J. T. Mitchell, *Picture Theory: Essays on Verbal and Visual Representation*, Chicago: University of Chicago Press, 1995, p.28；中译见 W.J.T. 米歇尔：《图像理论》，陈永国、胡文征译，北京大学出版社，2006，第 19 页。

34 Edited and with an Introduction by David B. Downing and Susan Bazargan, *Image and Ideology in Modern/Postmodern Discourse*, Albany: State University of New York Press, 1991, p.322.

35 W. J. T. Mitchell, *Picture Theory: Essays on Verbal and Visual Representation*, Chicago: University of Chicago Press, 1995, p.366, 369, 417；中译见 W.J.T. 米歇尔：《图像理论》，陈永国、胡文征译，北京大学出版社，2006，第 343，345，387 页。

36 W. J. T. Mitchell, “Iconology and Ideology: Panofsky, Althusser, and the Scene of Recognition,” in edited and with an Introduction by David B. Downing and Susan Bazargan, *Image and Ideology in Modern/Postmodern Discourse*, Albany: State University of New York Press, 1991, pp.322–323.

象主观维度的混淆，并认为米切尔的方法“在形象－文本的关系中恢复对主观维度的关心”。[37] 但是欧文的批评集中于文学和视觉艺术之间比较的问题。米切尔说“欧文的评述提醒我们……”之时，实际上是在委婉地提醒我们，欧文《图像学》一书所涉及的问题远远超出了比较艺术的研究。《图像学》中确实已经有了类似的论述，除了把形象看做人类历史的演员之外，还有“我们在词句和图画再现之间的对话中创造了我们世界的大部分”[38]。形象家族树的成员范围包括了人类生活的广泛方面，可以说也潜在地暗含着形象对人类世界的建构作用。只是这种作用在《图像学》一书中没有明确地提出，更没有被当做讨论的焦点。因为《图像学》主要处理的还是语词与形象或文学与视觉艺术之间关系的理论以及区分的意识形态。但是这句话中蕴含的能量却是巨大的，因为它改写了语言学转向以来语言在人文学科中的主导地位，把形象并列于语言使其具有了相同的地位。可以说这句话体现了后来的“图画转向”概念的理论核心和基础。米切尔显然很快意识到了这句话的价值，所以在文集版的《图画转向》一文中，这句话被改写为“图像学远远超过了语言和视觉艺术的比较研究，而进入了把人类主体作为由语言和成像（imaging）构成的一个存在者的基本建构”[39]。米切尔的这种理论进路与其说是对《图像学》一书中一些内容的继承和发挥，不如说是超越。

此后，米切尔 1992 年在《艺术论坛》上发表了著名论文《图画转

37 Edited and with an Introduction by David B. Downing and Susan Bazargan, *Image and Ideology in Modern/Postmodern Discourse*, Albany: State University of New York Press, 1991, p.316.

38 W. J. T. Mitchell, *Iconology: Image, Text, Ideology*, Chicago: University of Chicago Press, 1987, p.46.

39 W. J. T. Mitchell, *Picture Theory: Essays on Verbal and Visual Representation*, Chicago: University of Chicago Press, 1995, p.24；中译见 W.J.T. 米歇尔：《图像理论》，陈永国、胡文征译，北京大学出版社，2006，第 15 页。

向》，从而提出了具有纲领性和口号性的图画转向的概念。这篇杂志文章其实是一篇书评，其评论的是两部当时新近出版的著作：1990 年出版的克拉里的《观察者的技术》以及 1991 年出版的潘诺夫斯基的《作为象征形式的透视》。1994 年米切尔还给同一本杂志撰写了关于视觉文化的书评《作为伊卡洛斯的历史学家：马丁·杰伊的低垂之眼的评论》（“The Historian as Icarus: A Review of Martin Jay’s Downcast Eyes”）[40]，这显然是之前书评的延续。米切尔后来也承认了写书评才是杂志版《图画转向》的主要目的。[41] 可见“图画转向”的提出只是附带的理论发挥，以及把这两本书串联在一起的手段。所以该文只有前三分之一是在全心全意地讲图画转向，第二个部分是在评论《作为象征形式的透视》，第三部分是在评论《观察者的技术》。这两本书的内容当然都与图画转向相关，但是我们不能望文生义，把这两部书看做米切尔理论的来源。

如果把目光缩小到文章的前三分之一，那么，文章的目的是清晰的，即反对布列逊的符号学艺术史。米切尔的解决之道是“视觉艺术对语言学转向的抵制”，是“对图画的一种后语言学的、后符号学的重新发现”，这就是影响深远的“图画转向”（pictorial turn）。上一小节已经指出，《图像学》第一章中提出“形象不仅仅是符号”。这种怀疑在 1991 年发表的《错觉》一文中得到了进一步表达。这篇文章就是后来《图画理论》文集中的第 10 章《错觉：观看动物观看》。这篇文章提到布列逊把贡布里希的关于错觉艺术的观点看做是幼稚的“自然的态度”，并以“符号学的惯例主义（‘绘画作为符号的艺术，而非知觉对象’）”来取代这种说明。米切

40 W. J. T. Mitchell, “The Historian as Icarus: A Review of Martin Jay’s Downcast Eyes,” *Artforum*, Vol.32, No.5 (January, 1994).

41 Edited by Neal Curtis, *The Pictorial Turn*, London: Routledge, 2010, p.22.

尔对布列逊批判“自然主义的态度”“基本上同情”。但是布列逊犯了一个重大的策略性错误，即“把普林尼联系于贡布里希的传统悬置起来，这个传统被当做一个将在世故的当下被代替的、天真或幼稚的过去”以及“把这种方法论的转变描绘为一个从知觉对象到符号，从理想化到物质实践的运动”。[42] 米切尔认为这种转换是不可能的，而且只起到论辩中的修辞功能。像《图像学》一样，米切尔的态度是既看到“自然的态度”的问题，又对其保留而不是消除，并对其进行意识形态分析。后来在2001年的《展示观看》一文中，米切尔对这个问题进行了进一步的说明：布列逊克服“自然主义的态度”是重要的，“但是，如果它变成了一种未经检验的教义，它就面临变成谬误的威胁，正如同它寻求推翻的‘自然主义谬论’那样失去能力”[43]。在艺术史和视觉文化的教育中总是有初步的“仪式”，即原本透明和自然的对象被揭示为象征符号或需要被学习的语言。米切尔认为更困难的是这个仪式的第二个时刻：“当艺术史家不得不说明为什么所有这些惯例意义不合计成为图画的语言学或符号学解码，为什么有一些不可词句化的剩余在形象中。”[44] 视觉文化应把自身理解为与视觉自然的开放式对话。所以自然主义的态度不是“一个将要被战胜的愚昧成见”，而是“一个将要被探索的问题”。[45] 总之，米切尔并不否认符号学可以用来研究形象，但是不通过符号的观看方式依然存在，人的视觉有非习得的自动的部分。

42 W. J. T. Mitchell, *Picture Theory: Essays on Verbal and Visual Representation*, Chicago: University of Chicago Press, 1995, p.335；中译本见 W.J.T. 米歇尔：《图像理论》，陈永国、胡文征译，北京大学出版社，2006，第313页。中译本把“bracketing off”译为“割断”是明显的误译。

43 W. J. T. Mitchell, *What Do Pictures Want?: The Lives and Loves of Images*, Chicago: University of Chicago Press, 2006, p.344；中译见章戈浩编《可见的思想》，山东文艺出版社，2008，第11页。

44 Ibid, p.344n13.

45 Ibid, p.345.

米切尔对布列逊的批评集中于《视觉与绘画》，而这本书未收录于《图像学》书后的参考文献（相反《语词与图像》被收录其中），可见这种对符号学的批评是《图像学》出版之后的米切尔理论的新发展。布列逊的符号学没有为自然和本能留下理论空间，这与米切尔的辩证法相悖。这就是二人最重要的差别。

1994 年的文集版《图画转向》与 1992 年杂志版的同名文章的一个显著不同是，杂志版只字未提米克·巴尔以及《符号学和艺术史》，但其中对布列逊的符号学理论的反对预示了对《符号学和艺术史》的反驳。后来文集版新添加的注释中提到了《符号学和艺术史》，并针锋相对地说："我对跨学科理论和避免偏见或在再现的元语言中保持中立表示怀疑。……描写再现的最佳术语，无论是艺术再现还是别的什么，都将在再现性实践自身内在的本土语言中找到。"[46]同书的另一个注释说得更明确："在我看来，他们还是低估了符号学对文本 / 语言描述框架的推崇。符号学绝不是逃避'推崇语言的偏见'，而恰恰继续重申了那个偏见。"[47]与传统艺术史家批评《符号学与艺术史》的视角不同，米切尔的焦点是否认符号学可以作为元语言，否认符号可以超越语词与形象对立。在后来的《展示观看》中，视觉文化十个神话中的第四个就是"视觉文化意味着文学文本和绘画之间的差异、是非问题"。这可以看做是针对《阅读"伦勃朗"》做出的批评。在《图画转向》中对符号学的主要指责就在于符号学来自语言学，而语言与形象是辩证地对立的，因而"视觉经验或'视觉素养'可能不能完全用

46 W.J.T. 米歇尔：《图像理论》，陈永国、胡文征译，北京大学出版社，2006，第 5 页注释 3。

47 W. J. T. Mitchell, *Picture Theory: Essays on Verbal and Visual Representation*, Chicago: University of Chicago Press, 1995, p.14n10, p.99n31；W.J.T. 米歇尔：《图像理论》，陈永国、胡文征译，北京大学出版社，2006，第 5 页注释 3，第 87 页注释 1。

文本性的模式来解释”[48]。这里没有说一定不能，而是说“可能不能”，而且是“可能不能完全”。另一个或然性的说法是引用达弥施的话——“图像不必然是一个符号”[49]。这意味着符号学对形象的研究是可能的，没有完全否定符号学，但不是“完全”的，也不是“必然”被需要的。在这种对或然性的坚持中，语词与形象的差异被保留，形象的特性被强调。通过或然性，米切尔想要提出一种符号学方法之外的形象研究方法的选择，而非证否符号学。

文集版《图画转向》的前半部分的前三分之一表明了图画转向的目的（驱逐符号学），后半部分的头两个段落提供了图画转向的理论基础。这篇文章并非一个整体，而只是有相关性的各部分的叠加。上文提到米克·巴尔强调绘画的断裂性。其实文章何尝不像绘画一样有着断裂性呢？试图把不统一的各部分解读成统一的整体只会曲解文章，掩盖差异。

图画转向试图把形象当做与语言共同建构世界的另一极，从而打破符号和语言的垄断地位。由此而言，图画转向并不是对语言学转向的取代。一方面，图画转向的“另立中央”颠覆了语言的霸权；另一方面，图画转向最终只是使图画与语言可以平等相处，相互阐释，互为意义，共同构造世界。这也是对语词与形象关系的一种发展。在这种转向中图画将获得一种类似语言在语言学转向中的主体地位。在语言学转向中语言不再被看做是传达意义的工具，而成了产生、创造意义的场所。那么图画在图画转向中就摆脱了被社会编码、被符号学解读的被动地位，与语言平等，可以反

48 W. J. T. Mitchell, *Picture Theory: Essays on Verbal and Visual Representation*, Chicago :University of Chicago Press, 1995, p.16；W.J.T. 米歇尔：《图像理论》，陈永国、胡文征译，北京大学出版社，2006，第 7 页。

49 W. J. T. Mitchell, *Picture Theory: Essays on Verbal and Visual Representation*, Chicago :University of Chicago Press, 1995, p.16n13；W.J.T. 米歇尔：《图像理论》，陈永国、胡文征译，北京大学出版社，2006，第 7 页注释 2。

过来影响创造，影响我们的思想，建构社会，或者成为语言背后的意义。此外，“图画转向”并不意味着图像时代或读图时代的到来，也不意味着监视社会或景观社会。对于前者，米切尔在后来的多次论述中已进行了否认，并认为我们并非生活在唯一的视觉时代。对于后者，他虽然不想完全否认，但是主要把它们看做是历史上多次发生的对形象恐惧的症候，亦即景观社会等理论只是米切尔的意识形态分析的对象。后来，米切尔说：“有一个图画转向的意义对于我们的时代是唯一的，……作为对于理查德·罗蒂所谓的‘语言学转向’的继承者。”[50]所以说图画转向的真正目标在于推进哲学，其像语言转向一样是对转变学术研究对象和方法的号召。

我们已经看到米切尔对图像学的构想以语言学为模型。他抵制符号学是抵制把符号学的具体理论套用到形象的研究上来。所以米切尔与米克·巴尔/布列逊的研究都以语言学/符号学为模板，区别在于他们仿效的层次不同。前者仿效语言学的理论结构，后者仿效其具体观点。米切尔的《图画理论》宣扬拒绝符号学，从整个语境来看这更适合描写为一种“影响的焦虑”。正是因为他从语言学模板中受益颇多，所以他才如此强烈地抵制符号学。

也许这些受益和抵制使“图画转向”中的“图画”得以成立并有了自己的“学”。但是“转向”却岌岌可危了。哲学史上有从本体论到认识论的转向以及从认识论到语言学的转向。这些转向都是颠覆性的，是不断回到哲学问题的前提上去。转向前后的问题根本不在同一层面上。其实图画转向并未颠覆语言学，而是以其为模板来构造；图画不是语言的前提（可能有人会把视觉当做先于语言的认识论前提，但米切尔未强调形象/图画先于语言），与语言共治世界。那么完全有理由怀疑米切尔的“转向”是

50 Edited by James Elkins, *Visual Literacy*, New York: Routledge, 2008, p.15.

否可以和哲学史上的诸转向并列。至多只能说图画转向是语言学转向的补充，是个补充性转向。

这种危机的症候是以“图画转向”赶走了符号学的视觉文化没有属于自己的问题。过于依赖语言学模式导致“语词与形象”的问题仍然占据重要地位。这导致米切尔在书中一再重述：“我们仍然不确切知道图画是什么，它们与语言的关系怎样。”这就好像摆脱了殖民统治的第三世界又陷入了西方话语 / 文化统治的后殖民状况。

三、元图画

“图画转向”还带来一个矛盾：一切关于形象的理论终究还是由语言而不是形象（尤其是图画）构成的。如果只有由语言构成的理论，没有由形象（或图画）构成的理论，形象就不可能和语言达到平等，也不可能一起“构成一个存在者的基本建构”[51]；那将使形象仍是“亚人类的媒介”。对此，米切尔的解决之道就是启用“图画”这个术语。这个词的特点是除了可用做名词还可用做动词。[52] 据后来米切尔书中的一个注释所称，这种用法借鉴自《十月》小组成员，著名艺术批评家道格拉斯·科林普（Douglas Crimp）的艺评文章《图画》（“Pictures”）。[53] 所以《图画理论》的书

51 W. J. T. Mitchell, *Picture Theory: Essays on Verbal and Visual Representation*, Chicago: University of Chicago Press, 1995, p.24；中译见 W.J.T. 米歇尔：《图像理论》，陈永国、胡文征译，北京大学出版社，2006，第 15 页。

52 “picture”的动词用法在中文中有时译做“图绘”，但本书为了强调该词的双关含意所以选择了同样具有动词、名词双重词性的“图画”来对应。

53 这个注释见 W. J. T. Mitchell, *What Do Pictures Want?: The Lives and Loves of Images*, Chicago: University of Chicago Press, 2006, p.x iv.n1。在这个注释中米切尔为了保持他与后现代主义的距离省去了下面引文中后现代的部分。科林普的文章是一个同名艺术展览的艺评。在文章开头科林普写道：“作为已经成为所谓的后现代主义的典型，这个新作品不被限于任何特殊的媒介；相反，它利用摄影，电影，表演，就像利用绘画，素描，和风景的传统模式一样。……对于我的目的同等重要的，图画，以其动词形式，能涉及一个心理过程就像涉及一个审美对象的生产一样。”见 Douglas Crimp, “Pictures”, *October*, Vol.8 (Spring, 1979), p.75。

名被译成《图像理论》不是好与不好的问题，而是根本误解了其含义。该书序言和正文已重申了多次："是试图'图画理论'而不是'关于图画的理论'的无数记录"[54]。于是言说理论被当成了去图画（用作动词）理论或理论的图画（用作名词）。问题也就解决了。这类似于他在《图像学》中用过的手法：把对意识形态理论中关涉形象的分析叫做意识形态的图像学研究。虽然依形象家族，语言也能产生词句的形象，但是如果只有词句能"画"理论，还是无法令人信服。

于是米切尔想起了《图像学》中使用的术语"超图像"（hypericon）。超图像是"反省形象性质的图画"[55]：

> 柏拉图的洞穴，亚里士多德的蜡板，洛克的黑屋，维特根斯坦的象形文字全都是"超图像"的例子，连同"自然之镜"的通俗转义，为我们思考所有种类的形象—精神的、词句的、图画的以及知觉的—提供了模型。[56]

在《图画理论》第三章《元图画》中，他对超图像进行了重新包装和扩展，把它变成了"元图画"（Metapictures）。这一章在文集发表前没有出版过，可见其是专为文集所写，或者说是专门为解决图画转向的理论困境所写的。"元图画是一个可移动的文化机器，可以起到作为插图的边缘作用，也可以发挥作为一种概括的形象的核心作用，我称之为囊括整

54 W. J. T. Mitchell, *Picture Theory: Essays on Verbal and Visual Representation*, Chicago: University of Chicago Press, 1995, p.5；中译见 W.J.T. 米歇尔：《图像理论》，陈永国、胡文征译，北京大学出版社，2006，序言第 5 页。

55 W. J. T. Mitchell, *Iconology: Image, Text, Ideology*, Chicago: University of Chicago Press, 1987, p.158.

56 Ibid, p.6.

个知识型的‘超图像’，一种知识理论。”[57]元图画可以呈现图画的“自我认识”，更重要的是“它们在图画理论”。[58]就像图像学以语言学为榜样，图画转向以语言转向为模板，那么元图画的模型自然是元语言—“反映一级话语的二级话语”。提出这个概念就是为了验证图画能“提供自己的元语言”“能够反映自身，能够提供二级话语”，而“这个概念是要建立关于图画的二级话语而不诉诸语言，不依靠艺格敷词（ekphrasis）”。[59]结果文章最后的结论是把（为图画和理论提供二级话语的）元图画揭示为“图画再现中固有的一种基本潜能”，于是理论不再是仅在“线性话语以及语言和逻辑中基本运行的东西”；图画也不再扮演被动的客体或插图。米切尔认为“通过把问题颠倒过来观察理论的图画，能大大推进我们对图画理论的探讨”[60]。

所以说元图画在米切尔的学术语境中就是为了论证图画转向而存在的。通过元图画，“形象的语言学”找到了自己的“元语言”，形象/图画得以像语言一样进行高级的构造活动，从而脱离了“亚人类媒介”的处境。图画转向也有了坚实的基础，可以图画理论了。但是图画转向反而因这种严密论证而更加摇摇欲坠。因为图画转向的目标就是反对符号学，而

57 W. J. T. Mitchell, *Picture Theory: Essays on Verbal and Visual Representation*, Chicago: University of Chicago Press, 1995, p.49；中译见 W.J.T. 米歇尔：《图像理论》，陈永国、胡文征译，北京大学出版社，2006，第 39 页。

58 W. J. T. Mitchell, *Picture Theory: Essays on Verbal and Visual Representation*, Chicago: University of Chicago Press, 1995, pp.48–49；中译见 W.J.T. 米歇尔：《图像理论》，陈永国、胡文征译，北京大学出版社，2006，第 38—39 页。中译本此处把 picture 译为“图绘”。

59 W. J. T. Mitchell, *Picture Theory: Essays on Verbal and Visual Representation*, Chicago: University of Chicago Press, 1995, pp.37–38; W.J.T. 米歇尔:《图像理论》,陈永国、胡文征译,北京大学出版社，2006，第 27—29 页。

60 W. J. T. Mitchell, *Picture Theory: Essays on Verbal and Visual Representation*, Chicago: University of Chicago Press, 1995, p.82；中译见 W.J.T. 米歇尔：《图像理论》，陈永国、胡文征译，北京大学出版社，2006，第 70—71 页。

元图画实际上就是一个彻头彻尾的符号学的概念或方法，是符号学艺术史的老生常谈。仅仅在本书已经讨论过的诸位艺术史家的著作中就有很多例子：马林早已使过“元图像的”（metaiconic）一词[61]。布列逊在《传统与欲望》中也提到了“更高层次的形象或元形象（meta-image）”[62]，以指把借自前人的形象变为引用的表达手法。此外，布列逊还多次以元语言来类比指涉形象的更高层次形象。米克·巴尔虽然没有使用这个词，但是她对自反的绘画的研究以及对作为自反的解释模式的研究，实际上也是对元图画的应用，只是其使用方式比米切尔更为复杂。同样没有使用这个词的贡布里希在《艺术与错觉》中也对元语言和形象进行了类比[63]（见本书第二章第二节第三小节）。对于熟读《艺术与错觉》的米切尔而言，这可能是其理论的直接来源。因为米切尔提出元图画之时，使用的斯坦伯格的相互画出的双手漫画正是贡布里希谈论元语言之时的例证。元图画的概念对于贡布里希而言说明了形象是一种语言，对于米切尔却论证了形象可以独立于语言运作并处理理论。米切尔不是说“符号学的技术元语言并未给我们提供科学的、跨学科的或毫无偏见的词汇”吗？来自符号学的“元图画”概念出现在他的理论中实际上是他在自食其言。

虽然元图画不能完成图画转向的论证，但它确实也是个有用的工具，米切尔在后来的视觉文化研究中经常使用这个术语。例如《侏罗纪公园》中，在DNA（脱氧核糖核酸）的幻灯照射下由数字技术制造的迅猛龙被当做生物控制论的元图画等等。近来米切尔总结说，元图画并非罕见的现

61 Edited by Norman Bryson, *Calligram: Essays in New Art History from France*, Cambridge: Cambridge University Press, 1988, p.78.

62 诺曼·布列逊：《传统与欲望：从大卫到德拉克罗瓦》，丁宁译，浙江摄影出版社，2003，第145页。

63 E.H.贡布里希：《艺术与错觉——图画再现的心理学研究》，林夕、李本正、范景中译，湖南科学技术出版社，2000，第173页。

象：一个形象出现在另一个形象之内时就是元图画；任何图画，只要被利用为一个反思图画本性的手段，都可以成为元图画；无论是想象的、语言的还是视觉的形式都可以成为元图画，所以隐喻（例如柏拉图的洞喻）是其代表。其“提示了整个认识论的结构类比”[64]。

四、生物图画

实际上米切尔对图画转向面临的困境非常清楚。他无疑急迫地想在图画转向的标题下填入真正与其相符的崭新问题。1994 年，一个仿佛天启一般的偶然事件带来了转机。《图画理论》发表后，《乡村之声》（*The Village Voice*）的文学副刊（*Voice Literary Supplement*）发表了一篇书评，在给予好评之后说这本书名字不对，应叫作“图画想要什么？”[65]，这立刻吸引了米切尔。该问题是脱离语言学问题的全新方向。同时，其与米切尔故有的一些思想和知识储备相适应。于是，一个研究视觉文化的新方向就这样开始了。

这种思路使他近十多年的视觉文化研究有了新的发展。其成果是 1998 年出版的《最后的恐龙之书：一个文化图像的生命和时代》（*The Last Dinosaur Book: The Life and Times of a Cultural Icon*，简称《最后的恐龙之书》）和 2005 年出版的文集《图画想要什么？形象的生命和爱》（简称《图画想要什么？》）以及 2011 年出版的《克隆恐怖：形象的战争，“9 · 11”到现在》（*Cloning Terror: The War of Images, 9/11 to the Present*，简称《克隆恐怖》）。这些著作可谓是他自身进行图画转向的结果。书中

64 Edited by James Elkins, *Visual Literacy*, New York: Routledge, 2008, pp.18-21.

65 见 W. J. T. Mitchell, “What Do Pictures Want?: A Idea of Visual Culture,” in Terry Smith. ed. In visible touch : modernism and masculinity, Chicago: University of Chicago Press, 1997, p.215。另见 W. J. T. Mitchell, *What Do Pictures Want?: The Lives and Loves of Images*, Chicago: University of Chicago Press, 2006, p.6；及 W. J. T. Mitchell, Orrin N. C. Wang, and (interview and gloss).*The Last Formalist, or W. J. T. Mitchell as Romantic Dinosaur; An Interview with Orrin N. C. Wang*, Romantic Circles Praxis series, 1997, 来源：http://www.rc.umd.edu/praxis/mitchell/mitch-contents.html.

的重点是图画的生命或有生命的图画。用他自己的话说是“比起它们的生命和爱，视觉文化不那么关心形象的意义（meaning）”[66]，所以随着图画转向，米切尔由早期对形象与语词的关系转向了对图画的生命，也就是图画本体的探索。这种转向不是否认符号学，而是搁置符号学和形象的意义问题。正是符号学在米切尔的形象研究中的边缘化给图画留出了本体论的、不以人的意志为转移的空间，从而开创了研究的新方向。虽然米切尔很清楚图画的生命是人投射的结果，但这种生命一旦开始就好像不再以创造者和消费者的意志为转移。所以他说“我不想开始于一个立场，这个立场鼓励我们仅仅把图画的欲望读作可归于它们的消费者和生产者的社会关系”[67]。对于米切尔而言，这个问题是起点而非最终目的：“对于我，关键问题是把‘图画想要什么？’这个问题变成一个尚不清楚规则的游戏。”[68]“目标是去破坏对于解释的掌握的现成的模板。”[69]通过陌生化，他的研究逃离了既定方法论的填空练习，成了创造性的挑战：

> 把我们对作品的关系译成问题，使形象和观者的相关性成为调查的领域。这个观念是为了使图画不那么可理解，不那么透明；也是为了把对图画的分析转向过程、影响的问题，并在其中放入观众的位置。[70]

66 W. J.T. Mitchell, *What Do Pictures Want?: The Lives and Loves of Images*, Chicago: University of Chicago Press, 2006, p.343。与之相比，潘诺夫斯基的图像学研究的就是艺术品的内在意义，可见米切尔的研究虽然不反潘氏的图像学，却是在明显忽视图像学。

67 W.J.T. Mitchell, “What Do Pictures Want?: A Idea of Visual Culture,” *in Terry Smith. ed. In Visible Touch: Modernism and Masculinity*, Chicago: University of Chicago Press, 1997, p.217.

68 Ibid, p.217.

69 W. J.T. Mitchell, *What Do Pictures Want?: The Lives and Loves of Images*, Chicago: University of Chicago Press, 2006, p.49.

70 Ibid.

引文说明米切尔最终承认了该问题的实质就是人与图之关系。“图画想要什么？”的重要性在于它是图画转向之后米切尔全部研究的起点：图画和形象被当做有生命的对象。

《图画想要什么？》一书中提出形象有生命的想法自古及今从未消失。无论是马克思和弗洛伊德使用物神的概念，还是居伊·德波（Guy Debord）的“景观社会”或福柯的“监视社会”的理论中，视觉再现都好像有它自身的生命。这是“不能被治愈的症状”“我们的任务不是战胜这些态度而是去理解它们”。[71] 图画首先“会想要一种对观者的掌控”[72]，也就是吸引观者，让人看。美国一战时的征兵招贴《山姆大叔》想要的是青年的血肉。弗里德所说的“专注性”的绘画“通过似乎不想要任何东西，通过假装它们有它们需要的东西来得到它们想要的”[73]。在《生命的符号》（“Vital Signs”）一文中，他进一步把“图画想要什么？”解释成缺乏，图画想要的就是其缺少的。不论图画还有何欲望，米切尔认为其想要的核心都是“与语言一样的平等权利，而不是被转换为语言”。“图画想要的不是被阐释，被解码，崇拜，打碎，暴露，或者通过它们的观者非神秘化，或者迷惑它们的观者。”[74]

---

71 W.J.T. Mitchell, *What Do Pictures Want?: The Lives and Loves of Images*, Chicago: University of Chicago Press, 2006, p.30.

72 Ibid, p.36.

73 Ibid, p.42.

74 Ibid, pp.47–48。另见 W.J.T. Mitchell, “What Do Pictures Want?: A Idea of Visual Culture”, in Terry Smith. ed. *In Visible Touch: Modernism and Masculinity*, Chicago: University of Chicago Press, 1997, pp.230–231, p.232。在米切尔的文中，图画的欲望种类繁多，甚至可以是什么都不想要。但是他唯独没有说过图画想要成为“后现代”。上文已经提到米切尔一直与后现代批评保持距离。这种错误的理解来自陈怀恩：《图像学——视觉艺术的意义与解释》，如果出版社，2008，第 325 页。这位作者虽然提到了米切尔的《图画想要什么？》，但是他的注释中引用的页码仅仅是该书的前言和鸣谢部分（见原书第 341 页注释 23）。笔者无法理解这位作者能从鸣谢中看出何种“后现代”，即便只读过前言恐怕也不会得出这种结论。

另一种生物图画的主要形式是图腾的概念。图腾不同于贬义的偶像和物神，是价值中立的人类学概念，表示“我的亲属”。因而图腾不像偶像那样要求献祭，不是憎恨和被污名化的用语。同时图腾被认为是有生命的，其本身又是一个形象。在《图像学》中米切尔就进入这个术语，并号召不做破坏偶像式的批评，而是与形象进行对话。在 2002 年发表的《克隆恐怖》（“Cloning Terror”）中，尼采与马克思一起成了这种态度的榜样：“尼采推荐用批评语言的锤子或‘音叉’‘敲响’偶像。如他所说，尼采想去敲击的偶像是‘永恒的’，我把其当作意味着不可摧毁。那么，正确的策略不是试图去破坏它们——一个注定失败的偶像，而是去利用它们，犹如它们是乐器。”[75] 图腾概念作为批评术语最集中地体现在《最后的恐龙之书》中。米切尔认为所有的恐龙形象都是人为建构的图像，都是“形象文本”[76]。恐龙的形象介于真假之间，因为没人见过活恐龙。恐龙形象是美国在世界上霸权的象征，因而是美国民间的图腾动物。但是其又因已经灭绝而被看做过时和可笑的象征，也预示着霸权的命运。恐龙形象有自身的生命，其出没并生存在博物馆、电影、雕塑、壁画、油画、小说、隐喻、都市传说、漫画、玩具、广告、饼干之中。并且恐龙形象进行着自身的进化，从作为“恐怖的蜥蜴”的维多利亚时代的恐龙，到现代时期巨大笨重、缓慢冷血的经典恐龙，再到恐龙文艺复兴中灵活敏捷得像鸟一样的温血动物。（见图 36）这种对有生命的形象的跨媒介的历史调查引出

75 W.J.T. Mitchell, *What Do Pictures Want?: The Lives and Loves of Images*, Chicago: University of Chicago Press, 2006, p.26. 原文见尼采：《偶像的黄昏》，卫茂平译，华东师范大学出版社，2007，第 25 页。

76 当人们谈到恐龙时脑中出现的是一些具体形象，主要由霸王龙、雷龙、剑龙、三角龙组成。这与人们对哺育动物的反应完全不同。对于这种老套，米切尔举出了一种美国的“四恐龙饼干”。这些饼干外形非常简单，但是人们根据最低限度的特征就能识别这四种恐龙。另外翼龙和蛇颈龙等既非鸟臀目也非蜥臀目，所以不是恐龙，但是普通人把它们也算作恐龙，这从一个侧面证实了恐龙形象的文化属性。这四种恐龙代表全体的老套也是可以改变的，米切尔说《侏罗纪公园》的成功之处就在于把迅猛龙这个形象加入老套之中。

了形象的文化生态学。

对于当代社会，最生动和新颖的生物图画是克隆。米切尔把当代称为“生物控制论复制时代”。克隆技术已经使得制造生命变为可能，《圣经》中对形象的禁忌被重新唤醒。“生物控制论试图以编码控制身体，以语言控制形象。”[77]但生命总是会摆脱控制，反叛创造者。所以当代世界越来越像是失去控制。一边是工具性的自杀爆炸者，一边是智能炸弹。“9·11”是破坏偶像式的攻击，而美国的反恐战争是在克隆恐怖。

研究生物图画对于米切尔而言，“问题是去提炼和复杂化我们对它们的权力和运作方式的评估。那就是为什么我把问题从图画做什么转换到它们想要什么，从权力转换到欲望”。在这种转换中破坏偶像式的批评的模式变成了询问的模式。[78]所以“图画想要的与它们传达的信息或它们产生的效果是不同的”，“它完成的都是解释目标的微妙移位”。[79]在同事乔尔·斯奈德（Joel Snyder）的帮助下，米切尔把这种转换（从图画的意义和权力转移到图画的欲望）归纳为从亚里士多德的修辞学（rhetoric，意义和效果的传播的研究）转到诗学（poetics，一个制造的事物的所有权的分析，处理为好像它有一个灵魂）。[80]诗学相对于修辞学，前者关注作品的本体，后者关注作品达到外在目的的手段。这切合了图画转向要求的对图画本体的关注。米切尔的早期作品被公认是“形象的修辞学”[81]。诗

77 W.J.T. Mitchell, *What Do Pictures Want?: The Lives and Loves of Images*, Chicago: University of Chicago Press, 2006, p.334.

78 Ibid, p.33.

79 Ibid, p.46.

80 W.J.T. Mitchell, “What Do Pictures Really Want?,” *October*, Vol. 77 (Summer, 1996), p.81n16; 同于 W.J.T. Mitchell, *What Do Pictures Want?: The Lives and Loves of Images*, Chicago: University of Chicago Press, 2006, p.46n31.

81 如 Martin Jay, “Visual Culture and Its Vicissitudes,” October, Vol.77 (Summer, 1996), p.42.

图 36-1

图 36-2

图 36-3

图 36　恐龙形象进化的三个时期，采自《最后的恐龙之书》。图 36-1 为维多利亚时代的恐龙形象（世博会新闻图片）；图 36-2 为现代时期的恐龙形象（皮博迪自然史博物馆壁画）；图 36-3 为恐龙文艺复兴时期的恐龙形象（《侏罗纪公园》剧照）。

学一词在希腊语中源于制造（poiesis）。亚里士多德在《诗学》第七章中把作品比作“活的动物”，要求作品有机统一。米切尔称，“图画想要什么？”的问题本身“是一个适合于它们的本体论的视觉性的观念”[82]。所以图画转向也是从形象的语义学、修辞学转向形象的诗学和本体论。当然，米切尔的形象的诗学与米克·巴尔的视觉的诗学是完全不同的，后者实际上是主观的形象叙事学和修辞学。但米切尔承认：“这的确不意味着放弃解释的和修辞的问题。”[83] 后来他明确地把自己的形象研究称为“形象的

82 W.J.T. Mitchell, *What Do Pictures Want?: The Lives and Loves of Images*, Chicago: University of Chicago Press, 2006, p.47.

83 Ibid, p.28.

本体论”[84]。

五、形象-图画关系

形象-图画关系是一个始终贯穿于米切尔学术之中的问题。在《布莱克的合成艺术》中“形象”包括插图和诗所产生的形象，但没有进行详细说明。在《形象的语言》专刊的前言中，受其中众多文章影响，米切尔的“形象”词义发生了明确扩展，其外延包括了“在文学、音乐和心理学中意象的概念的多种隐喻的扩展”[85]。在《图像学》一书中，米切尔把“图画”这个术语放在形象家族之中。作为一种物质的、具体的形象，图画只是图解的形象（graphic image）之下的一个项目，与雕塑、设计等并列。可见形象家族中的图画正是日常使用的意义，也就是二维的图片。

如果说上述文章中语词与形象的关系是主要问题，那么在《图画理论》中形象和图画间的关系开始得到了重视。该书序言中米切尔把图画与形象对举，进行了区分：“图画是形象得以出现的具体的、再现的客体。”[86]在此页的注释中区分了 image 和 picture。简单地说 picture 是物质的、视觉的客体。一幅油画、一个雕塑等都是 picture。而 image 则是“图像性的整个领域”[87]。纵观整本《图画理论》，可见“图画”取代了图解的形象，

84 W.J.T. Mitchell, “Migration, Law, and the Image: Beyond the Veil of Ignorance,” in Edited by Saloni Mathur, *Migration’s Time: Rethinking Art History and Diaspora*, New Haven and London: Yale University Press, 2011, p.59.

85 Edited by W. J. T. Mitchell, *The Language of Images*, Chicago: The University of Chicago Press, 1980, pp.2–3.

86 W. J. T. Mitchell, *Picture Theory: Essays on Verbal and Visual Representation*, Chicago: University of Chicago Press, 1995, p.4；中译见 W.J.T. 米歇尔：《图像理论》，陈永国、胡文征译，北京大学出版社，2006，序言第 4 页。

87 W. J. T. Mitchell, *Picture Theory: Essays on Verbal and Visual Representation*, Chicago: University of Chicago Press, 1995, p.4n5；中译见 W.J.T. 米歇尔：《图像理论》，陈永国、胡文征译，北京大学出版社，2006，序言第 4 页注释 2。

把所有物质的形象都包括在内。如第五部分“图画与公共领域”（Pictures and Public Sphere）包括了纪念碑、电影和电视新闻。虽然米切尔在注释中仍然坚持图画与形象的区别是“一种特定的再现（‘图画’的形象）区别于整个形象领域（词语的、声音的、精神的形象）”[88]，也就是说这种区分延续形象家族的划分，并未排除形象包含图画的关系，但是可以看到“图画”一词的地位在米切尔的理论中有一个上升的趋势，从个例变成了类型；而“形象”一词则趋向于下降为无实体的意象。这种倾向在后来越发明显。如前所述，米切尔讨论形象家族的最终目的是使文本（词句的形象）与图画（视觉的形象）可以放在同一个基础上讨论。在“形象”完成这个使命后，尤其是在他提出“图画转向”之后，图画的概念成了米切尔理论中的另一个主角。

图画转向是要使形象与语言一起建构世界。所以实际上图画转向中的“图画”不是特指物质的、可见的图画。比如文中说到罗蒂想要哲学克服“把形象作为形容再现性透明度和现实主义的模式的执迷”[89]。这种设定的内涵与指涉的范围的不一致是因为：在形象家族中图画是一种形象，而且这两个词在日常用语中也无大区别。恐怕大部分读者不会注意这种差异。米切尔在《图画理论》中几乎用图画代替了形象在问：“我们仍然不确切知道图画是什么，它们与语言的关系怎样。”[90] 那么在此，“语词与

88 W. J. T. Mitchell, *Picture Theory: Essays on Verbal and Visual Representation*, Chicago: University of Chicago Press, 1995, p.4n5；中译见 W.J.T. 米歇尔：《图像理论》，陈永国、胡文征译，北京大学出版社，2006，序言第 4 页注释 2。

89 W. J. T. Mitchell, *Picture Theory: Essays on Verbal and Visual Representation*, Chicago: University of Chicago Press, 1995, p.13；中译见 W.J.T. 米歇尔：《图像理论》，陈永国、胡文征译，北京大学出版社，2006，第 4 页。

90 W. J. T. Mitchell, *Picture Theory: Essays on Verbal and Visual Representation*, Chicago: University of Chicago Press, 1995, p.13；中译见 W.J.T. 米歇尔：《图像理论》，陈永国、胡文征译，北京大学出版社，2006，第 4 页。

形象”的对位被替换成了“语词与图画”。但是这不是说米切尔对自己的术语随意使用。在《图画理论》中形象与图画被进行了区别，而且“图画”一词被大规模使用，这显然是有意为之。笔者认为其意图就在于解决“图画转向”带来的形象如何言说理论的问题。如前文指出的那样，“图画”一词由于可以作为动词，所以形象就可以反过来图画理论。

虽然图画和形象的区别对于《图画转向》而言只是一个理论策略，但是这种关系却蕴藏着巨大的理论能量。《图画理论》中的主导术语是图画，《图画想要什么？》一文也追随了这一倾向，但是《最后的恐龙之书》中主导术语又变回了“形象”。恐龙形象出现于各种媒介和地点。所有这些形象唯一的共同点就是都被称为恐龙。这种“形象”的“复辟”，一个简单的解释是“图画”一词在《图画理论》中代表图解的形象，而这里涉及了词句的形象甚至观念中的意象。《图画想要什么？》和《最后的恐龙之书》都在讲生命，前者是从不同的个体的图画出发，后者是从抽象的恐龙形象入手。如果二者都有生命，那么两种生命间是何关系呢？

米切尔在《最后的恐龙之书》中已把形象比作物种。进一步的系统类比出现在1999年发表的《形象的剩余价值》一文中。该文的任务之一是反击《十月》问卷，所以捍卫“无实体的形象”也是重点。他说：“我们只能借或租或偷作品中的形象（在复制中），……形象不能被破坏。《旧约》的金牛犊可以被磨碎撒在地面上，但是形象继续活着——在艺术品中，在文本中，在叙事和记忆中。”[91]而“图画是形象加支持；它是非物质形象在一个物质媒介里的出现”[92]。最终他把形象比作物种，图画比作标本。

91 W.J.T. Mitchell, *What Do Pictures Want?: The Lives and Loves of Images*, Chicago: University of Chicago Press, 2006, p.84.

92 Ibid, p.85.

该类比的一种替换形式是柏拉图的理念论（形象是理念，图画是摹本），但他认为柏拉图把理念"处理为真实存在的实体而不仅仅是名字或概念的工具"是"庸俗的"[93]。另一种他认可的替代方案是母题与具体作品。在2002年的《素描欲望》（"Drawing Desire"）一文中他如此对举了两个词："图画（作为具体体现的对象或集合）和形象（作为不具形体的母题，从一幅画到另一幅并穿越媒介流传的幻影）。"[94]米切尔"穿越媒介"追踪恐龙母题的行动正是以潘诺夫斯基的图像志为原型的。米切尔对此供认不讳，并以潘诺夫斯基的理论证明形象等于母题。[95]

这不只是类比。通过这一举动，米切尔重新定义了图画与形象的关系。由于形象彻底成了无实体的母题，所以图画接管了原先形象的领地。首先就是词句的形象。早在《布莱克的合成艺术》中就有文学的"图画主义"之说。这个重新下的定义算是彻底厘清了图画与词句形象之关系。《图画想要什么？》一书的前言中说：

> 本书总体上是关于图画，可以将其理解为虚拟的、物质的和象征的元素的复杂集合。……在更宽泛意义上，图画产

93 W.J.T. Mitchell, *What Do Pictures Want?: The Lives and Loves of Images*, Chicago: University of Chicago Press, 2006, p.85.

94 Ibid, p.72。相同的论述还有《冒犯的形象》（"Offending Images"），米切尔说到"感性展"上奥弗利（Chris Ofili）的《圣母玛利亚》："冒犯人的不是物种（包括全部圣母图画在内的种类），而是标本——该物种在一个可怕的或者令人厌恶的版本中特殊的'化身'。"见同书 pp.135–136。

95 W.J.T. Mitchell, *What Do Pictures Want?: The Lives and Loves of Images*, Chicago: University of Chicago Press, 2006, p.136n26。但是细读潘诺夫斯基的论文可以发现他并非把所有的母题都当做形象。在《图像学与图像志》中潘诺夫斯基说："这种被当作从属性或约定俗成的含义的载体的母题也可以被称为形象。"显然，"从属性或约定俗成的"母题与前图像志描述的"基本的或自然含义的"母题并不是一回事，所以潘诺夫斯基所谓的形象只是母题的一部分。见 E. 潘诺夫斯基：《视觉艺术的含义》，傅志强译，辽宁人民美术出版社，1987，第 35 页。在后文中，潘诺夫斯基甚至主要以"母题"指自然的题材从而区别于"形象"，并由此区分了前图像志描述和图像志分析："前图像志描述仅仅限于研究各种母题"；"图像志分析是研究形象、故事和寓言的，而不是研究母题与前提的"。同上第 40、42 页。

生于所有其他媒介中——在闪现的、瞬息即逝的阴影和物质的集合中，这些集合构成了作为“图画展示”的电影；在特定场所雕塑的安置中；在实现于人类行动的范式的讽刺画或老套中；在“头脑里的图画”中，具体化的意识的想象或记忆中；在命题或文本中，“事态”被投射，如同维特根斯坦评论的那样。[96]

可见，图画已经攻陷了形象的全部领地。需要指出，“形象家族”中列举的形象都处在某种媒介中，而且不包括“母题”的位置。所以“物种—标本”类比是一场彻底的政变。在其中，图画完全取代了形象的位置，也就不难理解为何《图画想要什么？》中图画占据主位。不同于《图画理论》时期的权宜之计，这次“图画”真正成了主导术语。

后来米切尔把图画与形象的关系说成是我们可以挂一幅图画，却不能挂一个形象。这种关系被比喻成叶子在纸上的印记，树在水面上的反射，化石在石头上的印痕，并总结为“因此形象是相似或类似的关系或类比形式的感知——C.S. 皮尔斯定义为‘图像的符号’”[97]。这里的相似关系不是在再现与被再现之间，而是在形象和各种物质媒介中的具体体现之间的相似。这一关系强调了媒介的作用。

所以区分图画 – 形象的关键意义在于其把米切尔引向了对媒介问题的思考。他对媒介的研究体现在《图画想要什么？》一书中的第十章《谈到媒介》（“Addressing Media”）以及与马克·B.N. 汉森（Mark B. N.

96 W.J.T. Mitchell, *What Do Pictures Want?: The Lives and Loves of Images*, Chicago: University of Chicago Press, 2006, p. xiii– xiv.

97 Edited by James Elkins, *Visual Literacy*, New York: Routledge, 2008, p.18.

Hansen)合著的《媒介研究关键词》(*Critical Terms for Media Studies*)。《谈到媒介》列举了“关于媒介的十个论题”，其中之一是“形象居于媒介之中，就像有机体居于栖息地”[98]。所以像生物可以在栖息地间转移一样，不同媒介环境中的形象就可以相互翻译。那么头脑中形成的图画也有生态环境吗？回答是肯定的。另一论题就是“大脑是媒介，反之亦然”。不存在独特的思考媒介，“精神生活（记忆、想象、幻想、梦、知觉、认知）被作为中介，并在物质媒介的全部范围中被具体化”[99]。所以米切尔认为我们是在用工具、形象、语言来思考。也就是说我们是在用媒介进行思考，思考也必然处于某种媒介中。比如当代艺术家安东尼·戈姆利(Antony Gormley)就是用“材料思考”的一个例子。[100]此外，米切尔提出“我们和媒体的关系是相互的和互惠的建构：我们创造它们，并且它们创造我们”[101]。语言学转向后，哲学家和符号学家一般把思考看做是在语言之内进行的活动，语言不是思维的工具，而是思维本身。米切尔的图画转向把形象提升到了与语言相同的地位。他的媒介研究则把图画以及所有媒介都提高到语言学转向中语言的地位，把所有媒介都看做是人的思维的创造者或思维本身。这可以说是图画转向的扩大化，也许可以称之为“媒介转向”。米切尔称“在符号学，语言学或话语分析里没有有特权的媒体的元语言”[102]，所以对于思维而言，语言或符号不再是唯一的方式，任何媒介都可以成为思维的元语言。米切尔实际上在这里肯定了我国学术界过去争

98 W.J.T. Mitchell, *What Do Pictures Want?: The Lives and Loves of Images*, Chicago: University of Chicago Press, 2006, p.211.

99 Ibid, p.215.

100 Ibid, p.271.

101 Ibid, p.215.

102 Ibid.

论不休的形象思维的概念，只是其范围更大，应该称之为“媒介思维”。

在《媒介研究关键词》的《形象》一章中，米切尔主要讨论了形象与媒介之间的关系。包括禁止形象的宗教文化和启蒙主义的现代文化在内，大多数文化都制造大量形象。很多形象（如人物、抽象图形）不因技术的进步而改变。但是新技术的出现总是引发对形象的恐慌和偶像破坏。形象的定义之一是依靠相似作为某物的符号或象征，但是相似的概念过于含糊。“既然任何事在一些方面能被说成相似于任何别的事。相似物的知觉可能证明的是一个形象制造的结果而不是对于它的基础”[103]。形象既被体验为外观又被体验为识别。形象既被当做可创造可毁灭的物质图画，又被当做精神事物，如梦、幻想、记忆。从媒介的角度看心理形象，“我们发现难以去谈论思想而没有把它比较于一些种类的媒介，经常是一个媒介承担着形象的内部的展览、投射，或储藏和重获”[104]。米切尔认为在主观意义上由于形象依靠头脑的感知，所以所有形象都是精神事物。于是头脑成了“形象的储存和提取”的媒介，形象成了媒介的中心元素。“形象总是出现在一些媒介中，我们不能理解媒介而没有建构它们的形象。”[105]此外，此文还论述了形象可以是多种感官的；一切媒介都是混合媒介；印刷是视觉的文化；所谓“词句的”和“视觉的”媒介的对立是混淆了符号和感觉的两种分类；最后对数字形象进行了新颖的讨论。总之米切尔戳破了一系列被学界当做常识的谬误，推进了形象研究，使之朝着符合逻辑的合理方向发展。

米切尔提出的“图画转向”和“后符号学”的主张，对于符号学热潮无疑是一支镇静剂。但无论《图画转向》还是其后的论述，都未给出符

103 W. J. T. Mitchell and Mark B. N. Hansen, *Critical Terms for Media Studies*, Chicago: University Of Chicago Press, 2010, p.39.

104 Ibid, p.41.

105 Ibid, p.42.

号学不适于研究形象的具体论证，只是给出了或然性的说辞。相反，他还常引用皮尔斯的符号三分法，把形象说成不同符号（图像、指号、象征）按不同符号学比率（semiotic ratios）的混合。这是因为证否符号学对他并不重要。符号学只是众多研究方法之一，学者有权选择是否使用。更重要的是符号学作为分析工具并不能告诉我们该提出什么新问题，而新问题才是理论创新的途径和避免把学术工作变成填空练习的方式。所以他提出了“图画想要什么？”这一惊人问题以打破阐释的现成模板。当然，他的策略另一个未言明的好处是避免了与符号学的正面冲突。反对符号学使得米切尔推进了自己的形象研究，开拓了视觉文化理论研究的新方向。其对于整个学术界而言都有着扭转研究和思考方向的关键作用。

第二节　埃尔金斯的反符号学[106]

受米切尔影响的一位重要理论家就是任教于芝加哥艺术学院的詹姆斯·埃尔金斯[107]。米切尔虽然号召抵制符号学，但是却没有明确论证符号学到底哪里不适用于形象研究。无疑，这留下了一个理论空白，而埃尔金斯则在 90 年代初开始致力于填补这一空白。

106 本节的部分内容已发表，见刘晋晋：《反符号学视野下的语词与形象：以埃尔金斯的形象研究为例》，《美术观察》2014 年第 2 期。

107 詹姆斯·埃尔金斯（James Elkins）是美国芝加哥艺术学院艺术史理论和批评系的教授。他主要从事艺术理论、艺术批评、形象研究和视觉文化理论。近年来他与其他学者一起主办了一系列关于艺术理论和视觉文化的研讨会。他是一位高产作家，其与本书相关的主要著作包括《对象回视：观看的本性》（*The Object Stares Back: On The Nature of Seeing*）、《关于图画和错失它们的语词》（*On Pictures and the Words that Fail Them*）、《形象之域》（*The Domain of Image*）等。

一、反符号学与图画的标记

受到《图画转向》一文鼓舞的埃尔金斯开始致力于论证符号学不完全适用于形象研究。他的一系列相关努力最终体现在1998年出版的《关于图画和错失它们的语词》（*On Pictures and the Words that Fail Them*）一书中。在这本书中，他明确提出了"反符号学"（The Antisemiotic）的概念主张，也就是反对把形象阐释为符号学系统。他在该书的前言中指出："我不是全面反对当代符号学，也许除了一些偶然的声明，即它对于视觉人工制品是一个最佳的、透明的或跨理论的方法。相反，我关心图画中的那些地方——在那里，语言学或符号学模式停止产生意义，变成反直觉的，或与实际所发生的相冲突。"[108] 他承认"符号学是为图画如何具体表达意义建模的最有力方式"，但是艺术史中的符号学丢失了"作为图画的图画"。亦即，图画不一定有明确的意义，也就不必是符号学的对象："它们是顽固地难认的，古怪地沉默的，'无意义的'人工制品，这里所有我们理解的最好尝试都崩溃了。"[109] 当然书中各章节"没有一个声称图画未能产生意义，图画只是在逃避使它们产生艺术史想要的那种有秩序的意义的企图"[110]。所以在埃尔金斯的论证中，反符号学往往变成了在图画中反意义、反明晰、反系统性、反连贯性。他认为符号学艺术史的阐释忽视了图画中大量"亚符号学的"、不可命名的、非叙事的、难以描述的、非词句的、"纯视觉"的、"未编码的"、"无意义的"部分，"以利于容易

108 James Elkins, *On Pictures and the Words that Fail Them*, New York: Cambridge University Press, 1998, p. xi.

109 Ibid, p. xii .

110 Ibid, p. xviii

的可获取的意义，但是那些被抛弃的元素正是图画所是”[111]。那么反符号学的最终目的是使得形象的阐释变得更为复杂，加深对于图画本身（“作为图画的图画”）而非图画的外在意义的认识。由该书的题名可见，作者与米切尔不同，是在继续语词与形象的问题。这个问题至少在字面上把图画与语言对立起来，追求的是语言描写图画的失败。

在具体的论证中，埃尔金斯的反符号学几乎专指反对布列逊和米克·巴尔的《符号学和艺术史》，以及（尤其是）反对米克·巴尔在《阅读“伦勃朗”》中提出的理论。在书中，反符号学的主张最明确地体现在第一章中。这个章节最早发表于1995年的《批评探索》杂志，题为《标记、痕迹、“笔画”、轮廓、“Orli”和“光辉”：图画中的非符号学元素》（“Marks, Traces, ‘Traits,’ Contours, ‘Orli,’ and ‘Splendores’: Nonsemiotic Elements in Pictures”）。米切尔是《批评探索》的主编，所以这篇论文在这里发表并非偶然。在文中，埃尔金斯指出，符号学为了说明图画，不得不做出“无意义的标记和有意义的符号之间的区别”[112]。比如米克·巴尔就把图画中的标记分为三类：“亚符号学”标记、符号以及“超符号学”整体。亚符号学标记自身不被给予意义，例如线条、笔触，而是被降低到技术层面。可见符号学家的工作是以无视人物和叙事层面之下的大量图画物质为前提的。埃尔金斯说，“符号学怠慢标记的意义，使视觉叙事令人不快地接近于书写叙事”，因而并非中立的媒介系统，而且“符号学收缩图画是什么的概念，把图画类比于文本并忽视它们画出的陌生性”[113]。与米克·巴尔等人不同，皮尔斯把任何标记都当做符号。但是埃尔金斯同样指责说：“声

111 James Elkins, *On Pictures and the Words that Fail Them*, New York: Cambridge University Press, 1998, p. xviii.

112 Ibid, p.3.

113 Ibid, p.5.

称标记是符号或多或少躲避图画，通过把它们变成其他种类的对象。”[114]

接着埃尔金斯对布列逊和米克·巴尔在《符号学和艺术史》以及米克·巴尔在《阅读“伦勃朗”》中提出的视觉符号学展开了批判。《符号学和艺术史》声称（按照古德曼的术语）语言是离散的，所以有“基本单位”；而图画是“密集的”，无法像索绪尔要求的那样区分最小意义单位。但是这个问题本身不妥。语言在社会实践中作为话语也是密集的：“语词和形象之间配合不当的问题事实上能把我们导向一个相当不同的方向，……不是去划界并隔离一个符号与另一个符号，而是去追踪在具体情境中符号作为一个事件在世界中可能的出现。”[115]这就是他们所强调的符号不是事物而是运动的符号事件。但是埃尔金斯认为这个论证逻辑有误。语言在更高的层面（社会话语层面）密集并不能说明图画在更低的层面（笔触颜料层面）密集，而且这并未充分说明图画与文本的密度之间的不同。埃尔金斯指出，所谓符号事件只是布列逊和米克·巴尔设计的巧计，因为他们只是想尽快开始解读图画的工作，而对符号到底如何在图画中起作用的说明漠不关心。

同样成问题的是《符号学和艺术史》假定存在平行于语言学模型的视觉符号学，而且其能“避免给予语言以特权”。但是埃尔金斯分析了《符号学和艺术史》文中提及的视觉符号学的三个资源——圣-马丁、罗兰·巴特和古德曼，并认为：圣-马丁的概念过于图式化，以至于无助于实际的分析；古德曼的饱和性概念有问题（绘画并非每个细小变化都产生意义），相反他的“密度是一个合理的概念，但是它不是很好地涉及图画被

114 James Elkins, *On Pictures and the Words that Fail Them*, New York: Cambridge University Press, 1998, p.6.

115 Mieke Bal and Norman Bryson, “Semiotics and Art History,” *The Art Bulletin*, Vol. 73, No. 2 (Jun., 1991)p.194.

阐释的诸方式”[116]；至于巴特，则从未否认过符号学的语言学基础[117]。埃尔金斯总结道：“传统符号学已经对图画的问题发动偷袭，但随即匆忙撤回更加语言学的领域，例如图画象征的阐释或符号语言的分析。……（米克·巴尔和布列逊的）视觉符号学是视觉叙事的说明而不是关于图画的符号学性质的完整理论。”[118]但是对于埃尔金斯而言，重要的是“图画的图画性质”，以及“耐心地观察标记并努力去说明在图画中真的发生了什么”。

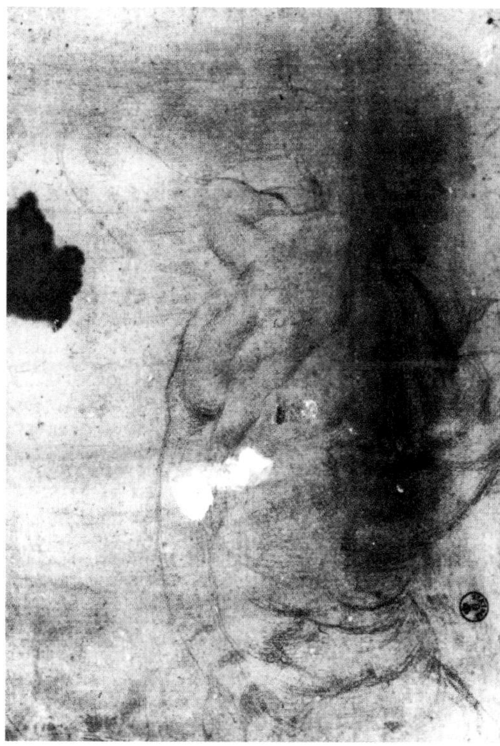

图37 彭托尔莫，《躯干研究》，素描，佛罗伦萨，乌菲奇博物馆

接下来，埃尔金斯举出了一幅彭托尔莫的素描（图37），上面满是污迹和偶然的标记。他认为我们不能忽视这些模糊的污迹，否则就是对实际呈现的事物视而不见，而且难以辨认的陌生的标记“是与艺术史更喜欢的更雄辩的意义不可分的”，是“素描它们自身的意义的部分”。之后他引证了德里

116 James Elkins, *On Pictures and the Words that Fail Them*, New York: Cambridge University Press, 1998, p.11.

117 例如：“符号学知识实际上只可能是对语言学知识的一种模仿。”见罗兰·巴尔特：《符号学原理》，李幼蒸译，中国人民大学出版社，2008，第1页。

118 James Elkins, *On Pictures and the Words that Fail Them*, New York: Cambridge University Press, 1998, p.13.

达的《盲的回忆录》（*Memoirs of the Blind*），并详细讨论了普林尼所记述的阿佩莱斯与普罗托格尼斯的画线条竞赛。在其中，埃尔金斯提出画出的标记（像德里达所言）融合于整个表面或与其他标记一起融合成一个区域，这些有着明确边界的区域又被感知为一个标记，所以标记和表面之间的关系总是不稳定的。这又启示了线条与色彩之间的不稳定关系。轮廓线本身是一个标记又是由许多标记所组成，甚至亮面、暗影和高光之间的关系也是在与彼此的关系之中决定的，其作用会随着周围领域的明度变化而改变。他最后引用阿尔贝蒂所谓的“orlo”，也就是应该不可见的（因为自然中不存在轮廓线）轮廓的细线，并提出“标记的边缘也可以是一个标记，即使没有什么被画出”。“orlo”破坏了标记与表面之间的二元对立，因而“这是位于视觉符号学的方法之中的最简单的和最具破坏性的模棱两可”[119]。埃尔金斯总结到，图画标记并非符号学设想的非此即彼的无意义标记和适当的符号，而是“完全既不同于视觉混沌又不同于书写或记号的符号”[120]。图画标记同时是符号又不是符号，既阻碍又使得图画得以讲述故事。于是在埃尔金斯看来，视觉符号学从标记直接飞跃到视觉叙事就是一种有问题的省略。

二、埃尔金斯与米克·巴尔的争论

此文发表之后，1996年《批评探索》杂志的春季号上发表了米克·巴尔的论文《学院实践中的符号学元素》以及埃尔金斯的回应文章《我们想要图画成为什么——回应米克·巴尔》。米克·巴尔的论文激烈地反驳了埃尔金斯先前的论文。她认为埃尔金斯提倡的图画的陌生性正是《阅读

119 James Elkins, *On Pictures and the Words that Fail Them*, New York: Cambridge University Press, 1998, p.42.

120 Ibid, p.45.

“伦勃朗”》的主导原则。她强调自己的视觉符号学极为尊重图画的视觉特性，其中的视觉叙事绝不是对文本叙事的识别或翻译（即传统艺术史的图像志或前文本的辨认），而是对图画标记细节（在《阅读“伦勃朗”》中称之为“绘画之脐”）的独特解读带来的新故事。米克·巴

图38 伦勃朗，《三王之一朝拜圣婴耶稣》，1635年，素描，17.8厘米×16厘米，阿姆斯特丹，国家版画馆

尔举出《阅读“伦勃朗”》中对一幅《三王之一朝拜圣婴耶稣》素描的阐释。画中一位坐着的妇女把婴儿递给一个男人。基于妇女两膝间的墨迹及婴儿双脚的模糊，米克·巴尔把素描阐释为孩子正从母亲体内出生，并最终把画联系于道成肉身的神学解释（图38，参见本书第四章第二节三小节），从而完全脱离了此画传统的图像志解释。因此她认为自己的“解读首先是视觉的，但——避免媒介本质主义——同时是意义导向的，并聚焦于意义的生产”[121]。她还指责埃尔金斯误解了亚符号学元素的意义，其“潜在地生产意义”。她把埃尔金斯的批评说成是“俄狄浦斯式批评”：既追随和

121 Mieke Bal, “Semiotic Elements in Academic Practices”, *Critical Inquiry*, Vol. 22, No. 3 (Spring, 1996), p.578.

寄生于批评对象，又通过把对手简化为二元对立进行批判。之后她把矛头指向刊物本身，认为埃尔金斯的论文之所以受欢迎是因为学术界（尤其是艺术史）没有区分学科与范式。符号学是一个视角，而艺术史是个学科。她和布列逊写作的《符号学和艺术史》是要给保守的艺术史带来外部的范式转换。对旧范式的忠诚和对教条的辩护是愚蠢的。最后米克·巴尔表明了自己与埃尔金斯的重要不同："不是'图画中真的发生了什么'，而是（一些）图画能使得它们的观者做什么。"[122]

在回应中，埃尔金斯称："严肃地写作艺术的人们似乎常常被困扰于这个特殊事实即形象不说话，即它们不能被读，它们没什么去说的，除了我们对它们所说的之外。"[123] 例如 20 世纪绘画中的反叙事和反再现倾向是现代主义的主要标志之一，但是艺术史以至视觉符号学想要以饶舌覆盖沉默并"忘记图画的内在的不可读性"。对于米克·巴尔举出的素描，埃尔金斯追问到其他墨迹，比如男人肩上的墨迹为什么没有被阐释，并揶揄说他对米克·巴尔的"野蛮的阐释没什么可反对的"，因为它们不构成对先前阐释的严肃挑战。"烦扰我的不是她所说的而是当她说它之时所发生的"，一切都被提供给发展叙事而未受质疑。在埃尔金斯看来，图画确实可以表达意义，但是同时也是个"固执、沉默的对象"，同样可以抵制意义。

可以说，埃尔金斯和米克·巴尔之间的冲突并不是符号学理论上的不同，也不是（米克·巴尔所谓的）艺术史新、旧范式之间的冲突，而是目的的根本差异。这可以总结为米克·巴尔提出的对立的两个问题——"图

122 Mieke Bal, "Semiotic Elements in Academic Practices", *Critical Inquiry*, Vol. 22, No. 3 (Spring, 1996), p.589.

123 James Elkins, "What Do We Want Pictures to Be? Reply to Mieke Bal", *Critical Inquiry*, Vol. 22, No. 3 (Spring, 1996), p.591.

画中真的发生了什么”和“图画能使得它们的观者做什么”。埃尔金斯是在追问图画的本性，或者可以按照米切尔的术语说成是“形象的本体论”研究；而米克·巴尔关心的不是形象本身而是接受者。她追求通过阐释图画达到某种外在社会目的。这一点在《阅读“伦勃朗”》中有非常充分的表达：每个章节都开始于一幅“伦勃朗”的作品，但是其往往只是出发点，最终目的是探讨社会问题（比如针对女性的性暴力）。如果说埃尔金斯代表了形象研究，那么米克·巴尔更接近于图画的批评。虽然国内多在艺术史框架下讨论米克·巴尔的视觉符号学[124]，但是其实像上文指出的，她多次否认自己的工作是艺术史，而且认为艺术史强调历史还原是非反思的。

从语词与形象的关系看，埃尔金斯的反符号学意欲探究语言与图画关系的复杂性，而不是粗暴地抹平差异。米克·巴尔对图画的视觉特性的理解停留在看图说话阶段，满足于找到图画中不同于图像志文本的叙事。她强调的视觉特性不是视觉材料与语词的媒介差异，而只是更多利用图画本身的资源。传统图像志是先有前文本再有图画，而米克·巴尔的视觉叙事学是先有“前图画”再有艺格敷词。这只是颠倒了顺序，文与图的关系未有根本改变。她至多通过构图的相似寻找图式的含义。例如前文所述，她认为“伦勃朗”的《参孙的婚宴》中未婚妻的姿势类似《最后的晚餐》中的基督，因而显示参孙之妻像基督一样是无辜牺牲者。虽然这种阐释是从图到图，然而传达的核心仍是语义。所以在她强调视觉之后，分析图画使用的术语依然是“文本”和“句法”。结果，一幅图画不过是篇视觉小说（即便不同于前文本），她从未跳出文学评论或语言学模式所关心的象征、修辞和叙事，只是换用视觉材料进行这些模式化研究。虽然她的视觉

124 这种误解的例证是《解读艺术的符号学方法》（米柯·鲍尔著，褚素红译，段炼校，《美术观察》2013年第10期）这篇文章的“译者按”；《新艺术史批评导论》中对米克·巴尔的介绍也是如此，见乔纳森·哈里斯：《新艺术史批评导论》，徐建译，江苏美术出版社，2010。

叙事学研究确有开拓性，但是其不具有“图画转向”那样范式转换的意义。从图画转向的角度看，米克·巴尔才是所谓的保守范式的辩护者，她在极力为符号学和叙事学辩护，而无视新的研究形象的方式和问题。

不过，米克·巴尔意欲以跨学科的符号学来重新探讨语词与形象的问题，以符号消融语词与形象之间的界限，这个命题应该认真对待。实际上她不同意布列逊对待语词与形象的态度（图形性对话语性）。她对语词与形象的思考其实来自米切尔1986年出版的《图像学：形象、文本、意识形态》。米克·巴尔尤其赞赏米切尔对语词与形象间传统边界的打破，因此她才提出了不同于布列逊的“超越语词与形象”的主张。她在标榜符号学研究的《阅读“伦勃朗”》中对米切尔的引述次数只略少于对著名符号学家皮尔斯的引述。在2005年的一篇文章中，米克·巴尔还把米切尔的《图像学》称为对语词与形象间关系问题的“反思的宝贵资源和标准”[125]。在2006年《阅读“伦勃朗”》重印本的新序言中，米克·巴尔甚至把《阅读“伦勃朗”》看做是米切尔提出的“图画转向”的“积极元素”。由此看来，米克·巴尔与同样受米切尔影响的埃尔金斯可说是同门相残。然而必须注意，米切尔对语词与形象的态度是真正的辩证法，既不否认二者的差异又不进行截然对立；而米克·巴尔显然是片面看待了此问题，以符号完全抹杀了二者的差异。她以反本质主义的修辞遮蔽了对可跨越的界限两边的进一步思考。抛开她的符号学不可否认的语言学模式和辩论术的成分，米克·巴尔谴责在语词与形象间设立决然的二元对立，并坚决反对词句、视觉二者各自的本质主义。这确实点出了语词与形象研究中常出现的两种谬论。埃尔金斯恐怕对此深有感触。正是这两点激发了他对语词与形象关

125 Mieke Bal, “The Commitment to Look”, *Journal of Visual Culture*, Vol. 4, No. 2, 2005, p.147.

系的进一步讨论。

三、细读的不可能性

几乎在上述关于标记的文章发表的同时，埃尔金斯又发表了一篇与其紧密相关的论文《关于细读的不可能性：以亚历山大·马沙克为例》（简称《关于细读的不可能性》）。这篇文章本身与众多对其评论的文章以及埃尔金斯的回应一起发表在1996年的《当前人类学》（*Current Anthropology*）杂志上，后成了《我们的美丽的枯燥的有距离的文本：作为书写的艺术史》中的一章。如果说前述关于标记的文章在理论的可能性上讨论了符号学阐释形象的牵强之处，那么这篇关于细读的文章是从具体的阐释入手，讨论了把形象看做符号的阐释所带来的问题。

这篇文章中，埃尔金斯分析的对象是美国著名考古学家亚历山大·马沙克（Alexander Marshack）的一系列史前考古学成果。马沙克自20世纪70年代以来发表了不少分析史前雕刻和刻画的论述，其中以1972年出版的《文明之根：人类的第一个艺术、象征和记号的认知的开始》（*The Roots of Civilization: The Cognitive Beginnings of Man's First Art, Symbol, and Notation*，简称《文明之根》）最为著名。马沙克提出很多史前骨片雕刻、石刻或岩画都是季节更替的标记。尤其是许多原本被认为无意义的刻划或装饰纹路，在马沙克的解释中成了月相的记录。于是那些看似无序的线条都成了有着天文历法含义的符号。马沙克的新颖解读靠的是对人工制品的细读，即对之前被忽视的刻划的细节、符号数量、标记的位置和相互关系等方面的详细分辨。他的细读甚至是使用显微镜的结果。埃尔金斯的着眼点正是细读（close reading）的方法和概念。（英文中“细读”也有“接近地读”之意。）

关心视觉人工制品的众学科（人类学、艺术史、考古学等）都把细读设想为合理的方法。对象越是被细读和正确描述，阐释就越可靠，疏忽和不适当的阐释就越容易被揭发。个体细读可能有缺陷或偏颇，细读本身却因专注于对象的特性而成为众学科的阐释之锚。但是埃尔金斯认为“细读这一观念自身却很大程度上未被分析”[126]。细读开始于17、18世纪的古物研究，经过乔万尼·莫雷利（Giovanni Morelli）的鉴定术，最终在20世纪成为风格分析、形式主义和图像志的基础。卡罗·金斯伯格（Carlo Ginzburg）把莫雷利、弗洛伊德和福尔摩斯（精神分析、艺术史和侦探小说）都看做细读的例证。当解读因“接近性”（closeness）被质疑之时，“目的通常是得出历史学家的隐蔽议题并展示理论如何决定我们看见什么和如何看”[127]。细读这一概念本身却没有被质疑，埃尔金斯想要去批评细读本身而非其目的，并声称最终将证明细读不存在。作为例子，马沙克的细读被认为压制了“亚符号学”标记停止而符号开始之处，并例证了细读概念的不可能性。

马沙克对史前骨片等制品的标记进行“强迫症式”的细读，直至区分了全部有意图的标记和随意的标记、标记被制造的方向、使用的工具等。结果是证明许多标记是月相的记号。月相假说虽听起来不可靠，但是反对者们无力推翻他的理论。马沙克似乎看得太多，把装饰和无意义标记都看做记号。但是质疑使我们意识到我们怀有对标记、装饰和记号的偏见，并使我们开始审视我们认为形象是什么的观念。埃尔金斯的策略是比马沙克分析得更近或更细。《文明之根》中分析了来自普拉卡德（Placard）的指挥棒（图39）。通过放大照片，马沙克证明刻划使用了不同的工具，

126 James Elkins, “On the Impossibility of Close Reading: The Case of Alexander Marshack”, *Current Anthropology*, Vol. 37, No. 2 (Apr., 1996), p.185.

127 Ibid, p.185.

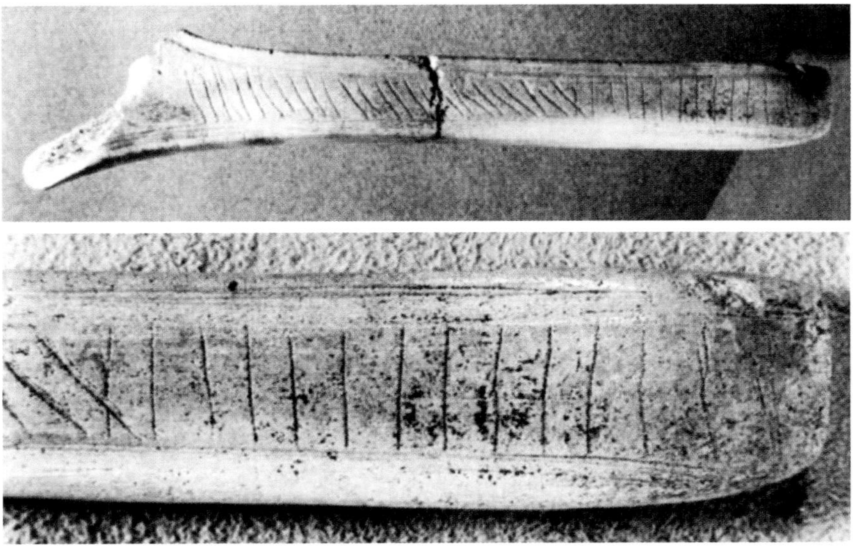

图 39　普拉卡德指挥棒，马格德莱纳Ⅳ期，骨雕，圣日耳曼昂莱，古物博物馆，采自 *Current Anthropology*, V.37,n.2 (April, 1996) p.187. 下图为其局部

因而其不是几何风格的装饰而是符号。然而埃尔金斯与马沙克对这些“符号”的识别并不一致。马沙克看做：

和

埃尔金斯看做：

和

埃尔金斯指出马沙克对标记的形状或形态学相对不感兴趣。其他成

排的标记也被马沙克处理成了平行线（图40）。这是所谓的“图式的翻译”而非精确的翻译，因而“这类线性图式是被故意标准化的，而且它意欲使某一潜在的图案变得可见”[128]。它抹掉了其他可能的微妙意义以利于记号假说。结果是读者被要求远离太细或太近的解读。于是，一个笔画被当做“一天”。马沙克把这应用于来自法国泰伊（Taï）的骨片，认为其背面细小的刻画是代表了“两个月”。

埃尔金斯认为虽然马沙克的理论初看起来不令人信服，但是对它的质疑把质疑者导向了阐释自身的不确定性。其关键就在运用于视觉形象的词汇间的区别。埃尔金斯重点讨论了符号、记号和装饰三个概念。首先对于符号，在普拉卡德的指挥棒上符号和象征在最终的月亮符木上不起作用，而是被撕裂为同等的个体标记。这如同把丢勒的版画拆成线条。马沙克对标记的顺序感兴趣，却不考虑标记的相对位置，而且他没有给出理由。埃尔金斯认为这导致对符号和标记之间的区别的质疑，即“作为序列的位置和作为构造的位置之间的区别”。分析泰伊骨片时，马沙克进行了“视觉对象的符号学元素”的区分（图41）。他把A行回纹中的六个标记和角落中的三个标记以及B行黑线包围的五个标记等都称为“清楚的、不是中心记号的部分”。埃尔金斯质疑这种排除并问到，如果是由于这些标记小就不被计算，那么何种尺寸的限度决定标记不属于一个记号的序列呢？一些相似的标记，在普拉卡德指挥棒上被马沙克当做无意义符号或构造，在拉斯科岩洞中却依靠“这样的形象的内在规则”被阐释为植物等象征符号。埃尔金斯的主要问题是何时“符号”应该被解读，如何确定一个标记与其他标记的关系。其次，关于记号，一些学者已经反对马沙克，因为各种月

128 James Elkins, “On the Impossibility of Close Reading: The Case of Alexander Marshack”, *Current Anthropology*, Vol. 37, No. 2 (Apr., 1996), p.189.

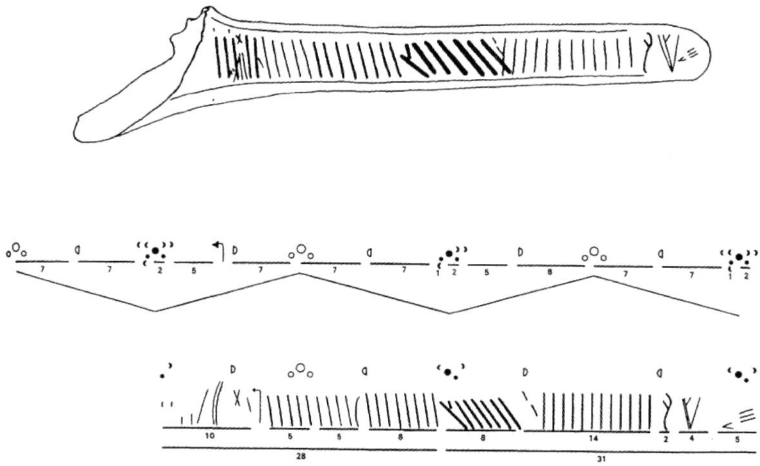

图 40　马沙克，《普拉卡德指挥棒图式与月亮历的相关性》，采自 *Current Anthropology*, V.37,n.2 (April, 1996) p.190.

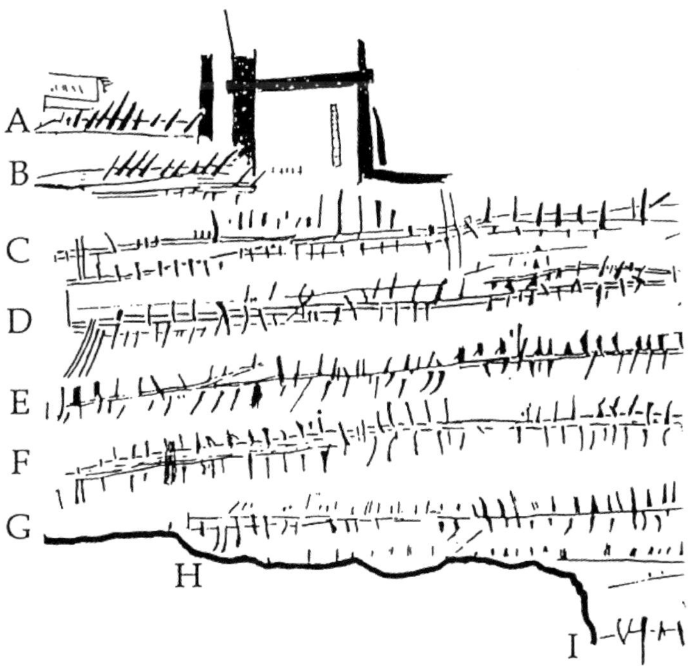

图41　马沙克,《泰伊骨片右上角细节图式》,采自*Current Anthropology*, V.37,n.2 (April, 1996) p.190.

相的记号系统间没有自我连贯性。但是此异议是基于我们对记号的概念。旧石器时代的记号可能处于婴儿期而不必是统一的。所以无论是马沙克的理论还是其他人的反驳都诉诸对记号的先在感觉。再次，对于装饰，马沙克看做记号之处，许多学者仅看见了装饰。马沙克通过对象的一维特征来进行论证。埃尔金斯则质疑其以什么准则把均一标记的表面阐释为个体记号的序列，而且一般的形象也源于线性标记的扩展。马沙克认为复杂的序列可以排除装饰的意图。但是那些骨片标记也可能是无意图的非符号学标记或松散的装饰。不管马沙克提出怎样的技术证据（如对不同工具和作者的鉴定识别），埃尔金斯都认为问题在于装饰和记号的概念本身就处于混乱之中。

对马沙克的质疑使观者对形象、标记、符号、记号和装饰的假设成了问题，而非默认这些假设。过度细读所讨论的内容更多是关于历史学家的形象概念而不是被研究的人工制品。埃尔金斯的更细的解读把对事实或方法论的讨论转到对潜在概念的基础的讨论上。他进一步提出“对于提倡更细的解读，有一些事情是严重错误的”[129]。在视觉人工制品的研究中解读的程度被默认是可以选择的。“最细的”解读依靠阐释者如何理解无意义标记和有意义符号的区别。这个阐释的假定隐藏了另一个假定，即存在在更小的单位中解读出意义的层次。在这种意义层次中，法词素（morpheme 词的结构因素）与义词素（lexeme 词的意义因素）或符号学标记与亚符号学标记相遇之处对于澄清细读概念是关键。埃尔金斯认为马沙克的解读难以批评的原因之一是它的“盲目性在于其解读的似乎是最细之处”[130]。

129 James Elkins, “On the Impossibility of Close Reading: The Case of Alexander Marshack”, *Current Anthropology*, Vol. 37, No. 2 (Apr., 1996), p.198.

130 Ibid, p.199.

例如马沙克把月相解释看做对象内部数据所提供的科学分析，而把其他解释看做依靠类比的读入的意义。这种解读和读入的区别是预设的。马沙克从未证明他选择的细读的层次的适当性，并压制更细的解读。埃尔金斯援引保罗·德曼的话称，细读越严格，就越不可靠。不存在被解码而未留下残余的单位。细读的限制仅在于光学、分析的适当性和一致性上。“无比的细读是对协商的解读的绝对拒绝。”[131]

在结论中，埃尔金斯总结了马沙克工作中对记号的假设：1. 记号由一维方式布置的标记组成；2. 记号是有意图的；3. 装饰和记号相互排斥；4. 记号按时间被制造，其间有间隔；5. 记号的连续显示内部不规则，相反，完全统一的标记是装饰；6. 如果一套标记是记号，那么所有标记都是有意义的；7. 记号不利用成套标记制造的符号或象征；8. 标记的形状一般无意义；9. 标记的方向一般无意义；10. 一个表面上的标记的位置一般无意义。在阐释对象之前，这些假设、阐释者对自身历史位置的意识以及阐释者对人工制品的预期应该首先被研究。在一般的阐释中最小单位是形象（如人物、肖像、对象、象征）。相比于马沙克的研究，一般观看是松懈和模糊的。埃尔金斯认为细读的盲目性导致其结构上是病态的。为了理解文本或形象，细读必须是可能的，而“为了让我们继续做我们全都更喜欢的含糊的意义，它也必须是不可能的”。[132]

同一期杂志还刊登了多位学者对埃尔金斯论文的评论。例如巴克森德尔认为符号学处理人工制品的意义是不充分的。细读服务于启发并被更大的秩序控制。瑞典的符号学家约兰·索内松（Göran Sonesson）指出结

131 James Elkins, “On the Impossibility of Close Reading: The Case of Alexander Marshack”, *Current Anthropology*, Vol. 37, No. 2 (Apr., 1996), p.200.

132 Ibid, p.201.

构主义带给语言学的是定性方法。声波对于语言学是无效的，声波的意义分割才是有效的。类似地，图画也不是纯粹密集的。马沙克的理论不仅仅来自观察本身。他对标记的分析不是从标记自身，而是从一个更宽的语境中得到的。美国艺术史家大卫·萨默斯（David Summers）认为德曼在文学评论中的符号学无法转移到全部描述中。埃尔金斯回应称人工制品和解读都总是系于一定的语境，但是语境在此只是掩盖了标记和符号等术语的问题。旧石器时代的语境本身是脆弱和不可靠的，“足以去强迫注意力返回到任何影响阐释的根本问题”[133]。所谓细读的不可能性就是不确定性。这种不确定性不完全来自历史语境，而是相关于阐释者的观念。此外，埃尔金斯还否认了自己使用的术语解读是专属于语言学的，他认为一些批评者把解读与观看相对立是过于简单了。

《关于细读的不可能性》一文可以说与关于标记的论文是姊妹篇。前者针对标榜符号学的米克·巴尔，后者针对对符号学理论缺乏自觉的马沙克，而两篇文章的核心都是有意义符号和无意义标记的区分和概念。在《关于细读的不可能性》中埃尔金斯的立场实际上与米克·巴尔十分接近，都把阐释者当做阐释活动的关键。

四、形象领域的三分法

回到本节的第一小节中讨论的《关于图画和错失它们的语词》。这本书的其余部分继续拆解语言学模式对图画的控制。例如第二章通过米开朗基罗素描中的反光的“误用”争辩说，贡布里希所说的自然主义累积的语汇可以是反自然主义的，而且可命名的视觉语汇在全部自然主义图画中

133 James Elkins, “On the Impossibility of Close Reading: The Case of Alexander Marshack”, *Current Anthropology*, Vol. 37, No. 2 (Apr., 1996), p.221.

是非常少的，从而质疑贡布里希用语言以及词汇表来类比再现艺术的发展只是部分有效。第七章讨论了绘画实践中对混乱的故意追求，其中包括破坏对称、破坏方向、破坏照明、破坏几何秩序、破坏色彩和素描的关系、破坏节奏、破坏韵律、破坏连贯性、破坏形式。这九种混乱凸显了图画在制造过程中如何抵制意义，展示了混乱不是一个秩序的缺席而是一个被故意建构的领域。第八章开始于引述迪迪－于贝尔曼对破坏形象的分析以及对安吉利科的伪大理石嵌板画的分析。此章提出图画可以呈现不可再现的、不可图绘的、不可设想的和看不见的。这四者又可以被总结为德里达所说的“盲目性”。图画的盲目性展示了图画是远离于符号的易读的系统，而不可能是象征意义、社会意义或叙事的有效载体。[134]

全书结尾的“跋”中澄清说，实际上解读图画或从中讲出故事要更容易，相反，注意图画的那些非符号学的方面却非常困难。埃尔金斯既不否定解读的意义，也不认为图画中的一些特定的视觉标记是不可阐释的。《关于图画和错失它们的语词》一书的出发点是图画的非阐释的残余。这种残余之所以吸引人有两个原因。第一种是认为图画由符号与非符号这两种成分组成。埃尔金斯不同意这种观点。例如，维特根斯坦的“图画理论”在可说的（逻辑的）领域和剩下的必须保持沉默的一切之间进行了严格的划分。埃尔金斯否定此说，认为图画的标记既是逻辑的又是非逻辑的。他提出巴特的无编码形象、布列逊的纯视觉性、潘诺夫斯基的纯形式等从来都不是非符号学的。形式本身虽然是无名的，但是有着节奏、安排，可以是潜在的书写符号，并足以推动阐释。相反，他赞成的理由是绘画物质对

134 埃尔金斯认为观看就是看不见。他对视觉和图画的盲目性的详细而生动的专门讨论另见 James Elkins, *The Object Stares Back: On the Nature of Seeing*, San Diego : Harcord Brace, 1997。

意义的抵制，而非与意义的分离，这就是反符号学的性质[135]。在图画之中，符号和非符号，标记和区域，图和底都是不稳定的。图形既可以吸收外在的意义成为符号，又可以回到无意义之中。

但是该书的第二部分的三个章节却似乎远离了全书的主线（语词无法彻底表达图画），而是把重点放在了语词与形象的直接关系上。虽然这些章节也或多或少与语词的失败相关，但是这显然不是重点。这三章所探讨的语词与形象关系并非通常的二分法，而是“谨慎地去记录‘语词’与‘形象’面对被观看的特殊行为之时，它们如何停止产生意义”[136]。令人好奇的是，拒绝并拆解语词与形象的二分法是不是对米克·巴尔指责他二元主义和本质主义的一种回应呢？

第四章“符号的书写”开始于对何为书写的质疑。这个问题似乎是自明的，但是语言学家一般只强调书写与口语的联系而不谈“符号”自身的书写。为了把书写的概念陌生化，埃尔金斯提出了史前东南欧的温查–托多思（Vinča-Tordos）文化（繁荣期为前4500—前4000年）的刻划“手稿”（图42）。这些所谓的“手稿”的性质在考古学界存在争议，有装饰说，伪书写说，前书写说，宗教象征说，表音说等。但是埃尔金斯并非要研究这些“手稿”本身，而是分析了考古学家们在研究这些“手稿”的过程中所表达的对“何为书写”的期待，因而他提出了12条书写的规则，包括：1. 符号必须是分离的；2. 字符间必须有合理的可理解的间距；3. 字符必须被分离于装饰；4. 书写分离于服务秩序或封闭的标记；5. 书写符号或多或少将是在尺寸上统一的；6. 符号应该是相对简单的；7. 任何给定的字符必须是或多或少统一的；8. 存在秩序或密封的标记；9. 文本与校准线并排；

135 James Elkins, *On Pictures and the Words that Fail Them*, New York: Cambridge University Press, 1998, p.271.

136 Ibid, p.129.

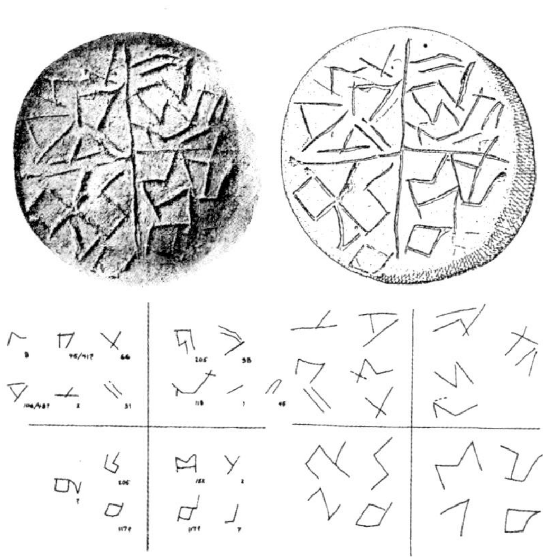

图 42　卡拉诺沃（Karanovo）封印及其字符的两种分析，公元前 3600 年之前，采自《形象和错失它们的语词》，第 137 页

10. 有解读的顺序；11. 有最低限度的字汇的准则；12. 有句法。有趣的是埃尔金斯把这 12 条规则用于分析一幅曼坦尼亚的版画《海神的战斗》（图 43），结果发现如果参照温查"手稿"，按照最低限度符号来看，这幅版画可以符合上述全部规则。这意味着图画与书写的关系其实比我们想象的要更为密切和易于混合："没有不带着图解的成分的纯粹的书写，而且书法手稿只是那个一般条件的一个极端的实例。"[137] 埃尔金斯提出据此应该放弃纯图画、纯视觉的概念，所有图画都有某种程度的书写。当然《海神的战斗》是版画毕竟不是书写，"那些秩序存在于形象中，但是仅仅作为一个希望，作为一个重现的无法完全实现的对于秩序的希望"[138]。

137 James Elkins, *On Pictures and the Words that Fail Them*, New York: Cambridge University Press, 1998, p.161.

138 Ibid, p.162.

图 43 安德烈·曼坦尼亚，《海神的战斗》，1485—1488 年，版画，29.5 厘米 ×39.7 厘米，伦敦，大英博物馆

如果说第四章是解构语词与形象的二元对立，那么第五章和第六章则是另辟蹊径引进二元概念之外的第三方。第五章引入了数字记号："图画、书写和数字记号的三位一组比文本和形象的普通的二元对立更丰富得多。"[139] 他引证了考古学家丹尼斯·施曼特－贝瑟拉特（Denise Schmandt-Besserat）的著作《书写之前》，这本书提出近东的考古发现证明计算出现在书写之前，并且书写是由计算进化而来。最早人类只有一一对应的概念。公元前 8000 年，人类开始使用具体计算，也就是利用代替实际对象的黏土代币（token）。数字并不分离于被记数的对象。后

139 James Elkins, *On Pictures and the Words that Fail Them*, New York: Cambridge University Press, 1998, p.165.

来这种小雕塑一般的代币上面开始刻上图画文字，并最终演变为抽象数字书写。这意味着计算、书写和图画以及雕塑是相互交叠和连接的，而图画也一直与编号以及来自一一对应的唯一性概念相关。第六章关注西方世界之外的图画概念。一开始埃尔金斯就提到希腊词 gramma“表示图画、书写的字母或一篇书写。……印欧词根 gerebh-，其组成西方世界对于书写、画、刻划和所有种类标记的最一般的义词素（lexeme）”[140]。这些混合概念已经极大地被遗忘了。接下来讨论了张彦远的《历代名画记》开篇对图画的论述，波斯人卡迪·艾哈迈德（Qadi Ahmad）写于 17 世纪早期关于书法家和画家的论文，以及 8 世纪印度一篇关于绘画的文本。卡迪·艾哈迈德的意图是给予绘画以阿拉伯书法所拥有的圣洁。他通过芦苇笔把书法家与画家相联系，使画家变得与书法家一样神圣。而印度的 Pali 中绘画的描绘与思想是一个词，所以头脑本身是一种描绘。这个文本中还包括了舞蹈图像志、相面术，以及笔画（字符）与字母何者更真实的探讨。

比起与视觉符号学的激烈论辩，也许这些对于异质材料的探究更能打破语词与形象理论既有的框架，给人新的启示。比《关于图画和错失它们的语词》稍晚，1999 年埃尔金斯又出版了一本形象研究著作《形象之域》。两本书准备和写作的时间非常接近。《形象之域》中的个别篇章发表的时间甚至更早。相比之下，《形象之域》现在可算是视觉文化研究领域的一部名著。

在把艺术史的研究范围扩展到包括所有的视觉人工制品或形象之后，《形象之域》中更为冷静地指出关于图画的写作有两种相关的矛盾意义：一个是代替语言运载意义的图画的理想；另一个是未受语言污染的“纯图

140 James Elkins, *On Pictures and the Words that Fail Them*, New York: Cambridge University Press, 1998, p.188.

画”的理想，二者都是不可实现的。前者包括符号学家以及符号学艺术史家；而后者强调图画的不可阐释性，代表人包括“沃尔特·佩特（Walter Pater），伯纳德·贝伦森（Bernard Berenson），E. H. 贡布里希和莫里斯·梅洛－庞蒂（Maurice Merleau-Ponty）”。埃尔金斯指出，大多数艺术史家同时接受二者，“所以他们既想要这个可能性——即一个形象可以是纯视觉的，又想要这个潜力——即一个形象可以证明是易读的或相反清晰地被结构的”[141]。埃尔金斯提出的这种矛盾的感觉显然是他自己在前一本书的研究中深有体会的。这种矛盾几乎就是符号学与反符号学的历史版本。

但是在《形象之域》中更重要的论点还是形象领域的划分方式，不是图画与文字的二分法，而是把形象的整个领域划分成三部分：图画、书写、记号。这种打破文字与图画二元对立关系的第三方的出现显然源自《关于图画和错失它们的语词》中提出的图画、书写、数字三分法。所以《形象之域》虽然没有把反符号学当做直接的议题，却也是与反符号学有着继承关系。在第六章“分类的问题”中埃尔金斯再次举出希腊词 gramma，并把“语词与形象”看做是它的一般划分方式。“我在本书中的目的不是去批评这个极性，而是试图去阻止它妨碍我们看见在诸形象之间的其他关系。”[142] 虽然埃尔金斯认为语词与形象的对立是不真实的（视觉人工制品都是解读和观看的混合），但是“像艺术和非艺术一样，语词与形象持续，因为它们符合于制度上的习惯和需要。它们太根深蒂固，以至于无法被放弃或者简单地被批评”[143]。他的解决策略就是引入古德曼的记号（notation）

141 James Elkins, *The Domain of Image*, Ithaca and London: Cornell University Press, 1999, paperback 2001, p.55.

142 Ibid, p.83.

143 Ibid, p.84.

概念[144]。

对于古德曼而言，记号在句法中是离散的。系统之内的一个标记不能被分配给超过一个字符；一个标记也必定属于某个字符，在语义上也相同。一个字符只能有一个意思；不同字符不能指相同对象；每个对象都可以明确分配给一个字符。相反的情况就是密集的，例如没有刻度的温度计。古德曼对比心电图和葛饰北斋（Katsushika Hokusai）的富士山绘画，认为二者可以很相似。但是心电图是不关心字符的，也就是说它可以由不同颜色和粗细的线条组成。富士山绘画改变了线条就不同了。所以心电图是稀薄的，而绘画是饱和的。在第五章中[145]，埃尔金斯通过分析声呐图表提出其并非像古德曼所言是无限区分的。另外，图画也并不纯粹是密集和饱和，图画标记的每个改变并不都有意义。哪些改变有意义取决于理解图画的观者的决定。在一般的观画过程中，即使绘画本身是密集的，观者也通过假定其是离散的，通过假定一套字符和标记的集合来观看，否则观看无法进行。数学公式和乐谱等表面上是不关心字符的形式（也就是属于同一字符的标记可互换），但是在数学记号和乐谱的历史中不同字体和书写风格的变化也带来不同的意义以及演奏风格。埃尔金斯认为当古德曼的记号概念被误用之时最具有生产性。因此他把记号定义为“是使用组织原则的形象而不是联合于图画或书写系统的形式”[146]。例如一个几何图表，其被

144 《艺术的语言》的中译本将notation一词译为“记谱”，但是这个词在古德曼的理论中并非专指乐谱，而是包括了数字等各种系统符号，所以在此译为“记号”。这个词在埃尔金斯的文本中区别于标记（mark）、符号（sign）等术语。

145 此文最初发表于1993年，题为《图画中真的发生了什么？误读古德曼》：James Elkins, “What Rreally Happens in Pictures? Misreading with Nelson Goodman”, *Word & Image*, Vol.9, No.4, 1993.

146 James Elkins, *The Domain of Image*, Ithaca and London: Cornell University Press, 1999, paperback 2001, p.85.

阅读的方式与书写完全不同。这种划分可以用维恩图表示（图 44），其又有多种变体。各变体的目的也是在探讨三者之间的不同关系。同时埃尔金斯指出这三个极只是理想形态，实际上没有纯粹的图画、书写和记号形式。相反，三者之间有大量交叉和融合的地带。

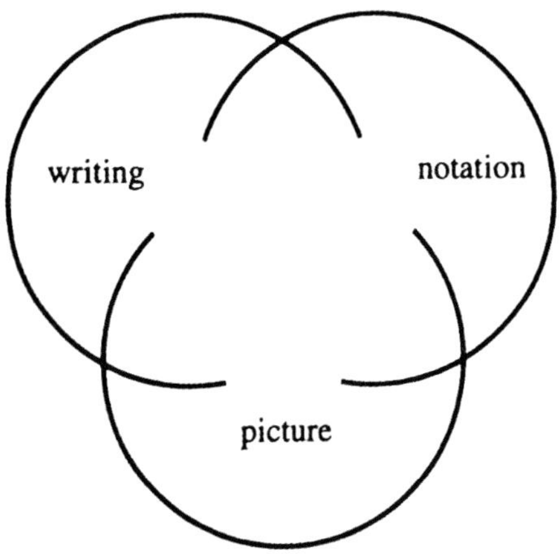

图 44　埃尔金斯，《形象的三个部分》，采自《形象之域》，第 85 页

这些交叉和融合的地带可以分成七个，例如异体字、象形字、伪书写、徽志、图式等等，其中异体字（allographs）表示一个字符的所有变体形状。埃尔金斯用其代表书法、印刷样式、版式设计等，并以之证明没有纯粹的书写。徽志（emblemata）包括书籍插图、广告、纹章等，总之就是图画和书写的混合。但是徽志本身又趋向于记号，而这些区域又可以进一步"本能地破碎成七百或七千，并最终破碎成不可分类的单一形象的宇宙"[147]。

埃尔金斯的反符号学可以说是西方学者质疑而不盲从的健康精神的体现，但是反符号学与更广泛也更客观的形象研究相比不那么有生命力。因为反符号学本身也是一种言说，所以反符号学也确实对符号学有一定的依附性。其针对的目标首先是符号学，其次才是形象。虽然埃尔金斯强调对图画中非符号学的混乱可以有更复杂更令人满意的研究，但是反符号学

147 James Elkins, *The domain of Image*, Ithaca and London: Cornell University Press, 1999, paperback 2001, p.91.

至多只能对符号学取得胜利。按照反符号学自身的逻辑，其作为语言对于形象也只能失败。在打败符号学之后，只有良弓藏走狗烹的下场。反符号学的历史意义更多地是把“什么是一个形象 / 图画”的问题突出于同质化的符号之上，因而积极推进了形象研究。埃尔金斯的形象研究始于由图画转向激发的反符号学争论，最终迈向了宽广的形象的宇宙，而在这个过程之中“语词与形象”的问题一直是他的理论的出发点和归宿。但是他对形象之域的划分，对语词与形象二元对立的拆解却并不令人满意。埃尔金斯把语词与形象说成是形象或同义词 gramma 的划分方式，这显然是一种逻辑误置。形象不可能成为自身的子集。

此外，埃尔金斯的形象研究与其他学者相比，范围更广。除了艺术形象（尤其是绘画）之外，科学技术生产的形象，甚至是自然形象也都成了他研究的对象。他在《形象之域》中讨论了结晶学插图，在《来自再现终结的六个故事》等书中探索天文学、显微摄影、粒子物理学、量子力学等方面的形象或视觉再现；在《形象之域》一书最后讨论了蝴蝶翅膀上的花纹，在《事物回视》和《视觉品味》中讨论了面孔、彩虹、沙子和云朵等等自然对象的形象。埃尔金斯的广阔视野真正还原了“形象”一词原本的广博含义。形象研究作为形象的科学确实不应该把视野限制于传统的艺术作品。

第三节　波姆的图象科学

在学院艺术史创立之初，德语艺术史家为了把新生的艺术史区别于过去以感性为主的艺术鉴赏活动，提出了“艺术科学”（Kunstwissenschaft）的概念，以此强调艺术史是理性的研究活动以及其学科方法的科学性和客观性。之后瓦尔堡以其为基础扩大了研究的范围，提出了“文化科学”（Kulturwissenschaft）的概念。而到80年代，艺术史家戈特弗里德·波姆和汉斯·贝尔廷等人把原本用于光学技术、通信技术、摄影和认知心理学等方面的技术术语“图象科学”（Bildwissenschaft）移植到了艺术史领域，通过“图象科学”把“艺术科学”传统中的艺术（Kunst）转换或扩大成了图象（Bild）。这一概念扩大了传统艺术史的研究范围，呼应了英美学界的视觉文化研究和形象研究。在德语世界的相关研究中，波姆无疑是一位领军人物[148]。他几乎在同一时间提出了与米切尔的图画转向相近的图像转向的概念。此外波姆还提出了图像差异、图像智力、图像逻辑等非符号学的形象研究术语和策略，开创了一条与米切尔等人相近却又别样的研究路径。本节将主要介绍波姆的相关理论，他与米切尔理论的相同与差异，以及受到他的影响的其他德语艺术史家的相关研究。

一、图象的回归

奠定波姆的图象科学理论地位的事件是1994年他选编的文集《什么是一个图象？》的出版。这本书集收录了包括梅洛－庞蒂、拉康、汉斯－格奥尔格·伽达默尔（Hans-Georg Gadamer）、丹托、汉斯·约纳斯（Hans Jonas）、夏皮罗等众多哲学家、文艺理论家和艺术史家关于形象问题的讨论文章。在这本书集的前言《图象的回归》中，波姆提出了他的“图像转向”。1994年也是米切尔出版《图画理论》的同一年，所以两个“转向”往往被认为是不分先后几乎同时提出的。

《图象的回归》一文对于波姆的重要性就如同《图画转向》一文之

148 戈特弗雷德·波姆是德国艺术史家，博士毕业于海德堡大学，曾在波鸿鲁尔大学教授艺术史，现为巴塞尔大学艺术史教授和瑞士“图象批评”国家研究计划主任。

于米切尔。这篇文章开始于提出图象的无所不在：所绘的、所想的、所梦的、绘画作品、隐喻、镜像、回声、模仿等等。这些图象又与各种观点和理论相结合。波姆问道："面对能够主宰一切的语言，图象（以及其他非语言的艺术表现形式）又如何立足？"这导致了一个与哲学不一致的研究领域。"因为以逻各斯为导向使得哲学长期无法给予图象与语言同等的注意力。"[149] 于是"一个与语言学可以相提并论的学科——图象科学却并未发展起来"。而波姆编辑文集就是要对理论、历史和人类学的各种角度给予同样的重视，讨论一些重要的理论前提，阐述和澄清复杂的图象概念。波姆认为现在已经过时的后现代视角之下图象的可能性被过于单一地呈现，以服务于"末世意识"（Endzeitbewusstsein）。因此有必要说明哲学认识的要求和认知确定性（Erkenntnissicherheit）如何变化，以及包括幻想、隐喻、修辞在内的图象如何被赋予全新的角色和学说。现代艺术见证了这种变化的图象认知。

波姆把"19世纪以来完成于各个层面的图象的回归"称为"图像转向"，并且说"这一称谓当然是与60年代末的'语言学转向'相对应的"[150]。图像转向就是要在"将语言作为条件的这种回归之外"探求同样存在着的"类似的以图象为前提的兴趣"。语言学转向的学说把这些问题看做是语言的问题。最终的原因不是在超验的存在或自我意识中，而是在语言规则中。"当然，不久后即明确，语言的基础并非坚如磐石，而是摇摆不定的。"[151] 维特根斯坦提出了语言游戏和家族相似性概念来描述日常语言。这些概念源自隐喻，不是抽象思维的严格演绎。"这并非就是要放弃严格

149 Herausgegeben von Gottfried Boehm, *Was ist ein Bild? (Bild und Text)*, München: Wlihelm Fink Verlag, 1994, p.11。本书所使用的《图象的回归》的中译本由匿名译者由德语译出。

150 Ibid, p.13。波姆在注释中对语言学转向的引述像米切尔一样也来自理查德·罗蒂。

151 Ibid.

的思维，或者摒弃理性要求。相反地，它要求易于理解的思维的自我证实（Selbstbegründung des Denkens），这是维特根斯坦与他之前的哲学传统得出的相同结论。”[152] 也就是说哲学具有隐喻的本性。所以波姆认为“维特根斯坦的理论象征着‘图像转向’历史上的一种暂时的终点以及一种突破，因为它是对语言的探究，它创造了一种由语言转向向图像转向的过渡”[153]。图象是哲学不可或缺的元素，这在哲学史上自古以来就是如此。波姆引述了普罗提诺的“太一”思想，艾克哈特大师（Meister Eckhart）的图象思维的论述，康德对想象力的强调，海德格尔的成像力（bildgebende Kraft），以及费希特和谢林的相关论述。而尼采被看做是19世纪哲学中图象回归的加速的见证者。尼采怀疑人与世界的参照关系，也就是认知摹写现实。他代之以隐喻作为认识的中介。隐喻并非摹写，而是创造出更多事物，其把幻象世界去神秘化，所以成为人类认知的原因。波姆认为尼采的思想在19世纪后期的艺术中越来越成为原型，抽象派、超现实主义、立体主义等都是对摹写的弱化和对图象真实性和生产力的发现。摹写在日常意义上就是向视觉再次呈现事物。其是传播最广的图象（例如电视、照片、广告等），但是其只是图象中的一种而已。摹写妨碍了人们对图象的理解。波姆的目的就在于消除对“图象是什么以及它有什么能力”这个问题普遍存在的偏见。

之后《图象的回归》一文又讨论了目光与图象的交织、隐喻与图象以及图像差异（这个问题将在下文第三小节中讨论）。在对目光的讨论中，提出早期形式主义者康拉德·费德勒（Konrad Fiedler）解放了观看在哲

152 Herausgegeben von Gottfried Boehm, *Was ist ein Bild? (Bild und Text)*, München: Wlihelm Fink Verlag, 1994, p.14.

153 Ibid.

学中所处的被动角色。现象学尤其是梅洛－庞蒂认为人在同时的看与被看中感知到自身。他通过研究塞尚指出绘画不是摹写或复制对象，而是在被展示物的原则上工作。拉康认为目光的理论与图象理论并非一体，来自主体的观看与被看对象的观看相交织。

讨论隐喻之前，波姆问道："我们是否能够绕开语言来讨论关于图象的问题？语言学是否为图象的语法和句法准备好了依据？"[154]康定斯基等人探索了造型艺术的视觉语法，符号学艺术史也在讨论文化表达的符号学基础。但是"找寻一个普遍适用的意义理论的难度显而易见"。[155]波姆认为这种努力中跨媒介反思是最成功的，而其中夏皮罗关于绘画平面以及框架的论文是很好的例子。但是波姆更看重的不是符号学，而是隐喻："在语言的其他领域，隐喻是一个非常合适的、对'图象'的运行方式进行结构性理解的方式，不论它们是绘画、雕塑、建筑、表演还是舞蹈的图象。"[156]对于分析语言学来说，隐喻因其多重的含义而威胁了认知；修辞学把充满图象的言语看做被忽视的现象；对于诗学和美学而言，隐喻是创作的一种模式；思维的历史是遗忘图象的过程，图象随着时间推移被固化为概念。例如物理、形式等概念都有图象来源。波姆提出对复杂绘画的研究也与理解隐喻的困难相关。他认为对提香、马蒂斯等人的作品观察时："我们就会发现，将所见通过作品的组成要素（形式上的、图像志的、传记体的）来解释是徒劳的（但是从历史上来看这又是不可放弃的尝试）。"[157]观看图象与共鸣、视觉变换效果以及意外的综合相关。隐喻中的图象是一种对

154 Herausgegeben von Gottfried Boehm, *Was ist ein Bild? (Bild und Text)*, München: Wlihelm Fink Verlag, 1994, p.26.

155 Ibid.

156 Ibid.

157 Ibid, p.28.

比现象。隐喻的奇迹就在于其中的图象。总之，波姆认为隐喻对图象的阐明作用尚未完全发挥。

在文章最后，波姆指出文集的论述基础是现代艺术领域。20 世纪初以来，艺术领域已经从聚焦于自身的图象扩展到了装置艺术、观念艺术、行为艺术等新形式中。这些新型艺术显然不是平面的绘画式的图象。但是波姆认为把图象看做以绘画为模型的平面图画是一种令人误入歧途的偏见。在现代艺术中“图象并没有消失，而是存在于变化了的形式之中。它们更换了自己的材料外衣，有时候甚至包括其内容。但是无论如何它们总归还是图象，因为它们提供了引人观察、令人思考的不同的图像差异（Ikonische Differenz）”[158]。这也适用于欧洲之外的各种艺术形式。扩展艺术概念的关键在于阐明形象化（Bildlichkeit）。在所有艺术中图象的条件都在起着作用。

可见，波姆的图象像米切尔的形象一样都包括了隐喻、想象、梦等非物质的形象。二人都没有把形象研究限制于二维图画的领域。这种对于形象 / 图象概念的理解正是图像转向或图画转向的前提。二人的转向都是由对语言学转向的不满引发的对它的超越，而且也首先都是从哲学领域开始。正是在哲学方向上进行转向之后，文艺理论才可能发生相关的转向。那么这两种名称相近，发表时间也相近的转向有什么区别呢？

二、图像转向与图画转向

2006 年，波姆和米切尔首次进行了通信，交流了对各自“转向”问题的看法。这两封信有助于澄清上述问题。波姆在信中表示自己不想挑起关

158 Herausgegeben von Gottfried Boehm, *Was ist ein Bild? (Bild und Text)*, München: Wlihelm Fink Verlag, 1994, p.37. 图像差异的英语形式为 iconic difference。

于发表时间顺序的优先权的争吵。他把自己与米切尔的关系比作森林中的两个先前相互忽视的漫游者终于相遇了。波姆称自己对形象主题的尝试开始于70年代末和80年代初的孤独的工作。编辑《什么是一个图象？》是他摆脱孤独的尝试。这里波姆特意指出这本书集本来预定在1991年出版。这个年份的说明显然是波姆特地想要说明他的理论并非是在模仿米切尔。

之后波姆指出把形象构想为范式首先要说清其与语言以及支配的哲学立场的关系："语言学转向似乎破坏了所有对形象做出进一步发展的企图，除非一个人正在试图去展示形象自身是语言学的事件，或它们参与符号的一个普遍系统。这个路线（一个已经被C.S.皮尔斯和纳尔逊·古德曼，也由法国符号学家预示的路线）是迷人的，但是最后让我不信服……"[159]。语言学转向把一切归于语言，但是没有足够的能力建立知识的源头。源头来自语言对外在的指涉，所以"应该可能去论证语言的内在图画性"[160]。胡塞尔把意义定位在观看的行为中。卡西尔、海德格尔、维特根斯坦也都在进行语言的批评。所以"图像转向不是基于一个根本的与语言转向的对立，而是宁可继续在那里的争论的扭曲并进一步推动它"[161]。其是语言学转向的发展结果。"因为'形象'不仅仅是一些新话题，而与一个思考的不同模式相关，这个模式已经展示它自身有能力澄清并使它自己有利于长期被忽视的位于非词句再现中的认知的可能性。"[162]可见波姆的图像转向和米切尔的图画转向一样也不具有上几次哲学转向的颠覆性，只是补充性转向，是对语言学转向查漏补缺。

但是接下来波姆就与米切尔出现了根本差异。他认为语言学转向中，

159 Edited by Neal Curtis, *The Pictorial Turn*, London: Routledge, 2010, p.10.

160 Ibid.

161 Ibid.

162 Ibid, p.9.

过去意识的超验地位被语言的超验地位所排挤，所以古典哲学的“逻各斯”（logos）被缩小了。图像转向就是要对其进行扩展。所以波姆不像德里达一样反对“逻各斯中心主义”。相反，他通过扩大逻各斯的含义，把图象变成一种逻各斯。后来波姆解释说“图像的逻各斯的概念导致逻各斯重构为感觉和象征意义的一个新的整体”[163]，逻各斯或逻辑“意味着进行运作的规则的决定，当一个人观察图画和形象的机制之时。这些规则必须处理视觉现象”[164]。“把形象理解作为‘逻各斯’，作为一个意义生产的过程，这个非词句的、图像的逻各斯的景象简而言之是我把范式意义归于对形象（或更准确地说在诸图画中）正在增长的兴趣的动机以及把图像转向说成一个带着一个更长视角的计划的动机。”[165]这就是说，波姆的图像转向不像米切尔的图画转向是对意义问题的回避和排斥。其结果之一是二人对符号学的态度的差异。所以文集《什么是一个图象？》中包括了夏皮罗的符号学论文。波姆在信的最后承认当时他被梅洛－庞蒂的冒险所鼓舞，追随索绪尔的语言学模型讨论图像的秩序，但是现在他已经把这看做“不足”。那么基思·莫克西（Keith Moxey）把波姆的主张归类为从“意义”转向“在场”就是过于简单化了[166]。显然波姆从未抛弃对意义的讨论。

由于把“形象怎样创造意义？”的问题当做“向导”，所以波姆的图象的逻各斯就导致了“图像的智力”的概念的产生。形象被认为“与一个思考的不同模式相关”。他说：“以最基本的方式，那些迷恋形象的人，

163 Edited by Elkins and Maja Naef, *What is an Image*?, Pennsylvania: The Pennsylvania State University Press, 2011, p.51.

164 Ibid, p.38.

165 Edited by Neal Curtis, *The Pictorial Turn*, London: Routledge, 2010, pp.10–11.

166 Keith Moxey, “Visual Studies and the Iconic Turn,” *Journal of Visual Culture*, Vol.7, No.2, 2008.

那些已经彻底检查并分析了大量形象并且拥有所谓的形象感的人，带着确定性知道有这样一件事物作为一个艺术家恢复的图像的智力，为了使他自己不受语言的要求的约束，不受正典的文本的约束，或不受其他模仿的例子的约束，并建立一个独特类型的证据。"[167]这种智力在于形象各自的"视觉秩序"。波姆早期通过对"形象"的模式和"陈述"的模式的批评比较来研究这种视觉秩序。他认为西方的传统思想把形象的秩序变成了多余的问题。所谓的图像或形象的智力，处于语言的思维之外，集中体现在艺术家的创造活动中，所以其就是我国过去的艺术理论中所说的形象思维。波姆的图像的智力与米切尔所说的通过媒介进行思考也是相近的观点。在《图象的回归》中就已经通过引证梅洛－庞蒂对塞尚的研究提出，绘画提供的不是被描绘的对象或符号，而是颜色、形式等一些可以看的事物，"画家并不把内在的想法翻译成一种外在的颜色，他并不在画布之屏上投射；他宁可在点、线和形式中工作，把它们放在一起，重新组织它们，作者差不多就是他的行动的媒介"[168]。

但是对形象的逻各斯或形象的意义的调查并没有彻底把波姆导向符号学的方法。他说："调查的最好的出发点对我而言似乎在于形象自身内在的秩序和自反性，其丰富，其对于改变的历史的和文化的潜力提供无情的抵抗，反对不成熟的一般化。"[169]波姆认为形象不能变成符号学或"概念上盲目的细读的代替品"的牺牲品。识别形象的意义是符号学以及图像学的工作。众多观众不可能仅仅为了识别他们已经知道的事物才前往博物馆。波姆把这联系于艺术史方法论上沃尔夫林与潘诺夫斯基的对立。图像

167 Edited by Neal Curtis, *The Pictorial Turn*, London: Routledge, 2010, p.11.

168 Herausgegeben von Gottfried Boehm, *Was ist ein Bild? (Bild und Text)*, M ü nchen: Wlihelm Fink Verlag, 1994, p.21.

169 Edited by Neal Curtis, *The Pictorial Turn*, London: Routledge, 2010, p.11.

志被认为是“以外在的前文本作为接近意义的钥匙却不考虑无中介的清晰性和形象自身的意味深长”[170]。波姆认为图像学中的图像应该作为一个面对语言的差异起作用。形象像眼睛一样远非天真或无中介的事物，但是其永远不能仅仅从其语境中推断出来。波姆认为自己的转向是形象的批评，而米切尔的是意识形态批评。意识形态批评对于波姆而言“是太宽泛的一个方法”。

对于波姆而言，核心问题是“什么是一个形象以及何时是一个形象？”，而形象的历史激发了这个问题。历史和当今的图画的多样性使得“形象是什么？”的问题变得合法和迫切。虽然图像转向并非针对审美问题提出，但是其并非不能贡献于审美的分析。对技术形象的讨论恰恰使我们可以讨论审美差异的标准。此外，图像也正推动自然科学的发展。所以通过形象，科学史被重新发现，院系思想之间的对话被重新打开。在波姆看来，图像转向中的形象是同时“被标记为一个对象和一个过程”[171]。虽然米切尔也十分关心“形象是什么？”的问题，但是他对这个问题的兴趣的来源是语词与形象的关系，而波姆是源自形象的历史。这恐怕正是他们各自出身于文论家和艺术史家的学术背景带来的区别。但是在形象研究或图象科学中这种来源的差异可以说是殊途同归。至于对科学形象、审美形象的态度二人就几乎是相同的。

另一个重要的分歧在于波姆称：“虽然有再现意义的能力，但它（形象）缺乏作为一个关于意义的话语的媒介起作用的能力，也就是作为一个元实体（meta-entity）起作用。”[172]这一观点显然是针对和否认米切尔的

170 Edited by Neal Curtis, *The Pictorial Turn*, London: Routledge, 2010, p.14.

171 Ibid, p.13.

172 Ibid, p.12.

元图画概念。当然也可以说是在否定符号学的理论。

米切尔在回信中讨论了形象科学、转向的修辞格、思想来源以及他与波姆的交集和分歧五个问题。对于形象科学，米切尔认为在波姆专注的阐释学之外还有其他学科。形象并非是在现代才对科学起关键作用，没有形象就没有几何甚至数学，所以形象的科学也属于自然科学。

对于图画转向，米切尔认为其中的“转向”不仅是库恩式的“范式转化”，也涉及流行理解水平上的转义。也就是语言被图画代替，书籍被电视代替。但是不是作为“市场的短命的行话”，而是作为调查的对象。这种图画转向的“时尚版本”中的内容对于米切尔而言并非真实存在的现象，而是源自新技术带来的人们的“图像恐慌”。不是语言被图画取代，而是这种恐慌本身才是真实存在的。这在历史上已经多次重复发生，并非现代的专利。甚至海德格尔的世界图画的理论也是由这种偶像破坏的焦虑产生的。可见虽然二人的转向都以罗蒂的“语言学转向”为“关键的共同参照”[173]，但是米切尔的图画转向有着双重含义，除了与波姆相同的哲学范式转换之外，还是对流行的破坏偶像和图像癖的指示或反讽。第二种含义使得米切尔的图画转向比波姆的图像转向的研究范围更宽，可以深入到大众文化之中。米切尔研究的正是那种害怕形象以及相伴的欢迎形象的非理性现象。对于另一个差异，即波姆对意识形态批评的质疑，米切尔辩解说他不是想使形象的研究屈从于意识形态批评，而是展示图像学和意识形态的相互建构。

在通信中二人都梳理了自身提出转向的思想背景。波姆的研究开始于1972年他的艺术史资格论文《形象和个人：意大利文艺复兴期间的肖像画的起源》（“Bildnis und Individuum: Über den Ursprung der Portraitmalerei

173 Edited by Neal Curtis, *The Pictorial Turn*, London: Routledge, 2010, p.22.

in der italienischen Renaissance"）。他“把自己理解为哲学上受教育的艺术史家”，伽达默尔是其哲学导师。伽达默尔从未把阐释学限制在语言学基础上，波姆受其影响致力于形象的阐释学，以保护形象免受语言学的他治的挑战。1978 年，他在与伽达默尔共同编辑的文集中发表了《面向图象的解释学》一文。伽达默尔甚至在《真理与方法》的一个注释中把该文看做艺术阐释学的代表。后来此文激发波姆把语言学转向转换到图像上。而米切尔称自己的研究并不孤独。他的文学导师们就对形象问题感兴趣。他进入芝加哥大学后组织了包括罗伯特·内尔森（Robert Nelson）、乔尔·斯奈德、托马斯·克劳（Thomas Crow）和加亚特里·斯皮瓦克（Gayatri Spivak）在内的“拉奥孔集团”进行跨学科交流。米切尔认为波姆的孤独感源于其哲学起点，哲学并不欢迎艺术和形象的研究。而米切尔进入哲学是较晚的，其早期主要受到潘诺夫斯基、贡布里希、福西雍、夏皮罗和布列逊等艺术史家，弗莱等文论家的影响，以及麦克卢汉（Marshall McLuhan）和小威廉·艾文斯（William Ivins, JR）[174] 等媒介学者的启发。之后米切尔才接触了古德曼和皮尔斯的符号学说，维特根斯坦和西方马克思主义哲学及福柯、德里达等后现代哲学。米切尔与波姆的学术思想来源正好反映了德国学术界注重思辨与英美学界注重实用之间的差异。从研究材料上看，波姆的图像转向基于他对文艺复兴和现代派艺术的研究；米切尔的图画转向基于对布莱克的合成艺术、浪漫主义文学及大众媒介的研究。

此外，虽然双方都把这次通信看做是首次相遇，是对先前相互漠视的打破，而且都表示无意争转向之说提出的先后，但是有一个事实却应该被指出。《什么是一个图象？》书后的“精选书目”中包括了米切尔选编

174 实际上小艾文斯是一位美国艺术史家，曾任大都会艺术博物馆印刷品部主管。只是他最有名的著作是关于印刷技术的问题，所以在媒介领域的知名度比在艺术史界要高。

的《形象的语言》以及米切尔的著作《图像学：形象、文本、意识形态》，而且还特别把该书第一章“什么是一个形象？”单列为一项，注明其德语译本收录在书目中另一本1990年出版的德语书中。《图象的回归》中写道：“从选择上来看，本书不得不舍弃一些同样具有重要价值的内容。这些内容读者可以从书后的参考书目中大致得以了解。”[175]可见波姆在编辑文集《什么是一个图象？》以及提出图像转向之时并非对米切尔一无所知，相反，他了解米切尔主要的早期理论，而且对其还是比较重视的。波姆对维特根斯坦的重视与米切尔在《什么是一个形象？》中对维特根斯坦的论述相似，而且本书已经指出在米切尔的《什么是一个形象？》一文中已经隐含了图画转向的核心思想（形象和语言共同建构世界）。那么这样说就是合理的：波姆受到了米切尔的影响，或波姆的图像转向和米切尔的图画转向二者都或多或少是对米切尔在《图像学》一书中思想的延伸和超越。

三、图像差异

波姆的图像转向确实提出了一些不同于米切尔的新概念。他与米切尔最重要的差异之一是他想探究图象如何不依靠语言来表达意义。为此，波姆提出了图像差异（iconic difference）的关键概念。这个术语最初出现在发表于1992年的文章《图象感和感官》（“Bildsinn und Sinnesorgane”）。一个图像差异，“借助其意义能分节它自身，而不借鉴语言学模型（例如句法的模型）或修辞策略”[176]。而在1994年出版的文集《什么是一个图象？》中，图像差异也是一个重要的方面。文集中有

175 Herausgegeben von Gottfried Boehm, *Was ist ein Bild? (Bild und Text)*, München: Wlihelm Fink Verlag, 1994, p.12.

176 Edited by Neal Curtis, *The Pictorial Turn*, London: Routledge, 2010, p.15.

多篇文章与这个概念相关。其中尤以汉斯·约纳斯（Hans Jonas）和迈克尔·波兰尼（Michael Polanyi）的两篇文章最为重要。波姆正是在这些文章的启发下才创造出了图像差异的概念。下面本书将从介绍这两篇文章开始讨论图像差异。

约纳斯是德裔哲学家，海德格尔的弟子。文集中约纳斯的文章题为《图画的人：来自图象的自由》（“Homo Pictor：Von der Freiheit des Bildens”）。实际上这篇文章与约纳斯最早在1961年发表的另一篇文章只有微小的差异（文章接近结尾处多划分了一个章节，并加了小标题）。这篇早期文章题为《图画的人和人的差异》（“Homo Pictor und die Differentia des Menschen”）[177]。1962年同一篇文章的英文版被发表。此文原是为庆祝政治哲学家列奥·施特劳斯（Leo Strauss）的六十岁生日（1959）而写，当时因故未能出版。文章开始于假设来自另一星球的探索者希望探知人类与其他动物的差异，但不从物理的形态学或血缘入手。约纳斯认为这个区别就在于人的形象能力。岩洞中的壁画无论多么粗糙都无疑是人的证据。这个证据是决定性的“对于超过它的创造者的动物本性；和对于它的存在潜在地是一个讲话，思考，发明，简言之‘象征的’存在”[178]。图画在生物学上是无用的。他认为进一步的讨论基于什么是一个形象，或一个对象通过什么特征就变成了另一个对象的形象。

第一，最明显的特征是相似性。第二，相似是带着意图被生产的，形象是一个人工制品。“在两个对象之间一个自然的类似之处不把一者构成

177 Hans Jonas,“Homo Pictor und die Differentia des Menschen”, Zeitschrift für Philosophische Forschung 15 (2) (1961).

178 Hans Jonas, “Homo Pictor and the Differentia of Man”, *Social Research*, Vol.29, No.2 (Summer, 1962), p.202.

另一者的形象。”[179]第三，相似性不是完全的。完全相似只会产生一个副本。而且这种不完全必须是可察觉的，即仅仅相似，否则观者看见的就不是形象而是被再现的对象。所以形象不是模拟或伪造，不是欺骗。约纳斯称之为“本体论的不完全性”，而且认为这带有形象的一般意图。第四，这种不完全性假定了自由的程度。完全性越少意味着本质的相似性越多。第五，因而不完全性变成了“积极的差异”。相异性成了自由省略和选择的结果。也就是说形象与对象的相异不是缺陷而是优点。“一些这样的对被给定的偏离不可分离于它的‘翻译’的过程，考虑到包括了人类中介。”于是“图画的能力打开了通向发明的道路”[180]。第六，再现的对象是视觉形状。视觉注重整体性。在视觉想象中，小的可以再现大的，平面可以再现立体，黑白可以再现彩色。所以约纳斯认为视觉作为主要知觉媒介是因为其也是抽象的基础。第七，形象尽管可以再现运动，但是其本身是静止的。约纳斯区分了被再现者、再现和再现的载体（成像事物或形象的物理的载体）三层形象的本体论构造。他认为相似是无实质的，所以形象的适合的存在是除去事物的因果交流并转换到非动态存在。这样形象就不会与成像事物和被成像事物的存在混淆。与讲述制造了它的脚的脚印不同，“一幅图画，理解为图画，是一个符号不是画家的行动的符号，而是被描绘的对象的符号，在形象中因果的连接被切断”[181]。（这里约纳斯正好与米克·巴尔使用了相同的例子却得出了不同的结论。）第八，被成像者、成像事物和形象之间相互区别，存在差异。形象与其物理载体间的差异使复制得以可能。各种复制品不是一个形象的形象，而是同一个形象的副本。（这一点类似

179 Hans Jonas, “Homo Pictor and the Differentia of Man”, *Social Research*, Vol.29, No.2 (Summer, 1962), p.203.

180 Ibid, pp.205-206.

181 Ibid, p.208.

于米切尔对形象穿越媒介生活的论述。）这种本体论差异导致“一个形象能再现一个不确定数量的对象”[182]。也就是说形象再现的不是个体而是一般或种类。

那么制造和持有形象的主体有什么特征呢？在制造形象的能力之前，必须要有“把一些事视为一个形象”或感知图画的再现本身存在的能力。人和动物都能感知相似性，但是动物感知相似性仅仅是感官区别的问题。在人感知形象之时仅仅感到相似，而“在我们感知它之处，动物感知一致性或相异性，但是不是二者在一个中，像我们在对相似物的理解中所做”[183]。增减形象的相似性不影响人类把其识别为形象。所以作为相似性基础的感性被“非感性的区别”所限制。所以感知图画的主体的原则在于“形式的精神的分离”，其使得缺席者的在场变得可能。这被看做“一个特殊的人类事实”[184]。此外，约纳斯还认为“每个相同的观看‘象征地’再现对象”。

人的形象功能在把视觉方面翻译成一个物质相似物之时，达到了一个新水平：形象被分离于对象，独立于事物的在场。视觉获得了自由。这个自由首先在想象的内部达到。人的记忆区别于动物的回忆，后者受生理和环境支配，而人可以随意召唤记忆，具有“自由地复制想象的能力”。“被记忆的形式从内部想象翻译成一个外部形象，其再次成为一个知觉的对象——然而，不是原初对象的知觉而是它的再现的知觉。”[185]形象也就是具体化的记忆，而非经验的重复。通过相似性，图画的人服从真实的标

182 Hans Jonas, “Homo Pictor and the Differentia of Man”, *Social Research*, Vol.29, No.2 (Summer, 1962), pp.209-210.

183 Ibid, p.211.

184 Ibid, p.212.

185 Ibid, p.216.

准。形象对于对象或多或少是真实的，因而约纳斯认为："形象对事物的符合（adaequatio imaginis ad rem）先于知对事物的符合（adaequatio intellectus ad rem），是理论真实的第一个形式——口头上描绘的真实的先驱，其是科学真实的先驱。"[186]同时再现对象又是新事物的创造。再现与创造是同一的，因为对相似的选择是自由的。图画能力中的另一个力量是对物理方面的支配，因为形象必须被制造出来。总之，形象能力是一个超越动物的、独特的人类事实。"图画的人再现这点在其中创造的人（homo faber）和有智慧的人（homo sapiens）被联合。"[187]

《圣经》中把亚当为造物命名当做人的第一技艺并当做第一个区别性的人类行为。命名示范了人的优越性和对自然的掌握。"名字的一般性是形象的一般性。"画形象类似于叫名字。"语音的符号是内部形象的缩写，并且通过其一般性能独自把符号联系于许多个体。"[188]制像就是重复这个创造行为。约纳斯认为："图画的行动是第一个可见的和不可误解的符号的那种存在。"[189]图画的能力作为外在标准指向人的差异。其满足潜在的理性。

虽然约纳斯的许多论点无法令人信服（比如形象就是相似性；形象再现一般因而是抽象；形象不再现因果或画家的行动），但是符号学家完全能把约纳斯的理论解释为：图画是一种语言，一种符号；图画能力就是人的符号能力的体现。然而波姆没有关注文中的符号问题，而是把约纳斯在形象、被再现对象、成像事物之间做出的本体论差异，看做最有价值的

186 Hans Jonas, "Homo Pictor and the Differentia of Man", *Social Research*, Vol.29, No.2 (Summer, 1962), p.217.

187 Ibid, p.218.

188 Ibid, p.219.

189 Ibid, p.220.

部分。当然他还看重约纳斯把图画能力看做是人的独特特征这一点。实际上波姆在《图象的回归》一文中接着约纳斯就提到了夏皮罗对有界的形象表面的符号学研究。夏皮罗的符号学确实与约纳斯暗含的符号观点接近，同时也与波兰尼对艺术“框架”的重视相一致。

化学家兼哲学家波兰尼的论文《什么是一幅绘画？》开始于罗马的圣伊纳爵教堂中耶稣会士安德烈·波佐（Andrea Pozzo）绘制的天顶画（图45）。观看这幅天顶画时，观者只要站在中心一个定点就会产生强烈的错觉，把天顶画看做教堂真实结构的延伸。然而只要稍微移动数步，错觉就会消失，画面就会发生严重的变形。相反，在观看其他普通绘画之时，画面并不会因为观者的走动而大幅度变形。波兰尼是要“寻找一个强有力的保护普通的绘画免于变形的因素，而这肯定是一个在波佐的绘画中缺席的

图45 安德烈·波佐，《圣伊纳爵的礼赞》，1691—1694年，天顶画，罗马，圣伊纳爵教堂

因素”[190]。M.H. 皮雷纳（M.H.Pirenne）已经提出这是因为观者知道普通绘画是一个平面。这种意识使普通绘画免于造成错觉和欺骗，同时也免于变形。相反，观者对波佐的绘画没有相同的意识。这类似于现代艺术运动把绘画看做画布上的笔触的观念。

波兰尼认为应该“在一个对象的辅助意识和焦点意识之间进行区别”[191]。贡布里希认为我们只能看到再现的内容或者看见笔触和画布，但是不能同时看见这二者。相反，波兰尼指出“分离地观看各部分是去焦点地看它们，当去看它们一起形成一个整体之时是去辅助地意识到它们”[192]。焦点意识看见画布和笔触，辅助意识看见普通绘画，对画布的无意识产生欺骗性错觉。他认为贡布里希“错失了一个事实，即在一幅绘画中我们确实看见画布加颜料，但是是辅助地看，不是焦点地看”[193]。“这样一幅绘画既包括它的颜料的透视深度又包括它的画布的平面性，这两个矛盾因素正在被看做一个共同的品质，而且这个品质正是一幅普通绘画的特征。”[194]这个同时存在的平面深度阻止了普通绘画造成欺骗的同时，也阻止了变形。

这也回答了“什么是一幅绘画？”这个问题。平面深度是不可调和的综合，类似于双目视觉的综合。其可以被说成是超自然的（transnatural）。所以画家的色彩与自然中的不同，这不是绘画的缺乏，而是其的特性。这种特性在自然中是完全缺乏的。画家就是从这个特性出发“生产一个本质

190 Michael Polanyi, “What is a Painting?,” *The American Scholar*, Vol.39, No.4 (Autumn, 1970), p.656.

191 Ibid, p.659.

192 Ibid, p.660.

193 Ibid, p.661.

194 Ibid, pp.661-662.

上不同于自然的形象”[195]。波兰尼不同意现代主义绘画的观点（绘画本质上是画布和笔触），他认为自己的不可调和的综合理论囊括了全部现代绘画形式。通过引证戏剧和诗歌，波兰尼提出，艺术“在一个人工的框架之内再现一个主题，这个框架与它的再现的方面抵触”[196]。例如舞台上的谋杀不会被错当做真实的谋杀；诗歌依靠音步、押韵等结构以区别于日常语言。所以“再现艺术定义为在一个不可调和的人工制品的框架之内组成形象，行动或陈述”[197]，这种框架保护艺术进行自治。艺术再现的对象可能存在真假，但是这种真假不影响其作为艺术品的资格。绘画内部可以有模仿的元素，但是绘画的整体不是错觉。

对于艺术史而言，把波佐的绘画看做非艺术的欺骗是不能接受的。相反，他的天顶画是巴洛克风格的杰出代表。而且波佐的天顶画之所以产生错觉和变形，是因为其与环境的联系（教堂建筑结构）。实际上波兰尼把观看的主体意识（焦点和辅助）混淆于对象（错觉画和普通绘画）中。观者看波佐绘画之时同样也意识到这只是一幅绘画而不是天国（只有智力极为低下的人才会不知道这一点）。可见辅助意识在此是无用的。当然对于本书而言，重要的是波姆从这篇文章中吸收的不是对错觉的敌意，而是平面深度的同时性。

波姆认为总体上看图象基于一种独特的对比，即概观的表面与包含事件的对比。“艺术家用不同的方式来完善直观的整体（das anschauliche

195 Michael Polanyi, “What is a Painting?,” *The American Scholar*, Vol.39, No.4 (Autumn, 1970), p.663.

196 Ibid, p.664.

197 Ibid, p.664.

Ganze）与其包含的单独要素（颜色、形状、人物等）之间的关系。”[198] 其规则随历史变化而且涉及风格、类型、委托等方面。这种可见的绝对性和所述物的多样性之间的关系就是图像差异。波姆指出这个概念与图像对比相关，同时类似于海德格尔的本体论差异（ontologischen Differenz 或译存在论差异）。本体论差异最主要的方面就是存在与存在者的差异。波姆通过对比博斯（Hieronymus Bosch）的《乐园》与伊夫·克莱因（Yves Klein）的单色画来图解这种差异。前者注重细节，涉及表面的连续性；后者注重画面的无差别性，涉及表面的可见性。图象所以成为图象并能再现或表现内容就在于图像差异的存在。波姆称其为“所有图象意义的产生之地”，并且“显示出视觉的和逻辑的能力”。图象是绘画不可缺少的元素，其展现出超越现实的意义。“一小块带有色彩的平面就能开启闻所未闻的感觉和观点这一惊人的现象，可以通过对比的逻辑得以解释。在对比之中，事物变成了可见的。”[199] 所以图象可以以自己的方式表达语言所表达的，这种图象能力正像约纳斯所言是人的特征。而波兰尼提出的平面深度正是图像差异的一个方面，其理论也可以被表述为绘画的透明与不透明之间的双重注意。

图像差异可以说明围绕图象的斗争（反对图象或对图象友好）。图象在极端情况下会不承认自己是图象，也就是完美展现事物，从而使自身消失。宙克西斯画葡萄比赛的故事就是这种情况的例子。而现代工业把图象当做模仿或真实的再现。让·鲍德里亚（Jean Baudrillard）的拟像概念就在于忽视图象与现实之别。波姆认为现代媒介不是通过禁止图象，而是

198 Herausgegeben von Gottfried Boehm, *Was ist ein Bild? (Bild und Text)*, München: Wlihelm Fink Verlag, 1994, p.30.

199 Ibid, pp.30-31.

通过开启图象的洪流来反对图象，其掩盖了形象化的边界。新技术并非不能生产好的图象，电视、电影等发展史证明了这一点。好的图象基于双重真实而存在："既是平的又是深的，既不透明又具有透明性，既是物质的又完全不可触摸到。"[200]

此外，图像差异与艺术史方法相关。波姆反对把艺术简化为历史产生条件，认为这不符合图象的实际。传记体、图像志以及社会学方法忽视了图象的表现力，否认了图象自身有表达意义的能力。波姆认为图象史将结束形式分析和社会史、自治与他治之间的斗争，将双方观点结合于图象之中。莫克西把波姆的观点称为"一个倾向于回避考虑内容的激进的知觉形式主义"[201]是欠妥当的。波姆是在不放弃形式分析等本体论的方法的前提下，试图调和其与社会史、图像学等意义的研究。

波姆为了使图象摆脱语言学模式来表达自身的意义从而发展出了图像差异的概念，但是从符号学的角度看差异的双方类似于能指和所指。当然图像差异确实不是能指和所指所能概括的，因为除了再现物与被再现对象的关系外，其还包括绘画的整体与部分等其他关系。波姆通过图像差异所追寻的不仅是图象的所指或被再现的意义，而是图象自身的意义。换言之，再现不是被再现者。这就是图像差异与海德格尔的本体论差异之间的类似之处，也是波姆从约纳斯的理论中学到的重要一点。

四、在场与图象的生命

莫克西认为："戈特弗雷德·波姆激起了一个新的关注，关注形象

200 Keith Moxey, "Visual Studies and the Iconic Turn," *Journal of Visual Culture*, Vol.7, No.2, 2008, p.35.

201 Ibid, p.137.

的存在的在场——它们作为有着它们自身生命的对象的地位。”[202]甚至称“也许他的‘图像转向’的概念比米切尔的‘图画转向’更有效地捕捉到了归于视觉对象的生命，即使它们谈论的是一些被公认稍微不同的事情”[203]。波姆在《什么是一个图象？》中确实已经通过形象的在场开始涉及形象的生命问题。例如在《图象问题》一文中就通过讨论《圣经》中禁止崇拜偶像的戒律，即亚伦为以色列人铸造崇拜用的金牛犊，以及摩西的反对的故事，涉及了图象的生命（这个故事也是米切尔经常进行分析的对象）。而且他认为这种“生命”在整个历史中一直在采取新的形式。[204]在前述的《图象的回归》中也提及了这个问题，从中可知他的这种思想来源于其哲学导师伽达默尔。

伽达默尔在《真理与方法》中就已经明确提出了图象的生命，把图象区别于符号。图象（Bild）不是原型（Urbild）的摹本（Abbild）。摹本只是以类似性指出被模仿的对象，因而是在自我扬弃中实现自身的。相反，图象本身就是被期望的东西，因为对于图象来说，重要的东西在于其所再现的东西如何在其中呈现出来。[205]作为再现的图象是以有生命的（Lebendigen）或生物（Zōon）为导向[206]。也就是说图象是原型流溢出的

202 Keith Moxey, “Visual Studies and the Iconic Turn,” *Journal of Visual Culture*, Vol.7, No.2, 2008, p.136.

203 Ibid, p.137.

204 Herausgegeben von Gottfried Boehm, *Was ist ein Bild? (Bild und Text)*, München: Wlihelm Fink Verlag, 1994, p.332.

205 汉斯－格奥尔格·伽达默尔：《诠释学Ⅰ真理与方法》，商务印书馆，2007，第195页。本书的译文参考德语原文和英译本进行了修正。见 Hans-Georg Gadamer, *Hermeneutik Ⅰ Wahrheit und Methode*, J.C.B.Mohr(Paul Siebeck)Tbingen, 1990, p.143; Hans-Georg Gadamer, *Truth and Method*, trans. Joel Weinsheimer, Donald G. Marshall, London, New York: Continuum, second revised edition, 2004, p.134.

206 同上，第193页；另见波姆对此的说明：Herausgegeben von Gottfried Boehm, *Was ist ein Bild? (Bild und Text)*, München: Wlihelm Fink Verlag, 1994, p.33。

一个新事物，而不是原型的幻影。图象具有自身的存在价值，是个新的存在，因此图象就具有一种对原型也有影响的独立性。[207] 其不是摹本，而是与所摹绘事物有本体论方面的联系，因而图象是一种存在事件——在图象中存在达到了富有意义的可见的显现。[208] 所以每一个图象都是一种存在的增长（ein Seinszuwachs），并且本质上被规定为再现（Repräsentation），规定为来到呈现。[209] 波姆特别看重伽达默尔所说的“存在的增长（Zuwachs an Sein）”，因为这体现出了图象的“存在价值”（Seinsvalenz des Bildes 中译本译为“绘画的本体论意义”）。这实际上是把本体论的独立性授予了图象自身。这种独立性是符号所不具有的。符号和铭文只是为了达到意义，达到了意义，其本身就无用了。而艺术品不仅意味着它对某种东西赋予了这种预先给予的意义，而且也意味着它能表达某些自己的东西，并因此就不依赖于其所承担的预先知识。[210] 伽达默尔还进一步区分了图象与符号（Zeichen）和象征（Symbol），前者是“纯粹的指示”，后者是“纯粹的指代”。符号只是为了满足从自身指向某物的功能，其不展示自身而是展示不在场的某物。符号不能使人逗留于符号自身的形象内容或符号本身；相反，图象并不消失在其指示功能中，而是在其自身存在，总参与了它所摹绘的东西的存在。因此，一幅图象确实不是一种符号。[211] 象征比符号更多，不仅指示而且替代对象，即让不在场之物成为现实存在。这与图象的再现特征是相同的。但是“象征自身对于它所象征的东西并未

207 汉斯－格奥尔格·伽达默尔：《诠释学 I 真理与方法》，商务印书馆，2007，第 199 页。

208 同上，第 201—202 页；另见 Hans-Georg Gadamer, *Hermeneutik I Wahrheit und Methode*, J.C.B.Mohr(Paul Siebeck)Tbingen, 1990, p.149。

209 同上，第 208 页。中译本把“*Zuwachs an Sein*”译为“存在的扩充”。本书根据德语和英译（increase of being）译为“存在的增长”。

210 同上，第 209—210 页。

211 同上，第 214—215 页。

说出什么”[212]，其不是被再现者的“存在的增长”。相反，图象带来更多的意义。伽达默尔把符号或象征的指称功能的诞生称为“创建”(Stiftung)。创建意味着符号或象征不像图象那样是从其自身的内容出发而获得其功能意义的，只有当它们被认作符号时，它们才有一种符号的功能。[213]图象不是创建的产物。伽达默尔在《真理与方法》中把图象区别于符号或象征的理论使得波姆产生了对语言学、符号学阐释图象的效用的怀疑，其对图象的再现性质和生命性质的观点则成了波姆的图象阐释学的起点。

波姆对图象的生命的讨论最集中地体现在他的论文《再现、呈现、在场：追踪图画的人》[214]之中。这篇文章最初发表在他2001年编辑出版的文集《图画的人》(*Homo Pictor*)中，其英译本后收入2012年出版的文集《图像的力量》中。“图画的人”[215]这一概念无疑来自前述约纳斯的理论。虽然约纳斯未涉及形象的生命的议题，但是其没有把形象处理为一个纯粹的客观对象的问题，而是将形象联系于人的能力和本质特殊性。这就为形象的问题注入了人的生命活力，所以图画的人也就成了波姆在近期的核心概念之一。

《再现、呈现、在场：追踪图画的人》提出针对形象的文化实践不

212 汉斯－格奥尔格·伽达默尔：《诠释学Ⅰ真理与方法》，商务印书馆，2007，第216页。

213 同上，第217页。

214 G. Boehm, “Repräsentation, Präsentation, Präsenz. Auf den Spuren des *Homo Pictor*”, in G. Boehm (ed.) *Homo Pictor*. Munich: K.G. Saur, 2001, pp.3–17.

215 我国学者顾晓鸣在20世纪80年代开始翻译和使用“homo pictor”一词。例如顾晓鸣：《论“象”在文化理论中的意义》，《复旦学报》(社会科学版)1986年第5期。顾晓鸣编译过1979年美国学者彼得森的一篇文章《文化概念的四种新观点》，所以他对该词的认识源自这篇文章：Richard A. Peterson, “Revitalizing the Culture Concept”, *Annual Review of Sociology*, Vol. 5, 1979。文中彼得森称其的“homo pictor”一词借自丹尼尔·贝尔于1976年出版的《资本主义文化矛盾》，并且称这个词“假定人类社会的相互作用基于表现性象征并且只能以这些术语来理解”(p.138)。贝尔确实把“homo pictor”解释为人是“制造象征的动物”，见丹尼尔·贝尔《资本主义文化矛盾》，严蓓雯译，江苏人民出版社，2007，第33页。从时间上看贝尔最早使用这个词是在1970年，远远晚于约纳斯。可以说贝尔误解了约纳斯创造该词的意图。当然这也最终导致我国学者误解了该词的含义。

仅与技术还与形象的力量相关。无论是对艺术家的才能的庆祝还是各种宗教、神话和童话传说都经常把形象类比于活的生物。形象似乎有力量，能行动，在观看，并且因而被人尊敬或害怕。偶像破坏和对形象的批评甚至启蒙主义教育都未能完全消除形象的力量或“在场”。确实是人把活的在场授予了形象，但是这没有解决在场与再现之间的关系。“把形象处理为再现标志着一个实际的和理论的缓冲区域（schonstufe），其不允许一个人接近‘在场’的现象。”[216]

波姆把文艺复兴艺术理论家阿尔贝蒂看做典型例子。阿尔贝蒂“把在场理解为积极的再现的一个强有力的理论”：绘画的神圣力量使死者似乎在数个世纪后仍然活着。[217]缺席者的出席是在场的证据和最大成就。这个在场当然不是死者真的复活。没人会混淆形象与现实，但是观者确实感到了生动性。阿尔贝蒂是在把再现缺席者的能力联系于形象的自我呈现，也就是说生动的不是已故者而是形象。那么再现如何阐释在场呢？波姆认为再现的前缀（re-）不是再一次呈现，而是指激烈化。其把过剩增加到被描绘的存在上。这就是伽达默尔所说的“存在的增长”。再现涉及缺席者的物质性，缺席者呈现在这个呈现中。“再现使缺席者退出于时间的连续性并因此在世界上给他一个地位。再 - 现（*re-presentation*）出现作为呈现（*presentation*）。”[218]再现是一种展示的行为。形象能为死者或缺席者提供在场是由于再现本身具有合法性。这使得被再现的事物合法地包括在再现的行为中。例如我们需要以身份证照片（再现）证明并同一于自身。可以说再现本来代表缺席，但是实际上其自身却成为在场。

216 Edited by Jeffrey C.Alexander, Dominik Bartmański, Bernhard Giesen, *Iconic Power: Materiality and Meaning in Social Life*, New York : Palgrave Macmillan, 2012, p.16.

217 Ibid, p.16.

218 Ibid, p.17.

欧洲文化对收藏形象的热衷也在扩展着在场的领域。在场的界限在不断扩大。复制人类基因组的能力把人变成了他们自身的再现。这阐明了在场与缺席之间的关系。“再现通过它自己的边界定义它自身。”[219]缺席者在再现中不仅是呈现而且是有效果的，其建构描写，如同光与影。再现的边界实际上就是前述的图像差异：对整体的观看是同时性的模式，对细节的聚焦是连续性的模式。虽然从特殊符号中也能获得信息，“但是我们能讲到一个形象在场，只要我们能承认在一个形象的连续的符号中呈现的成就”[220]。只有注意到被再现的和整体性的边界之时，才达到这个形象。这就是形象提供的秩序或“句法”。两种观看模式之间的竞争产生“图像的生产力”。在眼睛的连续运动中再现产生在场。瓦萨里描述过提香早期和晚期绘画之间的差异。早期作品可近观也可远观，而晚期作品近观只见粗笔触。瓦萨里的观察说明了再现与在场的关系。他看重整体性，轻视细节。在形象中不可表达之物（笔触、颜料）不能精确解码并保持缺席。提香的画不是阿尔贝蒂式的窗，而是颜色的不透明性。这创造了他最有意义的艺术成就。在接近的观看中意义被禁止，而在场被把握。在远观中在场获得更大的强度。在场起于颜料的层次。在近观中绘画变成自我孤立和意义的抽象，同时在远观中形象“睁开眼睛”并显现意义。“形象与观众交换眼色并回应她的疑问。”[221]作为不可表达之物的呈现增强了在场。呈现既否定了信息的细节，又是观看形象的先决条件。于是再现与不可表达之物互锁在一起，并允许被遮蔽的形象出现。

在展示的行为中再现产生在场。对展示的调查解释了图画的人的特

219 Edited by Jeffrey C.Alexander, Dominik Bartmański, Bernhard Giesen, *Iconic Power: Materiality and Meaning in Social Life*, New York : Palgrave Macmillan, 2012, p.19.

220 Ibid, p.19.

221 Ibid, p.20.

征和范围。波姆的例子是梅拉尼西亚居民在葬礼上使用的雕塑人物的头。其是以蜡和白垩在头骨上塑形并涂以赭石，最后以蜗牛壳为眼睛。头骨来自被纪念的先人，所以所指同时服务作为一个能指。但是这不是对尸体的展示。其不是静态地代替被描绘者，而是唤起生动性。自然遗物通过造型转换到艺术领域。作品被赋予了一个无所不在的观看：去世的人被提升到在场。“这个描绘把它的形象价值借给消失的人，其被描绘并使得它因此呈现；而被描绘的事物的原型也把它的力量借给形象。”[222]这就是伽达默尔所说的再现的存在“本质上通过自我呈现”。同时现实进入再现过程并变成图画。“强烈的形象向被再现的提供一个剩余，带着一个‘存在的增长’。”[223]在场不是简单地在那里，而是一种制造外观。波姆引证了哲学家让－吕克·南希（Jean-Luc Nancy）对在场现象的评论：“出现意味着：没有存在出现和存在出现。”这个导致了在场的形象的过程不能在时间中标记开始和结束。研究再现、呈现和在场关系的科学就是体验的科学。形象从属于历史的决定性和效果以及产生形象并要求识别的力量。对于在场，形象的意义在知觉中实现它自身，也就是形象与观者的共同在场：“我们所观看的回看我们，这个观看遇到另一个观看。”[224]

总之，波姆对形象生命问题的讨论紧密围绕着形象的在场问题展开，把人的知觉当做这种生命现象的前提。与米切尔相比，波姆更多参照了阐释学、现象学、拉康的心理学，而不是万物有灵论，但是无论他们的切入角度如何不同，二人的理论可谓殊途同归。在 2008 年芝加哥举行的“什么是一个形象？”研讨会上，波姆同样把自己的研究称为形象的本体论

---

222 Edited by Jeffrey C.Alexander, Dominik Bartmański, Bernhard Giesen, *Iconic Power: Materiality and Meaning in Social Life*, New York: Palgrave Macmillan, 2012, p.21.

223 Ibid, p.22.

224 Ibid.

（ontology of the image）。当然波姆也澄清说，术语“本体论”不是传统形而上学意义上的，对本质或一般区别的讨论，而是意味着“这个形象，这幅绘画，这张素描；它意味着现象的地位。我想去讨论盛行的图像事件或过程，作为单一性的形象或图画，一般的或理论的方面被从现象自身中发展出来”[225]。波姆又进一步解释说，他的位置基于胡塞尔、维特根斯坦、海德格尔、德里达和其他人对传统本体论的批评。这导致本体论的术语不是源于理念的天国，而是依靠时间、历史和感知中的过程。“因此形象的理论必须被联系于那些经验过程、效果和影响的领域。”[226]波姆的新书开始于考虑短语“das Ikonische zu denken”，也就是去思考图像，去理解形象如何创造语言之外的意义，以及符号学之外的意义。[227]波姆认为“图像有能力反映现实，所以重要的是去发展一个对那个能力的批评的理解”[228]。其既有外部模仿意义又有内部意义。米切尔认为这是波姆想要把形象从语言学、符号学、话语分析中进行净化的表现，“虽然我们不想要语词，但是形象没有它们就不能存在”[229]。实际上从前述所讨论的内容来看，波姆并没有完全拒绝符号学，而且他的图像差异理论也是依靠差异创造意义，这与索绪尔认为语言依靠差异创造意义是一致的。一方面，这是因为波姆的学术语境中并没有出现《符号学和艺术史》所带来的刺激和冲击，所以直接反对符号学并非波姆的任务。他对图象本身感兴趣，并力图探索图象自身的规则。另一方面，波姆也不同意埃尔金斯对形象中的不合理性的内

225 Edited by Elkins and Maja Naef, *What is an Image*?, Pennsylvania: The Pennsylvania State University Press, 2011, p.37. 斜体字为原文所有。

226 Ibid, p.37.

227 Ibid, p.36. 这是埃尔金斯的评述。

228 Ibid.

229 Ibid, p.41.

容的强调。他认为这在方法论上预设了合理性和不合理性的存在，而这不是形象理论所讨论的对立。[230]

总之，波姆的图像逻辑、图像差异、图像智力等概念打开了一条在语言的逻辑之外探讨形象意义的方式。他的图象科学把图象的历史、图象的意义和图象的生命和在场融为一体。

第四节 贝尔廷的图象科学及其他

汉斯・贝尔廷[231]和霍斯特・布雷德坎普（Horst Bredekamp）都追随波姆对形象的生命以及在场的重视。这种重视最终导致了对符号学的排斥。贝尔廷早期的主要著作是《相似性和在场：一部艺术时代之前形象的历史》（*Likeness and Presence:A History of the Image before the Era of Art*，简称《相似性和在场》）。其德语原书出版于1990年，正题名为《图象和崇拜》（*Bild und Kult*）。这部书主要讨论了欧洲中世纪圣像（icon）。虽然中世纪圣像画由于其图式化形式往往被视为最为符号化的绘画，但是贝尔廷却把象征符号（例如十字架）区别于基督、圣徒等的圣像。圣像基于相似性，是被描绘对象的在场。其在场与中世纪的神学理论和宗教祭祀相关。虽然并未把符号学当做议题，但是《相似性和在场》一书已经显现

230 Edited by Elkins and Maja Naef, *What is an Image*?, Pennsylvania: The Pennsylvania State University Press, 2011, p.42.

231 汉斯・贝尔廷（Hans Belting）是德国海德堡大学和慕尼黑大学艺术史教授，与其他人一起创建了卡尔斯鲁厄大学新媒体学院。他的主要著作包括《相似性和在场》（*Likeness and Presence*）、《艺术史的终结？》（*The end of the history of Art?*），《现代主义之后的艺术史》（*Art history after Modernism*）、《形象的人类学：图画、媒介、身体》（*An Anthropology of Images: Picture, Medium, Body*）等。

出强烈的不同于符号学的研究方法。其强调的不是圣像的符号性，而是圣像的生命或“活的绘画”。

贝尔廷在图象科学领域中更为成熟的著作是2001年出版的《图象人类学：一种图象科学的草案》（*Bild-Anthropologie: Entwürfe für eine Bildwissenschaft*）。2011年出版的英译本标题改为《形象的人类学：图画、媒介、身体》（*An Anthropology of Images: Picture, Medium, Body*），其中的篇目和内容与德语原版略有不同。在这本书的第一章以及后来发表于《批评探索》杂志的一篇论文中，贝尔廷对自己的图象科学的总体理论进行了讲解。这时他已经明确地开始反对符号学：“符号学，现代性在抽象中的伟大成就之一，已经把符号的世界分离于身体的世界。符号属于认知领域而不是感觉领域，如此以至在符号学话语中图画甚至似乎经常被缩减到图像符号。语言学的符号和视觉的符号之间的对称对于符号学是基本的。这样一个功能主义的方法很快被强加到形象的概念上。”[232]然而把形象都当做图像符号，是“忽视符号学和图像之间的差异”[233]。在形象是“什么”的问题之外，还有形象“如何”的问题。

与此相反，贝尔廷把图画看做是具体化在媒介中的形象。这个概念同时把身体，也就是人－观者或形象的活的媒介带回到对形象的讨论中。所以贝尔廷的理论不是形象与符号，物质与意义，能指与所指的简单的二元对立，而是形象、媒介、身体的三位一体。这三者之间不断进行着紧密的相互作用。贝尔廷像米切尔一样也认为“图画是带着一个媒介的形象”，身体则是活的媒介。媒介把在场和可见性给予形象。形象既不能混淆于媒

232 Hans Belting, *An Anthropology of Images: Picture, Medium, Body*, Translated by Thomas Dunlap, Princeton & Oxford: Princeton University Press, 2011, p.11.

233 Ibid, p.9.

介，又不可分离于媒介。在图画中，形象和媒介争夺着观者的注意力。例如克莱门特·格林伯格的形式主义理论就是在推崇媒介贬低形象。但是贝尔廷认为只有观者“乐于”区分画布和其再现的形象之时，二者才相互区别。[234] 这实际上与波姆的图像差异概念是一致的。此外贝尔廷还批评了鲍德里亚的图画谋杀真实的论调。在鲍德里亚的理论中真实被当成了一个本体论的确定性。另外，过去的时代同样也使用图画和集体想象来建构社会现实。贝尔廷认为当今的形象并非到了一个与过去时代完全不可比较的地步。这种错觉是由于我们混淆了形象和形象的大规模生产。形象类似游牧民族，可以穿过文化之间的边界移民，并定居在不同的时代和地点的不同媒介中。这与米切尔所谓的形象的生态学理论相近。贝尔廷的独到之处在于把身体的概念加入到了对形象的讨论中。“我们把我们自身的身体体验为媒介，通过其我们既把生命给予形象又从外部世界接受形象。”[235] 身体是它自身的形象的媒介，又可以携带一个图画，例如面具。所以身体既是媒介又是形象。在古代，形象往往是代替死去的身体或活在另一个世界中的神。在宗教和魔法中，形象既被当做死的，又充满着我们投射的生命，因而宗教形象往往需要“开嘴仪式”或灌注生命的仪式。今天把一个媒介转化成一个形象也需要人（艺术家）的参与。形象就是在媒介和身体之间不断进行着转移。

身体意味着人对形象的参与。形象与人的关系不是解读和被解读的简单关系，而是相互依赖而生存。一方面，“我们寄居于形象，我们在形象中领会世界”。另一方面，“形象不只反映一个外部的世界；它们也再

234 Hans Belting, “Image, Medium, Body: A New Approach to Iconology”, *Critical Inquiry*, Vol.31, No.2 (Winter, 2005), p.304.

235 Hans Belting, *An Anthropology of Images: Picture, Medium, Body*, Translated by Thomas Dunlap, Princeton & Oxford: Princeton University Press, 2011, p.19.

现我们的思考的本质结构”[236]。这实际上都是在讲形象思维。“从人类学的视角看，我们不是我们的形象的主人”[237]，反而是形象在人的头脑中殖民。这些头脑中的或内生的形象就是心理形象。心理形象可以是个人的梦、记忆，也可以是集体想象。所谓的破坏偶像是通过对物质载体的破坏，最终毁灭集体的心理形象。人工制品在媒介中被塑造，而内部的形象在人的身体中被塑造。“图像的在场（iconic presence）还维持身体的缺席并把它变为所谓的可见的缺席。形象以一种似非而是的论点生存，即它们履行了一种缺席的在场或反之亦然。”[238]所以符号学“不允许形象超过符号、信号和交流的可控制的领地存在”[239]，其忽视和离开了身体。贝尔廷认为德语不区分图画与形象，但是这“把心理形象和物理的人工制品恰好连接于彼此”[240]。心理形象和物理形象实际上相互依靠，相互作用。贝尔廷指出这种相互关系仍然未被探索。当然这也就意味着他像米切尔和波姆一样赞同非实体形象，而且形象并不一定是物质的图画或专属视觉：“确切地说，形象的中介性远远超越视觉领域。当我们把词改变为我们自己的心理形象的时候，语言传送词句的意象。”[241]

贝尔廷对身体的强调后来又有了进一步的发展。在2003年法兰西学院的演讲之后，贝尔廷从形象的历史转向了凝视的历史（histoire du

236 Hans Belting, “Image, Medium, Body: A New Approach to Iconology”, *Critical Inquiry*, Vol.31, No.2 (Winter, 2005), p.316

237 Hans Belting, *An Anthropology of Images: Picture, Medium, Body*, Translated by Thomas Dunlap, Princeton & Oxford: Princeton University Press, 2011, pp.9–10.

238 Hans Belting, “Image, Medium, Body: A New Approach to Iconology”, *Critical Inquiry*, Vol.31, No.2 (Winter, 2005), p.312。

239 Ibid, p.304.

240 Ibid, p.303.

241 Ibid, p.306.

régard），并扩展了他对形象、媒介、身体三个概念的理解。研究透视问题的《佛罗伦萨和巴格达》（*Florence & Baghdad*）一书就是这种新理解的成果。当然从整个学术语境上看，这只是一种迟到的发展。因为布列逊在80年代，米切尔和波姆在90年代初就已经把视觉或凝视当做了核心议题。

布雷德坎普认为科学再现不是插图，而是独立于语言的思考形式。“形象不是插图而是提供了一个根据它自身法则进行创造的语义学的宇宙，这一法则异乎寻常地在表现上被物质化。”[242]他通过分析达尔文的笔记讨论了《物种起源》的形成。他声称达尔文画的草图对其思想至关重要。例如分叉的珊瑚草图产生了非线性进化的思想，为灭绝物种找到了进化的位置。他说：“形象不是派生物也不是插图，而是思考过程的一种积极媒介。”[243]这同样也是探索非语言、非符号的形象思维的一个尝试。

德国之外，波姆的理论还影响了美国社会学家杰弗里·C.亚历山大（Jeffrey C.Alexander）。其已经多次借用和发展了波姆的术语，提出了图像意识、图像经验等新术语[244]。他以这些新术语探讨文化社会学问题，把过去被社会学忽视的图像问题作为中心议题。就像波姆一样，对于他而言意义的问题是不能被忽视的。

与前述美国的反符号学的视觉文化研究以及德国的图象科学相平行，

242 转引自：Keith Moxey, “Visual Studies and the Iconic Turn,” *Journal of Visual Culture*, Vol.7, No.2, 2008, p.138.

243 转引自：Keith Moxey, “Visual Studies and the Iconic Turn,” *Journal of Visual Culture*, Vol.7, No.2, 2008, p.139。对布雷德坎普的详细介绍见贺华：《视像时代的图像学：霍斯特·布雷德坎普的图像研究》，硕士学位论文，中央美术学院，2008。

244 见 Jeffrey C. Alexander, “Iconic Experience in Art and Life: Surface/Depth Beginning with Giacometti’s Standing Woman”, *Theory Culture Society*, Vol.25, No.1, 2008; “Iconic Consciousness: The Material Feeling of Meaning”, Thesis Eleven, Vol.103, No.10, 2010。更多社会学中的图像转向的介绍见 Dominik Bartmanski, “The Word/Image Dualism Revisited: Towards an Iconic Conception of Visual Culture”, Journal of Sociology, published online 4 May 2012.

一些当代法国学者也强调形象的在场。其中对艺术史和视觉文化领域影响最大的是艺术史家乔治·迪迪－于贝尔曼（Georges Didi-Huberman）。他认为对意义的过度追求已经掩盖了对艺术作品在场的正确评价。艺术品自身有产生意义的能力。他在《面对形象：质疑某种艺术史的终结》（*Confronting Images: Questioning the Ends of a Certain History of Art*）一书中批评了潘诺夫斯基的图像学，进而批评了把形象看做符号的“可读性的暴政”[245]。于贝尔曼的相关研究和理论对米切尔、埃尔金斯和贝尔廷都产生了积极的影响。当代著名思想家雅克·朗西埃（Jacques Rancière）在其近期著作中也转向了对形象问题以及艺术等方面的讨论。其关于形象的著作最近已经翻译成了中文。[246]朗西埃的“感官的分配”理论与米切尔的“感官和符号的比率”可谓异曲同工，然而两人的其他观点也不尽相同。2008年在加利福尼亚大学二人就进行了一场辩论。[247]哲学家让－吕克·南希在《缪斯》（*The Muses*）和《形象的基础》（*The Ground of the Image*）等书中提出形象不是经验世界的再现，而是绘画的自我呈现。[248]法国国家科学研究中心（CNRS）研究主任玛丽－若泽·蒙德赞（Marie-José Mondzain）是拜占庭艺术和形象理论的专家，她也在《形象，图像，经济》（*Image, Icon, Economy*）等书中讨论了形象的力量的起源及其在拜占庭概念中的根源。由于篇幅所限上述学者的理论在此不做过多介绍。法国学

245 Keith Moxey, “Visual Studies and the Iconic Turn,” *Journal of Visual Culture*, Vol.7, No.2, 2008, p.134-135; Georges Didi-Huberman, *Confronting Images: Questioning the Ends of a Certain History of Art*, translated from the French by John Goodman, Pennsylvania: Pennsylvania State University Press, 2005.

246 雅克·朗西埃：《图像的命运》，张新木、陆洵译，南京大学出版社，2014。

247 Edited by Neal Curtis, *The Pictorial Turn*, London: Routledge, 2010, pp.27-48.

248 中文中关于南希的形象理论见耿幼壮：《图像、肖像，以及意义显现：让－吕克·南希的意义世界》，《文艺研究》2007年12期。

者们的形象理论虽然很难被称为一个统一的学派，但是他们之间确实存在密切的相互影响。

从本章的种种理论可见，赞成形象的在场并反对或搁置视觉符号学的研究取向已经为国际学术界广泛接受。这种新的研究方式已经可以与艺术史和视觉文化中的符号学研究分庭抗礼，并构成了对符号学方法的反驳、补充和超越。

结论

结论

2008 年，米切尔、埃尔金斯、波姆、蒙德赞等人都参与了前述在芝加哥召开的“什么是一个形象？”研讨会。同年，该会议的与会者之一司汉博士应邀在中央美术学院人文学院讲授了一门课程，笔者当时是学生之一。会议的组织者之一莫克西在同年的《视觉文化杂志》上发表了《视觉研究和图像转向》一文，笔者也有幸阅读了此文。由于受到这些影响，笔者写作了研究米切尔的硕士学位论文，并进而有了今天这本博士学位论文。本书叙述的是符号学和反符号学相斗争的学术史，同时本书又正是这部学术史在中国延伸和发展的结果。

通过本书对符号学中的形象理论以及符号学艺术史的主线的追踪和分析，我们可以看到：符号学家倾向于把形象当做语言来分析，但是他们总是在形象中发现多余的和不适合于语言规则的部分。潘诺夫斯基伟大的图像学理论中并没有真正意义上的符号学方法，只有非分析的直觉。贡布里希受结构主义符号学影响提出了一套范围广泛的形象的语言学理论，但是止步于句法结构。从夏皮罗到圣－马丁的结构主义符号学家都试图从形象中发现一套意义产生的机制，也就是结构和语法。在结构主义符号学中形象本身作为符号具有产生意义的规则。布列逊在早期以符号学术语来重新表达了形式主义的历史叙事；后期他用对形象的识别的社会共同性来证明形象或绘画是符号，但是这样做只是为了在对形象的阐释中插入社会建构，却从未说明形象如何由符号组成，而且对此也不关心。在米克·巴尔的后结构主义符号学中形象自身不固定意义的生产，意义的生产全靠特定社会环境中的阐释者的运作。符号及其意义的产生完全成了主观意志的表现。虽然这种主观性的符号需要遵循一定的社会规约才能建立，但是在特定社会环境下却是完全自主的。

在反符号学或坚持形象的本体论和在场的一方中，米切尔首先提出了后符号学的主张，却并未致力于证明符号学未能满足形象的原因。他采取了回避符号学和意义问题的方式，开辟出了形象的生命的新问题和视觉文化的新方向。在达到这个目标之后，米切尔并未抵制符号学，而是乐于用不同种类的符号来分析形象。埃尔金斯早期把研究重点专注于证伪视觉符号学，而且取得了一定进展。他承认符号学解决形象意义的能力，但是形象中还有符号学所不能解决的问题和现象。他的证明往往有简单的逆反之嫌，仅仅是否定符号学要求的符号表意秩序，所以他致力于证明形象是混乱的、非理性的、不可说的。这种论证类似于《格利佛游记》中说到的以敲鸡蛋方式划分党派的大头派和小头派。虽然为形象的特质留下一块保留地，但是也进入了一个研究的死胡同。波姆没有把符号学当做主要的敌手，但是同样致力于把形象（或图象）从语言学模式的他治之下解放出来。在此过程中他扩大了逻各斯的范围，致力于形象的逻辑或规则的研究，并以图像差异的概念试图探究图象自身的意义。他对意义和规则的研究实际上在目标上近似于视觉符号学，只是拒绝了符号学的理论，而他的学术发展的结果又与米切尔相近。

总之，本书对上述学术历史的研究得出的结论：一方面，符号学不能完全揭示形象，而且符号学家都在潜在地暗示形象不是符号或不全是符号；另一方面，反符号学研究者也总是不得不在自己的研究中使用符号学，不得不承认符号学的效用甚至模仿符号学的范式。当然本书不是要得出类似于各打五十大板或“都有利弊”这样的折中见解。这种折中的结论只是貌似公正，实则是庸俗的和不作为的。实际上本书的历史考察揭示出的是这样一个事实：符号学家和反符号学研究者无论争论得多么激烈，他们实际上表达的是相同的观点。只是这个观点被拆成了两半，本书就是要把这个失散已久的虎符拼合起来，释放出形象的理论力量。

但是在最后得出结论之前还需要纠正一个经常出现的常识性错误。例如在上述埃尔金斯的著作中语词与形象常被缩小为文字与图画，他把这称为一般的提喻法。但范围变化提示我们所谓“语词与形象”（word and image）根本不是一对明确的对立概念，而是众多关系含糊的对立项的混杂体。它们允许太多异质对象共存于“与”字的同一侧。文字与图画的对立无论是否加入第三方成为多元对立都误解了概念间的逻辑关系。

一般而言，“语词”指语言、词汇、话语、文字等；“形象”指包括心理意象在内的广义形象、图形、图像、图画。这些概念有时又被延伸到感官，如视觉与言说，观看与阅读等。这些概念有的外延广阔，有的大有局限。两个概念集合中并非每个概念都有对等关系。许多常被讨论的概念间完全不对等，如“语言与图画”。语言可包括口语、语音及文字，可以是思考形式也可以有物质支撑物，而图画一般而言仅指物质媒介中的形象。显然语言和形象对应，因为后者同样既可以是非物质的，又可以存在于物质载体中。

我们可以探讨现实中语言与图画的关系（语言作为文字出现在画面中或出现在图画的阐释中），但是这些调查不是同级概念的比较。图画是形象的子集，语音是语言的子集。不同层面的概念不构成对立。这就如同可以比较中国和美国，但不能把四川与美国相比较。至于“视觉与言说”“视觉与语言”或“观看与阅读”更是错得离谱。所有阅读都是视觉活动（盲文既可被摸也可被看），所以麦克卢汉才把印刷时代称为视觉时代。阅读只能与聆听对立。视觉是感觉或认知形式，与其对立者只能是另一感觉（如触觉）。言说是种表达，语言是种媒介，与感觉均无可比性。这相当于对比中国和联合国或红十字会。由于这些错位的二元对立充斥学界，才有了许多经不起推敲的言论。

那么至少表面上成立的成对概念是：语言与（广义的）形象，及文字与图画。前一对的外延很宽泛，而后一对是其物质载体形式。这里首先关注的是文字与图画，因为这对概念常被等同于语词与形象，然而这种对立十分可疑。首要问题是：文字真能代表语言吗？

这似乎是不争的事实，但是传统语言学家并不认同该“事实”。索绪尔告诉我们：“语言和文字是两种不同的符号系统，后者唯一的存在理由是在于表现前者。语言学的对象不是书写的词和口说的词的结合，而是由后者单独构成的。”[1]不必引述德里达在《论文字学》中对该问题的论述，语言学向来不把文字当做适当的研究对象，文字至多是语言的流放者。然而当文字遇到图画之时，摇身一变成了语言的主要代表。这样的悲喜剧恐怕只有殖民时代欧洲下层穷人一到非洲就成了“老爷”可相提并论。与语言学的傲慢相比，艺术史对文字倒是情有独钟。没有书法史的中国艺术史肯定是雇了火星人当枪手；少了书法和文字装饰艺术的伊斯兰艺术史怕是没几页了。哪怕是未把书写提升到书法高度的欧洲艺术史也不缺文字艺

1 费尔迪南·德·索绪尔：《普通语言学教程》，高名凯译，商务印书馆，1980，第47—48页。

术。中世纪手抄本的文字装饰被博学的修士们绘制成绘画，甚至文艺复兴意大利的阿拉伯文，文盲们都能知晓文字的图画价值（伪阿拉伯字母装饰）。可是仍有学者否认文字的图画性。

文字被认为不同于图画，往往被说成是由于它们可以准确表意，但是很多图画一样有明确所指。小兵张嘎从老乡家溜走去找部队时，使用了连环画而非文字，这并未阻碍老乡的理解。确实，这幅连环画有着具体语境。但是谁又能说文字组成的文本脱离了语境也能准确表意呢？从数字到字母、到表意字、到象形文、到写实性绘画、照片和电影到图式化的绘画以至抽象绘画和无意义涂鸦，表意程度有一个平滑的连续体，甚至文字的多义性导致其并非最精确的符号。在物质层面上文字和一般图画均由痕迹组成。在物质构造上存在着与文字完全不同的图画（如“密集”的或图底不分的图画），也有与文字不可区分的绘画和刻画。埃尔金斯提到的史前伪文书就是例证。

其实这还是概念层级的问题。图画的领域如此广阔。如果语言学早已把文字当做叛徒驱逐，那么图画完全应顶住压力为它提供永久庇护，接纳文字成为合法公民。无需强调文字的象形特征，我们可以随时随地说文字是特殊的图画，它与图画不是同一逻辑层次的概念。图画（相对于可以是非实体的形象和语言）其规定性首先建立在物质层面。媒介表面上有意图的人为痕迹就是图画，哪怕只有“一画”（石涛的）。从当代理论视角看，说“文字是一种图画”是图画转向的真正实现，但这并非新发明，而是已逾千年的老生常谈。《历代名画记》引颜光禄的话说：“图载之意有三：一曰图理，卦象是也；二曰图识，字学是也；三曰图形，绘画是也。”中文“图”的概念包括文字及非文字视觉符号，这真需要埃尔金斯提醒我们吗？“河出图，洛出书”，难道仅因为是传说就不能说明编传说者的观念吗？

文字无疑是视觉符号，但不应忘记皮尔斯的符号定义：“在一些方面或能力上对某人代表一些事物的一些事物。”米克·巴尔提醒我们注意该定义中的“某人”。离开人，无所谓符号，而人有主观能动性，可遵守约定，也可违反之。那么文字表意并非恒定，其因人、时而异。在历史和现实中，人常抛弃文字的意义并欣赏其作为图画的造型。不必重复刚刚提及的书法和文字装饰，日常生活中标志和商标往往由文字组成。如果它们仅是与“字符不相关的”符号，那么商标不应在乎字体样式。可是假若麦当劳的“M”被画成黑色的哥特尖角体，有谁会认为那是同一家店呢？另外，人类也从其余无数图画中看到了如此多的语义。借用贡布里希对图与符的区分，作为一种图画的文字是心理定向或观者态度的结果。可以说图画存在于物质或物理现实，文字则是认知产生的。图画在物，文字在心。

文字作为视觉符号的代表，对其适用的理论也同样适用于所有视觉符号。所有视觉符号都确实首先在物质上是图画。潘诺夫斯基在谈论图像志识别之时举证说澳大利亚土著无法识别《最后的晚餐》。格林伯格则推荐大家拿着毛玻璃去看画展，这样就不会被画中的内容所吸引或迷惑，从而专注于形式和色彩的审美欣赏。可见一幅《最后的晚餐》中的图像志符号对于所谓的无知的野人和所谓的精英知识分子来说都是不存在或不应该存在的。当然，对于澳大利亚土著和形式主义者这对奇怪的组合来说，不是“适量的”知识就能导致识别。因为任何观者都能在任何时候偏离作者传达的意义，进行自己的阐释和欣赏，甚至是拒绝阐释和欣赏。识别任何视觉符号都既需要惯例的知识，又需要识别的意愿。如果按照图画转向的理论来看，作品一旦生产出来就仿佛有了生命，不再受到作者的控制。这种形象自身的生命会完全摆脱作者意图的控制，所以作者有意图地发送的符号也完全可能被忽视或不能被（正确）理解。在现实中经常发生的误解作品原意的现象就是这一点的明证。

对视觉符号的这一结论可以进一步推广，运用于形象和符号的关系中。米克·巴尔称：“当读者承认它们存在之时，符号就存在。”[2]这听上去就像“上帝说要有光，于是就有了光”一样，从而把读者提升到了上帝般的绝对创造者的地位。这种符号的主观主义恰恰说明了符号与形象的问题。如果我们颠倒这句话的重点，或把这句话未说完的后半句补充完整，那么其会是：“当读者不承认它们的存在之时，符号就不存在。”阐释者否认符号，符号就不产生。符号是必须由读者（观者）承认和识别才能起作用并因而才存在的精神现象。而形象，尤其是寄托于物质的形象不以人的意志为转移。无论我们是否能看懂形象的含义，或是否能欣赏形象，或甚至是否去看它，形象都存在。心理形象本身当然也依赖人的头脑，但是心理形象的存在对于人而言是强迫性的。我们不可能看到对象却不产生对象的形象。心理形象在感知的层次上比视觉符号更为基础，可以有非符号的心理形象却没有非形象的视觉符号，甚至集体想象和记忆中的心理形象也不依靠个体的记忆而存在，其可以穿越群体和时代流传。这不是要证明形象的一些部分不是符号，而是证明了形象的任何部分都可以不是符号。这甚至远远超出了埃尔金斯的早期论证，不是证明形象因为混乱所以不是符号，而是证明了形象无论是混乱还是可分节都可以不是符号。米克·巴尔虽然是符号学家和把艺术看做符号的坚定捍卫者，但正是她的理论充分证明了形象对符号的外在性。这可以说是她的极端理论的辩证的利用，是物极必反的结果。而且更重要的是，这与贡布里希的理论完全重合。看书、看文字和看图、看画在视觉上没有区别，但是在视觉性上截然不同。观者对待二者的心理定向和社会目的不同就会导致不同的认知[3]。最激进的后

2 Mieke Bal, *Reading Rembrandt: Beyond the Word-Image Opposition*, Amsterdam: Amsterdam University Press, 2006, p.223.

3 E.H. 贡布里希：《符号与图像》，载李本正选编《偶发与设计——贡布里希文选》，汤宇星译，中国美术学院出版社，2013，第 129—144 页。

结构主义者米克·巴尔与被认为最为保守的贡布里希在形象与符号的关系问题上潜在地达成了共识。这初看起来有些惊人，其实只是说明了这种观点的普遍性。此外，阐释学家伽达默尔也有类似的论述（见本书第五章第三节四小节）。可见，符号学和反符号学的争论只是由于正反双方都没有充分意识到对方与自己的观点实质上的一致性。

前言中说到本书标题可以题解为“图像是/不是符号”。那么现在这个题解又具有了一种含义。“图像是/不是符号”中的“/”是不可省略的，它意指着读者和观者的选择权。这个作为题解的句子从根本上说不是一个疑问句，而是两个肯定的陈述句的叠加。到底“是”还是“不是”，这没有一个截然的答案，而是需要读者和观者自己在每一个特定的语境和目的的驱动下做出特定的选择。本书对这个问题探讨的结果是，这两个陈述句中任何一个都不可被完全否定以利于另一个，虽然二者在每一个具体的选择中确实不可并存，但是在认知的过程中这两种选择却是相互缠绕或互卷在一起的。或者说读者和观者的这种自由选择的权力才是本书给出的答案。

对于心理形象或意象而言，结论并没有改变。意象作为一个精神实体，意识也可以选择把其处理为自身或处理为符号。甚至可以说不仅是绘画或形象，一切人的对象，无论经过视觉、听觉、触觉、味觉、嗅觉中哪一种感官被接收，都可以是被编码的现实，同时人也可以抵制这种编码。自然世界并非人工创造的符号，也没有意图性或发送的信息，但是人在自然中却可以接收到大量信息（例如“月晕而风，础润而雨”）。这就是人把世界符号化的结果。布列逊画出的那张符号之屏的图确实点出了真相（虽然这有悖于他的本意）：符号漂浮在人的思维中以及社会生活的语境中，但并不是对象发射出来的。所以符号不应在对象中寻找，而是要在主体（以及构成主体的社会语境）中建立。这就是为什么当代视觉文化的研究方向从对形象和符号本身的研究转向了视觉研究。当然，布列逊的插图也有不足之处：漂浮在人的思维中的不只有符号，还有意象。这一点正是图像转向/图画转向告诉我们的。这两种构造力量能够分别建构人的世界，也可以相互成为对方的基础和媒介。反符号学的价值就在于凸显形象在语言、符号之外的建构力量。所以不应把诸“转向”看做非此即彼的与符号学的决然对立，因为学术研究不是党派政治。本书讨论的历史中从未有一个学者认为符号学完全没有价值。

相反，自此基础上，我们应该翻转当前的讨论：不是用符号来解释形象，而是把符号看做一种特殊的形象；不是让符号产生指代意义，而是研究符号自身，把符号变成伽达默尔所说的“存在的增长”。既然已经有了形象的符号学，那就应该有相应的文字或一般符号的形象研究。这也正是对图画转向理论的学术实践。当然，这不是说符号的形象研究彻底排斥符号的意义。因为就如同“图像差异”理论所说，观者其实可以同时体验符号或文字的意义和造型。这种双重的感知把我们区别于计算机（只能传达文字的意义）和动物（只能感知文字的外形）。正是由于能同时做到这一点，所以我们才是真正的人。

实际上书法史和字体设计的历史都是这种文字的形象研究的代表。只是书法界还过于保守和傲慢，固执于书法的高级艺术的地位，不屑于讨论低级的印刷体等其他艺术形式，不肯把人类全部书写放在形象研究的范围中来讨论。其实就像米切尔所言：“揭示研究的一般领域并不废除差异，而是使这一差异可以为研究所用，同时反对把它作为一道必须被维持和不准跨越的栅栏。最近三十年我一直在文学和视觉艺术之间以及艺术和非艺术形象之间从事研究，而且我从未困惑于区分它们，虽然有时我困惑于什么使人们对这项工作如此感到忧虑。”[4]这种说法同样适用于书法和非书法之间的研究。只有对非书法文字进行研究，我们才能更好地理解高级的书法。否则拒斥其他国家的书法形式以及非书法字体的研究只能导致中国书法研究固步自封。而且就算装饰性的书法不存在中国书法的表现性和文化内涵，其也是书法，因为装饰性艺术也是艺术，至多只有高低之别。甚至可以说，中国书法根本上缺少一些阿拉伯书法中的神性的或超验的价值。从神学的价值观来看，中国书法也只具有次要的价值。所以说高级艺术都是基于一些特殊的意识形态，在全球化和我国多民族的背景下，不能把这种价值绝对化。进一步说，我们甚至还没有一部像《世界艺术通史》那样的世界书写通史。这样一种任务最应该由中国人来完成，因为在全球和全部时代的书写中，中国人的书写形式最为发达，并在整个艺术活动中具有极高地位。中国书法所处的书写艺术的制高点可以对整个历史进行审视，因而对写作这部历史最为有利。实际上欧洲人写的“世界艺术史”往往就是欧洲或西方艺术史，众多的非西方艺术只能占据不相称的极少空间。哪怕“世界书法史”仅仅以中国书法为主也是合理的。这种理念还可以扩展到其他符号上，例如对数字和标志的研究。总之，这里提倡的并非截然新颖的研究，而是对既有研究的重新唤醒，并赋予了形象研究的新理念以及图画转向的自觉。

在我国的当代艺术批评中，往往把有再现性内容的绘画或其他艺术品称为“图像”式艺术；把有着固定的图像的作品称为符号化绘画。在这种批评中，无论是“图像”还是“符号”的概念都远离于这些术语在真正的符号学语境中的含义。这种批评可以说与符号学是无关的。把象征寓意简单地贴上能指和所指的标签至多也只是最通俗的符号学。所谓的“符号化

4 W. J. T. Mitchell, *What Do Pictures Want?: The Lives and Loves of Images*, Chicago: University of Chicago Press, 2005, pp.347-348.

绘画”指程式化的形象，其实应该被称为“图式”。符号学中的符号不以形象的固定为存在依据，而且符号的所指或意义也是流动的。所谓“符号化绘画”这样的说辞本身意味着还有非符号的绘画。这其实与符号学把形象看做符号的观点相抵触，而且潜在地凸显了艺术形象对符号学的抵抗。

当然，如果符号学和反符号学的历史研究只能作用于物质的形象，那确实是一种浪费。在图画和图像转向中都包含着对形象思维的讨论。形象思维在20世纪90年代前是我国文艺理论界的热门议题。然而80年代后期形象思维的问题被认为是对“思维”一词过于宽泛的使用，因而逐渐退出了学术界的视野或者被粗暴地等同于“符号”思维。[5]当一些国内学者们把这个术语看做在西方没有对应概念（仅仅是来自俄国文论）因而不足为训之时，西方学者米切尔和波姆却借助图画和图像转向“终于”发现了形象思维。这可以说有着某种反讽意味。思维像媒介一样，同样不可能有某种纯粹的状态。形象思维一般是与语言思维交织在一起的。形象思维也不仅仅局限于艺术或想象，当哲学和自然科学使用隐喻、使用图表之时都是在利用形象思维。其实形象思维早已有了确凿的临床证据，只是文艺界往往对其缺乏了解而且缺乏了解的热情。那就是高级自闭症患者的思维。大部分自闭症患者往往没有语言能力或发育迟缓，或者说其没有一般的语言逻辑思维，但是他们并非没有思维。例如有一些自闭症儿童具有惊人的视觉记忆和绘制记忆的能力。一些高级自闭症患者经过艰苦的学习和治疗可以掌握语言，但是其思维并没有根本改变。例如著名高级自闭症患者坦普尔·格兰丁（Temple Grandin）通过艰苦的努力获得了博士学位。她具有高度的形象思维，可以在脑海中设计复杂的机器并使之运转和测试，就如同电脑模拟的一样。她对数字、词汇的理解都是通过把语言翻

5 高建平：《“形象思维”的发展、终结于变容》，《中国社会科学院研究生院学报》2009年第5期。

译为彩色电影或图画来进行。她自己把这称之为以图画思考（thinking in picture）。在这种思维之下图画总是具体的，没有一般概念。例如“狗”的概念总是包括每一只见过的狗，并且需要把新看到的狗加入既有概念中。但是她对视觉情景缺乏审美反应，可见形象思维并非必须与审美相联系，其只是一种思维方式。[6]我国研究者也指出视觉形象可以促进自闭症儿童的语义理解。[7]此外，从符号学和图画转向的不同角度也可以重新审视我国传统文艺理论的各种问题，例如图载象、得意忘象等等。

无论是对形象思维的考察还是对图画和图像转向的加深理解，都揭示出所谓的图像时代或对形象的增殖的恐惧只是一种迫害性妄想。形象作为人的思维的一部分从未远离人类以及人的理性。现代世界的确在生产大量形象，但是现代世界也同样在生产大量语言和文字以及各种工业产品和农业产品。大规模生产是工业文明的特征，这对于形象并不是特殊的。在当前的各种文化批评中，形象只是资本主义社会的替罪羊。破坏偶像式的批评只是理论家们对于改变现实、改变经济基础的无能的表现。对抗那些实际上没有生命的形象自然也是非常安全的，不必担忧来自形象的任何报复，而且还能显示出批评者自身的优越感。其实这只是殴打稻草人式的虚假批评。在这种批评中，当下的理论家与中世纪的惧怕偶像的神学家为伍，倒退回前启蒙时代的蒙昧状态。但是无论如何批判上述破坏偶像式的批评，其也不会完全消失。因为这种恐惧形象的心理只能被剖析而不可能完全从人类的心中清除。在当前对形象的各种批评中还有一个奇特的现象值得进一步进行分析，那就是为什么只有文学批评家在痛斥大众文化的形象，尤其是电视、电影、图画书、互

6 天宝·格兰丁：《用图像思考——与孤独症共生》，范玮译，华夏出版社，2014。另见神经学家奥利弗·萨克斯对她的描述，见奥利弗·萨克斯：《火星上的人类学家》，赵海波译，中信出版社，2010。

7 曹漱芹：《汉语自闭症儿童视觉性语义理解机制的探索及应用研究》，博士学位论文，华东师范大学，2009。

联网这些“新”媒介和“新”文化产品的冲击，并哀叹传统文学的衰落呢？这些据说主要是视觉占主导的文化显然也会夺占人们观赏艺术品的时间，那么视觉艺术家和艺术理论家为何从未像文学批评家一样群情激奋地批评大众媒介对人的侵蚀呢？步枪出现后刀剑就被取代了，但是同为铁质品的菜刀在厨房中的地位却至今没有被撼动。这是因为士兵的刀剑和步枪都是为了杀人，步枪的效率更高，而菜刀的用途是切食物，步枪无法完成这个任务。此外，留下的刀剑也具有了新的意义，比如英国女王用宝剑而非冲锋枪进行授勋仪式。这说明旧媒介在新媒介出现后失去了原先的社会目的，但是反而因其与传统的联系从而有了新的文化象征价值。厨具、礼器与武器服务的社会目的不同，按照贡布里希的话说，它们拥有不同的社会学生态龛位，文学家哀叹人们不看小说了，都看电视、电影了。这只能说明现代文学与通俗文化中的电视、电影、图画书具有相同的社会目的或生态学龛位，也就是说文学从未摆脱作为娱乐和休闲的玩物地位。只有具有相同社会目的的事物或媒介之间才有竞争关系，才可以比较。只有目标人群及其分配的时间相互重叠的媒介之间才有取代的可能性。这种取代是由新技术或新媒介的经济性、便利性和普及性自然导致的，与社会文化水平无关。火车、汽车取代牛、马，与电视、电影取代小说没有本质的区别。相反，不论是铁的出现还是电子计算机的出现都不能改变人们对大米的依赖，因为大米与铁制品的社会用途不同。

视觉艺术早在其创始之际就不完全是娱乐的对象，而是承载着宗教、礼仪、社会教育等功能。文艺复兴后，尤其是20世纪现代派艺术兴起后，为艺术而艺术已经成为艺术的主要目标。在这种艺术目的自治的理想之下，艺术品本身是艺术审美活动的目标。相反，稍有抱负的艺术家都不会容忍观者把自己的作品仅仅看做是一种娱乐或装饰对象。这种评价对于他们而言是一种侮辱。所以严肃的艺术家不会在乎大众对自己的作品是否喜好。他的作品不是去讨好观众的，而是为了实现艺术的价值和解决艺术自身的问题。在这方面，凡·高作为生前得不到认可的伟大艺术家的事例可以说是这种心态的一个主要神话。或者说艺术被变成了一种新宗教。艺术品价值的判断被认为只是少数有高级鉴赏力的精英所独有或是只有未来的社会意识的进步才能使之被承认。相反，为大众所喜好的艺术品被视为庸俗或刻奇。所以对于现代艺术家而言，大众看不懂自己的画才正说明了作品的高妙。这里显示的是对大众和对一般欣赏水平的蔑视。大众的欣赏水平被认为注定无法欣赏高级艺术。这与任何新媒介或文化形态的冲击无关，而是大众的本性使然。在今天，这些观念已经为视觉艺术创造了一个独特的生态学龛位。在这种壁龛中，视觉艺术把自身严格地区分于大众娱乐活动和消闲产品。正是这种社会目的的分离使得大众文化对视觉艺术没有直接的冲击。哪怕是波普艺术也仅仅是把大众文化当做自身的视觉资源而不是竞争对手。当代的后现代艺术对现实或流行文化的反讽或戏仿更加凸显了自身作为二级话语的地位，更加把自身分离于被戏仿的对象。

在文学理论家的话语中，大众的欣赏习惯是可变的，其本性是好的，这由过去的美好时光中文学的中心性来证明。当然大众又是易变的，很容易被不良的视觉媒介所引诱。但是这些理论家没有说明作为大众文化的文学作品到底比作为大众文化的新媒介产品好在哪里。他们的无论证的价值标准仅仅是文学高于非文学，文字高于视觉（这本身就是一个概念不对等的逻辑矛盾）而已。我们在这种变化中看到的只是旧媒介对自身失宠的哀叹和不满，以及文学批评家的意识形态。与艺术的情况相反，文学理论家不担心大众看不懂文学作品，而是担心他们看得懂却不看。文学理论家对新的大众媒介取代文学的哀叹正好说明了文学自身始终没有摆脱作为大众媒介的低下地位。这不是说文学作品都是粗俗的，就像电影、电视不全是粗俗的一样；而是说文学在社会结构中的地位属于低级文化的范围。文学始终没有把自身提升到像现代视觉艺术那样的崇高地位。那么文学的不幸不是新媒介对它的取代，而是文学对大众文化的依赖。从好的一方面说，这也可以解释为什么是文学研究者而不是艺术史家首先对大众文化和新媒介进行了研究。如英国伯明翰文化研究学派的成员，媒介研究的创始人麦克卢汉，甚至早期从事于研究大众文化形象的罗兰·巴特都是出身于文学批评。正因为文学研究与大众文化研究的社会目的相同，所以对大众文化和新媒介的研究是文论家们自身研究的顺理成章的发展。相反，虽然传统艺术史家也常常涉及通俗文化中的形象（例如贡布里希对海报的研究），但是这要么是为了研究高级艺术服务，要么是把这些一般形象当做工艺美术研究（例如里格尔）。总之，从不把非艺术的形象看做艺术史的研究目标。这也就使艺术史家无法深入到大众文化之中。另外，正是由于大众文化中新媒介的出现使得小说等文学作品作为旧媒介被联系于传统，因此其社会地位开始上升。是借助这种价值的上升而提高文学的地位，还是保持文学一贯的低级地位，继续在大众文化中争夺大众的宠爱？这个问题需要文学理论家们进行抉择。

对形象进行严厉批评的不仅是文论家，还有众多哲学家。哲学家们谈论形象时几乎无一例外地把相似当做形象的首要特征。然而，这并非形象的实际情况。在史前时代的壁画中早已出现抽象图形；在艺术史中没有模仿对象的装饰图案也比比皆是；从中国文人画到西方抽象画，相似都不是追求的目标。苏轼早就说，论画以形似，见与儿童临。格林伯格也把喜爱相似性绘画的人视为低级趣味，把写实绘画看做刻奇（庸俗艺术）。即便形式主义者失之偏颇，他们至少指出了形象和艺术的广阔范围。但是这些对相似性的贬低和刺激性评论从未阻止哲学家延续他们的狭窄视野。那么面对形象，为何众多哲学家甘愿变成儿童和庸俗观众呢？答案非常明显：因为哲学家与儿童和庸俗观众有着相同的心理和意识。这么说并非是在侮辱哲学家，认为其是幼稚的或庸俗的，而是说哲学家作为普通人也无法克服对于形象的恐惧和焦虑。对相似的执迷与害怕形象的生命相关，并且是随之而来的破坏偶像式批评的标志。从柏拉图的模本说到鲍德里亚的拟象和仿象，这些话语中形象被等同于相似，相似被等同于欺骗，这就是恐惧的直接来源。

本书中讨论过的马林、约纳斯、波兰尼甚至伽达默尔等人表面上都在赞扬形象，提高形象的地位。哲学家、符号学家表面上极力为形象辩护之时，是在把形象区别于伪造，把形象限制于相似，继而又限制于部分相似，通过形象对相似的自我否定来恢复形象的名誉。但是这种努力本身就是可疑的，因为只有没有名誉的事物才需要恢复名誉。首先形象并非必须相似，相似的也不一定是形象。声音、气味、味道（例如食品添加剂）都可以基于相似性来表达意义。每一个字也都严格地依靠（与同一个字的其他字符的）相似来传达意义。但是在哲学家们的摩尼教式的二元想象中，语言是基于差异产生意义，形象是基于相似，所以为了把形象区别于语言，或保持二者的纯粹性，形象就必须只是相似。这当然也是逻辑不对等的，因为语言的意义所基于的差异在于字符与字符之间，而所谓的形象的相似在于再现和被再现物之间。字符与指称对象之间也可能是相似的（如象形文字）；而一个形象与另一个形象之间像字符之间一样也是不相似的。否则我们如何区分不同的形象呢？这种想要截然区分二者的行为实际上是一种语词与形象的种族主义。这种种族主义一直可以追溯到莱辛。

基于上述逻辑混乱的二元划分，形象被认为是基于相似，而相似又会导致观者把再现误解为被再现者，因而受到欺骗。于是在这些哲学话语中，相似性成了欺骗的近似物。这不是一种对象性的和客观的批评语言，而是一种道德修辞。也就是说其把人类的社会道德评判应用于非人的形象。但是形象不是陈述，没有真假，也不是一个思想和行为的主体，不可能去骗人或揭穿骗局。所谓酒不醉人人自醉，总是人在欺骗自己或别人。因为感官被图画所骗就否定错觉绘画或欺骗性绘画的价值，这就如同小孩子被石头绊倒后会责骂和惩罚石头一样幼稚。可见哲学家不仅已经“与儿童临”，而且连行为方式都一样。实际上欺骗不是某些形象的专利。为什么没有哲学家去否认谎言本身是正当的语言呢？而且埃科称符号就是可以用来骗人的事物。[8] 图画能骗人，恰恰是因为图画被当做了语言那样的符号来使用。

这一方面正好说明形象的生命的确存在，甚至这种生命形式已经被哲学家们强加了道德要求。有生命的形象已经被当做应该为自己的行为负责的高级社会生物。（这种情况经常发生，例如对武器或工具的憎恨和崇拜就把这些物质对象当做了杀人者或解放者，压迫者或造福者，并在这种非理性的万物有灵论中忘记了其实是人在进行行动和道德选择。）另一方面，这种恢复名誉实际上是为了控制形象。这种控制源于对形象的恐惧。害怕形象过度相似而欺骗了感官；同时又害怕不相似的形象以及无模仿对象的形象存在，因为脱离模仿的形象威胁了语言的独特性。在哲学家们的心目中，模仿现实的形象才被看做是真实的，而完全逼真的形象又被看做是欺骗，因而是完全虚假的。所以所谓“好的形象”应该不真不假，在模仿的同时不断对模仿进行忏悔。形象必须有限相似，这就是哲学家向形象发放“良民证”的条件。换句话说，哲学家心目中适当的形象必须是做了坏事（相似）又公开承认自己有罪的形象。只有这种自我击败的形象才符合哲学家对形象的天真想象。但是如果形象与相似性的范畴只有相交关系，形似的形象也不存在道德问题，那么形象被强加的这种名誉就是一种紧箍咒和耻辱柱。

此外，形象与被模仿对象的关系也是极为复杂的。援引图像差异概念，观者可以自己决定其在形象或一幅绘画中看到的是再现对象还是对象本身。把一个形象的拷贝看做同一个形象还是看做另一个形象（形象的形

8 乌蒙勃托·艾柯：《符号学理论》，卢德平译，中国人民大学出版社，1990，第5页。

象），这取决于观者的目的。例如一幅蒙娜丽莎的复制品既是蒙娜丽莎本人的一个形象又是作品《蒙娜丽莎》的形象。观者想要从画中得知蒙娜丽莎本人的相貌之时就看前者，而文化学者或艺术史家想要评估模本反映的临摹者或戏仿者自身的时代特征时就看见后者。此外，数字虚拟形象没有模仿对象却栩栩如生。这种现象实际上并非新技术的创造。人的绘画和文学描写早已创造出众多世上未曾存在过的事物。[9] 如果放下对新技术的恐惧和焦虑，我们就可以看到，蝴蝶的翅膀、空中的云朵这些自然形象也都没有一个模仿的对象。所以无论是完全与对象相似的形象，完全抽象的形象，还是没有模仿对象的生动形象都是适当的形象。

符号学家和哲学家对形象的调查往往都有预设的前提：形象是有缺陷的语言。调查就是为了发现这种缺陷。反对符号学就是反对这种偏见和前述理论中的幼稚行为，不使形象消解在符号和语言之中，而是在语言和符号中寻找到形象。当然，人会把生命强加于形象，就像把符号强加于形象一样，这是无法克服的人类本性。图画的人同时也是把图画看做生物的人，以及因此而害怕形象，并想要控制形象的人。但是研究形象的理论之时，研究者应该对自身的人类本性有着清醒的自觉，而不应使理论成为这些本性的盲目牺牲品。

符号学和反符号学带给形象研究的启示是多方面的，我们不应墨守一说。浩瀚的形象之域远未被完全探索，符号学只是研究形象的一条道路而已，其所能得到的结果也极为有限。正如埃尔金斯所言，我们想从形象中得到的还远远太少。

9 参见米切尔的论述：W. J. T. Mitchell and Mark B. N. Hansen, *Critical Terms for Media Studies*, Chicago: University Of Chicago Press, 2010, pp.43–47.

参考书目

中文专著：

达尼埃尔·阿拉斯：《绘画史事》，孙凯译，董强审校，北京大学出版社，2007。

安娜·埃诺、安娜·贝雅埃编《视觉艺术符号学》，怀宇译，四川大学出版社，2014。

詹姆斯·埃尔金斯：《视觉研究：怀疑式导读》，雷鑫译，江苏美术出版社，2010。

翁贝尔托·埃科：《符号学与语言哲学》，王天清译，百花文艺出版社，2006。

乌蒙勃托·艾柯：《符号学理论》，卢德平译，中国人民大学出版社，1990。

卡罗琳·冯·艾克、爱德华·温特斯编《视觉的探讨》，李本正译，江苏美术出版社，2010。

安娜·埃诺：《符号学简史》，怀宇译，百花文艺出版社，2005。

米克·巴尔：《叙述学：叙事理论导论》（第二版），谭君强译，中国社会科学出版社，2003。

罗兰·巴特：《流行体系：符号学与服饰符码》，敖军译，上海人民出版社，2000。

罗兰·巴特：《明室——摄影纵横谈》，赵克非译，文化艺术出版社，2003。

罗兰·巴特：《显义与晦义——批评文集之三》，怀宇译，百花文艺出版社，

2005。

罗兰·巴尔特:《符号学历险》,李幼蒸译,中国人民大学出版社,2008。

罗兰·巴尔特:《符号学原理》,李幼蒸译,中国人民大学出版社,2008。

罗兰·巴特:《神话修辞术 批评与真实》,屠友祥、温晋仪译,上海人民出版社,2009。

罗兰·巴尔特、让·鲍德里亚等著;吴琼、杜予编《形象的修辞——广告与当代社会理论》,中国人民大学出版社,2005。

丹尼尔·贝尔:《资本主义文化矛盾》, 严蓓雯译,江苏人民出版社,2007。

汉斯·贝尔廷等:《艺术史的终结?——当代西方艺术史哲学文选》,常宁生编译,中国人民大学出版社,2004。

卡尔·比勒:《卡尔·比勒语言哲学文集》,温仁百译,商务印书馆,2017。

柏克莱:《视觉新论》,关文运译,商务印书馆,1957。

格里塞尔达·波洛克编《精神分析与图像》,赵泉泉译,江苏美术出版社,2008。

波利亚科夫编《结构–符号学文艺学——方法论体系和争论》,佟景韩译,文化艺术出版社,1994。

诺曼·布列逊:《语词与图像:旧王朝时期的法国绘画》,王之光译,浙江摄影出版社, 2001。

诺曼·布列逊:《传统与欲望:从大卫到德拉克罗瓦》,丁宁译,浙江摄影出版社,2003。

诺曼·布列逊:《视觉与绘画:注视的逻辑》,郭杨等译,浙江摄影出版社,2004。

诺曼·布列逊:《注视被忽视的事物:静物画四论》,丁宁译,浙江摄影出版社,2000。

J.M. 布洛克曼:《结构主义:莫斯科—布拉格—巴黎》,李幼蒸译,中国人民大学出版社,2003。

陈怀恩:《图像学——视觉艺术的意义与解释》,如果出版社,2008。

安·达勒瓦:《艺术史方法与理论》，李震译，王春辰校，江苏美术出版社，2009。

余伯特·达弥施:《云的理论：为了建立一种新的绘画史》，董强译，扬智文化事业股份有限公司，2002。

约翰·迪利:《符号学对哲学的冲击》，周劲松译，四川教育出版社，2011。

约翰·迪利:《符号学基础》(第六版)，张祖建译，中国人民大学出版社，2012。

丁宁:《绵延之维：走向艺术史哲学》，生活·读书·新知三联书店，1997。

丁宁、李凇主编《2011年北京大学美术学博士生国际学术论坛论文集》，陕西师范大学出版社总社有限公司，2012。

段炼编著《艺术学经典文献导读书系：视觉文化卷》，北京师范大学出版社，2012。

樊波主编《美术学研究》(第1辑)，东南大学出版社，2011。

范景中、曹意强主编《美术史与观念史》(Ⅶ)，南京师范大学出版社，2009。

范景中、曹意强、刘赦主编《美术史与观念史》(XXI)，南京师范大学出版社，2018。

迈克尔·弗雷德:《艺术与物性：论文与评论集》，张晓剑、沈语冰译，江苏美术出版社，2013。

高名潞:《意派论：一个颠覆再现的理论》，广西师范大学出版社，2009。

天宝·格兰丁:《用图像思考——与孤独症共生》，范玮译，华夏出版社，2014。

A.J.格雷马斯:《结构语义学：方法研究》，吴泓缈译，生活·读书·新知三联书店出版社，1999。

A.J.格雷马斯:《结构语义学》，蒋梓骅译，百花文艺出版社，2001。

A.J.格雷马斯:《符号学与社会科学》，徐伟民译，百花文艺出版社，2009。

A.J.格雷马斯:《论意义——符号学论文集》，吴泓渺、冯学俊译，百花文艺出版社，2005。

E.H.贡布里希:《象征的图像——贡布里希图像学文集》,杨思梁,范景中编选，上海书画出版社，1990。

E.H.贡布里希：《木马沉思录：艺术理论文集》，徐一维译，彭力群校，北京大学出版社，1991。

E.H.贡布里希：《艺术与科学：贡布里希谈话录和回忆录》，杨思梁、范景中、严善淳译，浙江摄影出版社，1998。

E.H.贡布里希：《贡布里希论设计》，范景中选编，湖南科学技术出版社，2001。

E.H.贡布里希：《秩序感——装饰艺术的心理学研究》，范景中、杨思梁、徐一维译，湖南科学技术出版社，2005。

E.H.贡布里希：《艺术与错觉——图画再现的心理学研究》，林夕、李本正、范景中译，湖南科学技术出版社，2000。

E.H.贡布里希:《象征的图像——贡布里希图像学文集》,杨思梁、范景中编选，广西美术出版社，2015。

E.H.贡布里希：《木马沉思录》，曾四凯、徐一维译，广西美术出版社，2015。

李本正选编《偶发与设计——贡布里希文选》,汤宇星译,中国美术学院出版社，2013。

尼尔森·古德曼：《艺术语言》，褚朔维译，光明日报出版社，1990。

纳尔逊·古德曼：《艺术的语言：通往符号理论的道路》，彭锋译，北京大学出版社，2013。

郭晓川：《西方美术史研究评述》，黑龙江美术出版社，2000。

郭鸿编著《现代西方符号学纲要》，复旦大学出版社，2008。

黑格尔：《美学》第三卷（上册），朱光潜译，商务印书馆，1979。

乔纳森·哈里斯：《新艺术史批评导论》，徐建译，江苏美术出版社，2010。

韩丛耀：《图像：一种后符号学的再发现》，南京大学出版社，2008。

特伦斯·霍克斯:《结构主义和符号学》,瞿铁鹏译,刘峰校,上海译文出版社，

1987。

迈克尔·安·霍丽：《帕诺夫斯基与美术史基础》，易英译，湖南美术出版社，1992。

汉斯-格奥尔格·伽达默尔：《诠释学Ⅰ真理与方法》，洪汉鼎译，商务印书馆，2007。

保罗·科布利编《劳特利奇符号学指南》，周劲松、赵毅衡译，南京大学出版社，2013。

恩斯特·卡西尔：《语言与神话》，于晓等译，生活·读书·新知三联书店，1988。

恩斯特·卡西尔：《符号·神话·文化》，李小兵译，东方出版社，1988。

恩斯特·卡西尔：《人论》，甘阳译，上海译文出版社，2004。

萨林·柯马尔、伊万·卡斯克尔：《艺术史的语言》，王春辰、李笑男、杨扬译，江苏美术出版社，2008。

雅克·拉康、让·鲍德里亚等：《视觉文化的奇观：视觉文化总论》，吴琼编，中国人民大学出版社，2005。

雅克·朗西埃：《图像的命运》，张新木、陆洵译，南京大学出版社，2014。

让-弗朗索瓦·利奥塔：《话语，图形》，谢晶译，上海人民出版社，2012。

李幼蒸：《理论符号学导论》（第3版），中国人民大学出版社，2007。

马歇尔·麦克卢汉：《理解媒介——论人的延伸》，何道宽译，商务印书馆，2000。

麦克鲁汉：《古腾堡星系：活版印刷人的造成》，赖盈满译，猫头鹰出版，2008。

克里斯蒂安·麦茨：《想象的能指：精神分析与电影》，王志敏译，中国广播电视出版社，2006。

史蒂芬·梅尔维尔、比尔·里汀斯编著《视觉与文本》，郁火星译，江苏美术出版社，2009。

莫里斯·梅洛-庞蒂：《眼与心：梅洛-庞蒂现象学美学文集》，刘韵涵译，中国社会科学出版社，1992。

莫里斯·梅洛-庞蒂：《眼与心》，杨大春译，商务印书馆，2007。

尼古拉斯·米尔佐夫：《视觉文化导论》，倪伟译，江苏人民出版社，2006。

让·米特里：《电影电影符号学质疑：语言与电影》，方尔平译，吉林出版集团有限责任公司，2012。

W.J.T. 米歇尔：《图像理论》，陈永国、胡文征译，北京大学出版社，2006。

W.J.T. 米歇尔:《图像学: 形象、文本、意识形态》，陈永国译，北京大学出版社，2012。

温尼·海德·米奈：《艺术史的历史》，李建群等译，上海人民出版社，2007。

C .W. 莫里斯：《指号、语言和行为》，罗兰、周易译，上海人民出版社，2011。

尼采：《偶像的黄昏》，卫茂平译，华东师范大学出版社，2007。

弗雷德·奥顿、查尔斯·哈里森编《现代主义，评论，现实主义》，崔诚、米永亮、姚炳昌译，上海人民美术出版社，1991。

欧文·潘诺夫斯基：《图像学研究：文艺复兴时期艺术的人文主题》，戚印平、范景中译，上海三联书店，2011。

E. 潘诺夫斯基：《视觉艺术的含义》，傅志强译，辽宁人民美术出版社，1987。

皮尔斯:《皮尔斯文选》，涂纪亮编，涂纪亮、周兆平译，社会科学文献出版社，2006。

皮尔斯：《皮尔斯：论符号　李斯卡：皮尔斯符号学导论》，赵星植译，四川大学出版社，2014。

德波拉·切利：《艺术、历史、视觉、文化》，杨莹等译，王春辰审校，江苏美术出版社，2010。

邱振中主编《书法与绘画的相关性》，中国人民大学出版社，2011。

吉莉恩·萝丝:《视觉研究导论 : 影像的思考 》，王国强译，群学出版有限公司，2006。

奥利弗·萨克斯：《火星上的人类学家》，赵海波译，中信出版社，2010。

让 - 保罗・萨特:《想象心理学》,褚塑维译,光明日报出版社,1988。

上海师范大学美术学院编《艺术史与艺术理论 I》,中国美术学院出版社,2004。

费尔迪南・德・索绪尔:《普通语言学教程》,高名凯译,商务印书馆,1980。

陶建文:《视觉主义:基于图像和身体的现象学科学哲学》,中国社会科学出版社,2012。

茨维坦・托多罗夫:《象征理论》,王国卿译,商务印书馆,2004。

科尼利斯・瓦尔:《皮尔士》,郝长墀译,中华书局,2003。

王廷信主编《艺术学界》(第九辑),江苏美术出版社,2013。

路德维希・维特根斯坦:《逻辑哲学论》,贺绍甲译,商务印书馆,1996。

路德维希・维特根斯坦:《哲学研究》,陈嘉映译,上海人民出版社,2005。

吴风:《艺术符号美学》,北京广播学院出版社,2002。

夏可君:《书写的逸乐》,昆仑出版社,2013。

肖伟胜:《视觉文化与图像意识研究》,北京大学出版社,2011。

罗曼・雅柯布森:《雅柯布森文集》,钱军选编译注,商务印书馆,2012。

杨贤宗、申屠妍妍、廖昕选编《建筑与象征》,中国美术学院出版社,2011。

路易斯・叶姆斯列夫:《叶姆斯列夫语符学文集》,程琪龙译,湖南教育出版社,2006。

曾军:《观看的文化分析》,金元浦、曾军主编,山东文艺出版社,2008。

周宪:《视觉文化的转向》,北京大学出版社,2008。

赵毅衡:《符号学原理与推演》,南京大学出版社,2011。

张健波:《艺术图像学:艺术文化与图像形态》,新疆大学出版社,2007。

邹跃进主编《批评家》总第四辑,四川美术出版社,2009。

朱永明:《视觉语言探析:符号化的图像形态与意义》,南京大学出版社,2011。

中文期刊：

罗朗·巴特：《真实的效果》，邓丽丹译，《外国文学报道》1987年6期。

米克·巴尔:《观看符号/解读绘画——运用符号学理解视觉艺术》,常宁生译,《世界美术》2007年第1期。

米克·巴尔：《用作书写策略的身体》，张思齐译，《圣经文学研究》2009年第3辑。

米柯·鲍尔:《解读伦勃朗绘画〈芭思希芭〉:从类型符码到意指失谐》,王漠琳、段炼译，褚素红校，《美术观察》2012年第6期。

米柯·鲍尔：《解读艺术的符号学方法》，褚素红、段炼译，《美术观察》2013年第10期。

阿莱克斯·波茨：《困难的意义》，劳诚烈译，《美术译丛》1988年第3期。

迈克尔·波德罗:《帕诺夫斯基艺术史观评述》,李维琨译,劳比校,《世界美术》1989年第2期。

迈克尔·波德罗：《帕诺夫斯基艺术史观评述（续）》，李维琨译，高兴校，《世界美术》1989年第3期。

曹意强：《图像与语言转向：后形式主义、图像学与符号学》，《新美术》2005年第3期。

Kathleen F. Chapman:《重写艺术史:布列逊及其新艺术史观》,丁宁译,《世界美术》1991年第3期。

陈琦:《转向还是回归?——图像与人类文明》,《天府新论》2011年第4期。

段炼：《视觉再现与符号研究》，《东方艺术》2011年第19期。

段炼:《符号的救赎:从图像到事件——米柯·鲍尔符号分析的“理论世界”》,《文艺研究》2012年第8期。

段炼:《绘画图像的符号化问题:视觉文化符号学的读图实践》,《美术研究》2013年第4期。

G.霍洛维兹:《恩斯特·贡布里希》,申屠妍妍译,《新美术》2009年第4期。

高建平:《“形象思维”的发展、终结于变容》,《中国社会科学院研究生院学报》

2009 年第 5 期。

玛瑞娜·格瑞莎柯娃：《语言与图像的符际冲突》，李玉平译，《江海学刊》2013 年第 2 期。

耿幼壮：《图像、肖像，以及意义显现：让 - 吕克·南希的意义世界》，《文艺研究》2007 年第 12 期。

E.H. 贡布里希：《20 世纪艺术中的图像和语词》，王彤译，一维校，《新美术》1991 年第 3 期。

E.H. 贡布里希：《评“符号，语言与行为”》，李本正译，《美术译丛》1989 年第 4 期。

古德曼：《评“艺术与错觉”》，《美术译丛》1988 年第 4 期。

韩丛耀：《图像符号的特性及其意义解构》，李玉平译，《江海学刊》2011 年第 5 期。

胡易容：《论图像的符号性：驳米切尔图像转向论的“后符号学”命题》，《社会科学战线》2012 年第 10 期。

乔万尼·卡雷利：《历史的时间与历史之外的时间：作为理论对象的西斯廷礼拜堂》，李建群译，《世界美术》2010 年第 3 期。

刘晋晋：《何谓视觉性：视觉文化核心术语的前世今生》，《美术观察》2011 年第 11 期。

刘晋晋：《潘诺夫斯基的盲点：提香的〈维纳斯与丘比特、狗和鹌鹑〉新解》，《美术观察》2012 年第 7 期。

刘晋晋：《反符号学视野下的语词与形象：以埃尔金斯的形象研究为例》，《美术观察》2014 年第 2 期。

W.J.T. 米切尔：《文字与图像》，朱平译，《新美术》2007 年第 4 期。

闵锐、洪毅：《图式论中的语言学因素》，《天津大学学报》（社会科学版）2014 年第 2 期。

约翰·奥涅斯：《“视觉研究”：过去、现在和未来》，万木春译，《新美术》2010 年第 3 期。

欧文·帕诺夫斯基：《艺术意志的概念》，陈平译，《世界美术》2000 年第 1 期。

潘诺夫斯基：《新柏拉图主义运动与米开朗基罗》，邵宏译，《美术译丛》1989 年第 1 期。

潘诺夫斯基：《早期弗兰德斯艺术中的现实与象征》，李本正译，《美术译丛》1989 年第 4 期。

王志亮：《皮尔斯符号学与视觉艺术》，《南京艺术学院学报》（美术与设计版）2011 年第 3 期。

理查德·伍德菲尔德：《贡布里希与心理学研究》，邢莉译，《艺术探索》2011 年第 1 期。

佛林特·希尔：《传统惯例和现实主义》，张坚译，沈揆一校，《美术译丛》1988 年第 3 期。

易英：《大众文化视域中的抽象绘画及其衰变》，《文艺研究》2010 年第 9 期。

易英：《图像学的模式》，《美术研究》2003 年第 4 期。

张玮：《线性透视·角透视·解释模式：〈作为“符号形式”的透视〉中的论证及其争议》，《江汉论坛》2012 年第 6 期。

曾军：《观看的文化分析》，《文学评论》2008 年第 4 期。

赵宪章：《语图互仿的顺势与逆势：文学与图像关系新论》，《中国社会科学》2011 年第 3 期。

赵宪章：《语图传播的可名与可悦：文学与图像关系新论》，《文艺研究》2012 年第 11 期。

赵宪章：《语图符号的实指和虚指》，《文学评论》2012 年第 2 期。

邹建林：《文字、图像与东西方艺术的差别：从夏皮罗的〈文字、题铭与图像：视觉语言的符号学〉谈起》，《天津美术学院学报》2009 年第 3 期。

学位论文：

曹漱芹：《汉语自闭症儿童视觉性语义理解机制的探索及应用研究》，博士学位论文，华东师范大学，2009。

贺华：《视像时代的图像学：霍斯特·布雷德坎普的图像研究》，硕士学位论文，中央美术学院，2008。

刘晋晋：《敲响图像：W.J.T. 米切尔与视觉文化的新方向》，硕士学位论文，中央美术学院，2010。

王春辰：《夏皮罗中世纪美术研究：论一种作为文本的视觉语言符号学》，博士学位论文，中央美术学院，2007。

许玮：《图像的观念：视觉文化研究视野中的图像学》，硕士学位论文，中国美术学院，2008。

郑伊看：《贴近画作的眼睛或者心灵：达尼埃尔·阿拉斯式的艺术史方法研究》，硕士学位论文，中央美术学院，2011。

外文专著：

Svetlana Alpers, *The Art of Describing: Dutch Art in the Seventeenth Century,* Chicago: The University of Chicago Press, 1983.

Edited by Jeffrey C.Alexander, Dominik Bartmański,Bernhard Giesen, *Iconic Power: Materiality and Meaning in Social Life,* New York: Palgrave Macmillan, 2012.

Roland Barthes, *The Rustle of Language,* Translated by Richard Howard, Berkeley: University of California Press, 1989.

Mieke Bal, *Reading Rembrandt: Beyond the Word-Image Opposition,* Amsterdam: Amsterdam University Press, 2006.

Mieke Bal, *On Meaning-Making: Essays in Semiotics*, California: Polebridge Press, 1994.

Mieke Bal, *Quoting Caravaggio: Contemporary Art, Preposterous History,* Chicago: The University of Chicago Press, 1999.

Mieke Bal, *Double Exposures: The Subject of Cultural Analysis,* London: Routledge, Paperback, 1996.

Hans Belting, *An Anthropology of Images: Picture, Medium,Body,* Translated by Thomas

Dunlap, Princeton&Oxford: Princeton University Press, 2011.

Herausgegeben von Gottfried Boehm, *Was ist ein Bild? (Bild und Text)*, München: Wlihelm Fink Verlag,1994.

Edited by A. L. Rees, F. Borzello, *The New Art History*, Atlantic Highlands, NJ : Humanities Press International, 1988.

Edited by Norman Bryson, Michael Ann Holly, and Keith Moxey, *Visual Culture: Images and Interpretations*, Hanover: University Press of New England, Wesleyan University Press, 1994.

Edited by Norman Bryson, Michael Ann Holly, Keith Moxey, *Visual Theory: Painting and Interpretation*, Cambridge: Polity in association with Blackwell, 1989.

Edited by Norman Bryson, *Calligram: Essays in New Art History from France*, Cambridge: Cambridge University Press, 1988.

Warren Neidich, Norman Bryson, *Blow up: Photography, Cinema and the Brain*, New York: D.A.P./Distributed Art Publishers; Riverside, Calif.: UCR/California Museum of Photography, 2003.

Karl Bühler, *Theory of Language : The Representational Function of Language*, translated by Donald Fraser Goodwin, Amsterdam: John Benjamins, 1990.

Edited by Neal Curtis, *The Pictorial Turn*, London: Routledge, 2010.

Edited and with an Introduction by David B. Downing and Susan Bazargan, *Image and Ideology in Modern/Postmodern Discourse*, Albany: State University of New York Press, 1991.

James Elkins, *The Object Stares Back: On the Nature of Seeing*, San Diego : Harcord Brace, 1997.

James Elkins, *On Pictures and the Words that Fail Them*, New York: Cambridge University Press, 1998.

James Elkins, *Our Beautiful, Dry, and Distant Texts: Art History as Writing*, New York, London: Routledge, 1997, papaerback 2000.

James Elkins, *The Domain of Image*, Ithaca and London: Cornell University Press, 1999, paperback 2001.

Edited by James Elkins, *Visual Literacy*, New York: Routledge, 2008.

Edited by Elkins and Maja Naef, *What is an Image*?, Pennsylvania: The Pennsylvania State University Press, 2011.

Edited by Hal Foster, *Vision and Visuality*, Seattle: Bay Press, 1988.

Michael Fried, *Absorption and Theatricality: Painting and Beholder in the Age of Diderot*, Chicago: the University of Chicago Press, 1988.

Hans-Georg Gadamer, *Hermeneutik I Wahrheit und Methode*, J.C.B.Mohr(Paul Siebeck) Tbingen, 1990.

Hans-Georg Gadamer, *Truth and Method*, trans. Joel Weinsheimer, Donald G. Marshall, London, New York: Continuum, second, revised edition, 2004.

Edited by Julien Greimas and Courtés, *Semiotics and Language : An Analytical Dictionary*, Bloomington : Indiana University Press, 1982.

E.H.Gombrich, *The Uses of Images: Studies in the Social Function of Art and Visual Communication*, London: Phaidon, 1999, paperback 2000.

Algirdas Julien Greimas and Jacques Fontanille, *The Semiotics of Passions:From States of Affairs to States of Feeling*, trans. Paul Perron and Frank Collins, Minneaplis: University of Minnesota Press, 1993.

Georges Didi-Huberman, *Confronting Images: Questioning the Ends of a Certain History of Art*, translated from the French by John Goodman, Pennsylvania: Pennsylvania State University Press, 2005.

Edited with Introductions by Robert E. Innis, *Semiotics: An Introductory Anthology*, Bloomington: Indiana University Press, 1985.

William M. Ivins, *Prints and Visual Communication*, Cambridge: The MIT Press, first paperback edtion, 1969.

Edited by Charles E. Osgood and Oliver C.S. Tzeng, *Language, Meaning, and Culture: The*

Selected Papaers of C.E.Osgood, New York : Praeger, 1990.

Louis Marin, *To Destroy Painting*, translated by Mette Hjort, Chicago: University of Chicago Press, 1995.

Edited by Saloni Mathur, *Migration's Time: Rethinking Art History and Diaspora*, New Haven and London:Yale University Press, 2011.

W. J. T. Mitchell, Iconology: *Image, Text, Ideology*, Chicago: University of Chicago Press, 1987

W. J. T. Mitchell, *Picture Theory: Essays on Verbal and Visual Representation*, Chicago: University of Chicago Press, 1995.

W. J. T. Mitchell, *The Last Dinosaur Book: The Life and Times of a Cultural Icon*, Chicago: University of Chicago Press, 1998.

W. J. T. Mitchell, *What Do Pictures Want?: The Lives and Loves of Images*, Chicago: University of Chicago Press, 2006.

Edited by W. J. T. Mitchell, *The Language of Images*, Chicago: The University of Chicago Press, 1980.

By W. J. T. Mitchell and Mark B. N. Hansen, *Critical Terms for Media Studies*, Chicago: University Of Chicago Press, 2010.

Edited by Pia Müller-Tamm, *Henri Matisse, Figure Color Space*, Ostfildern-Ruit: Hatje Cantz, 2005.

Jean-Luc Nancy, *The Ground of Image*, translated by Jeff Fort, New York: Fordham University Press, 2005.

Erwin Panofsky, *Perspective as Symbolic Form*, translated by Christopher S. Wood, New York: Zone Books; Cambridge, Mass. : Distributed by the MIT Press, 1991.

Erwin Panofsky, *Three Essays on Style*, Edited by Irving Lavin With a memoir by William S. Heckscher, Cambridge, Massachusetts:The MIT Press, First MIT Press paperback edition,1997.

Edited by Alex Preminger, *The New Princeton Encyclopedia of Poetry and Poetics*,

Princeton, N.J.: Princeton University Press, 1993.

Edited by Karin Sagner-Düchting, *Monet and Modernism*, Munich, London: Prestel, 2001.

Fernande Saint-Martin, *Semiotics of Visual Language*, Bloomington: Indiana University Press, 1990.

Meyer Schapiro, *Words, Script, and Pictures: Semiotics of Visual Language*, New York: George Braziller, 1996.

Thomas Albert Sebeok, *Signs: An Introduction to Semiotics*, Toronto: University of Toronto Press, second edition, 2001.

Edited by Frederik Stjernfelt and Peer F. Bundgaard, *Semiotics*, London: Routledge, 2011.

Edited by Kurt H. Wolff, *From Karl Mannheim*, New Brunwick, N.J. : Transaction Publishers, 1993.

外文期刊：

Jeffrey C. Alexander, "Iconic Experience in Art and Life: Surface/Depth Beginning with Giacometti's Standing Woman", *Theory Culture Society*, Vol.25, No.1, 2008.

Jeffrey C. Alexander, "Iconic Consciousness: The Material Feeling of Meaning", *Thesis Eleven*, Vol.103, No.10, 2010.

Giulio Carlo Argan, "Ideology and Iconology", Translated by Rebecca West, *Critical Inquiry*, Vol. 2, No. 2 (Winter, 1975).

Mieke Bal and Norman Bryson, "Semiotics and Art History", *The Art Bulletin*, Vol. 73, No. 2 (Jun., 1991).

Mieke Bal, Norman Bryson, "Reply", *The Art Bulletin*, Vol. 74, No. 3 (Sep., 1992).

Mieke Bal, "Semiotic Elements in Academic Practices", *Critical Inquiry*, Vol. 22, No. 3 (Spring, 1996).

Mieke Bal, Yve-Alain Bois, Irving Lavin, Griselda Pollock and Christopher S. Wood, "Art

History and Its Theories", *The Art Bulletin*, Vol. 78, No. 1 (Mar., 1996).

Mieke Bal, "Figuration", *PMLA*, Vol. 119, No. 5 (Oct., 2004).

Mieke Bal, "The Commitment to Look", *Journal of Visual Culture*, Vol. 4, No. 2, 2005.

Dominik Bartmanski, "The Word/Image Dualism Revisited: Towards an Iconic Conception of Visual Culture", *Journal of Sociology*, published online 4 May 2012.

Hans Belting, "Image, Medium, Body: A New Approach to Iconology", *Critical Inquiry*, Vol.31, No.2 (Winter, 2005).

Horst Bredekamp, "A Neglected Tradition?: Art History as Bildwissenschaft", *Critical Inquiry*, Vol.29, No.3 (Spring, 2003).

William F. Brewer, "Charles Egerton Osgood: 1916-1991", *The American Journal of Psychology*, Vol. 107, No. 4 (Winter, 1994).

David Carrier, "Artcriticism-writing, Arthistory-writing, and Artwriting", *The Art Bulletin*, Vol.78, No.3 (Sep., 1996).

David Carrier, "Close Reading and Looking: Some Recent Books by James Elkins", *Art Journal*, Vol. 59, No. 2 (Summer, 2000).

Deborah Cherry, "Conversation Pieces: About Mieke Bal", *Art History*, Vol.30, No.3, (June, 2007).

Marie Czach, "Further on 'Semiotics and Art History'", *The Art Bulletin*, Vol. 75, No. 2 (Jun., 1993).

Arthur C. Danto, "Depiction and Description" *Philosophy and Phenomenological Research*, Vol.43, No.1 (Sep., 1982).

Arthur C. Danto, "The Prophet in Profile", *The New Republic*, Vol.215, No.21, 1996.

Arthur C. Danto, "Seeing and Showing", *The Journal of Aesthetics and Art Criticism*, Vol. 59, No. 1 (Winter, 2001).

Arthur C. Danto, "The Pigeon within Us All: A Reply to Three Critics", *The Journal of Aesthetics and Art Criticism*, Vol. 59, No. 1 (Winter, 2001).

James Elkins, "What Really Happens in Pictures? Misreading with Nelson Goodman", *Word & Image*, Vol.9, No.4, 1993.

James Elkins, "'Marks, Traces, 'Traits,' Contours, 'Orli,' and 'Splendores': Nonsemiotic Elements in Pictures", *Critical Inquiry*, Vol. 21, No. 4 (Summer, 1995).

James Elkins, "What Do We Want Pictures to Be? Reply to Mieke Bal", *Critical Inquiry*, Vol.22, No.3 (Spring, 1996).

James Elkins, "On the Impossibility of Close Reading: The Case of Alexander Marshack", *Current Anthropology*, Vol.37, No.2 (Apr., 1996).

James Elkins, "On the Impossibility of Stories:The Anti-Narrative and Non-Narrative Impulse in Modern Painting", *Word & Image*, Vol.7, No.4 (Oct.-Dec., 1991).

Jaś Elsner and Katharina Lorenz, "The Genesis of Iconology", *Critical Inquiry*, Vol.38, No.3 (Spring, 2012).

Hans Jonas, "Homo Pictor and the Differentia of Man", *Social Research*, Vol.29, No.2 (Summer, 1962).

Hans-Georg Gadamer, "Artworks in Word and Image: 'So True, So Full of Being!' (Goethe) (1992)", *Theory Culture Society*, Vol.23, No.1, 2006.

E. H. Gombrich, "Icones Symbolicae: The Visual Image in Neo-Platonic Thought", *Journal of the Warburg and Courtauld Institutes*, Vol. 11 (1948).

E. H. Gombrich, "Review", *The Art Bulletin*, Vol. 31, No. 1 (Mar., 1949).

E. H. Gombrich, "The Variability of Vision", in C.S. Singleton (ed), *Interpretation: Theory and Practice* (Baltimore, 1969).

Algirdas Julien Greimas, "Figurative Semiotics and the Semiotics of the Plastic Arts", Translated by Frank Collins and Paul Perron, *New Literary History*, Vol.20, No.3, *Greimassian Semiotics* (Spring, 1989).

Hanneke Grootenboer, "Reading the Annunciatin", *Art History*, Vol.30, No.3 (June, 2007).

Christine Hasenmueller, "Panofsky, Iconography, and Semiotics", *The Journal of Aesthetics and Art Criticism*, Vol. 36, No. 3, *Critical Interpretation* (Spring, 1978).

Joan Hart, "Erwin Panofsky and Karl Mannheim: A Dialogue on Interpretation", *Critical Inquiry*, Vol. 19, No. 3 (Spring, 1993).

Abraham Kaplan and Ernst Kris, "Esthetic Ambiguity", *Philosophy and Phenomenological Research*, Vol. 8, No. 3 (Mar., 1948)

Louis Marin,"The Order of Words and the Order of Things in Paiting", *Visible Language*, Vol.23, No.2 (Spring, 1989).

Lev Manovich, "Review", *The Art Bulletin*, Vol. 73, No. 3 (Sep., 1991).

W.J.T. Mitchell, "There Are No Visual Media", *Journal of Visual Culture*, Vol.4, No.2, 2005.

W.J.T. Mitchell, "Pictorial Turn", *Artforum*, Vol.30, No.7 (March, 1992).

W. J. T. Mitchell, "The Historian as Icarus: A Review of Martin Jay's Downcast Eyes", *Artforum*, Vol.32, No.5 (Jan, 1994).

Marie-José Mondzain, "Can Images Kill?", *Critical Inquiry*, Vol.36, No.1 (Autumn, 2009).

Marie-José Mondzain, "What Does Seeing an Image Mean?", *Journal of Visual Culture*, Vol.9, No.3, 2010.

Keith Moxey, "Visual Studies and the Iconic Turn", *Journal of Visual Culture*, Vol.7, No.2, 2008.

Robert S. Nelson, "The Discourse of Icons, Then and Now", *Art History*, Vol.12, No.2(June, 1989).

Erwin Panofsky, "On the Relationship of Art History and Art Theory: Towards the Possibility of a Fundamental System of Concepts for a Science of Art", Translated by Katharina Lorenz and Jaś Elsner, *Critical Inquiry*, Vol.35, No.1 (Autumn, 2008).

Erwin Panofsky, "On the Problem of Describing and Interpreting Works of the Visual Arts", Translated by Jaś Elsner and Katharina Lorenz, *Critical Inquiry*, Vol.38, No.3 (Spring, 2012).

Michael Polanyi, "What is a Painting?", *The American Scholar*, Vol.39, No.4 (Autumn, 1970).

Richard A. Peterson, "Revitalizing the Culture Concept", *Annual Review of Sociology*, Vol.5, 1979.

Thomas A. Sebeok, "Iconicity", *MLN*, Vol. 91, No. 6, *Comparative Literature* (Dec., 1976).

Meyer Schapiro, "On Some Problems in the Semiotics of Visual Art: Field and Vehicle in Image-Signs", *Simiolus: Netherlands Quarterly for the History of Art*, Vol.6, No.1 (1972 - 1973).

Reva Wolf, Francis H. Dowley, "Some, Thoughts on 'Semiotics and Art History'", *The Art Bulletin*, Vol.74, No.3 (Sep., 1992).

Christopher S, Wood, "Iconoclasts and Iconophiles: Horst Bredekamp in Conversation with Christopher S. Wood", *Art Bulletin*, Vol. XCIV, No.4 (Dec.2012).

附录
1. 译名对照表
（按姓氏首字母排序）

A

Qadi Ahmad .... 卡迪·艾哈迈德

Jeffrey C.Alexander .... 杰弗里 C. 亚历山大

Svetlana Alpers .... 斯维特拉娜·阿尔珀斯

Daniel Arasse .... 达尼埃尔·阿拉斯

Giulio Carlo Argan .... 朱里奥·卡洛·阿尔甘

Rudolf Arnheim .... 鲁道夫·阿恩海姆

B

Mieke Bal .... 米克·巴尔

Roland Barthes .... 罗兰·巴特

Michael Baxandall .... 迈克尔·巴克森德尔

Jean Baudrillard .... 让·鲍德里亚

Daniel Bell .... 丹尼尔·贝尔

Hans Belting .... 汉斯·贝尔廷

Walter Benjamin .... 沃尔特·本雅明

John Berger .... 约翰·伯格

William Blake .... 威廉·布莱克

Harold Bloom .... 哈罗德·布鲁姆

Leonard Bloomfield……伦纳德·布龙菲尔德
Gottfried Boehm……戈特弗里德·波姆
Hieronymus Bosch……博斯
Horst Bredekamp……霍斯特·布雷德坎普
Norman Bryson……诺曼·布列逊
Edmund Burke……埃德蒙·博克
Karl Bühler……卡尔·比勒
Stephen Bann……斯蒂芬·班
Bernard Berenson……伯纳德·贝伦森

C

Giovanni Careri……乔万尼·卡雷利
Ernst Cassirer……恩斯特·卡西尔
Avram Noam Chomsky……艾弗拉姆·诺姆·乔姆斯基
Ted Cohen……特德·科恩
Jonathan Crary……乔纳森·克拉里
Douglas Crimp……道格拉斯·科林普
Thomas Crow……托马斯·克劳
Jonathan Culler……乔纳森·库勒
Marie Czach……玛丽·恰赫

D

Hubert Damisch……于贝尔·达弥施
Arthur C. Danto……阿瑟·C. 丹托
Guy Debord……居伊·德波
Jacques Derrida……雅克·德里达
Alexander Dorner……亚历山大·多纳尔
Francis H. Dowley……佛朗西斯·H. 道雷

E

Umberto Eco……翁贝托・埃科
Meister Eckhart……艾克哈特大师
James Elkins……詹姆斯・埃尔金斯
Timothy Erwin……蒂莫西・欧文

F

Konrad Fiedler……康拉德・费德勒
Henry Focillon……亨利・弗西雍
Hal Foster……哈尔・福斯特
Michel Foucault……米歇尔・福柯
P. Francastel……P. 弗朗卡斯泰尔
Sigmund Freud……西格蒙德・弗洛伊德
Michael Fried……迈克尔・弗里德
Northrop Frye……诺森罗普・弗莱

G

Hans-Georg Gadamer……汉斯 - 格奥尔格・伽达默尔
Carlo Ginzburg……卡罗・金斯伯格
E.H. Gombrich……E.H. 贡布里希
Nelson Goodman……纳尔逊・古德曼
Antony Gormley……安东尼・戈姆利
Temple Grandin……坦普尔・格兰丁
Clement Greenberg……克莱门特・格林伯格
Algirdas Julien Greimas……阿尔吉达斯・朱利安・格雷马斯
Hanneke Grootenboer……汉内克・格罗特伯尔

H

Mark B. N. Hansen ………… 马克・B.N. 汉森
Zellig Sabbettai Harris ………… 泽利格・萨贝塔・哈里斯
Christine Hasenmueller ………… 克里斯蒂娜・哈森米勒
Friedrich Hegel ………… 弗里德里希・黑格尔
Martin Heidegger ………… 马丁・海德格尔
Louis Hjelmslev ………… L. 叶尔姆斯列夫
Katsushika Hokusai ………… 葛饰北斋
Michael Ann Holly ………… 迈克尔・安・霍丽
Georges Didi-Huberman ………… 乔治・迪迪 - 于贝尔曼

I

William Ivins, JR ………… 小威廉・艾文斯
Robert E. Innis ………… 罗伯特・E. 因尼斯

J

Martin Jay ………… 马丁・杰伊
Roman Jakobson ………… 罗曼・雅各布森
Hans Jonas ………… 汉斯・约纳斯

K

Ernst Kris ………… 恩斯特・克里斯
Julia Kristeva ………… 朱莉娅・克里斯特娃
Julius klanfer ………… 尤里乌斯・克兰费尔
W. Eugene Kleinbauer ………… W. 尤金・克莱因鲍尔
Yves Klein ………… 伊夫・克莱因

L

Bruno Latour .... 布鲁诺・拉图尔
Jacques Lacan .... 雅克・拉康
G. E. Lessing .... G.E. 莱辛
Claude Lévi-Strauss .... 克劳德・列维 - 斯特劳斯
Jean-François Lyotard .... 让 - 弗朗索瓦・利奥塔
Iouri Lotman .... 尤里・洛特曼
Lucretia .... 鲁克莱西

M

Franz Marc .... 弗朗兹・马尔克
Louis Marin .... 路易斯・马林
Alexander Marshack .... 亚历山大・马沙克
Fernande Saint-Martin .... 费尔南德・圣 - 马丁
Karl Mannheim .... 卡尔・曼海姆
Moses Maimonides .... 摩西・迈蒙尼德
Herbert Marcuse .... 埃贝尔・马尔库塞
Karl Marx .... 卡尔・马克思
Maurice Merleau-Ponty .... 莫里斯・梅洛 - 庞蒂
Marshall McLuhan .... 马歇尔・麦克卢汉
Nicholas Mirzoeff .... 尼古拉斯・米尔佐夫
W.J.T. Mitchell .... W.J.T. 米切尔
Marie-José Mondzain .... 玛丽 - 若泽・蒙德赞
Giovanni Morelli .... 乔万尼・莫雷利
Charles William Morris .... 查理斯・威廉・莫里斯
Keith Moxey .... 基思・莫克西
J.Mukarovsky .... J. 穆卡罗夫斯基

N

Warren Neidich……沃伦·内迪什
Robert Nelson……罗伯特·内尔森
Jean-Luc Nancy……让-吕克·南希

O

John Onians……约翰·奥尼恩斯
Charles Egerton Osgood……C.E. 奥斯古德

P

Erwin Panofsky……欧文·潘诺夫斯基
Walter Pater……沃尔特·佩特
Charles Sanders Peirce……查尔斯·桑德斯·皮尔斯
M.H.Pirenne……M.H. 皮雷纳
Plato……柏拉图
Michael Polanyi……迈克尔·波兰尼
Andrea Pozzo……安德烈·波佐

R

Jacques Rancière……雅克·朗西埃
Rembrandt van Rijn……伦勃朗·凡·莱因
Alois Riegl……阿洛伊斯·里格尔
Gillian Rose……吉莉恩·萝丝
Rospigliosi……罗斯皮廖西

S

Edward Sapir……爱德华·萨丕尔
Ferdinand de Saussure……费尔迪南·德·索绪尔

Fritz Saxl……弗兰斯・扎克斯尔
Meyer Schapiro……迈耶・夏皮罗
Denise Schmandt-Besserat……丹尼斯・施曼特 - 贝瑟拉特
John Searle……约翰・瑟尔
Thomas A. Sebeok……托马斯・A. 西比奥克
Hans Sedlmayr……汉斯・泽德迈尔
Kaja Silverman……卡娅・西尔弗曼
Joel Snyder……乔尔・斯奈德
Göran Sonesson……约兰・索内松
Gayatri Spivak……加亚特里・斯皮瓦克
Leo Steinberg……列奥・斯坦伯格
Leo Strauss……列奥・施特劳斯
David Summers……大卫・萨默斯
Charles Sykes……查理斯・赛克斯

T

Nikolay Trubetzkoy……尼古拉・特鲁别茨柯依

W

Alice Walker……艾丽丝・沃尔克
Aby Warburg……阿比・瓦尔堡
Uriel Weinreich……乌里尔・瓦恩里希
Rudolf Wittkower……鲁道夫・维特科夫尔
Wittgenstein……维特根斯坦
Benjamin Lee Whorf……本杰明・李・沃尔夫
Heinrich Wölfflin……海因里希・沃尔夫林
Reva Wolf……列娃・沃尔夫
Willhelm Worringer……威廉・沃林格

附录

2. 图片目录

符号学》，第 191 页。

图 14 乔托，阿雷纳礼拜堂壁画，1303 年，湿壁画，帕多亚。

图 15 普桑，《阿卡迪亚的牧人》，1640 年，画布油画，87 厘米 × 120 厘米，巴黎，卢浮宫。

图 16 马林，阿卡迪亚牧人的人物关系图，采自《诗画》，第 78 页。

图 17 卡拉瓦乔，《美杜莎的头》，1598 年，画布油画，直径 58 厘米，佛罗伦萨，乌菲奇美术馆。

图 18 圣 - 马丁，基本平面的能量示意图，采自《视觉语言的符号学》，第 99 页。

图 19 圣 - 马丁，符号学分析的格子分割及格子内色位的定位，采自《视觉语言的符号学》，第 198 页。

图 20 布列逊，视觉间距图，采自《传统与欲望》，第 89 页。

图 21 维米尔，《持天平的女人》，1662—1664 年，画布油画，39.7 厘米 × 35.5 厘米，华盛顿，国家画廊。

图 22 伦勃朗，《鲁克莱西》，1664 年，画布油画，120 厘米 ×101 厘米，华盛顿，国家画廊。

图 23 伦勃朗，《鲁克莱西》，1666 年，画布油画，105 厘米 ×93 厘米，明尼波利斯，明尼波利斯艺术研究所。

图 24 伦勃朗，《波提乏的妻子指控约瑟夫》，1655 年，画布油画，106 厘米 ×98 厘米，华盛顿，国家画廊。

图 25 伦勃朗，《约瑟夫与波提乏的妻子》，1634 年，蚀刻版画，9 厘米 ×11.4 厘米，阿姆斯特丹，国家博物馆。

图 26 伦勃朗，《苏珊娜与长老》，1645 年，画布油画，102 厘米 ×84 厘米，柏林，国家博物馆。

图 27 伦勃朗，《巴示拔的洗浴》，1643 年，木板油画，57.2 厘米 ×76.2 厘米，纽约，大都会艺术博物馆。

图 28 伦勃朗，《苏珊娜洗浴》，1636 年，木板油画，47.2 厘米 ×38.6 厘米，海牙，莫瑞泰斯博物馆。

图 29 伦勃朗，《多俾亚的辞别（辣古耳欢迎多俾亚）》，1651 年，素描，19.2

厘米 ×27.1 厘米，阿姆斯特丹，国家版画馆。

图 30 伦勃朗，仿达芬奇的《最后的晚餐》，1635 年，素描，36.5 厘米 ×47.5 厘米，纽约，大都会艺术博物馆。

图 31 伦勃朗，《参孙的婚宴》，1638 年，画布油画，126 厘米 ×175 厘米，德累斯顿，历代大师画廊。

图 32 伦勃朗，《不同的听众》，1637 年，素描，19 厘米 ×12.5 厘米，柏林，版画和素描博物馆。

图 33 伦勃朗，《巴示拔的洗浴》，1654 年，画布油画，142 厘米 ×142 厘米，巴黎，卢浮宫。

图 34 伦勃朗，《参孙的致盲》，1636 年，画布油画，205 厘米 × 272 厘米，法兰克福，施塔德尔艺术研究所。

图 35 米切尔，《形象家族树》，采自《图像学》，第 10 页。

图 36 恐龙形象进化的三个时期，采自《最后的恐龙之书》。图 36-1 为维多利亚时代的恐龙形象（世博会新闻图片）；图 36-2 为现代时期的恐龙形象（皮博迪自然史博物馆壁画，鲁道夫·扎林格《爬行动物的时代》,1940—1945 年）；图 36-3 为恐龙文艺复兴时期的恐龙形象（《侏罗纪公园》剧照,1993 年）。

图 37 彭托尔莫，《躯干研究》，素描，佛罗伦萨，乌菲奇博物馆。

图 38 伦勃朗，《三王之一朝拜圣婴耶稣》，1635 年，素描，17.8 厘米 × 16 厘米，阿姆斯特丹，国家版画馆。

图 39 普拉卡德指挥棒，马格德莱纳Ⅳ期，骨雕，圣日耳曼昂莱，古物博物馆，采自 Current Anthropology, V.37, n.2(April, 1996), 第 187 页。

图 40 马沙克，《普拉卡德指挥棒图式与月亮历的相关性》，采自 Current Anthropology, V.37, n.2(April, 1996), 第 190 页。

图 41 马沙克，《泰伊骨片右上角细节图式》，采自 Current Anthropology, Vol.37, No.2（April, 1996）, 第 193 页。

图 42 卡拉诺沃（Karanovo）封印及其字符的两种分析，公元前 3600 年之前，采自《形象和错失它们的语词》，第 137 页。

图 43 安德烈·曼坦尼亚，《海神的战斗》，1485—1488 年，版画，29.5 厘米 ×

39.7 厘米，伦敦，大英博物馆。

图 44 埃尔金斯，《形象的三个部分》，采自《形象之域》，第 85 页。

图 45 安德烈·波佐，《圣伊纳爵的礼赞》，1691—1694 年，天顶画，罗马，圣伊纳爵教堂。

3. 图表出处

表 1 潘诺夫斯基，《艺术理论的诸对立图表》，译自 Critical Inquiry, Vol.35, No.1 (Autumn, 2008), 第 47 页。

表 2 潘诺夫斯基，《描述和阐释艺术品的三个层次》，译自 Critical Inquiry, Vol.38, No.3 (Spring, 2012), 第 482 页。

图书在版编目（CIP）数据

图像与符号：艺术史和视觉文化中的符号学与反符号学
/ 刘晋晋著 . -- 长沙：湖南美术出版社，2021.10（2024.5 重印）
ISBN 978-7-5356-9302-0

Ⅰ . ①图… Ⅱ . ①刘… Ⅲ . ①符号学 Ⅳ . ① H0

中国版本图书馆 CIP 数据核字（2020）第 169179 号

图像与符号：艺术史和视觉文化中的符号学与反符号学

TUXIANG YU FUHAO: YISHUSHI HE SHIJUE WENHUA ZHONGDE FUHAOXUE YU FANFUHAOXUE

出 版 人：黄　啸
著　　者：刘晋晋
责任编辑：王柳润
装帧设计：格局视觉工作室 Gervision
责任校对：王玉蓉　贺　娜
制　　版：嘉偉文化 JARLV CULTURE
出版发行：湖南美术出版社
（长沙市东二环一段622号）
印　　刷：长沙新湘诚印刷有限公司
版　　次：2021年10月第1版
印　　次：2024年5月第2次印刷
开　　本：710mm × 1000mm　1/16
印　　张：28.75
定　　价：88.00元

邮购联系：0731-84787105　邮编：410016
网　　址：http://www.arts-press.com
电子邮箱：market@arts-press.com